Hinter dem Sachregister befindet sich ein ausführliches Verzeichnis der

Guttentagschen Sammlung

Deutscher Reichs- und Preußischer Gesetze

— Textausgaben mit Anmerkungen; Taschenformat —,

die alle wichtigeren Gesetze in unbedingt zuverlässigem Abdruck und mit mustergültiger Erläuterung wiedergibt.

Lebbin,

Nahrungsmittelgesetze.

Erster Band:

Lebensmittelgesetz vom 5. Juli 1927 mit Nebengesetzen.

Guttentagsche Sammlung
Nr. 54. Deutscher Reichsgesetze. Nr. 54.
Textausgaben mit Anmerkungen.

Nahrungsmittelgesetze

mit Erläuterungen.

Zweite, stark vermehrte Auflage
in zwei Bänden.

Von

Dr. Georg Lebbin,
Nahrungsmittelchemiker in Berlin.

Erster Band:

Das Lebensmittelgesetz vom 5. Juli 1927 mit Nebengesetzen.

Berlin und Leipzig 1928.

Walter de Gruyter & Co.
vormals G. J. Göschen'sche Verlagshandlung — J. Guttentag, Verlagsbuchhandlung — Georg Reimer — Karl J. Trübner — Veit & Comp.

Guttentagsche Sammlung
Nr. 54a. Deutscher Reichsgesetze. Nr. 54a.
Textausgaben mit Anmerkungen.

Das Lebensmittelgesetz
vom 5. Juli 1927 mit Nebengesetzen

(Margarine, Fleisch, Milch, Süßstoff, Essigsäure usw.).

Erläutert

von

Dr. Georg Lebbin, und Dr. Richard Gießner,
staatlich anerkannter u. vereidigter Nahrungsmittelchemiker
Regierungsrat a. D., Rechtsanwalt und Notar
zu Berlin.

Berlin und Leipzig 1928.

Walter de Gruyter & Co.

vormals G. J. Göschen'sche Verlagshandlung — J. Guttentag, Verlagsbuchhandlung — Georg Reimer — Karl J. Trübner — Veit & Comp.

Vorwort.

Wie im Vorwort zu dem bereits vor zwei Jahren erschienenen Band II dieses Werkchens gesagt werden konnte, daß er eine bis auf den Tag vollständige Sammlung der nahrungsmittelrechtlichen Bestimmungen für die Getränkeindustrie ist, so kann von dem wegen des neuen Lebensmittelgesetzes solange verzögerten, nunmehr vorliegendenden Band I gesagt werden, daß er eine am Tage seines Erscheinens zusammen mit Band II lückenlose Übersicht über das ganze recht zerissene Lebensmittelrecht bietet.

Die erste Auflage dieser Sammlung ist seit Jahren vergriffen. Eine bereits fertiggestellt gewesene Neuauflage mußte wegen des Krieges zurückgehalten werden, da die sich fortgesetzt ändernden Umstände ein Erscheinen unangebracht erscheinen ließen.

So erscheinen die Nahrungsmittelgesetze jetzt in zwei Bänden, deren jeder allein den doppelten Umfang der ersten Gesamtausgabe aufweist.

Der vorliegende Band I enthält neben dem neuen Lebensmittelgesetz alle noch gültigen Nebengesetze, Verordnungen, Erlasse, neben einigen Festsetzungen der vertretungsberechtigten Interessentenkreise, mit vielen gerichtlichen Entscheidungen und sonstigen technischen und rechtlichen Erläuterungen.

Im Band II, der bereits 1926 erschien, finden sich die Bestimmungen über Wein, Bier, Branntwein und Mineralwässer.

Von Ausführungsbestimmungen zu dem neuen Lebensmittelgesetz ist bisher lediglich die Verordnung über äußere Kennzeichnung von Lebensmitteln ergangen und mit Erläuterungen versehen worden. Die im Gesetz vorgesehenen Bestimmungen über einzelne Lebensmittel werden dem Vernehmen nach nur langsam in mehr oder weniger zahlreichen Einzelverordnungen folgen. Bis zu ihrem Erscheinen werden die mitgeteilten „Festsetzungen“ bezw. Vereinbarungen gute Dienste leisten können, auch wenn sie nicht verbindlicher Natur sind.

Sobald jedoch die erwarteten Ausführungsbestimmungen einen vorläufigen Abschluß gefunden haben werden, sollen sie in einem Ergänzungsheftchen zusammengefaßt und besprochen werden.

Die Verfasser.

Inhaltsverzeichnis.

II. Fleisch und Fleischwaren.

IV. Süßstoff.

V. Essigsäure.

VI. Kaffee, Schokolade.

Die Gesetze, betr. Wein (weinähnliche und weinhaltige Getränke), Bier und bierähnliche Getränke, Branntwein und Trinkbranntwein, Absinth sowie betr. kohlensaure Getränke (Normalentwurf des Bundesrats) sind im Band II (Getränkegesetze) enthalten.

Nachtrag zu den Getränkegesetzen.

Abkürzungen und Literaturverzeichnis.

AG. . . . . Amtsgericht.
Begr. . . . . . . Amtliche Begründung zum Gesetzentwurf.
DJZ. . . . . . Deutsche Juristenzeitung.
DR. . . . . . Deutsche Richterzeitung.
Deutsches Nahrungsmittelbuch. 3. Auflage. Heidelberg 1922, Universitätsbuchhandlung.
Entwürfe zu Festsetzungen über Lebensmittel. Herausgegeben vom Reichsgesundheitsamt.
E. . . . . Entscheidungen des Reichsgerichts in Strafsachen.
FlBG. . . . . . Fleischbeschaugesetz vom 3. Juni 1900.
HRR. . . . . . Höchstrichterliche Rechtsprechung auf dem Gebiete des Strafrechts.
JR. . . . . Juristische Rundschau.
JW. . . . . Juristische Wochenschrift.
KB. . . . . Bericht der Reichstagskommission.
LG. . . . . Landgericht.
LMG. . . . . . . Lebensmittelgesetz vom 5. Juli 1927.
Lebbin . . . . . Verkehr mit Heilmitteln und Giften. Berlin 1900, August Hirschwald.
Lebbin u. Baum: Deutsches Nahrungsmittelrecht. In 2 Bänden. Berlin 1907, J. Guttentag.
MargG. . . . . Gesetz, betr. Verkehr mit Butter, Käse, Schmalz und Ersatzmitteln.
Meyer u. Finkelnburg: Gesetz, betr. den Verkehr mit Nahrungsmitteln, vom 14. Mai 1879. Berlin 1885, Springer.
NMG. . . . . . Nahrungsmittelgesetz vom 14. Mai 1879.

OLG. . . . . . . Oberlandesgericht.
pr. . . . . preußisch.
R. . . . Rechtsprechung des Reichsgerichts in Strafsachen.
RG. . . . . Reichsgerichtsurteil.
RGBl. . . . . . Reichsgesetzblatt.
RGBl. I oder II: Reichsgesetzblatt Teil I oder II.
RGO. . . . . . Reichsgewerbeordnung.
Sonnenfeld . . . Handel mit Drogen und Giften. 3. Auflage. Berlin 1926, Walter de Gruyter.
Stenglein . . . Strafrechtliche Nebengesetze. 4. Auflage. Berlin 1911, Liebmann.
StrGB. . . . . Strafgesetzbuch.
UWG. . . . . . Gesetz gegen den unlauteren Wettbewerb.
Ver. . . . . Veröffentlichungen des Reichsgesundheitsamtes, Beilage.
Würzburg . . . Die Nahrungsmittelgesetzgebung im Deutschen Reiche und in den einzelnen Bundesstaaten. Berlin 1894.

Nachtrag.

Während der Drucklegung dieses Bandes erschien:

Holthöfer u. Juckenack: Lebensmittelgesetz. Berlin 1927, Carl Heymann.

Einleitung.

Wie die Reichsregierung in der Begründung zu dem Entwurf eines neuen Lebensmittelgesetzes ausführte, hatte sich schon im ersten Jahrzehnt der Reichsgesetzgebung die Überzeugung durchgesetzt, daß der Schutz des Verbrauchers vor Gesundheitsschädigung und vor betrügerischer Übervorteilung im Verkehr mit Lebensmitteln nicht dem freien Spiele der Kräfte überlassen bleiben darf, sondern durch staatliche Maßnahmen gesichert werden muß. So entstand das Nahrungsmittelgesetz, das sich im allgemeinen gut bewährt hat. Im Laufe der Zeit sind zahlreiche Anstalten zur Untersuchung von Lebensmitteln entstanden, die eine immer wirksamere Durchführung des Gesetzes ermöglicht haben.

Dank der Tätigkeit dieser Anstalten sind die gröbsten Mißstände im Lebensmittelverkehr, namentlich der Vertrieb gesundheitsschädlicher Nahrungs- und Genußmittel, immer seltener, aber auch die Fälschungen und Täuschungen dank den verfeinerten analytischen Untersuchungsverfahren immer schwieriger geworden. Somit konnte es sich bei der Nachprüfung dieses Gesetzes nicht um eine grundlegende Neugestaltung handeln, sondern nur um eine Ausfüllung der Lücken, die sich fühlbar gemacht haben, und um die Verwertung der Erfahrungen, die im Laufe von mehreren Jahrzehnten gesammelt worden sind.

Als der wesentlichste Mangel des Nahrungsmittelgesetzes wurde von den Gewerbe- und Handelskreisen die Unsicherheit darüber empfunden, was im Einzelfall erlaubt oder verboten ist. Das Nahrungsmittelgesetz hatte die Herstellung und den Vertrieb von gesundheitsschädlichen, verdorbenen, nachgemachten und verfälschten Nahrungs- und Genußmitteln unter Strafe gestellt. Die Entscheidung darüber, unter welchen Umständen ein Lebensmittel als gesundheitsschädlich, verdorben, nachgemacht oder verfälscht anzusehen ist, fiel aber lediglich den Gerichten zu. Dabei sind widersprechende Beurteilungen seitens verschiedener Sachverständiger und verschiedener Gerichte unvermeidlich geblieben und durch die schon vor langer Zeit unter Mitwirkung des Reichsgesundheitsamts ausgearbeiteten „Vereinbarungen zur einheitlichen Untersuchung und Beurteilung von Nahrungs- und Genußmitteln sowie Gebrauchsgegenständen für das Deutsche Reich“ ebensowenig ganz beseitigt worden wie durch das vom Bunde Deutscher Nahrungsmittel-Fabrikanten und -Händler herausgegebene „Deutsche Nahrungsmittelbuch“. Nur durch rechtsverbindliche Festsetzungen für die Beurteilung der einzelnen Gruppen von Lebensmitteln, wie sie sich in der Schweiz, in den Vereinigten Staaten von Amerika, in Österreich, Spanien und Frankreich bewährt haben, werden sich diese Mißstände beseitigen lassen. Für einige Lebensmittel sind derartige Festsetzungen bereits durch Sondergesetze — namentlich das sogenannte Margarinegesetz (Gesetz, betreffend den Verkehr mit Butter, Käse, Schmalz und deren Ersatzmitteln, vom 15. Juni 1897, Reichsgesetzbl. S. 475) und das Weingesetz vom 7. April 1909 (Reichsgesetzbl. S. 393) — getroffen worden; im allgemeinen aber wird zur raschen Anpassung an die veränderlichen Verhältnisse der Verordnungsweg vorzuziehen und die gesetzliche Grundlage dafür durch eine Erweiterung der §§ 5, 6 des Nahrungsmittelgesetzes zu schaffen sein.

Eine zweite Lücke zeigt das Gesetz darin, daß es ein Verbot irreführender Bezeichnung von Lebensmitteln nur für das Feilhalten verdorbener, nachgemachter oder verfälschter Lebensmittel, nicht aber allgemein ausspricht; diese Lücke war inzwischen durch die Verordnung vom 26. Juni 1916 (Reichsgesetzbl. S. 588) ausgefüllt worden, deren Einarbeitung in das neue Lebensmittelgesetz geboten erschien. Auch der § 367 Nr. 7 des Strafgesetzbuchs, der das Feilhalten und den Verkauf verfälschter und verdorbener Getränke und Eßwaren ganz allgemein, ohne Rücksicht auf das subjektive Verhalten des Täters, unter Strafe stellt und damit weiter geht als § 10 des Nahrungsmittelgesetzes, ist in das neue Gesetz eingearbeitet worden. Das gleiche gilt von der Verordnung über die äußere Kennzeichnung von Waren vom 18. Mai 1916 (Reichsgesetzbl. S. 380), soweit sie nahrungsmittelpolizeiliche Bedeutung hatte, also etwa in dem Umfang, wie sie in die Verordnung über Handelsbeschränkungen vom 13. Juli 1923 (Reichsgesetzbl. I S. 699, 706) als III. Abschnitt aufgenommen worden war.

Die der Begründung des Entwurfes im wesentlichen entnommenen Ausführungen erweiterte in der Reichstagskommission ein Regierungskommissar (Geheimrat Melchior) noch dahin, daß das Nahrungsmittelgesetz deshalb nicht immer zu voller Auswirkung gelangen konnte, weil der polizeilichen Kontrolle im allgemeinen nur die Verkaufsräume unterworfen waren, die Produktionsstätten dagegen nur in ganz besonderen Fällen, nämlich dann, wenn der Inhaber gewisse Freiheitsstrafen erlitten hatte. Diesem Mangel soll der § 7 abhelfen, indem er die Beamten und Sachverständigen der Polizei ermächtigt, auch diejenigen Räume zu besichtigen, in denen die Lebensmittel hergestellt werden. Auf diejenigen Räume, in denen Bedarfsgegenstände hergestellt werden, erstreckt sich diese Vorschrift nicht.

Als wesentlichster Mangel des Nahrungsmittelgesetzes wurde allgemein empfunden, daß es Herstellung und Vertrieb von gesundheitsschädlichen, verdorbenen, nachgemachten und verfälschten Nahrungs- und Genußmitteln unter Strafe gestellt hat, ohne im einzelnen zu bestimmen, unter welchen Umständen der strafrechtliche Tatbestand gegeben ist. Hierüber zu entscheiden, war lediglich Sache der Gerichte, die vielfach auf die einander widersprechenden Gutachten verschiedener Sachverständiger angewiesen sind. Der hieraus sich ergebenden Rechtsunsicherheit kann nur durch rechtsverbindliche Festsetzungen abgeholfen werden, die nach § 5 des Entwurfs die Reichsregierung mit Zustimmung des Reichsrats für die einzelnen Gruppen von Lebensmitteln erlassen soll. Mit den Vorarbeiten für diese Ausführungsbestimmungen ist bereits vor dem Kriege begonnen worden, indem das Reichsgesundheitsamt Entwürfe zu Festsetzungen über Honig, Speisefette, Speiseöle, Essig, Käse, Kaffee und Kaffee-Ersatzstoffe aufgestellt hat. Diese Entwürfe sind im Reichsgesundheitsamt unter Zuziehung beteiligter Wirtschaftsgruppen durchberaten und im Buchhandel erschienen. Das Reichsgesundheitsamt konnte sich dabei auf mancherlei Vorarbeiten stützen, die sowohl die Fachwissenschaft in den „Vereinbarungen zur einheitlichen Untersuchung und Beurteilung von Nahrungs- und Genußmitteln sowie Gebrauchsgegenständen für das Deutsche Reich“ wie auch Industrie und Handel in dem von dem Bunde Deutscher Nahrungsmittel-Fabrikanten und -Händler herausgegebenen „Deutschen Nahrungsmittelbuch“ geleistet haben.

Auch insofern bringt das Lebensmittelgesetz einen Fortschritt, als einige für die besonderen Verhältnisse der Kriegswirtschaft notwendig gewesene Verordnungen, die bisher neben dem Lebensmittelgesetz in Geltung waren, soweit sie entbehrlich sind, beseitigt werden sollen, im übrigen in den Entwurf eingearbeitet worden sind. So soll hinfort das Lebensmittelgesetz mit seinen Ausführungsbestimmungen und in Verbindung mit seinen Nebengesetzen, nämlich dem Fleischbeschaugesetz, dem Margarinegesetz und dem Weingesetz, das gesamte, bisher in zahllose Einzelbestimmungen zersplitterte Rechtsgebiet der Überwachung des Verkehrs mit Lebensmitteln zusammenfassen.

Wie ein Blick auf das Inhaltsverzeichnis lehrt, ist leider bislang von der Zusammenfassung noch wenig zu sehen. Es sind zwar einige Bestimmungen in das neue Gesetz aufgenommen worden, aber die Zerfahrenheit ist doch noch immer groß und die Gesetzmacherei so unermüdlich, daß nur wenig Berufene sich in diesem Labyrinth zurechtfinden.

Der wichtigste Unterschied zwischen dem alten und dem neuen Gesetz ist die weitgehende Bevollmächtigung der Behörden zum Erlaß von verbindlichen Begriffsbestimmungen.

Richtig ist, daß die jetzt gewählte Form der Ausführungsbestimmungen durch den Verordnungsweg leichter zu handhaben ist, als die Änderung eines Gesetzes und auch der Entwicklung der Technik leichter folgen kann. Dem gegenüber steht aber auch die Gefahr, daß die Ansichten einzelner beamteter Personen einen ungesund hohen Einfluß erlangen können, auch wenn man von der selbstverständlichen Voraussetzung ausgeht, daß diese Beamten das Beste wollen. Was aber der einzelne für das Beste hält, ist es leider nicht immer.

Die von den beteiligten Berufsständen in oft langen Instanzenzügen erfochtenen höchstgerichtlichen Entscheidungen müssen darum immer noch als der beste Ausdruck des Willens des Gesetzgebers gelten und als zuverlässige Auslegung dessen, was die Allgemeinheit erwartet.

Wie bereits im Vorwort zum zweiten Band dieses Werkchens, der schon vor etwa zwei Jahren erschien gesagt wurde, wird dem Richter jetzt statt der Entscheidung über Schuld oder Nichtschuld vielfach nur mehr die Festsetzung des Strafmaßes verbleiben.

Wenn die Verordnungen sich aber nicht als Versteinerungen geben, sondern willig den wechselnden Bedürfnissen des Lebens folgen werden, dann sollen sie gern als zweckmäßige Form zur Schaffung einer vergrößerten Rechtssicherheit im Verkehr mit Lebensmitteln begrüßt werden.

Das alte Gesetz war in gesetzestechnischer Beziehung insofern besser als das neue, weil es die Rechtsprechung nicht durch (notwendig unvollkommene) Definitionen beengte, zumal das Leben stets Neues schafft, das dann später gewaltsam in eine veraltete Form gepreßt werden soll. Gerade die wiederholt zutage getretenen wechselnden Umschreibungen von Rechtsbegriffen durch die höchsten Gerichte, wie sie auch dieser Kommentar an verschiedenen Stellen bringt, sind ein Beweis für die Unzweckmäßigkeit der gesetzlichen Verankerung von Begriffen. Derartige Festlegungen befördern die Abnutzung eines Gesetzes stark. Das alte Nahrungsmittelgesetz hätte nicht 48 Jahre maßgeblich bleiben können, wenn nicht die auch damals fast geglückten Versuche der Festlegungen noch im letzten Augenblick vereitelt worden wären.

Es ist kaum anzunehmen, daß das vorliegende Gesetz eine ebenso lange Lebensdauer haben wird wie das alte.

I.

Lebensmittelgesetz.

1. Gesetz über den Verkehr mit Lebensmitteln und Bedarfsgegenständen (Lebensmittelgesetz).

Vom 5. Juli 1927 (RGBl. I S. 134).

(Wortlaut und Gliederung.)

Der Reichstag hat das folgende Gesetz beschlossen, das mit Zustimmung des Reichsrats hiermit verkündet wird:

§ 1.

Begriff Lebensmittel.

Lebensmittel im Sinne dieses Gesetzes sind alle Stoffe, die dazu bestimmt sind, in unverändertem oder zubereitetem oder verarbeitetem Zustand von Menschen gegessen oder getrunken zu werden, soweit sie nicht überwiegend zur Beseitigung, Linderung oder Verhütung von Krankheiten bestimmt sind.

Den Lebensmitteln stehen gleich: Tabak, tabakhaltige und tabakähnliche Erzeugnisse, die zum Rauchen, Kauen oder Schnupfen bestimmt sind.

§ 2.
Begriff Bedarfsgegenstand.

Bedarfsgegenstände im Sinne dieses Gesetzes sind:

1. Eß-, Trink-, Kochgeschirr und andere Gegenstände, die dazu bestimmt sind, bei der Gewinnung, Herstellung, Zubereitung, Abmessung, Auswägung, Verpackung, Aufbewahrung, Beförderung oder dem Genusse von Lebensmitteln verwendet zu werden und dabei mit diesen in unmittelbare Berührung zu kommen;
2. Mittel zur Reinigung, Pflege, Färbung oder Verschönerung der Haut, des Haares, der Nägel oder der Mundhöhle;
3. Bekleidungsgegenstände, Spielwaren, Tapeten, Masken, Kerzen, künstliche Pflanzen und Pflanzenteile;
4. Petroleum;
5. Farben, soweit sie nicht zu den Lebensmitteln gehören;
6. andere Gegenstände, welche die Reichsregierung mit Zustimmung des Reichsrats und nach Anhörung des zuständigen Ausschusses des Reichstags bezeichnet.

§ 3.
Gesundheitliche Verbote.

Es ist verboten,

1. a) Lebensmittel für andere derart zu gewinnen, herzustellen, zuzubereiten, zu verpacken, aufzubewahren oder zu befördern, daß ihr Genuß die menschliche Gesundheit zu schädigen geeignet ist;

b) Gegenstände, deren Genuß die menschliche Gesundheit zu schädigen geeignet ist, als Lebensmittel anzubieten, zum Verkaufe vorrätig zu halten, feilzuhalten, zu verkaufen oder sonst in den Verkehr zu bringen;

2. a) Bedarfsgegenstände der im § 2 Nr. 1 bis 4, 6 bezeichneten Art so herzustellen oder zu verpacken, daß sie bei bestimmungsgemäßem oder vorauszusehendem Gebrauche die menschliche Gesundheit durch ihre Bestandteile oder Verunreinigungen zu schädigen geeignet sind;

b) so hergestellte oder verpackte Bedarfsgegenstände dieser Art anzubieten, zum Verkaufe vorrätig zu halten, feilzuhalten, zu verkaufen oder sonst in den Verkehr zu bringen.

§ 4.

Wirtschaftliche Verbote.

Es ist verboten,

1. zum Zwecke der Täuschung im Handel und Verkehr Lebensmittel nachzumachen oder zu verfälschen;
2. verdorbene, nachgemachte oder verfälschte Lebensmittel ohne ausreichende Kenntlichmachung anzubieten, feilzuhalten, zu verkaufen oder sonst in den Verkehr zu bringen; auch bei Kenntlichmachung gilt das Verbot, soweit sich dies aus den auf Grund des § 5 Nr. 4 getroffenen Festsetzungen ergibt;
3. Lebensmittel unter irreführender Bezeichnung, Angabe oder Aufmachung anzubieten, zum Verkaufe vorrätig zu halten, feilzuhalten, zu verkaufen oder sonst in den Verkehr zu bringen.

§ 5.

Vollmacht zu Ausführungsbestimmungen.

Die Reichsregierung kann mit Zustimmung des Reichsrats und nach Anhörung des zuständigen Ausschusses des Reichstags

1. zum Schutze der Gesundheit verbieten oder nur unter Beschränkungen zulassen, daß
   a) Lebensmittel für andere auf bestimmte Weise gewonnen, hergestellt, zubereitet, verpackt, aufbewahrt oder befördert werden,
   b) Lebensmittel von bestimmter Beschaffenheit angeboten, zum Verkaufe vorrätig gehalten, feilgehalten, verkauft oder sonst in den Verkehr gebracht werden,
   c) Bedarfsgegenstände der im § 2 Nr. 1 bis 4, 6 bezeichneten Art von bestimmter Beschaffenheit hergestellt, angeboten, zum Verkaufe vorrätig gehalten, feilgehalten, verkauft oder sonst in den Verkehr gebracht werden,
   d) gesundheitsschädliche Farben für bestimmte Zwecke verwendet oder unter einer ihre gesundheitsschädliche Beschaffenheit verschleiernden Bezeichnung, Angabe oder Aufmachung angeboten, zum Verkaufe vorrätig gehalten, feilgehalten, verkauft oder sonst in den Verkehr gebracht werden;
2. verbieten oder nur unter Beschränkungen zulassen, daß Gegenstände oder Stoffe, die zur Nachmachung oder Verfälschung von Lebensmitteln bestimmt sind oder deren Verwendung bei der Gewinnung, Herstellung oder Zubereitung von Lebensmitteln un-

zulässig ist, für diese Zwecke hergestellt, angeboten, feilgehalten, verkauft oder sonst in den Verkehr gebracht werden;

3. vorschreiben, daß und wie auf den Packungen oder Behältnissen, in denen Lebensmittel an den Verbraucher abgegeben werden, oder auf den Lebensmitteln selbst Angaben über denjenigen, der sie in den Verkehr bringt, über die Zeit der Herstellung sowie über den Inhalt nach Art und nach Maß, Gewicht oder Anzahl oder einem anderen Maßstab für den Gebrauchswert angebracht werden;

4. Begriffsbestimmungen für die einzelnen Lebensmittel aufstellen und Grundsätze darüber festsetzen, unter welchen Voraussetzungen Lebensmittel als verdorben, nachgemacht oder verfälscht unter die Verbote des § 4 fallen, sowie welche Bezeichnungen, Angaben oder Aufmachungen als irreführend diesen Verboten unterliegen;

5. Vorschriften über das Verfahren bei der zur Durchführung dieses Gesetzes erforderlichen Untersuchung von Lebensmitteln und Bedarfsgegenständen erlassen.

§ 6.

Anhörung des Reichsgesundheitsrates.

Vor Erlaß von Verordnungen nach § 2 Nr. 6 und § 5 ist der Reichsgesundheitsrat, verstärkt durch Sachverständige aus den Kreisen der Erzeuger, der Händler, der Verbraucher und der Fachwissenschaft, zu hören.

§ 7.

Polizeiliches Überwachungsrecht.

Die mit der Überwachung des Verkehrs mit Lebensmitteln und Bedarfsgegenständen beauftragten Beamten der Polizei und die von der zuständigen Behörde beauftragten Sachverständigen, bei Gefahr im Verzug auch die sonstigen Beamten der Polizei, sind befugt, in die Räume, in denen

1. Lebensmittel gewerbsmäßig oder für Mitglieder von Genossenschaften oder ähnlichen Vereinigungen gewonnen, hergestellt, zubereitet, abgemessen, ausgewogen, verpackt, aufbewahrt, feilgehalten oder verkauft werden,

2. Bedarfsgegenstände zum Verkaufe vorrätig gehalten oder feilgehalten werden,

während der Arbeits- oder Geschäftszeit einzutreten, dort Besichtigungen vorzunehmen und gegen Empfangsbescheinigung Proben nach ihrer Auswahl zum Zwecke der Untersuchung zu fordern oder zu entnehmen. Soweit nicht der Besitzer ausdrücklich darauf verzichtet, ist ein Teil der Probe amtlich verschlossen oder versiegelt zurückzulassen und für die entnommene Probe eine angemessene Entschädigung zu leisten; in den nach § 11 Abs. 3 aufzustellenden Grundsätzen kann angeordnet werden, daß bei bestimmten Arten von Lebensmitteln und Bedarfsgegenständen ein Teil der Probe auch dann zurückzulassen ist, wenn der Besitzer zu verzichten bereit ist.

Soweit Erzeugnisse vorwiegend zu anderen Zwecken als zum menschlichen Genusse bestimmt sind, beschränkt sich die im Abs. 1 Nr. 1 bezeichnete Befugnis auf die Räume, in denen diese Erzeugnisse als Lebensmittel zum Verkaufe vorrätig gehalten oder feilgehalten werden.

Die Befugnis zur Besichtigung erstreckt sich auch auf die Einrichtungen und Geräte zur Beförderung von Lebensmitteln, die Befugnis zur Probeentnahme auch auf Lebensmittel und Bedarfsgegenstände, die an öffentlichen Orten, insbesondere auf Märkten, Plätzen, Straßen oder im Umherziehen, zum Verkaufe vorrätig gehalten, feilgehalten oder verkauft werden.

Als Sachverständige (Abs. 1) können auch die von den Berufsvertretungen und Berufsverbänden der Landwirtschaft, der Industrie, des Handwerkes und des Handels zur Überwachung der Betriebe bestellten technischen Berater berufen werden.

§ 8.

Befugnisse der Landesregierungen.

Die Landesregierungen können bestimmen, daß die Polizeibehörde ihre Sachverständigen ermächtigen kann, zum Schutze der Lebensmittel gegen Verunreinigung oder Übertragung von Krankheitserregern unaufschiebbare Anordnungen vorläufig zu treffen oder beanstandete Lebensmittel vorläufig zu beschlagnahmen. Die getroffenen Anordnungen sind unverzüglich dem Besitzer oder dessen Vertreter zu Protokoll oder durch schriftliche Verfügung zu eröffnen und der Polizeibehörde mitzuteilen. Die Mitteilung einer Beschlagnahme kann an den Besitzer der beschlagnahmten Gegenstände oder dessen Vertreter auch mündlich erfolgen. Die Polizeibehörde hat die getroffenen Anordnungen unverzüglich entweder durch polizeiliche Verfügung zu bestätigen oder aufzuheben.

§ 9.

Auskunftspflicht der Betriebe.

Die Inhaber der im § 7 bezeichneten Räume, Einrichtungen und Geräte und die von ihnen bestellten Betriebs- oder Geschäftsleiter und Aufseher sowie die

Händler, die an öffentlichen Orten, insbesondere auf Märkten, Plätzen, Straßen oder im Umherziehen, Lebensmittel oder Bedarfsgegenstände zum Verkaufe vorrätig halten, feilhalten oder verkaufen, sind verpflichtet, die Beamten und Sachverständigen bei der Ausübung der im § 7 bezeichneten Befugnisse zu unterstützen, insbesondere ihnen auf Verlangen die Räume zu bezeichnen, die Gegenstände zugänglich zu machen, verschlossene Behältnisse zu öffnen, angeforderte Proben auszuhändigen, die Entnahme von Proben zu ermöglichen und für die Aufnahme der Proben geeignete Gefäße oder Umhüllungen, soweit solche vorrätig sind, gegen angemessene Entschädigung zu überlassen.

§ 10.

Verschwiegenheitspflicht der Sachverständigen und Beamten.

Die Beamten der Polizei und die von der zuständigen Behörde beauftragten Sachverständigen sind, vorbehaltlich der dienstlichen Berichterstattung und der Anzeige von Gesetzwidrigkeiten, verpflichtet, über die Tatsachen und Einrichtungen, die durch die Ausübung der im § 7 bezeichneten Befugnisse zu ihrer Kenntnis kommen, Verschwiegenheit zu beobachten und sich der Mitteilung und Verwertung von Geschäfts- oder Betriebsgeheimnissen zu enthalten, auch wenn sie nicht mehr im Dienste sind.

Die Sachverständigen sind hierauf zu beeidigen.

§ 11.

Zuständigkeit der Behörden.

Die Zuständigkeit der Behörden und Beamten für die im § 7 bezeichneten Maßnahmen richtet sich nach Landesrecht.

Landesrechtliche Bestimmungen, die den Behörden weitergehende Befugnisse als die im § 7 bezeichneten geben, bleiben unberührt.

Der Vollzug des Gesetzes liegt den Landesregierungen ob. Die Reichsregierung stellt mit Zustimmung des Reichsrats die zur Sicherung der Einheitlichkeit des Vollzugs erforderlichen Grundsätze, insbesondere für die Bestellung von geeigneten Sachverständigen und die Gewährleistung ihrer Unabhängigkeit, fest.

§ 12.

Strafbestimmungen wegen Lebensmittelvergehen.

Wer vorsätzlich einem der Verbote des § 3 oder einer nach § 5 Nr. 1 erlassenen Vorschrift zuwiderhandelt, wird mit Gefängnis und mit Geldstrafe oder mit einer dieser Strafen bestraft.

Der Versuch ist strafbar.

Ist durch die Tat eine schwere Körperverletzung oder der Tod eines Menschen verursacht worden, so tritt an Stelle des Gefängnisses Zuchthaus bis zu zehn Jahren.

Neben der Freiheitsstrafe kann auf Verlust der bürgerlichen Ehrenrechte, neben Zuchthaus auch auf Zulässigkeit von Polizeiaufsicht erkannt werden.

Ist die Zuwiderhandlung fahrlässig begangen, so tritt Geldstrafe und Gefängnis oder eine dieser Strafen ein.

§ 13.

Strafbestimmung wegen Lebensmittelvergehen.

Wer vorsätzlich einem der Verbote des § 4 oder einer nach § 5 Nr. 2, 3 erlassenen Vorschrift zuwiderhandelt, wird mit Gefängnis bis zu sechs Monaten und mit Geldstrafe oder mit einer dieser Strafen bestraft.

Ist die Zuwiderhandlung fahrlässig begangen, so tritt Geldstrafe bis zu einhundertfünfzig Reichsmark oder Haft ein.

§ 14.

Einziehung oder Vernichtung.

In den Fällen des § 12 ist neben der Strafe auf Einziehung oder Vernichtung der Gegenstände, auf die sich die Zuwiderhandlung bezieht, zu erkennen, auch wenn die Gegenstände dem Verurteilten nicht gehören. In den Fällen des § 13 kann dies geschehen.

Kann keine bestimmte Person verfolgt oder verurteilt werden, so kann auf die Einziehung oder Vernichtung der Gegenstände selbständig erkannt werden, wenn im übrigen die Voraussetzungen hierfür vorliegen.

§ 15.

Betriebsuntersagung.

Ergibt sich in den Fällen der §§ 12, 13, daß dem Täter die erforderliche Zuverlässigkeit fehlt, so kann ihm das Gericht in dem Urteil die Führung eines Betriebes ganz oder teilweise untersagen oder nur unter Bedingungen gestatten, soweit er sich auf die Herstellung oder den Vertrieb von Lebensmitteln oder Bedarfsgegenständen erstreckt. Vorläufig kann es eine solche Anordnung durch Beschluß treffen.

Die zuständige Verwaltungsbehörde kann die nach Abs. 1 Satz 1 getroffene Anordnung aufheben, wenn seit Eintritt der Rechtskraft des Urteils mindestens drei Monate verflossen sind.

Wer der Untersagung zuwiderhandelt, wird mit Gefängnis und mit Geldstrafe bestraft.

§ 16.

Bekanntmachung des Urteils.

In den Fällen der §§ 12, 13 kann neben der Strafe angeordnet werden, daß die Verurteilung auf Kosten des Schuldigen öffentlich bekanntzumachen ist. Auf Antrag des freigesprochenen Angeklagten kann das Gericht anordnen, daß der Freispruch öffentlich bekanntzumachen ist; die Staatskasse trägt in diesem Falle die Kosten, soweit sie nicht dem Anzeigenden auferlegt worden sind (§ 469 der Strafprozeßordnung).

In der Anordnung ist die Art der Bekanntmachung zu bestimmen; sie kann auch durch Anschlag an oder in den Geschäftsräumen des Verurteilten oder Freigesprochenen erfolgen.

§ 17.

Strafbestimmung wegen Auskunftsverweigerung.

Wer der durch § 9 auferlegten Verpflichtung zuwiderhandelt, wird mit Geldstrafe bis zu einhundertfünfzig Reichsmark oder mit Haft bestraft.

§ 18.

Strafbestimmung gegen Verletzung der Verschwiegenheit.

Wer der durch § 10 Abs. 1 auferlegten Verpflichtung zuwiderhandelt, wird mit Gefängnis bis zu einem Jahre oder mit Geldstrafe bestraft.

Die Verfolgung tritt nur auf Antrag des Verletzten ein; die Zurücknahme des Antrags ist zulässig.

§ 19.

Betrifft Nebengesetze.

Im § 15 Abs. 1 des Gesetzes, betreffend den Verkehr mit Butter, Käse, Schmalz und deren Ersatzmitteln, vom 15. Juni 1897 (RGBl. S. 475) und im § 27 Abs. 1 des Weingesetzes vom 7. April 1909 (RGBl. S. 393) treten an Stelle der Worte „bis zu drei Monaten" die Worte „bis zu einem Jahre".

§ 20.

Ersatzpflicht für Kosten der Untersuchung.

Wenn im Verfolg der behördlichen Untersuchung von Lebensmitteln oder von Bedarfsgegenständen eine rechtskräftige strafrechtliche Verurteilung eintritt, fallen dem Verurteilten die der Behörde durch die Beschaffung und Untersuchung der Proben erwachsenen Kosten zur Last. Sie sind zugleich mit den Kosten des gerichtlichen Verfahrens festzusetzen und einzuziehen.

§ 21.

Verteilung der Geldstrafen.

Sind die technischen Unterlagen für eine Verurteilung durch eine öffentliche Anstalt zur Untersuchung von Lebensmitteln erbracht worden, so fallen die auf Grund dieses Gesetzes auferlegten Geldstrafen der Kasse zu, welche die Kosten der Unterhaltung der Anstalt trägt; kommen mehrere Anstalten oder mehrere Kassen in Betracht, so sind die Beträge angemessen zu verteilen.

§ 22.

Untersuchung bei Einfuhr.

Die Reichsregierung kann mit Zustimmung des Reichsrats die Untersuchung bestimmter Lebensmittel bei der Einfuhr anordnen.

§ 6 findet entsprechende Anwendung.

§ 23.

Ausländische Lebensmittel.

In den nach §§ 5, 22 zu erlassenden Verordnungen dürfen an die aus dem Ausland eingeführten Lebensmittel und Bedarfsgegenstände keine geringeren Anforderungen gestellt werden als an gleichartige inländische.

§ 24.

Inkrafttreten.

Dieses Gesetz tritt am 1. Oktober 1927 in Kraft.

Mit diesem Zeitpunkt treten der § 367 Nr. 7 des Strafgesetzbuchs, das Gesetz, betreffend den Verkehr mit Nahrungsmitteln, Genußmitteln und Gebrauchsgegenständen, vom 14. Mai 1879 (RGBl. S. 145), die Verordnung gegen irreführende Bezeichnung von Nahrungs- und Genußmitteln vom 26. Juni 1916 (RGBl. S. 588) und der III. Abschnitt der Verordnung über Handelsbeschränkungen vom 13. Juli 1923 (RGBl. I S. 699, 706) außer Kraft. Die auf Grund des Gesetzes vom 14. Mai 1879 erlassenen Verordnungen gelten weiterhin als Verordnungen auf Grund des § 5 dieses Gesetzes.

Soweit in anderen Gesetzen oder Verordnungen auf die im Abs. 2 Satz 1 bezeichneten Vorschriften Bezug genommen ist, treten an deren Stelle die entsprechenden Vorschriften dieses Gesetzes.

Die Reichsregierung kann mit Zustimmung des Reichsrats mit Inkrafttreten der nach § 5 Nr. 1 bis 5 zu erlassenden Verordnungen die durch diese Verordnungen ersetzten Vorschriften des Gesetzes über das Branntweinmonopol vom 8. April 1922 (RGBl. I S. 335, 405), des Biersteuergesetzes vom 9. Juli 1923 (RGBl. I S. 557) und des Gesetzes, betreffend die

Verwendung gesundheitsschädlicher Farben bei der Herstellung von Nahrungsmitteln, Genußmitteln und Gebrauchsgegenständen, vom 5. Juli 1887 (RGBl. S. 277) außer Kraft setzen.

Berlin, den 5. Juli 1927.

Der Reichspräsident.
von Hindenburg.

Der Reichsminister des Innern.
Dr. von Keudell.

---

2. Gesetz über den Verkehr mit Lebensmitteln und Bedarfsgegenständen (Lebensmittelgesetz).

Vom 5. Juli 1927.

(Kommentar.)

Der Reichstag hat das folgende Gesetz beschlossen, das mit Zustimmung des Reichsrats hiermit verkündet wird:

§ 1.

Lebensmittel[1]) im Sinne dieses Gesetzes sind alle Stoffe, die dazu bestimmt[2]) sind, in unverändertem oder zu ereitetem oder verarbeitetem[3]) Zustand von Menschen[4]) gegessen oder getrunken[5]) zu werden, soweit sie nicht überwiegend[6]) zur Beseitigung, Linderung[7]) oder Verhütung[8]) von Krankheiten bestimmt sind.

Den Lebensmitteln stehen gleich: Tabak, tabakhaltige und tabakähnliche Erzeugnisse, die zum Rauchen, Kauen oder Schnupfen bestimmt sind.*)

1. Die Begriffe „Nahrungsmittel" und „Genußmittel" sind in der neueren Zeit, auch in der Gesetzessprache, mehr und mehr unter dem Begriff „Lebensmittel" zusammengefaßt worden. Diesem Sprachgebrauch zu folgen, erscheint schon deshalb zweckmäßig, weil die Abgrenzung zwischen Nahrungsmitteln und Genußmitteln in vielen Fällen schwierig und zugleich entbehrlich ist; denn weder in dem bisherigen Gesetz noch in den neuen Bestimmungen werden Nahrungsmittel und Genußmittel rechtlich verschieden behandelt. Es handelt sich also um einen einheitlichen Begriff, der am besten durch das Wort „Lebensmittel" wiedergegeben wird. Indessen empfiehlt es sich, den Umfang dieses Begriffes im Gesetze selbst möglichst genau festzulegen, um Zweifeln bei der Anwendung vorzubeugen. Dabei wird man den Grundsätzen folgen können, die sich in der Rechtsprechung für die Abgrenzung des Begriffes der Nahrungs- und Genußmittel herausgebildet haben. Danach gehören zu den Lebensmitteln nicht nur die eigentlichen Speisen und Getränke, sondern auch deren Rohstoffe und Vorerzeugnisse, die von Menschen erst genossen werden, nachdem sie — sei es für sich oder in Verbindung mit anderen Stoffen — zubereitet oder verarbeitet worden sind, wie z. B. lebendes Schlachtvieh, Getreide, Hefe, Backpulver, Gewürze, Limonadenessenzen, Konditorfarben, Konservierungsmittel für Lebensmittel usw. Maßgebend muß dabei die Zweckbestimmung der einzelnen Ware sein, so daß z. B. solche Kartoffeln, die zweifelsfrei als Viehfutter bestimmt sind, dem Gesetze ebensowenig unterliegen wie für textilindustrielle Verwendung bestimmte Weinsäure. (Begr.)

Der Begriff des Lebensmittels deckt sich vollkommen mit dem des bisherigen Gesetzes: Nahrungs- und Genußmittel. Die alten Entscheidungen des Reichsgerichts hierüber sind daher noch maßgeblich. Ihr Inhalt ist zu einem guten Teil in den jetzigen Gesetzestext mitaufgenommen. Auch die in dem bereits vor zwei Jahren erschienenen zweiten Bande dieser Sammlung (Getränkegesetze) S. 1 in Anm. 1 zu § 1 wiedergegebene Definition stimmt zum Teil wörtlich mit Abs. 1 erster Teil überein:

„Lebensmittel sind zum menschlichen Gebrauche bestimmte Rohstoffe, Hilfsstoffe, Halbfabrikate oder fertige Speisen, die bei ordnungsmäßiger Benutzung aufgebraucht werden und bestimmt sind, das Leben zu unterhalten oder einen Genuß durch körperliches Genießen zu bereiten. Alles, was wir essen und trinken, gehört dazu."

Was nicht gegessen oder getrunken wird, ist also nicht Lebensmittel im Sinne des § 1, soweit nicht Abs. 2 Platz greift.

Gasförmige Stoffe, etwa Luft, oder Inhalationen fallen nicht unter dieses Gesetz, ebensowenig Parfüms, Badeessenzen und ähnliches.

Zweifelhaft könnte erscheinen, ob gelutschte Bonbons der Definition des Lebensmittels entsprechen. Wenn auch zuzugeben ist, daß das Lutschen weder mit Essen noch Trinken sich deckt, so ist andererseits doch nicht fraglich, daß nach allgemeiner Sprach- und Verkehrsauffassung die Bonbons Lebensmittel sind, die meist der früheren Unterart der Genußmittel zugehören.

Ein Mangel der gesetzlichen Definition ist auch, daß die Nährklistiere nicht darunter fallen. Zwar ist die praktische Bedeutung nicht groß, weil diese Art der Ernährung entweder von Ärzten oder doch unter ärztlicher Leitung vorgenommen zu werden pflegt. Aber zu den Arzneimitteln gehört diese bei vielen Kranken notwendige Ernährungsform auch nicht, so daß bedenkliche Zutaten, wie z. B. das oft bei den Klistieren verwendete Eigelb, nur aus allgemeinen Gesichtspunkten beurteilt werden können.

Die jetzige Definition für Lebensmittel macht nicht mehr erforderlich, wie beim NMG., zwischen Genießen im körperlichen Sinne und Genuß mittels Auge, Ohr, Nase usw. zu unterscheiden.

Dagegen ist jetzt auch das inbegriffen, was früher, da es weder Nährstoffe dem Körper zuführte noch einen Genuß durch Verzehren bereitete, dem Gesetz nicht zweifelsfrei unterstand. Das sind in erster Linie eine Anzahl Hilfsstoffe, die nur mitgegessen oder mitgetrunken werden, weil sie entweder, wie die Farbstoffe, das Auge erfreuen sollen oder, wie etwa Hefe oder Konservierungsmittel, aus dem fertigen Lebensmittel nicht mehr zu entfernen sind. Siehe das Weitere in Anm. 5.

2. Das jetzige Gesetz setzt die Bestimmung zum menschlichen Genuß als alleinige Bedingung für die Unterstellung unter seine Vorschriften fest. Die Eignung zu Ernährungszwecken wird nicht durchaus erfordert. Bei sehr vielen Fällen ist aber vorauszusehen, daß die Zweckbestimmung nicht immer klar hervortreten wird. Zwar wird mangels einer gegenteiligen Angabe auf den fraglichen Waren stets angenommen werden können, daß alles, was ein Lebensmittelgeschäft feilhält, zu menschlichem Genusse bestimmt ist, wie auch sonst aus Angeboten oder Drucksachen (Listen) meist unmißverständlich der Gebrauchszweck zu ersehen sein wird; aber es bleiben genug Möglichkeiten, z. B. in Gemischtwarenhandlungen besonders des flachen Landes, die etwa vorgebrachte Behauptung, die fragliche Ware diene gar nicht menschlichen Ernährungszwecken, sondern sei für andere Verwendung bestimmt, sachlich nachprüfen zu müssen.

Hier sei darum kurz skizziert, welche objektiven Eigenschaften einem Lebensmittel innewohnen sollen.

Nahrung ist alles das, was wir für unsere Ernährung gebrauchen und zu diesem Zwecke essen oder trinken. Die Nahrung wird aus den verschiedenartigsten Nahrungsmitteln oder Lebensmitteln zusammengesetzt. Diese bilden das Rohmaterial für die Mahlzeiten und bedürfen meist noch einer Vorbereitung, um genußfertig zu sein.

Diese Lebensmittel (im physiologischen Sinne) sind charakterisiert durch den Gehalt an gewissen chemischen Verbindungen, die den Nährwert ausmachen und Nährstoffe heißen.

Die Hauptrepräsentanten der Nährstoffe sind

Wasser,
Eiweißstoffe,
Fett,
Kohlehydrate (Zucker, Stärke),
Mineralstoffe (Salze, wie phosphorsaure Salze, Eisen, Kalkverbindungen usw.).

Daneben kennen wir eine Anzahl von Stoffen, die weniger der Krafterzeugung durch den Verbrennungsprozeß und der Ergänzung bezw. Erneuerung der Körpergewebe dienen, als vielmehr andere Funktionen erfüllen, bei deren Mangel sich erhebliche Störungen im Wohlbefinden einstellen können, die aber nicht geeignet sind den Hunger zu stillen, und damit die wichtigste Eigenschaft eines Lebensmittels nicht haben.

Solche Stoffe nennen wir Ergänzungsnährstoffe.

Eisen, Kalk, Lezithin, Vitamine sind Beispiele für diese Körperklasse. Sie finden sich in der Regel in ausreichenden Mengen in den Lebensmitteln vor.

Um objektiv als Lebensmittel anerkannt zu werden, müssen die betreffenden Stoffe alle oder mehrere oder doch wenigstens einen Nährstoff in Mengen bieten, daß eine vernünftige Dosierung den jeweiligen Nutzeffekt zu gewähren vermag.

Von älteren, noch maßgeblichen prinzipiellen Entscheidungen des Reichsgerichts seien folgende genannt:

RG. vom 10. Juli 1882 (R. IV 684). Hopfen ist Nahrungsmittel, wenn er auch noch mit anderen Stoffen erst verarbeitet werden muß.

RG. vom 9. April 1881 (R. III 220), RG. vom 12. Juli 1883 (R. V 514). Nahrungsmittel sowohl in fester wie flüssiger Form dienen der Ernährung des menschlichen Körpers.

Genußmittel sind von Menschen genossene Stoffe, die nicht der Ernährung zu dienen brauchen.

Genießen ist im eigentlichen, nicht im uneigentlichen Sinne zu verstehen.

Die Genußmittel müssen dem menschlichen Körper zugeführt und im Genusse verbraucht werden. Blumen gehören also nicht dazu.

RG. vom 10. Juli 1882 (R. IV 684). Vorhergehende Zubereitung ist für den Nahrungsmittelbegriff nicht erforderlich.

RG. vom 16. April 1888, RG. vom 24. Februar 1880 (R. I 385). Zur Saat ausgesteckte Kartoffeln sind solange ein Nahrungsmittel, wie sie dafür tauglich sind.

RG. vom 2. Juli 1881 (R. III 456). Auch ganze Weizenkörner oder Gerste sind Nahrungsmittel.

RG. vom 1. Juni 1893. Getreide ist ein Rohstoff, der als Nahrungsmittel gilt.

RG. vom 2. Dezember 1886 (R. VIII 721), RG. vom 1. Juli 1884 (R. VI 488), RG. vom 6. Oktober 1892 (E. XXIII 242). Lebende Tiere als Schlachttiere sind Nahrungsmittel.

RG. vom 28. Mai 1900 (E. XXXIII 301) sowie RG. vom 29. September 1900 (ib. S. 386) erklären Hefe als Nahrungsmittel.

3. Wie die in Anm. 2 aufgeführten Entscheidungen des RG. zeigen, hat auch das RMG. bereits alle Rohstoffe mit umfaßt, gleichgültig welcherlei Vorbereitungen für den unmittelbaren Genuß noch zu treffen waren.

§ 1 Abs. 1 spricht das jetzt klar aus, daß es gleichgültig sei, ob die „Stoffe“

unverändert,
zubereitet oder
verarbeitet

worden sind.

Als „Stoffe“ sind hier sowohl Rohstoffe, Naturerzeugnisse als mehr oder weniger weitgehend für den unmittelbaren menschlichen Verzehr vorbereitete Halb- oder Fertigerzeugnisse zu verstehen: nicht nur das Getreidekorn, auch das Mehl oder der Grieß, sondern auch das Gebäck oder die Teigware oder der Brei sind Stoffe im obigen Sinne.

Unverändert sind die Stoffe, solange sie sich in dem Zustande befinden, in dem die Natur sie uns bietet.

Ein Reinigungsprozeß ändert hier nichts, gleichgültig ob er durch Waschen oder Sieben oder ähnliche Handlungen vollzogen wird.

Zubereiten und Verarbeiten gehen oft ineinander über, was rechtlich bedeutungslos ist. Meist wird aber Verarbeiten die industrielle Weiterbehandlung des Rohstoffes bezeichnen, während Zubereitung mehr ein Ausdruck für die genußfertige Herstellung ist. Verarbeiten ist also mehr gewerblich, Zubereiten mehr küchenmäßig. Völlig verschieden hiervon ist der pharmazeutische Begriff der Zubereitung, wie er zurzeit in der Verordnung vom 22. Oktober 1901 umschrieben ist. Während bei dieser die Form der Zubereitung von Bedeutung ist, handelt es sich im LMG. nur um die Tatsache der Zubereitung, gleich in welcher Form sie erfolgte.

4. Nur menschliche Lebensmittel unterliegen dem LMG. Der Verkehr mit tierischen Nahrungsmitteln findet seine Regelung durch das Futtermittelgesetz vom 22. Dezember 1926 (RGBl. I S. 525). Vgl. Teil XI.

Schon zum NMG. hatte das RG. in einer Reihe von Entscheidungen ausgesprochen, daß es nur auf menschliche Nahrungs- und Genußmittel Bezug habe (siehe Anm. 2). Gelegentlich kann der menschliche Verwendungszweck fraglich werden. Im allgemeinen dürfte aber, abgesehen von der direkten Offerte, die ganze Umgebung des fraglichen Stoffes erkennen lassen, ob er für Menschen oder Tiere bestimmt ist. Abgesehen davon, daß wir tierische Nahrungsmittel meist oder gewohnheitsmäßig als Futter oder Futtermittel bezeichnen (Futtererbsen im Gegensatz zu Erbsen schlechthin), ist nicht anzunehmen, daß ein Lebensmittelgeschäft, welches als Lieferstelle menschlicher Nahrung aufgemacht ist, Stoffe feilhält, die für Tiere bestimmt sind, es sei denn, daß sie ausdrücklich und unmißverständlich als Tierfutter bezeichnet sind. Vgl. Anm. 2.

5. Wie in Anm. 1 ausgeführt, gehören zu dem, was gegessen und getrunken wird, auch die Hilfsstoffe, welche in der fertigen Kost verbleiben, weil sie nicht mehr entfernbar sind.

Hilfsstoffe für die Zubereitung oder Erhaltung oder Aufmachung der Lebensmittel gibt es viele.

Triebmittel sind Hefe und Backpulver, die (abgesehen von der neuerlichen Sonderverwendung der Hefe) zunächst nur mitgenossen werden, weil sie nicht wieder aus den Gebäcken entfernt werden können.

Die Farbstoffe haben zwar nur einen koloristischen Zweck zu erfüllen, müssen aber gleichfalls mitgenossen werden. Auch die chemischen Konservierungsmittel werden nicht ihrer selbst willen gegessen oder getrunken, wenigstens ihre übergroße Mehrzahl, aber bei ihnen gelingt eine Entfernung vor dem Genuß nur ganz ausnahmsweise.

Hierher gehören noch Streumehle, Backfette, Geliermittel usw., die alle nur eines technischen Zweckes wegen verwendet werden, aber schließlich doch bei den betreffenden Lebensmitteln verbleiben müssen.

Man vergleiche hierzu die Entscheidungen des RG. vom 28. Mai 1900 (E. XXXIII 301) und vom 29. September 1900 (E. XXXIII 386), betr. Hefe, welche beide bereits die Hefe als „Genußmittel" im Sinne des NMG. anerkannten, obgleich ihr der erforderlich gewesene „Genußwert" sicherlich nicht innewohnt.

Die Hilfsstoffe waren eben früher nur schwer unterzubringen. Nur einige Sonderbestimmungen in Nebengesetzen befaßten sich mit ihnen, wie das Weingesetz und das Fleischbeschaugesetz.

Den Verkehr mit Hefe regelt übrigens jetzt zu einem Teile das Branntweinmonopolgesetz vom 8. April 1922 (in Bd. 2: Getränkegesetze, S. 214 ff.).

6. Bezüglich der Arzneimittel heißt es in der Begründung:

„Nicht zu den Lebensmitteln gehören jedoch die Arzneimittel. Bei der Abgrenzung der Arzneimittel von den Lebensmitteln wird so zu verfahren sein, daß die sogenannten diätetischen Nährmittel, die vorwiegend für die Ernährung von Säuglingen, Greisen, Schwächlichen, Genesenden, Schwangeren oder Stillenden bestimmt sind, zweifellos unter die Lebensmittel und damit unter das Gesetz fallen, damit die Verbraucher namentlich gegen den Bezug verdorbener oder irreführend bezeichneter Nährmittel dieser Art geschützt werden können. Der Entwurf nimmt daher von den Stoffen, die dazu bestimmt sind, gegessen oder getrunken zu werden, nur diejenigen aus, die „überwiegend zur Beseitigung oder Linderung von Krankheiten bestimmt sind". Dadurch fallen solche Lebensmittel, die, wie Wein oder Branntwein, gelegentlich auch als Heilmittel Verwendung finden, ebenso unter das Gesetz wie bloße Vorbeugungsmittel, zu denen man auch manche Nährmittel rechnen könnte, nicht aber solche Stoffe, die, an sich Arzneimittel, doch von manchen krankhaft veranlagten Menschen als Genußmittel genommen werden, wie z. B. Morphium, Kokain, Äther."

Der überwiegende Verwendungszweck entscheidet

Es gibt sehr viele Dinge mit mehrfachen, ganz verschiedenartigen Funktionen oder Aufgaben. Z. B. sind die diätetischen Nährmittel arzneimittelartige Lebensmittel, die entweder besonders reich an gewissen, sonst weniger sich findenden Verbindungen sind oder sich durch eine leichter resorbierbare Form oder andere Vorzüge auszeichnen. Bei ihnen soll die Hauptverwendung entscheidend sein, ob sie als Lebensmittel oder Arzneimittel zu gelten haben. Die Entscheidung darüber, welches der Hauptverwendungszweck sei, ist der allgemeinen Verkehrsanschauung zu entnehmen. Kaffee ist in der Hauptsache ein Genußmittel. Es gibt aber auch eine Anzahl Indikationen, die den Arzt veranlassen können, Kaffee zu verordnen. Er wird aber den Bestimmungen dieses Gesetzes unterliegen müssen, weil er überwiegend ein Lebensmittel ist. Nach RG. vom 28. Juni 1883 ist der Verkäufer nicht verpflichtet, sich nach dem etwaigen Verwendungszweck zu erkundigen (durch Drogisten-Jahrbuch 1911 S. 80).

RG. vom 13. Juli 1881 (E. IV 393). Heilmittel können gleichzeitig auch Nahrungsmittel sein.

LG. Dessau vom 7. August 1905: „Dem Verkäufer einer Ware kann nicht zugemutet werden, von seinen Kunden Aufklärung darüber zu verlangen, was er mit der Ware machen wolle."

OLG. Rostock vom 24. September 1926 — II Ha 248/26) — (durch HRR. S. 49):

„Mit Recht bemängelt die Revision, daß das angefochtene Urteil der Frage, ob die Arzneimittel als Heilmittel oder als Kräftigungsmittel abgegeben sind, keine Bedeutung beimißt. Im allgemeinen ist zwar kein besonderes Gewicht darauf zu legen, zu welchem Zwecke die Abgabe erfolgt. Wenn es sich aber um Mittel handelt, die ihrer Beschaffenheit nach sowohl als Heilmittel wie auch als Kräftigungsbezw. Schönheitsmittel in Frage kommen, ist die Untersuchung dieser Frage von entscheidender Bedeutung."

LG. Danzig (II. Strafk.) vom 12. März 1925:

„Kindermehl ist weder ein Arzneimittel noch eine Arznei, sondern ein Nährmittel. Nährmittel und Arzneimittel sind ihrem Wesen nach vollkommen verschieden und scharf zu trennende Begriffe. Ein Nährmittel ist ein Stoff, welcher seiner Zusammensetzung und Wirkung nach lediglich dem Aufbau des Körpers, also der Ernährung, dient. Es ist weiter nichts als ein Nahrungsmittel, welches so beschaffen ist, daß der Körper zu seiner Aufnahme und Verwertung zum Aufbau möglichst wenig Arbeit zu leisten hat. Ein Arzneimittel aber kann nie als Nahrungsmittel verwendet werden; denn es ist stets ein körperfremder Stoff, welcher nicht zum Aufbau des Körpers aufgenommen werden kann, sondern nur zur Anregung oder Aufreizung des Körpers verwendet wird, um dadurch eine der Heilung förderliche Tätigkeit des

Körpers auszulösen. Es kann demnach keine Rede davon sein, daß das Kindermehl zu den Arzneien oder Arzneimitteln gerechnet werden könnte. Der Sachverständige glaubte zwar auch Kindermehl als ein Arzneimittel bezeichnen zu dürfen. Er vermochte aber keine überzeugende Begründung für seine Ansicht zu geben. Dem Angeklagten kann nicht geglaubt werden, daß er Kindermehl für ein Arzneimittel gehalten habe. Der Begriff „Arzneimittel" steht fest und ist, wie auch der Sachverständige bestätigt hat, jedem Apotheker auf Grund der vorgeschriebenen Vorbildung geläufig. Es besteht daher kein Zweifel, daß auch der Angeklagte als geprüfter und erfahrener Apotheker gewußt hat, daß das von ihm verkaufte Kindermehl kein Arzneimittel im Sinne der genannten (Preistreiberei-) Verordnung, sondern ein Nährmittel ist."

Das LG. Danzig übersieht in diesem Urteil, daß Arzneimittel und Heilmittel keineswegs sich voll deckende Begriffe sind. Arzneimittel ist viel mehr und umfassender als Heilmittel. Z. B. gehören die Vorbeugungsmittel wohl zu den Arzneimitteln, nicht aber zu den Heilmitteln. Auch Nährpräparate haben wohl meist Arzneimittelcharakter, sind aber keine Heilmittel, wenn sie nicht geradezu als solche angeboten werden, wenigstens nicht im Sinne der Verordnung vom 22. Oktober 1901. Vgl. hierzu die sehr reichhaltige Judikatur bei Sonnenfeld, Handel mit Drogen und Giften (Nr. 64 dieser Sammlung).

7. Mittel zur Beseitigung oder Linderung von Krankheiten sind Heilmittel, wie die in Vollmacht des § 6 Abs. 2 RGO. ergangene Kaiserliche Verordnung vom 22. Oktober 1901 (RGBl. S. 380) in § 1 definiert. Sie finden ihre Verkehrsregelung von ganz anderen Gesichtspunkten aus als die Lebensmittel.

Bei ihnen spielt nicht nur die Beschaffenheit eine Rolle, die zurzeit das Deutsche Arzneibuch, VI. Ausgabe, seit 1. Januar 1927 bestimmt, sondern auch die in der Apothekenbetriebsordnung und den Vorschriften über die Abgabe stark wirkender Arzneimittel enthaltenen, die Gesundheit schützenden Maßregeln, sowie endlich die Abgrenzung des freien Handels gegenüber dem Apothekenmonopol; zurzeit die hierüber zitierte Verordnung (siehe Teil XII).

8. Die Vorbeugungsmittel, die zur Verhütung von Krankheiten bestimmten Stoffe, hat erst die Kommission des Reichstags in den Gesetzestext hineingebracht (2. Lesung). Die Antragsteller erklärten es für wichtig, Mittel, die der Vorbeugung oder Verhinderung von Krankheiten dienen, vom Gesetz auszunehmen, diese vielmehr der kommenden Regelung des Arzneimittelwesens zu unterstellen.

Regierungsvertreter Juckenack hatte keinerlei Bedenken gegen den Antrag, da es sich um Mittel handle, die den Charakter von Arzneimitteln, nicht von Lebensmitteln haben. Daraufhin wurde die jetzige Fassung beschlossen.

Arzneimittel ist ein Begriff, der sowohl die Heilmittel wie die Vorbeugungsmittel umfaßt. Ein Heilmittel setzt eine bestehende Erkrankung voraus, während das Vorbeugungsmittel beim gesunden Körper Verwendung findet, gesund in bezug auf das betreffende Vorbeugungsmittel. Denn ein Vorbeugungsmittel gegen Erkältung wird nicht dadurch zum Heilmittel, weil der Einnehmende zufällig etwa eine Magenverstimmung hat. Alle Lebensmittel sind z. B. in gewissem Sinne Vorbeugungsmittel, schon weil der bei Kräften erhaltene Körper nicht so leicht erkrankt; aber nicht die den Hunger stillenden Lebensmittel sind hier gemeint. Meist sind es körperfremde Stoffe, die, wie die Arzneiteemischungen oder Mineralwässer, zwar wie Lebensmittel genossen werden, aber ohne eine Kraftquelle für ihn zu sein. Die Ergänzungsnährstoffe werden häufig Vorbeugungsmittel, oft sogar Heilmittel. Vgl. Anm. 2.

9. Nach § 1 Abs. 1 ist nur das, was gegessen oder getrunken wird, als Lebensmittel im Sinne dieses Gesetzes anzusehen. Das ist aber bei Tabak und Tabakerzeugnissen nicht zutreffend. Abs. 2 stellt daher Tabak, tabakhaltige und tabakähnliche Erzeugnisse, die zum Rauchen, Kauen oder Schnupfen bestimmt sind, den Lebensmitteln gleich.

Tabak und Zigarren unterlagen zwar schon dem NMG., wie RG. bereits am 31. März 1881 (R. III 848) entschieden hatte, aber bei der jetzt gegebenen Definition mußten sie besonders genannt werden. Auf sie finden die Bestimmungen des Tabaksteuergesetzes vom 12. September 1919 (RGBl. S. 1667) Anwendung, insbesondere das Verbot, Tabakersatzstoffe bei der Herstellung von Zigarren zu verwenden.

Kaugummi gehört nicht zu den Erzeugnissen, die Abs. 2 benennt; auch bei den anderen Objekten des Gesetzes ist er nicht unterzubringen.

Aus der amtlichen Begründung des Entwurfs:

„Der Tabak ist in seinen Anwendungsformen als Rauch-, Kau- und Schnupftabak in Deutschland stets zu den Genußmitteln gerechnet worden. Da er nach dem herrschenden Sprachgebrauch nicht zu den Lebensmitteln gehört, bedarf es besonderer Erwähnung, daß Tabak, tabakhaltige und tabakähnliche Erzeugnisse dem Gesetz in gleicher Weise unterliegen sollen wie Lebensmittel. Kaugummi fällt nicht unter § 1. Sollte sich ein Bedürfnis ergeben, auch den Verkehr mit Kaugummi zu überwachen, so würde § 2 Nr. 6 hierzu eine Handhabe bieten."

Aus dem Bericht der Reichstagskommission:

„Betreffs Einbeziehung von Tabak, tabakhaltigen usw. Erzeugnissen weist Dr. Juckenack darauf hin, daß hier nicht neues Recht geschaffen werden solle, da diese Erzeugnisse schon unter das bisherige Nahrungsmittelgesetz fielen und auch wiederholt Anlaß zu Beanstandungen gegeben hätten. Im Anschluß daran gibt Dr. Günther (vom Reichsgesundheitsamt) folgende Erklärung ab: Die Einbeziehung des Tabaks in § 1 des Gesetzes erscheint auch auf Grund von gegenwärtig im Gange befindlichen Untersuchungen des Reichsgesundheitsamts dringend erforderlich. Die Zigarrenfabriken sind infolge entsprechender Nachfrage gezwungen, neuerdings in stärkerem Maße als bisher zur Herstellung von nikotinarmen Zigarren überzugehen. Zigarren, die als „nikotinfrei" oder „nikotinarm" feilgehalten werden, enthalten indessen nach den Untersuchungen des Reichsgesundheitsamts nicht selten solche Nikotinmengen, die dem Nikotingehalt gewöhnlicher Zigarren keineswegs nachstehen. Wenn in Krankheitsfällen Rauchern ärztlicherseits nur das Rauchen nikotinarmer Zigarren erlaubt wird, so leiden sie Schaden an ihrer Gesundheit, wenn ihnen schwere Zigarren unter täuschenden Bezeichnungen wie „nikotinarm" oder „nikotinfrei" verkauft werden. Es besteht daher ein erhebliches gesundheitliches Interesse daran, in § 1 des Gesetzentwurfs den Tabak den Lebensmitteln gleichzustellen."

§ 2.[1])

Bedarfsgegenstände[2]) im Sinne dieses Gesetzes sind:

1. Eß-, Trink-, Kochgeschirr und andere Gegenstände, die dazu bestimmt sind, bei der Gewinnung,[3]) Herstellung,[3]) Zubereitung,[3]) Abmessung, Auswägung, Verpackung, Aufbewahrung, Beförderung[4]) oder dem Genusse von Lebensmitteln verwendet zu werden und dabei mit diesen in unmittelbare Berührung zu kommen;
2. Mittel[5]) zur Reinigung,[6]) Pflege, Färbung[7]) oder Verschönerung der Haut, des Haares, der Nägel oder der Mundhöhle;[8])
3. Bekleidungsgegenstände,[9]) Spielwaren,[9]) Tapeten,[10]) Masken,[11]) Kerzen,[12]) künstliche Pflanzen und Pflanzenteile;[13])
4. Petroleum;[14])
5. Farben, soweit sie nicht zu den Lebensmitteln gehören;[15])
6. andere Gegenstände, welche die Reichsregierung mit Zustimmung des Reichsrats und nach Anhörung des zuständigen Ausschusses des Reichstags bezeichnet.

1. Wie der Entwurf bis auf den Zusatz in Nr. 6: „und nach Anhörung des zuständigen Ausschusses des Reichstags", der erst im Reichstag dazukam.

§ 2 bezeichnet diejenigen „Bedarfsgegenstände" (dieser Ausdruck ist richtiger als „Gebrauchsgegenstände", weil es sich vielfach um Verbrauchsgegenstände handelt), die neben den Lebensmitteln von einzelnen, nämlich den hygienischen Bestimmungen des Gesetzes getroffen werden. Ihr Kreis ist gegenüber den Bestimmungen des NMG. in mehrfacher Richtung erweitert worden.

In den zur Ergänzung des NMG. ergangenen Sondergesetzen — dem Gesetz, betr. den Verkehr mit blei- und zinkhaltigen Gegenständen, vom 25. Juni 1887 (RGBl. S. 273) und dem Gesetz, betr. die Verwendung gesundheitsschädlicher Farben bei der Herstellung von Nahrungsmitteln, Genußmitteln und Gebrauchsgegenständen, vom 5. Juli 1887 (RGBl. S. 277) — sind Verbote ausgesprochen, denen außer den im NMG. aufgeführten noch einige andere Gruppen von Bedarfsgegenständen unterliegen; es fehlte jedoch die im NMG. ausgesprochene Ermächtigung der Polizeibeamten zum Betreten der Verkaufsräume und zur Probeentnahme, wie sie zur wirksamen Durchführung solcher hygienischen Vorschriften erforderlich ist. Der Entwurf zählt daher auch die wichtigsten der von den genannten Sondergesetzen betroffenen Bedarfsgegenstände auf.

Nr. 1 enthält die in hygienischer Beziehung wichtigsten Bedarfsgegenstände, die bei ungeeigneter Beschaffenheit Speisen und Getränke verunreinigen und dadurch gesundheitsgefährlich machen können. Die Fassung trägt dem Umstand Rechnung, daß häufig Gesundheitsschädigungen durch Geräte verursacht worden sind, die mit den Lebensmitteln bei ihrer Behandlung bestimmungsgemäß in Berührung kommen, ohne daß sie unter den Begriff „Eß-, Trink- und Kochgeschirr" fallen.

Nr. 2 führt die sogenannten kosmetischen Mittel auf, weil sie unter Umständen dem Körper gesundheitsschädliche Stoffe zuführen können. Für diese Mittel sind bereits in dem Gesetze, betr. die Verwendung gesundheitsschädlicher Farben usw., vom 5. Juli 1887 (RGBl. S. 277), in der Kaiserl. Verordnung, betr. den Verkehr mit Arzneimitteln, vom 22. Oktober 1901

(RGBl. S. 380), im Gesetz, betr. Beseitigung des Branntweinkontingents, vom 14. Juni 1912 (RGBl. S. 378) (übernommen in das Gesetz über das Branntweinmonopol, letzte Fassung vom 8. April 1922, RGBl. I S. 405, § 115) und in den Ausführungsbestimmungen zum Umsatzsteuergesetz, letzte Fassung vom 17. Juni 1922 (Zentralblatt für das Deutsche Reich S. 373), § 61 I 2 b, Begriffsbestimmungen gegeben. Der Entwurf schließt sich nahe an die letztgenannte ausführlichste an, wobei als selbstverständlich angenommen wird, daß die Zähne zur Mundhöhle gehören, also die Zahnreinigungsmittel inbegriffen sind, und daß Rasierseifen, Rasiercremes und dergl. unter die Mittel zur Pflege der Haut und des Haares fallen. Den gesetzlichen Schutz auch auf die Geräte zur Reinigung, Pflege usw. des Körpers auszudehnen — Schwämme, Bürsten, Kämme, Pinsel, Rasiergeräte usw. — erscheint entbehrlich; soweit durch solche Geräte Gesundheitsschädigungen vorkommen, liegt dies meist nicht an der Art ihrer Herstellung oder ursprünglichen Beschaffenheit, sondern an ungenügender Reinigung vor der Benutzung.

Nr. 3 und 4 enthalten die übrigen im Nahrungsmittelgesetz und Farbengesetz behandelten Gegenstände, soweit sie nicht als gegenwärtig bedeutungslos entbehrt werden können. Zu den Bekleidungsgegenständen werden auch die Haarnetze zu rechnen sein, nicht aber falsche Zöpfe, Perücken, Haarunterlagen und dergl.

Die Farben sind in Nr. 5 besonders aufgeführt, weil sie von einzelnen Gesetzesbestimmungen auszunehmen sind. Soweit die Farben zu den Lebensmitteln gehören, wie z. B. Konditorfarben, Butterfarben, sind sie natürlich allen für Lebensmittel geltenden Vorschriften des Gesetzes unterworfen (vgl. jedoch § 7 Abs. 2).

Nr. 6 gibt die Möglichkeit, auch andere Gegenstände, die sich als gesundheitlich nicht unbedenklich erweisen, auf dem Verordnungswege der Überwachung zu unterwerfen oder ganz zu verbieten.

Ein Mißbrauch dieser Ermächtigung ist schon deswegen nicht

zu befürchten, weil diese Bedarfsgegenstände lediglich den hygienischen Bestimmungen des Gesetzes unterworfen sind. Daß beim Erlaß derartiger Verordnungen, bei denen zur Sicherung der Bedürfnisse der einzelnen Länder der Reichsrat mitzuwirken haben wird, auch die Interessen der beteiligten Erwerbskreise genügend gewahrt werden, wird durch § 6 sichergestellt. (Begr.)

2. RNG. nannte die seinen Anordnungen unterstellten Nicht-Lebensmittel „Gebrauchsgegenstände". Der jetzt dafür gewählte Ausdruck „Bedarfsgegenstand" besitzt kaum Vorzüge vor dem alten, es sei denn, daß er sich an den vielumstrittenen Begriff „Gegenstand des täglichen Bedarfs" aus einer unseligen Zeit anscheinend anlehnt. Jedenfalls ist der bisherige Rechtsbegriff nicht verändert worden: er umfaßt alle diejenigen nicht zu den Lebensmitteln gehörenden Gegenstände, die das Gesetz ausdrücklich aufführt. Die von der amtlichen Begründung für die Umbenennung (siehe eingangs der Anm. 1) beigebrachte Erklärung ist nicht zutreffend. Zwischen Gebrauchsgegenständen und Verbrauchsgegenständen besteht hier in dem gemeinten Sinne kein Unterschied, wenigstens nur ein quantitativer. Es gibt eben eine Anzahl „Bedarfsgegenstände" des § 2, die verbraucht werden, besonders die Kosmetika der Nr. 2, eventuell auch noch das Petroleum, im Gegensatz zu den übrigen, bei denen man nicht von Verbrauch im Sinne des Aufbrauchens, sondern von Verschleiß, Abnutzung usw. zu sprechen pflegt.

Das alte NMG. betraf nur Spielwaren, Tapeten, Farben, Eß-, Trink- und Kochgeschirre neben Petroleum, das damals eine erheblich größere Rolle als Beleuchtungsmittel spielte als heute. Eine Erweiterung des Kreises der Gebrauchsgegenstände brachten einige Folgegesetze, besonders das Farbengesetz und das Blei- und Zinkgesetz. Da diese noch gültig geblieben sind und es auch wohl bleiben werden, wenn auch ihre äußere Form eine Änderung erfahren dürfte, so ist zwecks Erlangung einer Übersicht über die von der Gesetzgebung überhaupt betroffenen Gegenstände in folgender Tabelle alles aufgeführt, worüber sich in den maßgeblichen Gesetzen Angaben bezw. Anordnungen befinden.

Andere als hier aufgeführte Bedarfsgegenstände sind nicht aus dem LMG. und den zugehörigen Gesetzen und Verordnungen zu beurteilen.

Auch die Strafandrohungen betreffen nur die ausdrücklich genannten Gegenstände. Sonst wäre letzten Endes alles unter dieses Gesetz zu bringen, was niemand gewollt hat. Außer im LMG. finden sich Anordnungen im Blei- und Zinkgesetz und dem Farbengesetz über eine Anzahl hygienisch beachtlicher Dinge. Die Übersicht der gesetzlichen Bestimmungen ist etwas zerrissen; deshalb sind alle gesetzlich betroffenen Bedarfsgegenstände in der folgenden Tabelle alphabetisch geordnet und bei jedem Gegenstand angegeben, in welchem Gesetz und in welchem Paragraphen sich die bezüglichen Bestimmungen finden.

Tabelle der Bedarfsgegenstände.

(L = Lebensmittelgesetz, B = Blei- und Zinkgesetz, F = Farbengesetz. Die Zahlen bedeuten die Paragraphen.)

Abmessungsgeräte (Meßgefäße)	L 2, 1
Aufbewahrungsbehälter	L 2, 1
Auswägungsgeräte (Wagen)	L 2, 1
Bälle	B 2
Beförderungsgeräte	L 2, 1
Bekleidungsgegenstände	L 2, 3; F 7
Bierleitungen siehe Leitungen.	
Bilderbogen	F 4
Bilderbücher	F 4
Blätter, künstliche	F 7
Blumen, künstliche	F 7
Blumentopfgitter	F 4
Buch- und Steindruckfarben	F 5
Christbäume, künstliche	F 4

Trinkgeschirre	L 2, 1; B 1
Tuschfarben für Kinder	F 4
Tuschfarben jeder Art	F 6
Umhüllungen von Nahrungsmitteln	F 2
Verpackung von Nahrungsmitteln	L 2, 1; F 2
Verschönerungsmittel für Haut, Haare, Nägel oder Mundhöhle	L 2, 2
Vorhänge, Anstrich	F 9
Vorhangstoffe	F 7
Wände von Wohn- und Geschäftsräumen	F 9
Warzenhütchen	B 2
Weinleitungen siehe Leitungen.	
Zubereitungsgeräte (Maschinen usw.)	L 2, 1
Zugläden	F 9

3. Vgl. die bezüglichen Ausführungen in den Anm. 2 und 3 zu § 3.

Eßgeschirre, Trinkgeschirre, Kochgeschirre sind umfassende Begriffe, die alles in sich schließen, was beim Essen, beim Trinken und beim Kochen mit den Lebensmitteln in unmittelbare Berührung kommt. Ferner gehören die bei der gesamten Herstellung, Verpackung, Beförderung, Aufbewahrung usw. mit den Lebensmitteln gleichfalls in unmittelbare Berührung kommenden Gegenstände. Messer, Gabeln, Löffel, Meßgefäße, Siebe, Quirle, Mühlen, Töpfe, Backformen, Konservendosen, Pressen usw. usw. dazu. Auch Vorratsräume in ihrer Gesamtheit, wie z. B. die Kühlräume mit ihren Wänden, Haken, Karren u. a. m. gehören dazu, wenn sie so beschaffen sind, daß eine unmittelbare Berührung mit den dort aufbewahrten Lebensmitteln stattfindet.

4. In der Kommission verlangte ein Abgeordneter Aufklärung darüber, ob nach dem Wortlaute bei kleinen Buttertransporten („wenige Pfund") grundsätzlich neue Transportgefäße verlangt würden.

Der Regierungsvertreter verneinte diese Frage.

5. Nr. 2 umfaßt die kosmetischen Mittel. Der Gesetzestext lehnt sich fast wörtlich an § 3 des Gesetzes, betr. die Verwendung gesundheitsschädlicher Farben, vom 5. Juli 1887 (RGBl. S. 277) an, mit dem alleinigen Unterschied, daß noch die Verschönerungsmittel aufgezählt sind.

Kosmetika sind Zubereitungen zwecks Verwendung am gesunden lebenden Körper. Die Gesundheit des zu behandelnden Körpers ist natürlich nur Voraussetzung, soweit es sich um das fragliche Kosmetikum handelt. Ein in anderer Beziehung erkrankter Körper kann ein kosmetisches Erzeugnis nicht zum Heilmittel machen.

Auf die an nicht lebenden Körpern oder Körperteilen anzuwendenden Präparate bezieht sich selbstverständlich das Gesetz nicht. Was daher z. B. als Haarfärbemittel nicht zugelassen ist, kann sehr wohl zum Färben toten Haares für Pelzwerk, Perücken oder Zöpfe erlaubt sein.

Der kranke Körper erwartet Heilmittel (siehe die Verordnung vom 22. Oktober 1901, Teil XII). Für letztere gibt es keine Beschränkungen aus diesem Gesetz oder den zugehörigen Nebengesetzen, da der Arzt nach seinem beruflichen Ermessen verordnen kann, was er für zweckmäßig hält. Hier stehen ärztliche Verordnungen überhaupt nicht in Frage, sondern (im allgemeinen) gewerbsmäßig hergestellte und vertriebene Zubereitungen für einen größeren Abnehmerkreis.

Im Gesetz von 1887, das demnächst durch eine Verordnung ersetzt werden soll, finden sich auch die zurzeit gültigen Vorschriften über die kosmetischen Erzeugnisse (in § 1 Abs. 2, § 3).

Daß hier nur „Mittel" im pharmazeutisch-kosmetischen Sinne und nicht „Bedarfsgegenstände", wie Kämme, Bürsten, Roller, Quasten usw., gemeint sind, ergibt die Begründung (Anm. 1). Klar spricht das Gesetz das leider nicht aus. Herkömmlich werden aber die kosmetischen Hilfsmittel, soweit sie im Gebrauch wirklich konsumiert werden, als „Mittel" aufgefaßt, im Gegensatz zu den Apparaten oder Bedarfsgegenständen. Daß diese letzteren ganz frei von jeglicher hygienischer Fürsorge bleiben sollen, ist um so weniger anzunehmen, als einige kosmetische Gebrauchsgegenstände in der Tat in gesundheitsschädlicher Form schon früher aufgetreten sind, z. B. die Bleikämme, die statt Haarfärbe-„mittel" eine Zeitlang viel benutzt wurden.

Hier hat die Reichsregierung auf Grund der Ziffer 6 die Möglichkeit, einzugreifen.

Von Interesse dürfte es sein, in folgendem die in verschiedensten Gesetzen zerstreuten Bestimmungen zusammengestellt zu haben:

1. § 3 des Farbengesetzes:

Farbstoffe und Farbzubereitungen, die Antimon, Arsen, Barium, Blei, Kadmium, Chrom, Kupfer, Quecksilber, Uran, Zink, Zinn, Gummigutt, Korallin oder Pikrinsäure enthalten, dürfen nicht vorhanden sein, ausgenommen schwefelsaures Barium, Schwefelkadmium, Chromoxyd, Zinnober, Zinkoxyd, Zinnoxyd, Schwefelzink sowie Kupfer, Zinn, Zink und deren Legierungen in Form von Puder.

2. § 2 der Kaiserlichen Verordnung vom 22. Oktober 1901:

Kosmetische Mittel (Mittel zur Reinigung, Pflege oder Färbung der Haut, des Haares oder der Mundhöhle — Verschönerung ist an dieser Stelle noch nicht genannt —) dürfen außerhalb der Apotheken nur abgegeben werden, wenn sie frei von Kreosot, Phenylsalizylat (Salol) und Resorzin sind.

3. § 115 des Branntweinmonopolgesetzes:

Riechmittel, Mittel zur Reinigung, Pflege oder Färbung der Haut, des Haares, der Nägel oder der Mundhöhle dürfen nicht so hergestellt werden, daß sie Methylalkohol enthalten.

4. Ausführungsbestimmungen zu § 61 I 2b des Umsatzsteuergesetzes:

Unter kosmetischen Mitteln sind Mittel zur Reinigung, Pflege, Färbung oder Verschönerung der Haut, des Haares, der Nägel oder zur Reinigung und Pflege der Mundhöhle zu verstehen, wie insbesondere Puder aller Art, Haarfärbemittel, Haarentfettungspuder, Enthaarungspulver.

6. Um auch Reinigungsmittel, die zwar nur für wirtschaftliche Zwecke bestimmt sind, aber doch mit dem menschlichen Körper in unmittelbare Berührung kommen können, den Anforderungen zu unterwerfen, die die kommenden Ausführungsbestimmungen an Seifen und dergl. für menschlichen Gebrauch stellen werden, hatte der Reichswirtschaftsrat eine Nr. 2a vorgeschlagen, des Inhalts, daß „fettsäurehaltige Waschmittel", soweit sie nicht unter Nr. 2 fallen, den Bestimmungen des § 2 unterworfen sein sollten.

Die Regierungsvertreter lehnten in der Kommission mit Erfolg den Zusatz ab.

Der Entwurf sei bestrebt, die Kontrolle der Bedarfsgegenstände nicht weiter auszudehnen, als zum Schutze der Volksgesundheit notwendig sei. Ein gesundheitliches Bedürfnis habe sich bisher nicht ergeben; wirtschaftliche Rücksichten sollten aber schon im Hinblick auf die Fassung der §§ 3, 4 nicht in Betracht kommen. Sollte aus besonderen Gründen die Einbeziehung der Waschmittel geboten erscheinen, so könne dies durch eine nach § 2 Nr. 6 zu erlassende Verordnung geschehen.

Der Präsident des Reichsgesundheitsamts sagte ähnlich, daß die Aufnahme der Waschmittel unter die in § 2 aufgezählten Bedarfsgegenstände zurzeit mit gesundheitlichen Gründen nicht gestützt werden könne. Dem Reichsgesundheitsamt seien Gesundheitsschädigungen nennenswerter Art infolge Gebrauchs im Handel befindlicher Waschmittel nicht bekannt geworden. Es sei zu berücksichtigen, daß gewisse Personen gegenüber Seife und Waschmitteln eine Überempfindlichkeit der Haut besitzen, die sie zu dem Berufe einer Wäscherin usw. untauglich mache. Es kommt hinzu, daß Waschmittel mit gesundheitsschädlichen Eigenschaften sich nur sehr kurze Zeit im Verkehr halten und ihr Absatz sofort stocken würde, so daß die Hersteller schon im eigenen Interesse auf die Gesundheitsunschädlichkeit ihrer Erzeugnisse bedacht sind. Schließlich würde es Aufgabe der Gewerbeaufsicht sein, den Gebrauch schädlicher Waschmittel in Wäschereien zu verhindern.

Nur die für menschlichen Gebrauch bestimmten Reinigungsmittel (Seife usw.) unterliegen demnach den Bestimmungen des LMG., dagegen nicht die zur Reinigung von Wäsche usw. bestimmten Waschmittel, auch wenn sie mit Teilen des menschlichen Körpers (Händen) bei ordnungsmäßiger Verwendung in Berührung kommen. Nur solche Waschmittel für Gegenstände, die bei vernunftgemäßer und einer etwaigen Gebrauchsanweisung nicht widersprechender Anwendung sich als gesundheitsschädlich erweisen, müssen als von ungesetzlicher Beschaffenheit angesehen werden. Benzin z. B. ist ein einwandfreies Waschmittel. Wer aber längere Zeit mit den Händen Benzinwäsche ausübt, tut das auf eigene Gefahr.

Über die auf kosmetische Mittel in verschiedenen Gesetzen zerstreuten Anordnungen und Vorschriften siehe in Anm. 5.

7. Haarfärbemittel unterliegen den Beschränkungen nur insoweit, als es sich um Anwendung bei lebenden Haaren handelt. Färbung toten Haares (falsches Haar, Pelzwerk) ist an sich unbeschränkt, vorbehaltlich der sie als Bekleidungsgegenstände (Nr. 3 des § 2) betreffenden Vorschriften; siehe oben Anm. 5.

8. Bekleidungsgegenstände sind die zur menschlichen Bekleidung in ihrer Gesamtheit erforderlichen Stoffe und die aus ihnen gewonnenen bezw. hergestellten Kleidungsstücke. Da hier eine unmittelbare menschliche Berührung nicht gefordert ist, so fallen auch alle Oberkleider darunter.

Auch die als Hüllen bezeichneten, oft nur zum Umschlagen bestimmten Stoffflächen gehören dazu, ebenso Bade- und Bettwäsche, Taschentücher und sonstige als Textilwaren für den menschlichen Gebrauch bestimmte Gegenstände, ebenso Schuhwaren.

Perücken, falsches Haar und Haarunterlagen will zwar die Begründung von den Bekleidungsgegenständen ausschließen, das dürfte aber dem Wortlaut des Gesetzes nicht entsprechen, der sogar Masken ausdrücklich anführt.

Prothesen oder Gestaltsverschönerungsapparate haben noch nie den Charakter eines Bekleidungsgegenstandes gehabt. Sie sind nicht anders als etwa eine Krücke zu beurteilen.

9. Spielwaren ist alles, war zum Spielen dient. Wenn auch die übergroße Zahl der Spielwaren für Kinder bestimmt ist, so gibt es doch genug Spielwaren für Erwachsene oder solche, die sowohl für Kinder als auch für Erwachsene bestimmt sind. Sportspiele, Glücksspiele, Spielkarten, Geduldspiele, Brettspiele und zahlreiche andere sind im besten Sprachsinne Spielwaren. Es ist auch nicht einzusehen, weshalb die Spielwaren der Erwachsenen den hygienischen Vorschriften, die hier doch allein in Frage sind, entzogen bleiben sollen. Die von einigen Gerichten eingenommene Stellungnahme, daß nur Kinderspielwaren dem Schutze des LMG. unterliegen, kann nicht geteilt werden.

In dem hier vorgetragenen Sinne entschied OLG. Hamburg am 31. August 1892 (GoltdArch. 40, 202).

10. Tapeten sind aus Papier oder ähnlichem Material hergestellte, meist mehrfarbige, gemusterte Wandbekleidungen, die mittels eines Klebestoffes an der Wand dauerhaft befestigt werden. Gobelins, Teppiche, Holzverkleidungen und dergl. sind keine Tapeten.

11. Masken sind Gesichtsverkleidungen aus Stoff, Papier, Pappe, Holz und anderen Materialien. Falsche Bärte sind keine Masken. Vgl. auch Anm. 8.

12. Kerzen sind teils gewöhnliche Gebrauchsgegenstände, die nur der Beleuchtung dienen, teils luxuriös ausgestattete Dekorationsgegenstände. Besonders die letzteren sind gelegentlich Gegenstand behördlicher Maßnahmen gewesen. Z. B. erging vom Berliner Polizeipräsidium, ebenso in Dresden, eine Warnung gegen mit Zinnober rotgefärbte Kerzen, die beim Brennen Quecksilberdämpfe entwickeln. Auch mit arsen- oder antimonhaltigen Farben versetzte Kerzen würden ähnliche giftige Gase entwickeln. Das Gesetz vom 5. Juli 1887 verbietet in § 7 aber nur die Verwendung von Arsenfarben.

In Vollmacht des § 11 UWG. erging am 4. Dezember 1901/25. September 1926 eine Verordnung, die bestimmte Packungen von Kerzen vorschreibt; siehe in Teil VIII Nr. 2a und b.

13. Konservierte Pflanzen sind nicht genannt. Ob das Wort „künstliche" auch zu Pflanzenteilen gehören soll, könnte zweifelhaft erscheinen. Da aber natürliche Pflanzenteile sich keinem menschlichen Gesetz unterwerfen, ging wohl die Absicht dahin, konservierte bezw. bemalte natürliche Pflanzenteile zu treffen, z. B. Palmblätter. Mit Farben angestrichene und konservierte Pflanzenteile sind daher den künstlichen gleichzustellen. Welchem Zwecke die Pflanzen oder Pflanzenteile dienen sollen, ist bedeutungslos, so daß nicht nur Blumen zur Dekoration von Räumen betroffen sind. Auch Putzmachereiblumen für Frauenhüte sind gemeint. Letztere sind aber auch als Bekleidungsgegenstände aufzufassen.

14. Hier kann nur Leuchtpetroleum gemeint sein. Rohpetroleum und nur technische Verwendung findende Anteile aus diesem gehören nicht in den Rahmen des Lebensmittelgesetzes. Die weitergehenden Bestimmungen der Kaiserlichen Verordnung vom 24. Februar 1882 sind veraltet und längst durch Bestimmungen über den Verkehr mit Mineralölen u. ä. überholt. Das vorliegende Gesetz kann nur die als Leuchtpetroleum bezeichnete Fraktion des Rohpetroleums betreffen, da nur sie etwa wie die Kerzen (Ziffer 3) Bedarfsgegenstand im Sinne des § 2 Ziffer 4 sein kann. Das aus Rohpetroleum gewonnene Benzin z. B. ist ein rein technischer Bedarfsartikel, den das Publikum nur als Reinigungsmittel kennt. Man vergleiche die Absichten des Reichswirtschaftsrates bezüglich von Waschmitteln für technische Zwecke (Anm. 6 zu diesem Paragraphen). Was diesen recht ist, muß auch dem Benzin billig sein. Solange also nicht etwa Ziffer 2 (Kosmetika) Platz greift, kann hier nur vom Privatpublikum benutztes Petroleum, also Leuchtpetroleum, in Frage kommen. Die Verordnung vom 24. Februar 1882 siehe im Teil VIII.

15. Das vorliegende Gesetz befaßt sich mit Farben dreierlei Art.

a) § 1 umfaßt auch diejenigen Farben (vgl. Anm. 5 zu § 1), die zum Mitgenießen bestimmt sind. Zurzeit sind für sie noch die Bestimmungen des Farbengesetzes vom 5. Juli 1885 maßgebend.

b) § 2 Ziffer 2 umschließt auch die Farben für lebendes Haar, Haarfärbemittel. Als kosmetische Mittel müssen sie den an diese zu stellenden Anforderungen entsprechen; vgl. Anm. 7 zu diesem Paragraphen.

c) § 2 Ziffer 5 endlich betrifft die übrigen Farben, die für technische Zwecke mannigfachster Art bestimmt sind. Das zurzeit noch maßgebliche Farbengesetz von 1885 (Teil X) nennt neben den Farben für a und b noch hauptsächlich folgende:

Farben für Gefäße, Umhüllungen, Verpackung, Aufbewahrung von Lebensmitteln,
Farben für Spielwaren, Bilderbogen, Tuschfarben,
Farben für Glasuren und Emails,
Farben für Buch- und Steindruck,
Tuschfarben,
Farben für Tapeten, Möbelstoffe, Teppiche, Vorhangstoffe, Bekleidungsgegenstände, Masken, Kerzen, künstliche Blumen, künstliche Früchte,
Farben für Schreibmaterialien, Lampen- und Lichtschirme, Lichtmanschetten,
Farben für Oblaten (nicht für Oblaten zum Genießen),
Farben zum Anstrich von Fußböden, Decken, Wänden, Türen, Fenstern, Möbelvorhängen, Möbeln, häuslichen Gebrauchsgegenständen,
Farben für Pelzwaren.

Darauf, daß ein großer Teil der technischen Farben zu den Giften im Verkehrssinne gehört, sei hier nur kurz verwiesen. Die in Vollmacht des § 34 RGO. ergangenen landespolizeilichen bezüglichen Bestimmungen sind bei Sonnenfeld, Nr. 64 dieser Sammlung, vollständig zu finden.

Vgl. auch Lebbin, Die Giftigkeit der Farbwaren, Berlin 1898, Verlag Richard Schoetz (im amtlichen Auftrage), sowie Lebbin, Verkehr mit Heilmitteln und Giften, Berlin 1900, Verlag August Hirschwald.

§ 3.[1])

Es ist verboten,

1. a) Lebensmittel für andere derart zu gewinnen,[2]) herzustellen, zuzubereiten, zu verpacken,[3]) aufzubewahren[4]) oder zu befördern, daß ihr Genuß die menschliche Gesundheit zu schädigen[5]) geeignet ist;

   b) Gegenstände, deren Genuß die menschliche Gesundheit zu schädigen geeignet ist, als Lebensmittel anzubieten,[6]) zum Verkaufe vorrätig zu halten,[7]) feilzuhalten,[6]) zu verkaufen[8]) oder sonst in den Verkehr zu bringen;[9])

2. a) Bedarfsgegenstände der im § 2 Nr. 1 bis 4, 6 bezeichneten Art so herzustellen oder zu verpacken, daß sie bei bestimmungsgemäßem[10]) oder vorauszusehendem Gebrauche die menschliche Gesundheit durch ihre Bestandteile oder Verunreinigungen[11]) zu schädigen geeignet sind;

   b) so hergestellte oder verpackte Bedarfsgegenstände dieser Art anzubieten, zum Verkaufe vorrätig zu halten, feilzuhalten, zu verkaufen oder sonst in den Verkehr zu bringen.

1. Die hygienischen Verbote, als die wichtigsten, sind vorangestellt. Nr. 1 bezieht sich — entsprechend dem bisherigen § 12 Nr. 1 — auf Lebensmittel, Nr. 2 — entsprechend dem bisherigen § 12 Nr. 2 — auf Bedarfsgegenstände, wobei jeweils unter a die Herstellung, unter b der Vertrieb der unzulässigen Waren verboten wird. Außer der Herstellung der

Lebensmittel sind noch die übrigen, unter Umständen gesundheitlich bedenklichen Handhabungen des Erzeugers oder Herstellers angeführt; dem Feilhalten der gesundheitsschädlichen Gegenstände ist zur Verhütung von Umgehungen das „Anbieten" (z. B. durch Zeitungsanzeigen) und „zum Verkauf vorrätig halten" gleichgestellt, dem Verkaufen — wie schon in § 12 NMG. — das „sonst in den Verkehr bringen" (z. B. durch Tausch, Zugabe beim Verkauf anderer Gegenstände, Abgabe an Mitglieder von Genossenschaften oder als Naturallohn). Das Verbot gilt für Lebensmittel, deren Genuß die menschliche Gesundheit zu schädigen geeignet ist. Der Ausdruck „schädigen" ist gebräuchlicher als „beschädigen" und umfaßt auch das „Zerstören". Dabei ist selbstverständlich nur der Genuß in genußfertigem Zustande und in der vorauszusehenden Menge gemeint; denn bei vielen an sich einwandfreien Lebensmitteln kann der Genuß in rohem oder unzweckmäßig zubereitetem Zustand oder in unvernünftig großen Mengen zu Erkrankungen führen, für die der Hersteller oder Händler nicht verantwortlich gemacht werden darf.

Die Farben, soweit sie nicht zu den Lebensmitteln gehören, sind von dem Verbot unter Nr. 2 — ebenso wie im bisherigen § 12 Nr. 2 — ausgenommen, weil die Unterbindung der Herstellung und des Vertriebs aller gesundheitsschädlichen Farben nicht durchführbar wäre und der Gesundheitsschutz auf diesem Gebiete durch das Verbot bedenklicher Verwendung derartiger Farben im Farbengesetze gesichert ist, künftig auch durch Verordnungen nach § 5 Nr. 1 d des vorliegenden Entwurfs gesichert werden kann.

Bei den Bedarfsgegenständen ist gegenüber den bisherigen Vorschriften die Einschränkung gemacht, daß die Gesundheitsgefährlichkeit durch Bestandteile oder Verunreinigungen, z. B. durch einen Gehalt an Blei oder Arsen oder durch Verunreinigung mit krankheitserregenden Lebewesen, bedingt sein muß, nicht aber durch ihre Form, wie bei zu engen Miedern, scharfkantigen Spielwaren und dergl.; ein gesetzlicher Schutz gegen die letztgenannten Gefahren erscheint entbehrlich, würde jedenfalls nicht in den Rahmen dieses Gesetzes passen. (Begr.)

§ 8 bringt die hygienischen Verbote, Ziffer 1 für Lebensmittel, Ziffer 2 für Bedarfsgegenstände, und zwar a) jeweilig die Entstehung der gesundheitsschädlichen Sache, b) ihren Vertrieb. Die gesundheitsnachteilige Eigenschaft muß bei den a-Tatbeständen zur Zeit der Herstellung, bei den b-Tatbeständen zur Zeit des Inverkehrbringens vorhanden gewesen, vollendet sein. Eine später eingetretene Veränderung wird dem Fabrikanten nur dann zur Last fallen können, wenn diese Veränderungen durch das Fehlen vorauszusetzender entweder vertraglicher oder selbstverständlicher Eigenschaften bedingt ist. Das nachträgliche Verderben z. B. einer einzelnen Fleischkonserve wird in der Regel zu einer Haftung des Herstellers nicht führen können, sondern auf unverschuldeten, unvermeidbaren zufälligen Eigenschaften beruhen. Wenn dagegen ganze Partien verderben, weil etwa die angewendete Sterilisation unzureichend war, so liegt voraussichtlich ein haftbares Verschulden vor. Ist das Verderben äußerlich erkennbar, etwa durch Auftreiben (Bombieren) der Blechbüchse, Auslaufen, leicht erkennbares Mindergewicht und dergl., so ist ein Verschulden desjenigen, der die fehlerhafte Ware weitergibt, vorliegend. Vgl. hierzu auch Anm. 7.

Ein höchst verwerflicher Mißbrauch ist es, wenn getriebene Büchsen, besonders solche größeren Umfanges, die für Kantinen, Gaststätten und dergl. bestimmt sind, entweder durch Anbohren vom Überdruck befreit werden, um damit die Erkennbarkeit des Verderbens auszuschalten oder doch zu erschweren, oder gar ganz ausgeschüttet und im Einzelverkauf vertrieben werden.

LMG. unterscheidet im Gegensatz zum NMG. nicht mehr zwischen Gesundheitsschädigung und Gesundheitszerstörung. Der nur quantitative Unterschied zwischen der Schädigung und der Zerstörung war oft nur schwierig festzustellen; er wird sich jetzt lediglich im Strafmaß geltend machen, ohne daß das Gericht feststellen müßte, ob die Gesundheit „zerstört“ oder nur „geschädigt“ ist. Vgl. im übrigen Anm. 5.

2. Die Grenzen zwischen den Begriffen Gewinnen, Herstellen und Zubereiten sind

durchaus flüssig. In vielen Fällen kann der eine Ausdruck ohne weiteres durch einen anderen ersetzt werden, ohne den Sinn zu verändern.

Die Gewinnung eines Lebensmittels umfaßt den Hergang des Erhaltes der Handelsware aus den Rohstoffen, sei es durch einfache Aberntung oder Entleerung aus einer Hülse, sei es durch Absonderung oder Reinigungsverfahren. Ein Eingriff in die innere Beschaffenheit des Materials, z. B. ein Trocknungsprozeß, ist mit der Gewinnung nicht notwendig verbunden.

Herstellung ist der Inbegriff aller auf die unmittelbare Verwendbarkeit eines Lebensmittels gerichteten Handlungen. Vgl. am Schluß dieser Anmerkung.

Zubereitung ist hier diejenige Handlung, welche ein Lebensmittel genußfertig macht. Das kann durch Kochen, Backen, Braten oder eine Mischung mit anderen Rohstoffen (Gewürzen) geschehen. Selbstverständlich kann ein Lebensmittel auch durch mehrere der genannten Handlungen zubereitet werden.

Die Zubereitung im Sinne des Arzneimittelrechtes ist etwas ganz hiervon Verschiedenartiges. Wie das der Verordnung vom 22. Oktober 1901 beigegebene Verzeichnis A im Zusammenhang mit § 1 dieser Verordnung erweist, handelt es sich dort um bestimmte pharmazeutische Formen, die den Gegensatz zur Rohdroge oder dem chemischen Ausgangsstoff bilden.

Man gewinnt Getreide, Honig, Obst, Eier, Kartoffeln, Fische usw., indem man das von der Natur fertiggestellte Lebensmittel an sich nimmt.

Man stellt her alle durch menschlichen Eingriff ganz oder halb genußfertig gemachten Lebensmittel, wie Konserven, Wurstwaren, Pökelwaren, Öle, Fette, Obsterzeugnisse und zahllose andere.

Man bereitet zu, was genossen werden soll, entweder sofort oder zu einem späteren Zeitpunkt, alle fertigen Speisen, wie Braten, Gemüse, aber auch vorrätig gehaltenes Kompott, Salate, tafelfertige Konserven usw.

Man kann aber die **Erzeugung eines Kuchens**, einer Marmelade, eines Bismarckherings usw. ebensogut eine Zubereitung nennen wie eine Herstellung.

Die in diesem Gesetz beliebte Art der möglichst weitgehenden Zerlegung aller Begriffe erschwert die klare und präzise Kennzeichnung der Tatbestände, wenn auch die Absicht zu verstehen ist, möglichst alle Maschen zu verschließen.

Die besprochenen Begriffe sind **in ihrem umfassendsten Sinne** zu verstehen, so daß die Herstellung schon als begonnen anzusehen ist, wenn beispielsweise das verabreichte Futter an Tiere auf das zu erzielende Erzeugnis von verschlechterndem Einfluß ist. Bekannt ist besonders die **Verfütterung von Zuckerarten an Bienen**. Diese brauchen dann nicht soviel Zeit, um den „Honig" zu sammeln, und machen dadurch das Geschäft nicht nur lohnender, sondern liefern auch etwas anderes, was wir Kunsthonig nennen. Wie RG. (E. XLI 207) ausführt, ist solchergestalt mit Hilfe von Bienen zusammengetragener Zucker verfälschter Bienenhonig. Ebenso OLG. München vom 18. Mai 1912 und LG. Augsburg vom 11. März 1912.

3. **Verpacken** ist hier diejenige Handlung, die ein Lebensmittel mit einer Umhüllung umgibt. Diese kann mannigfaltigster Art sein, aus Papier, Pappe, Holz, Metall, Glas und vielen anderen Rohstoffen gebildet sein. Alles, was dazu dient, ein Lebensmittel kürzere oder längere Zeit so zu umgeben, daß eine unmittelbare Berührung eintreten muß oder kann, ist **Verpackung** im Sinne des § 3 LMG. Die Verpackung braucht aber das Lebensmittel nicht allseitig von der Umgebung abzuschließen. Auch ein Karton ohne Deckel ist eine Verpackung.

Vgl. hierzu Abs. 3 der amtlichen Begründung zu § 1 der Verordnung vom 29. September 1927, betr. die äußere Kennzeichnung der Lebensmittel.

Wegen der erforderlichen Bezeichnungen von Packungen usw. siehe die eben zitierte Verordnung.

4. Aufbewahrt werden sowohl verpackte wie unverpackte Lebensmittel, die nicht nur durch die unmittelbare Berührung gesundheitsschädliche Eigenschaften erlangen können. Z. B. kann durch mangelnde Lüftung eines an und für sich einwandfreien Raumes auch ein zweckmäßig verpacktes Lebensmittel sich ungünstig verändern. Fleisch kann „sticken". Oder zu hohe Temperatur befördert über Gebühr die autolytischen, an sich normalen Umsetzungen. Oder ein infiziertes Lebensmittel, das im gleichen Raume aufbewahrt wird, etwa um es der Behörde zu übergeben, infiziert gesunde Lebensmittel.

Beförderung ist ein Teil der Aufbewahrung; wenigstens kann sie es sein. Sie ist dann der Teil der Aufbewahrung, der zwischen dem Aufenthalt in den Räumen des Verkäufers und der Übergabe an den Käufer liegt. Mit ihr ist stets eine Ortsveränderung verbunden. Beförderung kann aber auch innerhalb eines und desselben Betriebes stattfinden. Auch diese ist hier inbegriffen, da die Vorschrift hygienische Ziele hat.

Das Beförderungsmittel kann gleichzeitig Verpackungsmittel sein.

5. Der Begriff der Gesundheitsschädigung war bereits im NMG. vom 14. Mai 1879 (§§ 12 und 14), im FlBG. vom 3. Juni 1900 (§§ 21, 26 Nr. 4) sowie in den §§ 223 und 229 RStrG. enthalten.

Jeder Eingriff in die körperliche Unversehrtheit eines Dritten ist Beschädigung der Gesundheit. NMG. unterschied die einfache, vorübergehende Gesundheitsschädigung von der Gesundheitszerstörung, die entweder zum Tode führt oder doch ein dauerndes gesundheitliches Manko zur Voraussetzung hat.

LMG. unterscheidet diese zwei Tatbestände nicht mehr; vgl. Anm. 1.

Nicht jede geringfügige, schnell sich abspielende Störung des Wohlbefindens kann als Gesundheitsschädigung aufgefaßt werden. Ein gewisser krankhafter Zustand, der auch eine gewisse Zeit anhält, muß gefordert werden. Einfaches Übelbefinden, Erbrechen, schnell vorübergehender Schmerz sind noch keine Schädigungen der Gesundheit, weil dafür ein nur kurze Zeit anhaltender Zustand keine ausreichende Voraussetzung ist. RG. vom 5. Mai 1882 (E. VI 258), vom 1. Oktober 1888 (E. XVIII 130), vom 6. Februar 1890 (E. XX 254).

Längere Zeit anhaltendes Erbrechen, verbunden mit starkem Durchfall, ist Gesundheitsschädigung; aber Erregung von Ekel kann man nur ausnahmsweise als Schädigung der Gesundheit auffassen, insbesondere nicht, wenn die plötzliche Erkenntnis, was man genossen hat, die Übelkeit hervorruft. RG. vom 8. Dezember 1893 (JW. 1894 Nr. 8).

Überhaupt ist das Erfordernis des Tatbestandes der Gesundheitsschädigung eine objektive Eigenschaft des betreffenden Lebensmittels, unabhängig von zufälligen Eigenschaften des Genießenden, insbesondere einer Idiosynkrasie des letzteren. RG. vom 20. April 1891 (JW. 1891 Nr. 8), vom 1. Oktober 1888 (siehe hierüber S. 54.)

Rekonvaleszenten sind ebensowenig wie Kinder ein normaler Maßstab zur Feststellung, ob ein Lebensmittel gesundheitsschädigend sei. Wohl aber ist diese Tatsache maßgeblich, wenn das Lebensmittel gerade für solche bestimmt ist. RG. vom 20. Mai 1889 (E. XIX 226).

Die leichte Erkennbarkeit einer schädigenden Ursache kann strafausschließend sein, z. B. wenn sich Stecknadeln in einer Nahrung unversteckt befinden. RG. vom 11. November 1898 (E. XXXI 325).

Der bestimmungsmäßige oder vorauszusetzende Gebrauch ist bei allen Gesundheitsdelikten von Bedeutung.

Ein fortgesetzter oder stärkerer Gebrauch, als der Regel entspricht, nimmt die objektive Eigenschaft als gesundheitsschädlich einem Lebensmittel oder Gebrauchsgegenstand noch nicht, wohl aber der übermäßige Genuß und sinnwidrige Gebrauch. Wollte jemand z. B. krankhaftes Fleisch, das nur gekocht oder gebraten verzehrt wird (z. B. Leber), roh genießen, so wären die Voraussetzungen der Strafbarkeit nicht erfüllt, der Verkäufer wäre diesbezüglich ohne Verantwortlichkeit. Er könnte natürlich aus anderen

Bestimmungen, z. B. dem Fleischbeschaugesetz, strafbar sein. RG. vom 9. Juni 1880 (E. II 177), vom 17. Oktober 1881 (E. IV 384); RG. I vom 19. Februar 1885.

Der Umstand, daß eine bestimmte Zubereitungsart, etwa Abkochen, die Schädlichkeit zu beseitigen vermag, schließt die Strafbarkeit nicht aus. RG. vom 26. Februar 1884 (R. VI 157), vom 15. Januar 1885 (E. XI 378), vom 21. März 1888 (R. X 262).

Lebensmittel, die für normale Menschen einwandfrei sind, können gesundheitsschädigend werden, wenn sie als für bestimmte Kranke geeignet bezeichnet und in Verkehr gebracht werden, z. B. gewöhnliches zuckerhaltiges Kompott für Zuckerkranke.

Die Fähigkeit, gesundheitsschädigend zu wirken, kann evtl. darin gefunden werden, daß nicht einmaliger, sondern fortgesetzter Genuß des Lebensmittels die schädliche Wirkung hervorruft.

Die Schädigung der Gesundheit braucht nicht in dem Auftreten einer neuen Krankheit zu bestehen, sie kann auch durch Verschlimmerung einer bereits vorhandenen Erkrankung bemerkbar werden.

Diese objektive, dem Lebensmittel selbst innewohnende Eigenschaft, eine Gesundheitsschädigung hervorrufen zu können, muß beim Verkauf bezw. den in § 3 genannten Handlungen bereits vorhanden gewesen sein. Die später erst eingetretene Eigenschaft, etwa durch Verderben oder Infektion, fällt nicht unter die Verbote des § 3. Vgl. hierzu auch Anm. 1.

Einer der häufigsten Fälle angeblicher oder tatsächlicher Verleihung gesundheitsschädlicher Eigenschaften, die die Gerichte beschäftigt haben, betraf die Verwendung chemischer Konservierungsmittel bei der Herstellung von Lebensmitteln. Nur wenige Verwendungsmöglichkeiten sind bisher gesetzlich geregelt, ein Teil in sehr widerspruchsvoller Weise. Eine vorläufige (stillschweigende, nichtamtliche) Regelung ist in diesem Teil I unter Nr. 5 mitgeteilt. Erfreulicherweise ist hierbei der früher seitens der meisten Behörden eingenommene intransigente Standpunkt aufgegeben. Zum Teil ist sogar ein sehr großes Entgegenkommen gegenüber den beteiligten Interessenten gezeigt worden, das nicht immer mit den sonstigen strengen Anforderungen zu vereinbaren ist, z. B. der Gehalt an schwefliger Säure in Trockenfrüchten.

Vgl. hierzu die unter Nr. 5 dieses Teiles mitgeteilten Tabellen.

6. „Anbieten", „zum Verkauf vorrätig halten", „feilhalten", „verkaufen", „in Verkehr bringen" sind in ihrer Gesamtheit die nicht immer scharf voneinander zu trennenden Begriffe für den Ausdruck einer Verkaufsbereitschaft.

Während „zum Verkauf vorrätig halten", „feilhalten", „in Verkehr bringen" den Besitz oder die tatsächliche Anwesenheit der Ware voraussetzen, braucht bei Anbieten und Verkaufen diese Voraussetzung nicht immer zuzutreffen.

Anbieten kann schriftlich, mündlich oder telephonisch erfolgen. Angebote können öffentlich durch die Zeitung, durch Plakat oder dergl. erfolgen. Der Anbietende braucht noch nicht eine bestimmte Ware offerieren. Er kann auch beabsichtigen, sich nach erfolgtem Verkauf entsprechend einzudecken.

Anbieten einer vorrätigen Ware ist gleichbedeutend mit Feilbieten. Zu § 56 RGO. (und anderen Gesetzesstellen) ist in feststehender Rechtsprechung stets dahin entschieden, daß Feilbieten das Verkaufsangebot einer zur sofortigen Übergabe bereiten Ware sei. RG. vom 4. Juni 1894 (15, 232): Das Aufsuchen von Bestellungen ist noch kein Feilbieten.

Feilhalten ist das nach außen hin erkennbare Bereithalten einer Ware mit der Absicht des Verkaufes. Es bedeutet jedes Bereithalten für das Publikum zum Verkauf. Ein Großhändler, der nur Wiederverkäufer bedient, hält darum nichts feil. Die Gegenstände brauchen nicht im Verkaufsraume zu stehen, wenn sie nur zur Hand sind. Die Rechtsprechung ist nicht ganz konsequent. RG. hat zwar am 9. April 1894 sich dahin geäußert, „daß nach herrschender Rechtsansicht unter Feilhalten einer Ware das Bereithalten derselben zum Verkaufe an einer dem Publikum zugänglichen, zum Verkaufe bestimmten Stelle erforderlich sei", allein es ist nicht zu verkennen, daß es auch Lebensmittel gibt, die feilgehalten werden, ohne daß die Voraussetzungen des angezogenen Urteils erfüllt sind. Z. B. wird lebendes Geflügel, etwa Tauben, auch dann feilgehalten, wenn es sich in einem Stalle, Taubenschlag oder dergl. befindet, wohin die Käufer nie gelangen, sofern das Bereithalten dieser Lebensmittel irgendwie erkennbar gemacht oder sonst vorauszusetzen ist.

Das Feilhalten ist als nicht vollendet anzusehen, wenn z. B. Lebensmittel angeliefert, aber dem Großhändler noch nicht abgenommen sind, auch wenn sich die Ware schon im Verkaufsraum befindet.

Vorbereitungen zum Feilhalten sind als Versuch zu betrachten. RG. vom 15. Februar 1881, vom 1. November 1881 usw.

Der einfache Besitz einer Ware ist jedenfalls ohne weiteres noch kein Feilhalten. RG. vom 10. November 1884.

Das Bereithalten und Darbieten eines Gegenstandes zum Verkauf in Form einer öffentlichen Schaustellung ist nicht erforderlich. Viele Gegenstände, die einer sorgfältigen und besonders gearteten Aufbewahrung bedürfen, werden täglich und auch gewerbsmäßig feilgehalten, ungeachtet sie durch die Art der Aufbewahrung den Blicken des Publikums entzogen bleiben und nur den es verlangenden Kauflustigen vorgezeigt werden. RG. vom 8. Februar 1884 (R. VI 137).

Erforderlich ist jedenfalls die Absicht des Verkaufs, die beschränkt und von besonderen Bedingungen oder Voraussetzungen abhängig sein kann. RG. vom 4. Juni 1881 (R. III 373).

KG. vom 29. März 1900 (DJZ. 1900 S. 463) hält das Feilhalten auch für möglich, wenn die Ware sich nicht im Verkaufsraum befindet.

KG. vom 8. Oktober 1907 (II. S. 458/07): Zum Feilhalten genügt das bloße Vorrätighalten zum Verkauf nicht. Es ist erforderlich, daß das Bereithalten zum Verkauf dem Publikum erkennbar gemacht wird. Das wird insbesondere dann zutreffen, wenn die Aufbewahrung im Ladenraum stattfindet, aber auch wenn dem Publikum durch ein Plakat oder eine Aufschrift im Laden von dem Vorhandensein der Ware in dem betreffenden Geschäft Kenntnis gegeben wird.

7. „Zum Verkauf vorrätig halten“ ist ein Teil, nämlich der Beginn oder die Vorbereitung, des Inverkehrbringens. Auf Befragen erklärte in der Reichstagskommission ein Regierungsvertreter, es seien keine Befürchtungen zu hegen, daß jemand bestraft werden könne, weil er ohne die Kenntnis der vorliegenden Gesundheitsschädlichkeit solche Lebensmittel (Konserven) liefere, es sei denn, er handle fahrlässig.

Im Futtermittelgesetz (§§ 3 und 12) findet sich noch der Ausdruck „Veräußern“, der mit dem im § 3 LMG. benutzten nahe verwandt ist. Eine Erläuterung fand er in der Reichstagskommission für das Futtermittelgesetz. Ein Kommissionsmitglied fragte, warum diese Ausdrücke (Veräußern und Veräußerung) gewählt seien, da doch offenbar an nichts anderes als ein Verkaufen gedacht sei. Ein Regierungsvertreter bestätigte diese Auffassung insofern, als die Begriffe Verkaufen und Verkauf in den Worten Veräußerung und Veräußern mitenthalten seien. Der Grund, weshalb an verschiedenen Stellen von Veräußern und Veräußerung die Rede sei, sei der, daß man einen Sammelbegriff für alle neben dem Kauf (Verkauf) in Frage kommenden schuldrechtlichen Geschäfte anwenden wollte. Unter Veräußerung soll dagegen nicht etwa nur ein Rechtsgeschäft dinglichen Charakters (z. B. die Übertragung des Eigentums an einer Sache) verstanden werden. Dem schloß sich die Kommission debattelos an.

8. Vorrätighalten, Anbieten, Feilbieten und Feilhalten sind Vorbereitungen zum Verkauf. Auch die Bereiterklärung zum Verkauf ist noch nicht mit diesem gleichbedeutend.

Vgl. auch RG. vom 26. April 1887 und vom 21. März 1893 (E. XXIII 396).

Die Offerte ist ein Versuch und strafbar, wenn der Versuch als strafbar erklärt ist.

Verkauf ist nicht nur das Übereinkommen der beiden Kontrahenten, des Käufers und Verkäufers, sondern auch die Übernahme der Verfügungsgewalt durch den Käufer, d. h. der Kauf ist erst vollendet, wenn der Kaufvertrag auch erfüllt ist. RG. vom 26. September 1892.

RG. hat aber auch anders entschieden, daß der Verkauf bereits mit der Einigung der beiden Parteien Verkäufer und Käufer vollendet sei, ohne daß die Sache dem Käufer übergeben ist. RG. vom 26. April 1887 (Rer. 1887, 634).

Ebenso RG. vom 6. Oktober 1890 (III. Straff. 1983/90):

Da das Verkaufsverbot hier einen hygienischen Zweck verfolgt, so sollen gesundheitsschädliche Lebensmittel überhaupt nicht Gegenstand eines Kaufvertrages werden. Wenn der Käufer in solchem Falle einseitig vom Vertrage zurücktritt, so ist das für den Tatbestand des Verkäufers ebenso gleichgültig, als wenn die Übergabe durch Einschreiten der Polizeibehörde verhindert worden wäre.

Der Kaufpreis braucht nicht in Geld zu bestehen. Auf Tausch findet das Verbot gleichmäßige Anwendung.

Auch die scheinbar unentgeltliche Überlassung kann Verkauf sein, z. B. die unentgeltliche Zugabe von Süßstofftabletten an Bierkäufer. Das trifft ganz besonders zu, wenn die unentgeltliche Hergabe beim Kaufabschlusse verabredet ist. In diesem Sinne RG. vom 2. Dezember 1904 (JW. 1905, 248), RG. vom 11. Juli 1904 (E. XXXVII 242).

Gewährung von Kost und Logis gegen Gesamtpreis ist gleich Verkauf der Kost. RG. vom 23. Januar 1893 (E. XXIII 386).

Entnahme von Proben zum Zwecke der Untersuchung ist kein Kauf. RG. vom 27. Februar 1902 (Sache Rathgen und Gen.).

Auch die dem Beamten oder Sachverständigen auf sein Verlangen übergebenen Proben sind nicht gekauft, auch wenn eine Entschädigung dafür geleistet wird. Es handelt sich meist lediglich um die Erfüllung einer gesetzlichen Pflicht. Zum

Tatbestand des Kaufes gehört unter allen Umständen die auf freiwilligem Entschluß beruhende Übergabe der Ware.

9. Inverkehrbringen ist nicht notwendig eine kaufmännische Tätigkeit. Darunter fällt jede Hingabe an andere zum Gebrauch in irgendeiner Weise. Demnach genügt zur Erfüllung des Begriffes schon die Überlassung an Angehörige des eigenen Haushaltes. Auch das Verschenken kann ein Inverkehrbringen sein. Ebenso die Rückgabe an den Verkäufer, die Duldung einer Wegnahme usw.

Vgl. die Urteile des RG. vom 8. Mai 1882 (R. IV 448), vom 27. Oktober 1882 (R. IV 768), vom 13. Dezember 1880 (R. II 633), vom 23. September 1887 (R. IX 462), vom 23. März 1886 (E. XIV 35).

Der Begriff des Inverkehrbringens umfaßt daher die des Verkaufens, Feilhaltens, Vertriebes und geht darüber hinaus. Jede Aufgabe der Verfügungsgewalt zugunsten eines Dritten vollendet ein Inverkehrbringen. Gewerbsmäßigkeit ist nicht erfordert.

RG. IV vom 16. Januar 1885 erachtete bereits Inverkehrbringen für vorliegend durch Entnehmenlassen einer Probe zum Zwecke des Abschmeckens durch einen Gewerbegehilfen.

Verschenken ist ebenso ein Inverkehrbringen wie Überlassung gegen Bezahlung. RG. vom 13. Dezember 1880 (R. II 633) und RG. (III. Straff.) vom 3. Februar 1887.

Duldung der Wegnahme durch einen Dritten ist Inverkehrbringen, sofern nicht gesetzlicher Zwang vorliegt. RG. vom 7. Juni 1877 (Ber. 1888, 280).

Auch zwangsweiser Verkauf durch den Gerichtsvollzieher ist als Inverkehrbringen anzusehen. RG. vom 21. April 1896 (E. XXVIII 316).

Rückgabe an den Verkäufer ist Inverkehrbringen, wenn der Käufer im Bewußtsein der Möglichkeit handelt, daß der Verkäufer das zurückgegebene gesundheitsschädliche Nahrungsmittel (in casu Fleisch) weiterveräußern oder selbst verbrauchen werde. Die zivilrechtliche Haftbarkeit des Verkäufers zur Zurücknahme schließt die Strafbarkeit nicht aus. RG. vom 23. September 1887 (R. IX 462).

Zum Versand gebrachte Lebensmittel gelten solange als noch nicht in Verkehr gebracht, als der Absender noch eine Verfügungsgewalt, etwa durch Zurückleitenlassen, ausüben kann. RG. vom 1. November 1888 (R. X 611). Es kann aber bereits der Versuch des Inverkehrbringens angenommen werden. Man vergleiche hierzu aber das Verbot in Nr. 1 a dieses Paragraphen.

10. Bestimmungsmäßiger Gebrauch und vorauszusehender Gebrauch sind erforderlich, um eine Haftbarkeit des Verkäufers zu begründen. Wer etwa ein zu technischen Zwecken bestimmtes Geschirr als Eß- oder Trinkgeschirr benutzen wollte, darf sich nicht beschwert fühlen, wenn sich gesundheitsschädliche Folgen einstellen. Wenn aber ein Mißbrauch vorauszusehen ist, z. B. daß eine Spielware von kleinen Kindern in den Mund gesteckt wird, obwohl es eine Maschine oder dergl. ist, so tritt die strafrechtliche Haftung ein.

RG. vom 4. März 1907 (Das Recht 1907, 466) hält es für gleichgültig, ob der Käufer die gesundheitsschädliche Beschaffenheit kennt; nur der Täter muß sich informieren und die Verantwortung tragen.

11. Wie in der amtlichen Begründung (Anm. 1) ausgeführt, handelt es sich nicht um Bedarfsgegenstände, die durch äußerliche Eigenschaften (Waffen, Messer) schädlich werden können, sondern lediglich um innere, also chemische bezw. toxikologische Eigenschaften, die sich aus der Zusammensetzung ergeben.

Verunreinigungen sind hier neben die Bestandteile gesetzt. Nicht jede Spur eines an sich gesundheitsschädlichen Stoffes macht einen Bedarfsgegenstand gesundheitsschädlich. Chemisch reine Metalle z. B. würden eine so erhebliche Verteuerung der Waren bedingen können, daß jede Wirtschaftlichkeit ausgeschlossen ist. Es bedarf daher einer quantitativen Begrenzung durch die Ausführungsbestimmungen. Vgl. am Schluß der in Anm. 1 wiedergegebenen amtlichen Begründung.

§ 4.[1])

Es ist verboten,

1. zum Zwecke der Täuschung[2]) im Handel und Verkehr[3]) Lebensmittel nachzumachen[4]) oder zu verfälschen;[5])
2. verdorbene,[6]) nachgemachte[4]) oder verfälschte[5]) Lebensmittel ohne ausreichende Kenntlichmachung[7]) anzubieten, feilzuhalten, zu verkaufen oder sonst in den Verkehr zu bringen; auch bei Kenntlichmachung gilt das Verbot, soweit sich dies aus den auf Grund des § 5 Nr. 4 getroffenen Festsetzungen[8]) ergibt;
3. Lebensmittel unter irreführender Bezeichnung,[9]) Angabe oder Aufmachung[10]) anzubieten, zum Verkaufe vorrätig zu halten, feilzuhalten, zu verkaufen oder sonst in den Verkehr zu bringen.

1. Den hygienischen Verboten folgen diejenigen zum Schutze gegen Täuschung; sie beziehen sich nur auf Lebensmittel.

Nr. 1 entspricht genau der Nr. 1 des § 10, Nr. 2 NMG. lehnt sich an die bisherige Nr. 2 dieses Paragraphen an. Da die zur Täuschung geeigneten Bezeichnungen allgemein unter Nr. 3 verboten werden, war hier hervorzuheben, worauf es bei den zulässigen Fällen des Vertriebs verdorbener Lebensmittel (z. B. saurer Milch) oder objektiv nachgemachter (z. B. Margarine) oder objektiv verfälschter (z. B. Magermilch) ankommt, nämlich auf die ausreichende Kenntlichmachung (Deklaration) dieser Beschaffenheit. Dieser Begriff paßt sowohl für das Verkaufen wie für das Feilhalten und geht weiter als die bisherige Fassung, nach der z. B. das Feilhalten von Magermilch ohne jede Bezeichnung nicht untersagt war. Unter welchen Bedingungen die Kenntlichmachung für die einzelnen Gruppen von Lebensmitteln als ausreichend anzusehen ist, wird, soweit darüber Zweifel bestehen können, durch Verordnungen nach § 5 Nr. 4 festzusetzen sein.

Die Fälle, in denen der Vertrieb verdorbener, nachgemachter oder verfälschter Lebensmittel unter allen Umständen, unabhängig von etwaiger Kenntlichmachung, also im Sinne von § 367 Nr. 7 StrGB., verboten sein soll (z. B. verdorbene Fische, nachgemachte Kaffeebohnen, gewässerte Milch), werden durch den zweiten Satz von Nr. 2 getroffen. Sie lassen sich nicht allgemein fassen, sondern müssen auf dem Verordnungswege für die einzelnen Gruppen von Lebensmitteln bezeichnet werden.

Nr. 3 entspricht der Verordnung gegen irreführende Bezeichnung von Nahrungs- und Genußmitteln vom 26. Juni 1916 (RGBl. S. 588); der dort nur in der Überschrift gebrauchte Ausdruck „irreführend" hat sich eingebürgert und kann unbedenklich als gleichbedeutend mit „zur Täuschung geeignet" in den Gesetzestext übernommen werden. Den irreführenden Bezeichnungen und Angaben sind irreführende „Aufmachungen" gleichgestellt worden, weil oft ohne Worte, nur durch Verpackungsart, Form der Gefäße, Farbe der Bezettelung, Abbildungen und dergl., kurz durch die Aufmachung, eine Täuschung der Käufer verursacht wird. (Begr.)

Während die hygienischen Verbote des § 3 sich sowohl auf Lebensmittel wie auf Bedarfsgegenstände beziehen, sind die Täuschungsdelikte des § 4 nur auf Lebensmittel gerichtet. Im wesentlichen entspricht dieser Paragraph dem § 10 NMG., nur vermehrt durch die Aufnahme des Verbotes irreführender Bezeichnungen usw.

2. Die Tatbestände des § 4 Ziffer 1 setzen die Täuschungsabsicht voraus. Es genügt, wenn die Absicht auf Täuschung gerichtet ist; die Absicht braucht nicht notwendig erreicht zu sein. Andererseits ist das Nachmachen oder Verfälschen nicht immer notwendig eine unerlaubte Handlung. Wenn keine gesundheitsschädlichen Eigenschaften dem nachgemachten bezw. verfälschten Lebensmittel anhaften oder wenn nicht positive Verbote bestehen, kann die strafbringende Konsequenz durch eine ausreichende Kenntlichmachung vermieden werden, also durch Ausschaltung der Täuschungsabsicht.

Die Täuschung ist nahe verwandt dem Betrug des § 263 StrGB. Ihr fehlt aber häufig die nachweisbare Absicht, einen rechtswidrigen Vermögensvorteil sich aneignen zu wollen. Irrtumserregung und Absicht auf Erlangung eines Vermögensvorteiles liegen bei den hier verbotenen Delikten wohl stets vor, nur ist der rechtswidrige Vermögensvorteil meist nicht zu erweisen, da die Preisspannen bei reeller Ware genügend Raum zu dem unberechtigten wirtschaftlichen Vorteil gewähren. Eine etwa durch Farbstoffzusatz schöner gemachte Ware ist die gleiche geblieben wie die ungefärbte Ware. Sie ist auch nicht teurer durch die Färbung, aber infolge ihres ansprechenderen Aussehens leichter verkäuflich geworden. Der Käufer wird häufig trotz gleichgebliebenen Preises die gefärbte Ware als die bessere ansehen und glauben, er habe vorteilhafter gekauft. Durch die unverschleierte Mitteilung des Färbens ist er aber nicht nur über den technischen Vorgang aufgeklärt, sondern auch in die Lage versetzt, sich Kenntnis zu verschaffen, welche Begleitumstände für das Färben mitbestimmend sind. Vgl. weiter unten in Anm. 10 die weiteren Ausführungen über Färben.

8. Handel und Verkehr ist inhaltlich etwas verschieden von Inverkehrbringen. Siehe Anm. 9 zu § 3. Dem Handel allein ist der Begriff des Gewerbsmäßigen stets eigen, während Verkehr auch nichtgewerbsmäßig sein kann. Handel und Verkehr muß daher als Gesamtbegriff dem Inverkehrbringen gegenüber etwas beschränkter sein. Eine rein private Weitergabe entweder in der Familie oder im Freundeskreise wäre zwar ein Inverkehrbringen, entspräche aber nicht dem Begriffe „Handel und Verkehr". Da der Täuschungszweck aus wirtschaftlichen Gründen verboten ist, muß das Delikt gewerbsmäßig begangen sein. Durch Verabreichung etwa eines verdünnten Fruchtsirups oder einer falsch bezeichneten oder gesetzwidrig beschaffenen Weinsorte an eine Gästerunde kann wohl eine Täuschung begangen werden, aber nicht in Handel und Verkehr. Nur ein hygienisches Verbot könnte hier Platz greifen, kein wirtschaftliches Strafbarkeit begründen.

Die für Verstöße gegen den § 4 angedrohte Strafe (§ 13) kann also nur unter folgenden Voraussetzungen Platz greifen:

a) bei Ziffer 1 (Herstellung):
   1. die Verfälschung oder Nachmachung muß zum Zwecke der Täuschung geschehen sein,
   2. die Täuschung muß in Handel und Verkehr stattgehabt haben;

b) bei Ziffer 2 (Vertrieb):
   1. das verdorbene, nachgemachte oder verfälschte Lebensmittel muß in den Verkehr gebracht bezw. angeboten, feilgehalten oder verkauft sein,
   2. eine ausreichende Kenntlichmachung muß fehlen, oder
   3. es muß ein direktes Verbot vorliegen;

c) bei Ziffer 3:
   1. das Lebensmittel muß irreführend bezeichnet oder angegeben oder aufgemacht sein,
   2. es muß angeboten, zum Verkauf vorrätig gehalten, feilgehalten, verkauft oder sonst in den Verkehr gebracht sein.

Von Wesenheit ist eine in der Reichstagskommission regierungsseitig gemachte Mitteilung über die Tatbestände des § 4. Ein Abgeordneter äußerte Bedenken bezüglich sachgemäßer Verwertung von Milch, die auf dem Transport sauer werde. Ein Regierungsvertreter erwiderte, daß die Reichsregierung der vor dem Reichswirtschaftsrat abgegebenen Erklärung vollinhaltlich beigetreten sei.

Im Reichswirtschaftsrat hatte nämlich ein Vertreter der Landwirtschaft geltend gemacht, daß die Molkereibetriebe zur Kenntlichmachung der Milch nicht in der Lage seien. Milch könne unterwegs sauer werden. Es sei nicht zu verstehen, wie saure Milch, die nach der Begriffsbestimmung der Gesetzesbegründung zu den verdorbenen Lebensmitteln gehöre, kenntlich gemacht werden solle.

Regierungsseitig wurden diese Bedenken mit dem Hinweis entkräftet, daß die Ziffer 2 des § 4 nur das Feilhalten, Verkaufen oder das Sonst-in-den-Verkehr-Bringen verbiete; die Aufbewahrung und die Beförderung seien hier absichtlich ausgenommen. Die Ausführungsbestimmungen, die auf Grund des § 5 Ziffer 4 ergingen, würden genaue Vorschriften über die Kenntlichmachung enthalten. Bei Milch z. B. genüge es, wenn saure Milch mündlich beim Feilhalten als solche bezeichnet werde.

Es ist also zu beachten, daß die hygienischen Verbote des § 3 weiter gehen als die wirtschaftlichen des § 4, insofern die strafbare Handlung bei § 3 auch durch Aufbewahren, Verpacken, Befördern begangen werden kann.

4. Das Nachmachen eines Lebensmittels ist der Akt der Herstellung mit der Absicht, daß das fertige Erzeugnis ein anderes zu sein scheint, als es in Wirklichkeit ist. Es handelt sich um eine Handlung am Lebensmittel selbst. Fehlt die Täuschungsabsicht, so kann die straffreie Herstellung eines Ersatzstoffes vorliegen, wie sie die Kriegszeit in so großer Menge schaffen ließ.

Es ist nicht immer notwendig, daß ein sogenanntes echtes Erzeugnis im Handel ist, um eine Nachmachung vollenden zu können. Oft genügt es, daß der Akt der Nachmachung sich auf ein hypothetisches, nur theoretisch existierendes Erzeugnis richtet (siehe unten RG. vom 11. April 1910).

Wenn auch der Regel nach das „echte" Erzeugnis dem Plagiat überlegen sein wird, so ist doch der umgekehrte Fall möglich und bekannt. Für das Lebensmittelrecht ist aber die Frage des Qualitätsunterschiedes, soweit es sich um Nachmachen handelt, ohne Einfluß.

Es ist auch ohne Bedeutung für den Begriff des Nachmachens, ob ein kundiger Käufer das echte Erzeugnis von dem unechten mehr oder weniger leicht unterscheiden kann. Es genügt, wenn das Ersatzmittel ohne ausreichende Kennzeichnung sich den äußeren Anschein des „Echten" gibt, ohne es zu sein.

Ein bekanntes Beispiel für die Nachahmung eines gar nicht vorhandenen echten Präparates ist die Herstellung des Fleischsaftes Puro gewesen. Es gibt gar keinen haltbaren konzentrierten Fleischsaft im Handel; voraussichtlich wird es auch in Zukunft keinen geben. Der Angeklagte stellte sein Erzeugnis in ganz einwandfreier Beschaffenheit auf synthetischem Wege her, gab es aber für konzentrierten natürlichen Fleischsaft aus.

Auch bezüglich der Beurteilung neuerfundener Lebensmittel, die nicht immer nach dem Willen ihres ersten Herstellers allein zu bewerten sind, gibt das folgende Urteil des RG. Ausführungen. Wegen angeblich neuer Lebensmittel siehe auch das sehr ausführliche RG.-Urteil vom 18. Februar 1882 in Anm. 5 zu diesem Paragraphen.

RG. vom 11. April 1910 — 1 D 189/10, VIII 849 — wider den Fabrikanten S. in München, betr. nachgemachten Fleischsaft.

Die Strafkammer meint, der Angeklagte habe nicht den als Nahrungs- und Genußmittel im Verkehr gebräuchlichen Fleischsaft als solchen nachgemacht, sondern er habe seinem Erzeugnisse den Anschein eines neuen, aus Fleischsaft hergestellten, bisher nicht im Verkehr gewesenen Nahrungs- und Genußmittels verliehen. Der Angeklagte hat aber dem Puro nicht den Anschein eines neuen Nahrungs- und Genußmittels gegeben, sondern den Anschein von Fleischsaft. Auch haltbar gemachter Fleischsaft ist noch Fleischsaft. Bei der Haltbarkeit handelt es sich um eine dem Stoffe künstlich verliehene, ihm von Natur fremde Eigenschaft. Der Stoff selbst soll beim Haltbarmachen in seinem eigentlichen Wesen nicht verändert werden, und es kann daher ein Nachmachen des Stoffes selbst nicht lediglich dadurch ausgeschlossen werden, daß mit dem Nachmachen ein Haltbarmachen verbunden wird.

Die Herstellung eines Erzeugnisses, das äußerlich den Anschein von haltbar gemachtem Fleischsaft erweckt, kann unbedenklich als ein Nachmachen von Fleischsaft im Sinne des Nahrungsmittelgesetzes angesehen werden, auch wenn früher haltbar gemachter Fleischsaft noch nicht hergestellt und in den

Verkehr gebracht worden ist. Im vorliegenden Falle spricht nach den derzeitigen Feststellungen für die Annahme eines Nachmachens von Fleischsaft, daß Puro offenbar nach seiner äußeren Erscheinung und Beschaffenheit lange Zeit für eingedickten echten und reinen Fleischsaft angesehen wurde und es auch bis vor kurzem der Chemie nicht möglich war, einen Unterschied zwischen der stofflichen Zusammensetzung solchen Fleischsafts und der des Puros zu finden.

RG. vom 4. Juli 1927 — III D 356/27 —, betr. nachgemachter Lachs.

LG. Altona hatte den Angeklagten aus § 3 der Verordnung vom 13. Juli 1923 über die äußere Kennzeichnung von Waren verurteilt, weil er statt Jahr und Monat der Herstellung lediglich Jahr und Woche auf der Dose angegeben hatte. Auf die Revision des Angeklagten hob RG. das Urteil auf mit diesen Entscheidungsgründen:

Die Feststellung des Landgerichts, daß die willkürliche Abweichung von der Vorschrift zur Irreführung des Publikums führen kann, ist zutreffend. Die Behauptung der Revision, daß sich die Angabe der Woche statt des Monats „allgemein eingebürgert" habe, ist als im Bereich des Tatsächlichen liegend vor dem Reichsgericht nicht nachprüfbar, könnte aber den Angeklagten nicht entschuldigen, da es sich um einen der Vorschrift zuwiderlaufenden Mißbrauch handeln könnte, der eine Bestrafung nicht ausschließt. Soweit jedoch das Landgericht ein Nachmachen im Sinne des § 10 Nr. 1 und 2 NMG. als erwiesen angesehen hat, bestehen rechtliche Bedenken. Nach der Rechtsprechung des Reichsgerichts bedeutet Nachmachen bei Nahrungs- und Genußmitteln die Herstellung eines Erzeugnisses, das einem bereits bekannten Nahrungs- oder Genußmittel in der äußeren Entscheidungsform ähnlich, aber nach Gehalt und Wesen nicht gleichartig ist. Dabei kann es nur auf die äußere Erscheinungsform, auf Stoff und Beschaffenheit der Ware selbst ankommen. Insoweit ist festgestellt, daß der Angeklagte dem weißen Fleisch des fettarmen, billigen Seelachses durch Färbung die das Fleisch des fettreichen und hochwertigen Flußlachses kennzeichnende rote Farbe verliehen hat. Unter Umständen kann schon in der Färbung das Merkmal des Nachmachens gefunden werden. Aus dem Räuchern, Schneiden in Scheiben und Einlegen in Olivenöl und aus der Art der Verpackung und Aufschrift hat das Landgericht bereits ein Nachmachen geschlossen. Verpackung und Aufschrift können diesen Schluß nicht begründen, da hier die Einwirkung auf den Stoff und die Beschaffenheit der Ware fehlt. Im übrigen kann aus der Bezeichnung „Seelachs" eine Täuschungsabsicht des Angeklagten nicht gefolgert werden, da diese Bezeichnung sich seit Jahrzehnten für den in Frage kommenden Fisch im Handel eingebürgert hat und die „handelsübliche" Bezeichnung des Inhalts verlangt wird.

OLG. Kiel vom 27. März 1924 — S 34/24 —, betr. nachgemachten Lachs.

Angeklagter hat aus einem fettarmen Seefisch, dem sogenannten Seelachs, auch Köhler oder Blaufisch genannt, eine Fischkonserve hergestellt und unter der Bezeichnung „Seelachs, leicht gefärbt, in Öl" in den Handel gebracht. Das Berufungsgericht betrachtet diese Konserve als nachgemachten echten Lachs nach § 10 Ziffer 1 NMG. Der Angeklagte rügt die Anwendung dieser Bestimmung und führt aus, von einem zum Zwecke der Täuschung erfolgten Nachmachen könne deshalb keine Rede sein, weil die Bezeichnung sachlich zutreffend und die Art der Zubereitung der Konserven die erprobt zweckmäßigste sei. Diese Ausführungen vermögen die Revision jedoch nicht zu rechtfertigen.

Als nachgemacht ist ein Nahrungsmittel anzusehen, wenn einem andern durch Behandlung seines Stoffes oder seiner Form der äußere Anschein desselben verliehen wird. Eine sachgemäße Herstellung schließt ein Nachmachen nicht notwendig aus, sondern ist nur insofern von Bedeutung, als ein neues, selbständiges Nahrungsmittel, das den Bedürfnissen des Verkehrs entgegenkommt, nicht schon wegen solcher Ähnlichkeiten mit einem anderen als Nachahmung desselben angesehen werden kann, welche durch die sachgemäße Herstellung bedingt sind. In derartigen Fällen kommt es vielmehr darauf an, ob es sich im übrigen, namentlich hinsichtlich der Bezeichnung, von den anderen Nahrungsmitteln genügend unterscheidet (vgl. Stenglein Bd. I S. 629 Anm. 5 zu § 10 NMG.). Dabei ist nicht, wie der Angeklagte meint, entscheidend, ob die Bezeichnung sachlich richtig ist, sondern ob sie durch die stoffliche Ähnlichkeit begründete Täuschungsgefahr beseitigt. Der Zweck des Gesetzes, das Publikum gegen Nachmachen und Verfälschung von Nahrungsmitteln zu schützen, kann durch die Zulassung einer zwar richtigen, aber die bestehende Täuschungsgefahr nicht beseitigenden Bezeichnung nicht erreicht werden.

Der objektive Tatbestand erfordert neben dem Bewußtsein der Täuschungsgefahr das Handeln zum Zwecke der Täuschung. In letzterer Hinsicht erscheinen die Feststellungen des Vorderrichters insofern nicht bedenkenfrei, als ausgeführt wird, der Angeklagte habe zum mindesten den bedingten Vorsatz gehabt, indem er damit rechnete, daß möglicherweise das Publikum getäuscht werden würde. Der bedingte Vorsatz reicht zum Tatbestand des § 10 Ziffer 1 nicht aus; Zweck ist gleichbedeutend mit Beweggrund und setzt einen bestimmten Willen voraus. Es genügt nicht der bloße Vorsatz, das Bewußtsein, daß das Publikum getäuscht werden würde, und noch weniger der bedingte Vorsatz, das Bewußtsein, daß die Täuschung möglicherweise eintreten werde, sondern es muß den Angeklagten gerade auf die Täuschung angekommen sein. (Vgl. RG. in GoltdArch. 51 358.) Bei diesen unzutreffenden Ausführungen der Strafkammer handelt es sich indes nur um eine Hilfserwägung, die dem Bestande des Urteils nicht schädlich ist. Denn an einer früheren Stelle des Urteils heißt es, das Gericht sei zu der Überzeugung gelangt, daß der Angeklagte durch die Färbung und den Ölzusatz dem Seelachs das Aussehen des echten Lachses hat geben wollen und gerade den Seelachs dazu genommen hat, weil dieser Name durch seine Bezeichnung als Lachs besonders geeignet war, das nicht genügend unterrichtete Publikum zu täuschen. Damit ist das Handeln zum Zwecke der Täuschung genügend festgestellt.

RG. vom 14. Juli 1881 (E. IV 434, R. III 486).

Das Nachmachen ist der Akt der Herstellung einer Sache in der Weise und zu dem Zwecke, daß sie eine andere Sache zu sein scheint. Auch die Verfälschung ist ein Akt, der an der Sache selbst vorgenommen sein muß. . . .

Solche Fälle, in denen weder ein Gegenstand dem anderen (echten) in der Weise nachgebildet worden ist, daß er den Schein, das Aussehen, obschon nicht das Wesen des andern hat, noch die Beschaffenheit der Sache selbst, die verkauft oder feilgehalten wurde, einer Einwirkung unterworfen worden, sondern es ausschließlich um die Bezeichnung desselben sich handelt, gehören also nicht unter die Strafvorschrift des zitierten § 10 Nr. 2, sie können den Tatbestand eines Betruges enthalten. . . .

RG. vom 15. Mai 1882 (R. IV 485).

Von einem „nachgemachten" Nahrungs- oder Genußmittel kann begrifflich nur die Rede sein, wenn bereits im Verkehrsleben ein als Nahrungs- oder Genußmittel benutzbarer und benutzter Gegenstand vorhanden ist, welcher den Namen trägt, der von dem aus § 10 NMG. Beschuldigten seinem Fabrikate beigelegt wird und welcher, wie im Verkehr bekannt ist und vorausgesetzt wird, regelmäßig aus ganz bestimmten Stoffen besteht und dem eben deshalb bestimmte, seine Eigenschaft als Nahrungs- oder Genußmittel begründende Eigenschaften beiwohnen.

„Nachmachen" ist deshalb die Herstellung eines Nahrungsmittels in der Weise und zu dem Zwecke, daß es ein anderes zu sein scheint, als es in Wirklichkeit ist.

„Es handelt sich somit keineswegs um eine minder gute oder minder sorgfältige Bereitung, als sie hätte stattfinden können, wie die Revision geltend macht. Der von derselben hervorgehobene Umstand, es seien die Bestandteile des fraglichen Schwartenmagens von jedem Laien sofort für das erkennbar gewesen, was sie in der Tat waren, würde, wenn es, wie es nicht der Fall ist, vom Urteile festgestellt wäre, rechtlich nicht als erheblich erscheinen, da es für den Begriff des Nachmachens ohne Bedeutung ist, ob die täuschenden Mittel leicht und von jedermann oder nur schwer und nur von Sachverständigen zu erkennen sind."

RG. vom 13. Juli 1893.

Irrig ist dagegen die Meinung der Revision, daß für den Begriff der Nachahmung bei einem Genußmittel im Gegensatz zu einem Nahrungsmittel nur der Wohlgeschmack in Verbindung mit Farbe und Ansehen entscheide. Wie es unmöglich ist, den Begriff eines Nahrungs- und den eines Genußmittels überall scharf zu unterscheiden, beide vielmehr ohne erkennbare Grenze ineinander übergehen oder je nach subjektiven Verhältnissen wechseln, so hat auch das Gesetz vom 14. Mai 1879 beide Begriffe stets zusammengefaßt und gleichmäßig behandelt und ist der Begriff der Nachahmung hier wie dort der gleiche: Herstellung einer Sache mit dem Scheine und Namen einer im Verkehr bereits befindlichen, aber von geringerer als der hiernach zu erwartenden Beschaffenheit. Da nun der Wohlgeschmack und das Aussehen weder in der Theorie noch im Sinne der Konsumenten ausschließlich den Wert eines Genußmittels begründet, so erweist sich die Behauptung als hinfällig, daß die Verwendung von Rohprodukten, deren verschlechternder Einfluß nicht auf dem Gebiete des Wohlgeschmacks und der Farbe liegt, der Qualität des Genußmittels überhaupt keinen Eintrag tue. Auch der Einwand, der Angeklagte habe nicht eine Nachahmung, sondern die Einführung eines neuen Genußmittels beabsichtigt, ist erfolglos.

Selbstverständlich will das Strafgesetz der Vergrößerung des Gebietes der Genußmittel nicht im Wege stehen, und zweifellos kann eine Neueinführung unter Umständen aus volkswirtschaftlichen und anderen Gründen nur willkommen sein. Ob dies gerade bei dem fraglichen Fabrikate aus Kartoffelstärkesirup zutrifft, muß hier unterwogen bleiben. Jedenfalls aber darf die Einführung nicht in der Form und unter dem Namen eines bereits im Verkehr befindlichen besseren Nahrungs- oder Genußmittels geschehen, zur Täuschung des Publikums. Nur hierin liegt die Strafbarkeit des Angeklagten, da im angefochtenen Urteile sowohl sein Bewußtsein von dem täuschenden Scheine seines Fabrikates als auch sein Zweck, damit zu täuschen, festgestellt ist. Zwar geht das Gesetz vom 14. Mai 1879 nicht, wie das Urteil annimmt, so weit, von dem Nahrungs- und Genußmittelfabrikanten zu verlangen, daß er alles tue, um seinen Abnehmern und dem konsumierenden Publikum über die wahre Beschaffenheit seiner Waren Klarheit zu verschaffen. Das Gesetz verbietet nur die tatsächliche Verfälschung und Nachahmung zum Zwecke der Täuschung im Handel und Verkehr, ohne im übrigen dem Fabrikanten Beschränkungen aufzuerlegen. Wäre z. B. zwischen dem Safte getrockneter und dem Safte frischer Äpfel kein das fertige Gelee beeinträchtigender Unterschied, so würde das Gesetz den Fabrikanten nicht verpflichten, „Klarheit zu verschaffen", ob er diese oder jene verarbeitet hat.

RG. vom 24. Februar 1882 (R. IV 194).

Ein Nahrungs- oder Genußmittel gilt als nachgemacht, wenn es dem echten nachgebildet ist, so daß es nur den Schein, nicht das Wesen und den Inhalt der echten Ware hat, indem es ganz oder doch wesentlich aus fremdartigen Stoffen künstlich hergestellt ist, also entweder vollständig oder doch der Hauptsache nach aus anderen Stoffen besteht als die echte Ware.

RG. vom 5. Februar 1894 (E. XXV 117).

Aufgequollene Kaffeebohnen, um sie als bessere Qualität erscheinen zu lassen, sind eine Nachmachung.

RG. vom 15. Mai 1891 (E. XIV 439).

Die Begriffe Nachmachen und Verfälschen gehen ineinander über. Wenn daher die Anklage den einen, das Urteil den andern Ausdruck braucht, so liegt kein veränderter rechtlicher Gesichtspunkt vor.

Man vergleiche ferner:

RG. vom 2. November 1886.

RG. vom 20. Mai 1889 (Ver. 1890, 162), betr. nachgemachtes Bier.

RG. vom 18. Mai 1888, betr. nachgemachten Kognak.

RG. vom 12. Mai 1891 (E. XXI 437), betr. Wurst aus Hundefleisch.

RG. vom 14. Juli 1881 (E. IV 434 und R. III 486): Die bloße Bezeichnung von Rübenzucker als Kolonialzucker ist weder Nachmachung noch Verfälschung. (Jetzt ist es aber eine irreführende Bezeichnung.)

RG. vom 25. März 1889 (E. XIX 151), betr. nachgemachte Butter.

RG. vom 17. März 1894 (E. XXV 183), betr. nachgemachtes Schweinefett.

5. Die Verfälschung eines Lebensmittels setzt einen Eingriff an dem unverfälschten Lebensmittel voraus. Das kann auch so geschehen, daß schon bei der Herstellung des Lebensmittels eine Abweichung von der ordnungsmäßigen Gewinnung stattfindet. In der Regel ist mit der Verfälschung eine Verschlechterung verbunden.

Diese Verschlechterung kann direkt oder indirekt erfolgen. Die direkte Verschlechterung findet statt

a) durch Zusetzen weniger wertvoller Stoffe,

b) durch Entnahme wertvoller Bestandteile,

c) durch ungenügende Entfernung von Bestandteilen geringeren Wertes, während bei der ordnungsmäßigen Gewinnung die zu entfernende Menge größer ist,

d) durch Zusatz von Stoffen, welche zwar in quantitativer Hinsicht keine bemerkenswerte Verschiebung der Zusammensetzung bedingen, aber dadurch verschlechternd einwirken, daß entweder ein gesundheitlich bedenkliches Lebensmittel entsteht oder der Nutzeffekt desselben herabgemindert wird.

Die indirekte Verschlechterung

e) kann erfolgen, wenn durch Zusätze oder Handlungen zwar der objektive Wert des Lebensmittels unbeeinflußt bleibt, aber äußerlich eine gar nicht vorhandene Wertverbesserung vorgetäuscht wird — Verleihung des Anscheines einer besseren Beschaffenheit —.

Eine Verschlechterung

f) kann auch dadurch begangen werden, daß gewisse leicht erkennbare Merkmale minderwertiger Beschaffenheit entfernt oder verdeckt werden. Die Verdeckung kann auch schon im voraus geschehen.

Die Zahl der Möglichkeiten ließe sich noch vermehren, immer aber handelt es sich bei der Verfälschung um einen körperlichen Eingriff am Lebensmittel.

Zu beachten bleibt, daß die natürliche Zusammensetzung eines Lebensmittels etwas Festes, Gegebenes ist, daß es daher auch nicht erlaubt ist, etwa eine Zurechtstutzung bis auf eine mittlere Zusammensetzung vorzunehmen, auch wenn diese an sich noch einer Normalware entspräche.

Ein Beispiel mag diese Fälle illustrieren:

Milch hat im Durchschnitt einen bestimmten Gehalt an Fett, an Eiweißstoffen, an Milchzucker, an Mineralstoffen, an Fermenten. Durch Zusatz von Wasser wird die Milch verschlechtert, weil alle wertvollen Bestandteile in der Menge herabgesetzt werden. (Fall a.)

Milch wird durch teilweises oder vollständiges Entfernen des Fettes in ihrem Werte sehr herabgesetzt. (Foll b.)

Aus der Milch wird das Fett abgeschieden, um als Butter in den Handel zu kommen. Es bedarf einer gewissen Arbeit, um so viel Flüssigkeit (Molken) zu entfernen, bis die Butter ihren ordnungsmäßigen Fettgehalt (80 v. H.) hat. Wird nicht genug Molken entfernt, so bleibt die Butter beschwert und ist verschlechtert. (Fall c.)

Milch kann durch Formaldehydzusatz zwar längere Zeit vor

dem Sauerwerden bewahrt bleiben, aber ihre Verdaulichkeit ist dadurch beeinträchtigt. (Fall d.)

Milch ist um so weißer, je fetter sie ist. Homogenisierte Milch sieht fast wie Sahne aus, obgleich ihr Fettgehalt durch den Eingriff nicht verändert wurde. Nur die Milchkügelchen wurden in viel kleinere Anteile aufgespalten und lassen darum die Milch besser erscheinen. (Fall e.)

Milch, die sauer geworden ist, kann durch Zusatz von Soda wieder gut schmecken und glatt erscheinen, indem die Säure chemisch gebunden wird. (Fall f.)

Fischkiemen können nach dem Verblassen wieder rot gemacht werden, um dadurch den falschen Anschein zu erwecken, der tote Fisch sei frischer, als er wirklich ist.

Krebsbutter wird rot gefärbt, um die mit einem Verblassen der natürlichen Farbe einhergehende Zersetzung nicht wahrnehmen zu lassen. (Fall f.)

OLG. Dresden (III. Strafs.) vom 9. April 1926, betr. Zusatz alter und verschimmelter Semmeln zum Brot.

Semmeln, die der Angeklagte dem Brotteig zusetzte, hatten einen Tag zum Verkauf gestanden, wurden bis zum Tage darauf in einem Korb aufbewahrt und, wenn dieser voll war, in die Backstube gebracht und zum Trocknen ausgebreitet. Danach wurden sie in Säcken aufbewahrt.

Was den Zusatz von altbackenen Semmeln an sich anbelangt, so muß sich das Gericht dem anschließen, daß — zunächst abgesehen von der Verwendung verschimmelter Semmeln — eine Verfälschung des Brotes, eines Nahrungsmittels im Sinne des § 10 NMG., zu erblicken ist. Roggenbrot oder Schwarzbrot, kurzweg „Brot" genannt, besteht aus Roggenmehl, Wasser und Sauerteig. Ein Zusatz von altbackenen Semmeln, eines Fremdstoffes, widerspricht seinem Wesen und bedeutet eine Veränderung der normalen Beschaffenheit und eine Verschlechterung. Die Semmel kann den Backprozeß nicht noch einmal mitmachen. Sie wird als Fremdkörper, als „toter Ballast" von dem Brotteig umhüllt und bleibt als kleine gelbe und braune Partikelchen in der Brotkrume sichtbar. Auf altbackenen Semmeln finden sich auch immer Mikroorganismen, insbesondere Schimmelpilze, deren Wachstum durch den Wasserzusatz begünstigt wird, und die auch trotz der Hitze beim Backen, die übrigens im Innern des Brotes nur etwa 100° C beträgt, nicht absterben. Das führt dazu, daß Brot mit einem Zusatz von altbackenen Semmeln schneller schimmelt.

Auch der Bäckerobermeister lehnt grundsätzlich die Verwendung von altbackenen Semmeln bei Brotbacken ab und will sie nicht als gewerbsüblich bezeichnen.

Dagegen hat das Gericht dem Dr. L. darin nicht folgen können, daß der Zusatz altbackener Semmeln zum Brot ekelerregend und daher geeignet sei, die menschliche Gesundheit zu schädigen. Das Gericht ist vielmehr der Überzeugung, daß eine solche Wirkung nur unter besonderen Umständen und nur bei ausnahmsweise empfindlichen Personen eintreten könne, daß aber der Durchschnittsverbraucher, mit dem der Angeklagte zu rechnen hatte, davon nicht betroffen wird. Die Vorschrift des § 12 Nr. 1 NMG. erschien also insoweit nicht anwendbar. Anders liegt die Sache aber, soweit verschimmelte Semmeln verwendet worden sind. Insoweit ist das Gericht mit dem zuletzt genannten Sachverständigen überzeugt, daß der Genuß von Brot, dem verschimmelte Semmeln zugesetzt sind, bei den Verbrauchern auch ohne die Kenntnis dieser Tatsache Magenstörungen hervorrufen kann. Derartiges Brot ist also geeignet, die menschliche Gesundheit zu schädigen.

Der **Begriff der Lebensmittelverfälschung** ist in zahlreichen, besonders älteren Urteilen höchster Instanzen, vorzugsweise des Reichsgerichts, ausführlich behandelt. Da der Begriff des Verfälschens ebenso wie der des Nachmachens und Verderbens unverändert geblieben ist, sind diese Definitionen von ungeminderter Bedeutung geblieben. Einige der wichtigsten mögen hier mit Rücksicht auf diese Umstände Platz finden. In bezug auf die Entwicklung des Begriffes sei besonders auf das in der ersten Geltungsdauer des RMG. ergangene RG.-Urteil vom 18. Februar 1882 verwiesen (E. VI 51 und R. IV 171), das in seinem allgemeinen Teil ausführlich wiedergegeben ist:

Bei der Beratung des RMG. hat bei allen Faktoren darüber volle Übereinstimmung geherrscht, daß die durch das Gesetz zu bestrafende Verfälschung von Nahrungs- und Genußmitteln in den beiden Richtungen einer verheimlichten Verschlechterung der ursprünglichen Ware durch Entnehmen oder Zusetzen von Stoffen und einer scheinbaren Verbesserung einer minder guten oder minder gut gewordenen Ware durch Anwendung künstlicher Mittel auf die Ware selbst, im Gegensatz zur bloßen Etikettierung oder Emballage, begangen werden kann. Der Entwurf von 1878 hatte den jetzigen § 10 dahin gefaßt:

1. wer zum Zwecke der Täuschung im Handel und Verkehr Nahrungs- oder Genußmittel nachmacht oder mit dem Schein einer besseren Beschaffenheit versieht oder dadurch verschlechtert, daß er sie mittels Entnehmens oder Zusetzens von Stoffen oder in anderer Weise verfälscht;
2. wer wissentlich Nahrungs- oder Genußmittel, welche verdorben oder nachgemacht oder fälschlich mit dem Schein einer besseren Beschaffenheit versehen oder durch Verfälschung verschlechtert sind, unter Verschweigung dieses Umstandes verkauft oder unter einer zur Täuschung geeigneten Bezeichnung feilhält.

Die Motive des damaligen Entwurfes erörtern, daß strafbare Verfälschung dann vorliege, wenn das der Ware gegebene Aussehen, die Benennung, Bezeichnung, überhaupt der Schein ihrem Wesen nicht entspreche, und dieser Mangel an Übereinstimmung zwischen beiden Momenten könne entweder dadurch entstehen, daß das künstliche Fabrikat als Naturprodukt ausgegeben, der Ware der Anschein einer besseren Beschaffenheit gegeben werde, als ihrem Wesen entspreche, oder dadurch, daß eine Verschlechterung, welche in ihrem Wesen eingetreten sei, verheimlicht, verdeckt, nicht erkennbar gemacht werde, gleichgültig, ob diese Verschlechterung in einem menschlichen Tun oder in einem natürlichen Prozesse ihre Ursache habe. Beispielsweise versieht nach den Motiven derjenige, welcher rohem, nicht mehr frischem Fleische durch künstliche Mittel den Anschein von frisch geschlachtetem gibt, dasselbe mit dem Anschein einer besseren Beschaffenheit. In demselben Sinne äußerten sich über den Begriff der Verfälschung Vertreter des Bundesrats und Mitglieder der Kommission. Die letztere schlug vor, dem Paragraphen die Fassung zu geben:

1. wer zum Zweck der Täuschung im Handel und Verkehr Nahrungs- oder Genußmittel nachmacht oder dadurch verfälscht, daß er dieselben mittels Entnehmens oder Zusetzens von Stoffen verschlechtert oder den bestehenden Handels- oder Geschäftsgebräuchen zuwider mit dem Schein einer besseren Beschaffenheit versieht;
2. wer wissentlich Nahrungs- oder Genußmittel, welche verdorben oder nachgemacht oder im Sinne der Nr. 1 verfälscht sind, unter Verschweigung dieses Umstandes verkauft oder unter einer zur Täuschung geeigneten Bezeichnung feilhält.

Der neue Entwurf von 1879 legte in dieser Fassung den Paragraphen wieder vor, nur mit Weglassung der Worte „den bestehenden Handels- oder Geschäftsgebräuchen zuwider“, nahm also den Begriff der Verfälschung wiederum in dem erwähnten zweifachen Sinne, worin schon frühere Gesetze, namentlich das StrGB. (vgl. §§ 267, 363 über Urkundenfälschung und §§ 146, 147 über Münzfälschung), ihn genommen hatten. Als weiteres Beispiel einer Verfälschung durch Verleihung des Scheines einer besseren Beschaffenheit findet sich der Fall angegeben, wenn schlechter Milch durch Zusatz von Stoffen das Aussehen guter Milch gegeben werde. Der Entwurf erhielt die Zustimmung der Kommission. Die Schlußworte der Nr. 1 des Paragraphen hatten das Bedenken erregt, daß sie in der Richtung mißverstanden werden können, als solle ein Akt der Verfälschung auch darin gefunden werden, daß jemand durch den Gebrauch einer irreführenden Etikette oder Emballage der Ware eine bessere Beschaffenheit beilege, ohne die Eigenschaften der Ware selbst zu verändern. Schließlich verzichtete das Plenum des Reichstags auf Definition der Verfälschung, aber nicht, weil die Definition des Entwurfs zu weit gehe, sondern teils aus dem ebenerwähnten Bedenken eines möglichen Mißverständnisses der Schlußworte der Nr. 1, teils aus Abneigung vor gesetzlichen Definitionen überhaupt, teils aus Besorgnis, daß, wenn man hier eine Definition gebe, während andere Gesetze sie nicht gegeben hätten, die Praxis der Gerichte zu unbegründeten Schlüssen möchte verleitet werden. Demnach ist kein Zweifel daran gestattet, daß die Verfälschung nach § 10 des Gesetzes in den hervorgehobenen beiden Arten des Verfahrens bestehen kann.

Sowohl diese Arten der Verfälschung als auch die, welche durch Hervorrufung des Scheins einer besseren Beschaffenheit begangen wird, setzen eine bestimmte Norm der Ware voraus, von welcher abgewichen wird. Da der Hauptzweck des § 10 ein wirtschaftlicher und dahin gerichtet ist, der Unlauterkeit im Verkehr durch Täuschung der Abnehmer eines Nahrungs- oder Genußmittels entgegenzuwirken, muß jene Norm, sobald es sich um bereits zum Abschluß gelangte Geschäfte handelt, vorzugsweise aus der Intention der Parteien, also daraus entnommen werden, welche Eigenschaften der Ware bei reellem Verkehr unter den Umständen, die bei dem einzelnen abgeschlossenen Geschäft obwalteten, zu erwarten gewesen wären. Auch fällt unter den Begriff der Verfälschung dasjenige Verfahren nicht, welches durch bekannte, als bekannt vorauszusetzende, an sich nicht verwerfliche Geschäftsgebräuche hergebracht ist, sofern es nicht der Vereinbarung im konkreten Fall widerspricht; der Abnehmer einer Ware kann sich nicht als hintergangen bezeichnen, wenn er dasjenige erhalten hat, was er unter den gegebenen Umständen zu erwarten berechtigt war, und er ist, abgesehen von ausdrücklicher Vereinbarung, nicht berechtigt, eine andere Interpretation eines Geschäftes mit dem Abgeber oder eine andere Art der Herstellung der Ware zu erwarten, als sie dem soliden Geschäftsherkommen entspricht. Andererseits darf er sich aber auf das letztere, wenn es ihm günstig ist, auch seinerseits berufen, solange er nicht in eine Abweichung von demselben eingewilligt hat.

RG. vom 13. November 1880.

Die Revision bestreitet die Anwendbarkeit des § 10 Nr. 2 um deswillen, weil die Vermischung des Weizengrießes mit Maisgrieß die Ware nicht zu einer verfälschten mache. Dem widerspreche schon der Umstand, daß eine so gemischte Ware ein auch im reellen Handelsverkehr vorkommender und als Nahrungsmittel begehrter Artikel sei. . . .

Auch wenn ferner die vom Angeklagten gelieferte Ware ein im reellen Handel vorkommender und als Nahrungsmittel begehrter Artikel war, kann sie unter den § 10 Nr. 2 fallen, sofern sie derjenige Artikel nicht war, auf welchen die Bestellung des Käufers und die Lieferungsverpflichtung des Käufers ging sondern sich dieser Bestellung gegenüber als eine gefälschte Ware darstellt. Daß sie als Nahrungsmittel unbrauchbar oder schädlich gewesen sein müsse, ist als Merkmal des Tatbestandes in den § 10 nicht aufgenommen.

RG. vom 24./31. Januar 1888.

Eine Verfälschung kann auch dadurch begangen werden, daß gewisse Bestandteile bei der Herstellung von Nahrungs- oder Genußmitteln nicht genügend entfernt werden, z. B. Wasser in der Butter, so daß der Effekt derselbe wird, als wenn Butter mit normalem Wassergehalt durch Wasserzusatz verfälscht wird

RG. vom 4. Juni 1881 (E. IV 311, R. III 376).

Eine Tabakverfälschung kann auch dadurch herbeigeführt werden, daß die unbrauchbaren, nikotinfreien, holzigen Teile der Tabakpflanze mit braunem Farbstoff versehen und dem Tabak zugemischt werden, also die brauchbaren Teile einer Pflanze mit den unbrauchbaren versetzt werden.

RG. vom 1. März 1881 (E. III 274, R. II 735).

Die Zusammensetzung eines Nahrungs- und Genußmittels, die an einem Ort normal ist, kann an einem anderen anormal sein.

Den Begriff der Nahrungsmittelverfälschung behandeln ferner folgende Reichsgerichtserkenntnisse:

vom 1. Oktober 1885 (E. XII 406, R. VII 546), betr. Aufhebung des freisprechenden Erkenntnisses der Vorinstanz gegen einen Bierpanscher (der Neigenbier und frisches Bier zusammengemischt hatte),
vom 21. April 1885 (R. VII 239),
vom 7. Januar 1887 (E. XV 161),
vom 10. Januar 1893 (E. XXIII 383),
vom 4. März 1884 (R. VI 170),
vom 30. März 1885 (R. VII 374) [Farbstoffzusatz zu bayrischem Bier ist eine Verfälschung),
vom 5. Juli 1883 (R. V 495, E. VIII 434),
vom 21. Mai 1885 (R. VII 314),
vom 20. Januar 1888 (Veröffentl. d. KGA. 1888 S. 696),
vom 28. Februar 1887 (Veröffentl. d. KGA. 1887 S. 369),
vom 1. Juni 1886 (Veröffentl. d. KGA. 1887 S. 69),
vom 2. Dezember 1881 (E. V 178, R. III 761),
vom 1. Oktober 1886 (Veröffentl. d. KGA. 1887 S. 83),
vom 20. Januar 1888 (Veröffentl. d. KGA. 1888 S. 696),
vom 14. November 1887 (E. XVI 316),
vom 17. Januar 1881 (E. III 274, R. II 735),
vom 7. Februar 1889 (Veröffentl. d. KGA. 1890 S. 9),
vom 4. Mai 1883 (R. V 315),
vom 3. November 1890 (Veröffentl. d. KGA., Beilage II 116),
vom 7./17. Dezember 1896 (E. XXIX 258),
vom 3. Januar 1898 (E. XXX 393),
vom 2. März 1893 (E. XXIV 36), betr. Sacharinzusatz zu Bier,
vom 3. Januar 1898 (E. XXX 393), betr. Farbzusatz,
vom 1. November 1880 (E. II 418), betr. Wein,
vom 12. Dezember 1887, betr. Wein,
vom 11. Dezember 1884 (R. VI 796), betr. Milch,
vom 6. Mai 1897 (E. XXX 100), betr. Milch,
vom 21. Dezember 1899 (E. XXXIII 26), betr. Milch,
vom 6. März 1896 (DJZ. I 201), betr. Bierneigen,

von 31. Januar 1888 (R. XVII 99, R. X 64), betr. Butter,
vom 21. Mai 1885 (R. VII 314),
vom 2. März 1893 (E. XXIV 26), betr. Bier,
vom 18. Dezember 1882 (E. VII 314), betr. Bier,
vom 11. Juni 1885 (R. VII 374), betr. Bier,
vom 21. Mai 1885 (R. VII 314), betr. bayrisches Bier,
vom 15. Dezember 1884 (R. VI 814, 819, E. XI 294), betr. bayrisches Bier,
vom 31. März 1884 (E. X 266, R. VI 249), betr. bayrisches Bier,
vom 18. Februar 1882 (E. VI 55),
vom 24. Februar 1882 (R. IV 194),
vom 5. Juni 1885 (R. VII 351),
vom 5. Februar 1894 (E. XXV 117),
vom 1. März 1898 (E. XXXI 72),
vom 25. März 1901 (E. XXXIV 230),
vom 26. Mai 1882 (R. IV 519).

Färbung von Lebensmitteln ist ein häufiger Tatbestand für den Vorwurf der Erweckung des Anscheins einer besseren Beschaffenheit.

Vgl. hierzu auch die in Anm. 10 (irreführende Aufmachung) enthaltenen Ausführungen.

Die rechtliche Bedeutung eines Farbstoffzusatzes zu Lebensmitteln muß davon abhängig gemacht werden, ob lediglich einem koloristischen Bedürfnis entsprochen werden soll, oder ob der Zusatz andere Zwecke verfolgt.

Das Bedürfnis, ein Lebensmittel schön aufzumachen, ist ebenso alt wie der Brauch, den Tisch mit Blumen zu schmücken.

Bei industrieller Gewinnung von Lebensmitteln liegen aber die rein koloristischen Zwecke nur verhältnismäßig selten vor. Bonbons in allen möglichen Abarten, auch ein Teil der Liköre werden ausschließlich und ohne Nebenabsichten grün, blau, rot und sonstwie aufgefärbt. Man erwartet eben einen Rosenlikör rot, einen Himbeerbonbon ebenso. Niemand denkt dabei an die Möglichkeit, daß ihm die Farbe etwas verdecken oder etwas vortäuschen soll oder könnte.

Bei den meisten übrigen Fällen liegt die Sache aber anders. Entweder dreht es sich darum, ungleichmäßig oder zu schwach gefärbtem Rohstoff, etwa einer Erdbeerkonserve, die vom Publikum stets unverändert erwartete äußere Beschaffenheit durch Farbstoffzusatz zu geben, oder einem blassen Himbeersaft die allgemein beliebte dunklere Farbe, die nur ein Teil der Himbeeren von Natur besitzt, zu geben, oder eine fleckige Ware durch Färben gleichmäßig erscheinen zu lassen. Alles das sind übliche Methoden, sofern der Käufer darüber aufgeklärt wird, daß er eine nachgefärbte Sache erhält, bei der nur der vorhandene Farbenton vertieft wurde.

Es gibt aber auch eine große Zahl von Möglichkeiten, in denen ein Farbzusatz über die innere Beschaffenheit eines Lebensmittels täuschend wirkt. Sachkundigen Käufern gegenüber wird es auch in solchen Fällen vollkommen aufklärend wirken, wenn ihnen die Tatsache der Färbung mitgeteilt wird. Bei der großen Zahl der Unkundigen wird aber auch die Kenntlichmachung, die Deklaration, die Täuschung nicht immer beheben. Ein gelbgefärbter Kuchen wird immer gehaltvoller (betreffs Eierzusatz) erscheinen als ein ungefärbter, auch wenn er mit dem Zusatz „Gefärbt" oder „Mit Safran" oder ähnlich feilgeboten wird.

Krebsbutter ist von Natur schön rot, sofern sie frisch und richtig bereitet ist. Mit den eintretenden Veränderungen wird auch der Krebsfarbstoff zerstört.

Nachgefärbte Krebsbutter läßt diesen Zerstörungsvorgang, der für den Konsumenten von hohem Interesse ist, nicht mehr erkennen. Die Farbe dient also nicht nur dazu, die Krebsbutter dunkler erscheinen zu lassen, sie macht es auch unmöglich, frische Ware von alter zu unterscheiden. Über diesen großen Nachteil klärt aber die Deklaration „Gefärbt" den Käufer nicht auf. Der Zusatz bleibt daher auch bei Kenntlichmachung täuschend.

RG. vom 16. Dezember 1904.

Nicht auf das Gutachten des Sachverständigen B. und der Handelskammer zu F. kommt es an, sondern auf das, was das erkennende Gericht für feststehend angenommen hat. Danach ist Krebsbutter ein Genußmittel, das nach der allgemeinen Verkehrsanschauung rein und unverfälscht lediglich aus Krebsen und Butter hergestellt sein muß und im reellen Verkehr in der Tat so hergestellt wird. Daß im Großbetrieb eine derartige Herstellung unmöglich sei, ist eine Behauptung der Revision, die sich in einen unzulässigen Widerspruch mit dem Urteil setzt. Der Angeklagte hat statt reiner Butter ein minderwertiges Gemisch von Butter und Rindertalg verwendet, hat ein geringeres Krebsmaterial genommen, als zur Erzeugung der Farbe notwendig war, und hat auf Kosten des Aromas und des Geschmackes ein billigeres Färbemittel, einen Anilinfarbstoff, zugesetzt. Mit Recht hat der Vorderrichter hierin eine Verfälschung erblickt, sowohl in der Richtung, daß hierdurch der vom Angeklagten hergestellten und in den Verkehr gebrachten „Krebsbutter" der Schein einer besseren Beschaffenheit, als die ihr wirklich eigen war, verliehen wurde, als auch in der, daß die normale Beschaffenheit des Genußmittels verschlechtert wurde. Alles was die Revision hiergegen vorbringt, stellt sich als Angriff auf die Beweiswürdigung dar, der in der Revisionsinstanz unbeachtet bleiben muß. Ausdrücklich ist festgestellt, daß der Angeklagte nicht im guten Glauben gehandelt hat, daß er sich bewußt gewesen ist, eine Verfälschung vorzunehmen, daß er sie zwecks Täuschung des Publikums im Handel und Verkehr vorgenommen und daß er seine verfälschte Ware unter Verschweigung der Fälschung verkauft hat. Die untergeklebten Zettel hatten nicht den Zweck, das kaufende Publikum in dieser Beziehung aufzuklären, waren zu solcher Aufklärung nicht geeignet und haben auch eine Aufklärung nicht herbeigeführt. Auf Grund dieser Feststellungen, die den Anforderungen des § 266 der Strafprozeßordnung entsprechen, rechtfertigt sich die Verurteilung des Angeklagten gemäß § 10 Nr. 1 und 2 des Gesetzes vom 14. Mai 1879.

Anmerkung. Die Krebsbutter war als „Krebsbutter aus feinsten Edelkrebsen" bezeichnet. Ein Zettel in sehr kleiner Schrift hatte noch folgenden Inhalt: „Hergestellt aus besten

Edelkrebsen, Tafelbutter und Zutaten — leicht gefärbt mit gänzlich giftfreier, unschädlicher Farbe." Vorinstanz LG. II Berlin.

RG. vom 2. Dezember 1881 (II. Straff.).

Das Rotfärben der Kiemen bei Fischen, um ihnen den Anschein einer frischeren Ware zu geben, ist eine Verfälschung im Sinne des § 10, obgleich die stoffliche Zusammensetzung des Fischfleisches dadurch nicht berührt wird.

RG. vom 26. Mai 1882 (II. Straff.).

Ein mit Anilinfarbstoffen aufgefärbter Himbeersaft braucht nicht notwendig als Verfälschung erscheinen, insbesondere dann nicht, wenn ihm dadurch nicht der Anschein einer besseren Beschaffenheit, höheren Fruchtgehaltes oder größeren Wertes verliehen werden soll.

Den Begriff Farbstoffzusatz behandeln noch folgende Entscheidungen des Reichsgerichts:

vom 21. Mai 1898, betr. Wurstfärbung,
vom 11. Februar 1895, betr. gefärbten Kaffee,
vom 4. März 1895 (Veröffentl. d. KGA., Beilage IV 102), betr. gefärbten Kaffee,
vom 18. Februar 1882 (III. Straff.), betr. Fleischfärbung,
vom 3. Februar 1890 (I. Sen.), betr. Färbung von Bier.

6. Verderben ist ein Eingriff in die Beschaffenheit des Lebensmittels wie die Verfälschung, also eine Verschlechterung, nur mit dem Unterschiede, daß die Verfälschung stets eine Folge menschlichen Willens ist, während die Verderbnis entgegen diesem Willen einzutreten pflegt. Im Resultat ist die Verfälschung demnach mit dem Verderben analog, es entsteht eine von der Normalbeschaffenheit abweichende Ware. Es gibt aber auch ein Verderben durch menschliche Tätigkeit und ein Verderben dieser letzteren Art, welches ebensogut als Verfälschung aufgefaßt werden kann.

Das gewöhnliche Verderben im passiven Sprachsinne ist der Ablauf eines natürlichen Vorganges. Die Hauptquelle dieser Art Verderbnis sind Bakterien, die dem Lebensmittel mehr oder weniger schnell Eigenschaften verleihen, welche seine Genußfähigkeit herabsetzen oder ganz aufheben. Auch die durch die eigenen Fermente des (besonders animalischen) Lebensmittels verursachten sogenannten autolytischen Vorgänge führen schließlich zu einem Verderb. Dabei kann vorübergehend sogar eine Verbesserung eintreten. Das Fleisch eines frisch geschlachteten Tieres z. B. ist keineswegs besser als das eines bereits vor einiger Zeit getöteten. Die Muskelstarre macht vielmehr das Fleisch zunächst zähe und schwer verdaulich. Erst wenn der Zustand der Starre wieder gewichen ist und eine gewisse Lockerung der Fasern eingetreten ist, wird uns das als „altgeschlachtet" bezeichnete Fleisch angenehm. Aber auch dieses Stadium geht vorüber, und das Fleisch fällt langsam ab, bis wir es verdorben nennen. Bei dieser Benennung spielt das subjektive Empfinden häufig eine wesentliche Rolle, weil die Geruchs- und Geschmacksnerven der einzelnen Menschen nicht gleichmäßig empfinden. Während der eine verlangt, ein Stück Wi.d müsse Hautgout haben, sonst tauge es nicht, spricht ein anderer bereits von üblen Gerüchen und Verderbnis. Hier kann, wie in vi:l:n Fällen, nur die hauptsächliche Verkehrsauffassung entscheiden.

Das Verderben von menschlicher Hand beobachten wir weniger an natürlichen Erzeugnissen als an Zubereitungen. Das gewöhnlichste Vorkommnis dieser Art ist das Versalzen. Wenn der Salzzusatz bei einer Wurst z. B. so groß geworden ist, daß sie allgemein als nicht mehr genießbar empfunden wird, so ist sie im aktiven Sprachsinne verdorben.

Diese Art des Verderbens wird gar nicht selten absichtlich herbeigeführt, indem durch einen übermäßigen, wie zufällig erscheinen sollenden Salzzusatz die Aufmerksamkeit des Genießenden von anderen Fehlern abgelenkt werden soll. Man kann hierbei nicht gut von der Verleihung des Anscheines einer besseren Beschaffenheit sprechen, vielleicht von einer irreführenden Herstellung. Sicher handelt es sich aber um ein beabsichtigtes fabrikatorisches Verderben.

Eine nicht seltene Frage ist es, ob Lebensmittel mit Parasiten verdorben im Sinne des LMG. seien. Der durch den Anblick der Parasiten etwa hervorgerufene Ekel kann nicht entscheidend sein, da der Begriff des Verderbens eine das ganze Lebensmittel betreffende Veränderung in sich schließt.

In einem besonderen Fall hatte das Reichsgesundheitsamt Gelegenheit, sich über Parasiten in Fischen zu äußern. Das Reichsgesundheitsamt urteilte mit Nr. 2157 vom 26. Juli 1920, daß die Nematoden (Spulwürmer) gewöhnlich weder für den befallenen Fisch selbst noch für den Konsumenten eine besondere gesundheitsschädliche Bedeutung haben, doch ist ihr Vorkommen als ekelerregend anzusehen und daher geeignet, die Ware minderwertig zu machen. In der gleichen Sache nimmt der Seefischereiverein in seinem Schreiben an das Reichsgesundheitsamt vom 29. Juli 1920 — Nr. 3461 — an, daß die Nematoden aus Seefischen sich nicht im Menschen entwickeln; namentlich dürfte das bei konservierten Heringen nicht zu befürchten sein. Die Fische dürfen also bei tunlichster Beseitigung der Würmer unbedenklich genossen werden. Allerdings wirkt das Vorkommen von Würmern unzweifelhaft ekelerregend und vermindert die Qualität der Ware.

Gesundheitsschädlichkeit braucht mit dem Begriff des Verdorbenseins nicht notwendig verbunden zu sein. Der Regel nach sind sogar verdorbene Lebensmittel viel weniger gesundheitsnachteilig, als meist angenommen wird. Wohl aber muß als genügend angesehen werden, um Verdorbenheit festzustellen, wenn die Mehrzahl der Verbraucher Ekel empfindet, wenn sie über den Hergang bei Gewinnung und dergl. aufgeklärt wird. RG. vom 25. März 1884 erklärte daher das aus finnigen Schweinen erhaltene Fett, obwohl nicht schädlich, für verdorben.

Der Zustand der Verdorbenheit kann auch schon eintreten, bevor noch die normale Beschaffenheit erreicht war.

Fleisch noch ungeborener Tiere, unreifes, madiges Obst und ähnliches kann als verdorben angesprochen werden, gerade wie eine Butter als verfälscht gelten muß, der nicht genügend Molken entzogen sind (vgl. Anm. 5).

Hierzu RG. vom 27. September 1883 (R. V 552), siehe unten, und der Ministerialerlaß in Teil II Nr. 6.

Die grundlegenden Reichsgerichtsentscheidungen sind naturgemäß aus den ersten Jahren des NMG., das den gleichen Begriff enthielt. Sie folgen hinter einigen neueren anderweitigen Urteilen.

KG. (III. Sen.) vom 22. Februar 1926 — 3 S 12/26 —, betr. verdorbene Butter. (Eine Butter kann als „Kochbutter" noch brauchbar, aber als „feinste Molkereibutter" bereits verdorben sein.)

Die Ansicht der Revision, Voraussetzung der „Verdorbenheit" eines Nahrungsmittels sei dessen Ungenießbarkeit, und ein in irgendeiner Form zur menschlichen Nahrung noch geeignetes Nahrungsmittel könne nicht verdorben sein, ist nicht zutreffend. Der Begriff der „Verdorbenheit" ist, wie es dem mit §§ 10, 11 NMG. in erster Linie verfolgten Zwecke, der aus eigennützigen Beweggründen hervorgehenden Unreellität im Verkehr entgegenzuwirken, entspricht, relativ, indem er weder Gesundheitsschädlichkeit (§§ 12, 14 NMG.) noch völlige Unbrauchbarkeit oder Untauglichkeit des Nahrungsmittels erfordert, sondern gegeben ist, wenn dessen ursprünglich vorhanden gewesener normaler Zustand, sei es durch innere Zersetzung oder äußere Einwirkung, verschlechtert und dadurch eine verminderte Tauglichkeit und Verwertbarkeit des Nahrungsmittels herbeigeführt ist, wobei die Strafbarkeit des Verkäufers, anders als in den Fällen der §§ 12, 14 NMG., dadurch bedingt ist, daß er es unter Verschweigung seines Zustandes verkauft oder unter einer zur Täuschung geeigneten Bezeichnung feilhält (RGSt. Bd. 5 S. 290 ff., Bd. 49 S. 352, RG.Rechtspr. Bd. 9 S. 359; Stenglein, Strafrechtliche Nebengesetze, Bd. 1 S. 631 Anm. 9 zu § 10 NMG.). Unter diesem Gesichtspunkt ist die dem Urteile zugrunde liegende Auffassung, daß die infolge eingetretener Fäulnis verschlechterte und nur noch als Kochbutter verwendbare, vom Angeklagten aber in Umhüllungen mit der Aufschrift „Feinste Molkereibutter“ verkaufte Butter als verdorbenes Nahrungsmittel im Sinne der §§ 10, 11 RNG. anzusehen sei, rechtlich ohne Bedenken.

RG. vom 10. Mai 1927 — 1 S 220/27 —.

Nach den gemäß § 337 StPO. für das Revisionsgericht bindenden Urteilsfeststellungen hat der Angeklagte am 10. September 1926 auf dem Wochenmarkt in B. Gefrierfleisch als gutes Gefrierfleisch feilgehalten, das in seinem Nahrungs- und Genußwert nach dem Gutachten des Veterinärrats M. erheblich herabgesetzt und deshalb als verdorben anzusehen war, und zwar, obwohl der Angeklagte selbst bereits vorher bemerkt hatte, daß das Gefrierfleisch nicht so war, wie es sein sollte. Der Amtsrichter erblickt einen fahrlässigen Verstoß des Angeklagten gegen § 10 Nr. 2 RMG. und damit eine Übertretung des § 11 dieses Gesetzes und zugleich eine Übertretung der §§ 5 und 17 der Wochenmarktordnung der Stadt B. darin, daß der Angeklagte das verdorbene Gefrierfleisch ohne vorherige tierärztliche Untersuchung auf den Markt gebracht und dort als gutes Gefrierfleisch feilgeboten hat, obwohl er vorher bemerkt hat, daß das Fleisch nicht so war, wie es sein sollte. Einen Rechtsirrtum läßt das Urteil insoweit nicht erkennen.

Der Begriff des „Verdorbenseins“ im Sinne des § 10 Nr. 2 RMG. erfordert keineswegs, daß die Tauglichkeit oder Verwertbarkeit des in Frage stehenden Nahrungs- und Genußmittels zur menschlichen Nahrung oder zum menschlichen Genusse völlig aufgehoben ist. Er ist vielmehr bereits dann erfüllt, wenn die Tauglichkeit oder Verwertbarkeit des betreffenden Nahrungsmittels oder Genußmittels erheblich beeinträchtigt ist (siehe RGSt. Bd. 5 S. 201, 26 S. 420).

Bayer. ObLG. vom 12. Januar 1925, betr. Resteverwendung.

Der Verurteilung liegt die Feststellung zugrunde, daß mit Wissen und Duldung des Angeklagten in dessen Hotelbetrieb Marmeladenreste, die von Gästen beim Frühstück übriggelassen worden waren und wovon die Gäste genommen hatten, von den Vorlegschüsselchen in den Marmeladehafen zurückgestrichen und sodann den Gästen wieder frisch vorgesetzt wurden, daß ferner die Verwendung so behandelter Marmelade allgemein als ekelerregend empfunden wird.

Diese Feststellungen sind geeignet, die Verurteilung zu tragen. Zur Annahme einer „Verdorbenheit" im Sinne der erwähnten Strafvorschrift ist weder Gesundheitsschädlichkeit noch Ungenießbarkeit der Speise erforderlich. Es genügt vielmehr, wenn durch irgendeinen Vorgang, sei es innere Zersetzung oder äußere Einwirkung, die Tauglichkeit oder Verwertbarkeit der Speise zur menschlichen Nahrung erheblich verringert wird. Eine solche Beeinträchtigung der Verwendbarkeit kann durch unhygienische oder unsaubere Behandlung bewirkt werden, die geeignet ist, beim konsumierenden Publikum überhaupt oder bei den in Frage stehenden Bevölkerungsklassen Ekel oder Widerwillen gegen die Speise zu erregen. So auch das Reichsgericht in ständiger Rechtsprechung. Die Entscheidung in Bd. 12 S. 407 der Entscheidungen des Reichsgerichts in Strafsachen steht hiermit nicht im Widerspruch; sie wird vielmehr durch die spätere Entscheidung in Bd. 28 S. 409 ausdrücklich in vorstehendem Sinne erläutert.

Wegen Zusammengießen von Bierresten vgl. die in Anm. 5 angeführten Urteile.

Weinreste aus benutzten Trinkgläsern behandelt RG. vom 3. April 1909 („Das Recht" 1909 Nr. 1751). Sie sind als verdorben deshalb anzusehen, weil nach der Verkehrsauffassung, insbesondere auch nach den Regeln des Anstandes und der Sitte, die Verwendung solcher zusammengegossener Reste nach allgemeinem menschlichen Empfinden als ekelerregend angesehen wird. RG. vom 30. Januar 1893 (E. XXIII 409) erklärte Bier für verdorben, weil eine Katze mitgekocht wurde.

RG. vom 5. Oktober 1881 (E. V 290, R. III 594).

Nach dem Vorgange des § 345 Ziffer 5 des preußischen Strafgesetzbuches findet sich der Ausdruck schon im § 367 Ziffer 7 des deutschen Strafgesetzbuches in der Zusammenstellung mit „verfälscht“, im Gesetz vom 14. Mai 1879 in der Zusammenstellung mit den Worten „verfälscht“ und „nachgemacht“. Der Ausdruck „verfälscht“ weist auf eine absichtliche, in der Wegnahme oder dem Zusatze von Stoffen bestehende, eine Verschlechterung bewirkende menschliche Handlung, im Gegensatz hierzu der Ausdruck „verdorben“ auf eine Eigenschaft, die nicht infolge einer absichtlichen, unter den Begriff der Verfälschung fallenden menschlichen Handlung entstanden. Das positive Moment des Verdorbenseins besteht in einer Veränderung des ursprünglich vorhanden gewesenen oder des normalen Zustandes des Nahrungs- oder Genußmittels zum Schlechteren mit der Folge verminderter Tauglichkeit und Verwertbarkeit zu einem bestimmten Zweck. In Beziehung auf welchen Zweck diese Verminderung eingetreten sein muß, ergibt sich aus der bei Erlaß des Gesetzes vom 14. Mai 1879 vom Gesetzgeber gehegten Absicht, welche in erster Linie dahin ging, die menschliche Gesundheit vor gewissen aus dem Verkehr mit Nahrungs- und Genußmitteln und mit gewissen Gebrauchsgegenständen erwachsenen und ferner gefürchteten Gefahren besser zu schützen, als es nach der bis dahin geltenden Gesetzgebung (vgl. besonders §§ 263, 367 Ziffer 7 StrGB.) möglich gewesen war. Ist durch jene Verschlechterung eines Nahrungs- oder Genußmittels das letztere gesundheitsgefährlich geworden, und hat der Verkäufer usw. desselben dies gewußt oder fahrlässigerweise nicht gewußt, so greifen die §§ 12, 13, 14 des Gesetzes Platz; die §§ 10, 11 beziehen sich auf ein Verdorbensein, welches entweder objektiv nicht geeignet ist, Gefahr für die menschliche Gesundheit herbeizuführen, oder bei welchem diese Gefährdung wenigstens außerhalb derjenigen Kenntnis geblieben ist, die beim Verkäufer vorhanden war oder bei genügender Achtsamkeit und Aufmerksamkeit vorhanden gewesen sein würde. Minder tauglich und verwertbar muß, nach der bezeichneten Absicht des Gesetzes, das Nahrungs- oder Genußmittel für den Zweck geworden sein, dem es als solches zu dienen hatte, also für den Zweck der Ernährung bezw. des Genusses. Für die Beantwortung der

Frage, in welchen Fällen, namentlich auch bei welchem Grade eingetretener Verschlechterung, die §§ 10, 11 anwendbar sind, kommt der weitere Zweck des Gesetzes in Betracht, der aus eigennützigen Motiven entspringenden Unreellität im Verkehr entgegenzuwirken: der Kauflustige soll über die wirkliche Beschaffenheit der Ware nicht im unklaren gelassen werden; die Strafbarkeit der Handlung des Verkäufers ist dadurch bedingt, daß derselbe dem Kauflustigen die wirkliche Beschaffenheit derselben verschwiegen oder verborgen und denselben hierdurch verleitet hat, etwas zu kaufen, was er, wenn er seine Beschaffenheit gekannt, nicht als ein ihm passendes Nahrungs- oder Genußmittel erachtet haben würde. Als zum Genuß ungeeignet oder minder geeignet, mit anderen Worten: als verdorben, müssen auch diejenigen Gegenstände bezeichnet werden, deren Genuß infolge einer Veränderung der beschriebenen Art Ekel erregt, und zwar nicht bloß bei dieser oder jener einzelnen Person nach dem individuellen Geschmack derselben, sondern nach der gemeinen Anschauung oder doch nach der Anschauung derjenigen Bevölkerungsklasse, welcher der Kauflustige angehört.

Weitergehende Einschränkungen des Begriffs des Verdorbenseins als die aus dem Vorstehenden sich ergebenden finden im Gesetz und auch in dem üblichen Sprachgebrauch keine Stütze. Es ist insbesondere unbegründet, daß, wenn ein Gegenstand als verdorben gelten sollte, die in ihm eingetretene Verschlechterung auf innerer Zersetzung beruhen müsse. Sie kann vielmehr auch in einer bloß quantitativen Veränderung der Bestandteile bestehen, aus denen der Gegenstand zusammengesetzt ist, und diese Veränderung kann auch die Folge einer menschlichen Handlung sein, vorausgesetzt, daß die letztere nicht unter den Begriff der Verfälschung fällt. Es ist sehr wohl möglich, daß eine Sache, auch ein Nahrungs- oder Genußmittel, durch einen Zufall von außen her oder durch ein menschliches Versehen verdorben wird, ohne daß im einen oder anderen Fall ein chemischer Zersetzungsprozeß verursacht worden wäre. Ebenfalls möglich ist es, daß durch Erkrankung eines Tieres oder durch Infizierung desselben mit

Parasiten, die nicht notwendig eine Erkrankung zur Folge zu haben braucht, das Fleisch des Tieres für die menschliche Ernährung und den menschlichen Genuß verdorben wird, auch wenn eine Gefährdung der menschlichen Gesundheit dabei nicht zu befürchten oder, wenn sie ursprünglich zu befürchten war, durch geeignete Mittel wieder beseitigt worden ist. Auch in Fällen dieser Art handelt es sich, wenn die Abweichung vom Normalen, die das Wesen des Verdorbenseins ausmacht, bestimmt werden soll, vor allem um die Bestimmung des Normalen selbst, wofür der vermutliche Wille der den Verkauf schließenden Parteien, die Erwartung, welche der Käufer nach den Umständen des Falls hinsichtlich der Beschaffenheit der Ware hegen durfte, als Ausgangspunkt zu dienen hat. Einen positiven Anhalt dafür, daß die Definition des Begriffs „verdorben" durch den Instanzrichter zu eng ist, liefert der § 367 Ziffer 7 StrGB. Das trichinenhaltige Fleisch wird darin, wie aus dem Worte „insbesondere" hervorgeht, als ein Beispiel zu dem Hauptsatze: „wer verfälschte oder verdorbene Eßwaren feilhält oder verkauft" angeführt; da nun das Behaftetsein mit Trichinen sich keinesfalls als eine „Verfälschung" des Fleisches darstellt, kann es nur als Beispiel für das „Verdorbensein" desselben angeführt sein, ungeachtet sich dabei an innere Zersetzung nicht denken läßt. Zwar gehört jetzt mit noch lebenden Trichinen behaftetes Fleisch nach dem Gesetz vom 14. Mai 1879 nicht unter die verdorbenen Nahrungsmittel der §§ 10, 11, sondern unter die gesundheitsgefährlichen der §§ 12 bis 14, aber bloß deshalb, weil der Verkauf dieses letzteren unter eine schwerere Strafe gestellt worden ist; daß sich dagegen der Sprachgebrauch des Gesetzgebers in Beziehung auf das Wort „verdorben" seit Erlaß des Strafgesetzbuches bis zum Erlaß des Gesetzes vom 14. Mai 1879 geändert haben sollte, dafür ist nicht der geringste Grund ersichtlich.

Eine ungerechtfertigte Beschränkung dieses Begriffs durch den vorigen Richter liegt ferner darin, daß die Ungenießbarkeit des Nahrungsmittels gefordert wird, wenn es als verdorben gelten solle. Da die Ungenießbarkeit nicht gleichbedeutend mit

Gesundheitsgefährlichkeit genommen worden ist, läßt sie sich nur als Unmöglichkeit des Genusses verstehen. Gesetz und allgemeiner Sprachgebrauch wenden aber den Ausdruck „verdorben" nicht ausschließlich auf den denkbar höchsten Grad der Abweichung vom Normalen an, lassen vielmehr verschiedene Stufen der Verderbnis zu und verkennen nicht, daß auch bei verdorbenen Nahrungsmitteln die Möglichkeit des Genusses bestehen bleiben kann. So ist z. B. trichinenhaltiges Fleisch nach dem Vorstehenden verdorbenes, zugleich auch gesundheitsgefährliches, aber nicht ungenießbares Fleisch.

RG. vom 3. Januar 1882 (E. V 287, R. IV 8).

(Auch eine noch nicht normal gewordene Sache kann als verdorben angesehen werden.)

Rechtlich steht demnach nichts entgegen, das Fleisch ungeborener Kälber, welches, durch den Tod der Mutter in seinem natürlichen Entwicklungsprozesse zum normalen Fleische gehindert, auf einer Stufe geringeren Nahrungswertes im Verhältnis zum letzteren steht und dem Publikum angeboten und verkauft wird, wenn auch nicht als geeignet, die menschliche Gesundheit zu beschädigen im Sinne des § 12 Ziffer 1, so doch als verdorbenes Kalbfleisch zu erachten und, wenn die übrigen Voraussetzungen des gedachten § 10 Ziffer 2 zutreffen, diesen zur Anwendung zu bringen.

RG. vom 27. September 1883 (R. V 552).

Betrifft Fleisch zu früh geborener Tiere, Fleisch unreifer Kälber.

RG. vom 28. September 1885 (E. XII 407).

Eine bloße Ansicht des Publikums, daß ein Nahrungsmittel minderwertig oder mindertauglich zur Nahrung sei, während es möglich bleibt, daß dasselbe in Wahrheit gleichen Nahrungswert und gleiche Tauglichkeit zur Nahrung wie ein normales besitzt, genügt zur Annahme der Eigenschaft des Verdorbenseins nicht. Soweit es überhaupt auf die Ansicht des Publikums ankommt, kann dieselbe nur in Verbindung mit einer objektiven Eigenschaft des Nahrungsmittels, wodurch eine der Benutzung desselben zur Nahrung beeinträchtigende Wirkung tatsächlich herbeigeführt wird, entscheiden. Es genügt zwar, wenn beispielsweise das Fleisch, weil es nicht hinreichend ausgeblutet war, nachgewiesenermaßen den Ekel des Publikums erregt, obgleich vielleicht nicht lediglich vermöge seiner physiologischen Wirkung, sondern erst vermöge der hinzukommenden Rückwirkung der Vorstellungen von dem zu großen Blutgehalte auf die körperlichen Organe. (Dasselbe Urteil spricht sich dahin aus, es sei zur Erfüllung des Tatbestandes notwendig, daß die verdorbene Beschaffenheit zur Zeit des Verkaufs vorhanden sei.)

RG. vom 25. März 1884.

Ein Gegenstand ist verdorben, wenn sein Genuß Ekel erregt, und zwar nicht bloß etwa bei dieser oder jener einzelnen Person nach derem individuellen Geschmack, sondern nach der allgemeinen Anschauung oder doch nach der Anschauung derjenigen Bevölkerungsklasse, welcher die Kauflustigen angehören. Von diesem Gesichtspunkt ist es für nicht rechtsirrtümlich erachtet, das ausgesottene Fett von einem finnigen Schweine, auch wenn nicht gerade feststeht, daß gerade in den verarbeiteten Fetteilen sich Finnen befunden haben, für verdorben zu erachten, indem davon ausgegangen wird, daß dasselbe, wenn es auch als Nahrungsmittel an und für sich nicht ungeeignet ist, doch vermöge des dabei verwendeten Grundstoffes und des dadurch im kaufenden Publikum bestehenden Widerwillens oder Ekels dagegen bei Kenntnis des wahren Sachverhalts entweder gar nicht gekauft oder wenigstens nicht mit dem bei normaler Herkunft dafür zuzubilligenden Preis bezahlt würde.

RG. vom 9. Juli 1883 (R. V 510).

Nicht jede quantitative Veränderung bezw. Verringerung des normalen Nährwertes eines Nahrungsmittels kann mit dem Prädikat „verdorben“ bezeichnet werden. Insbesondere hat Fleisch diese Eigenschaften nicht notwendig schon dann, wenn es mager oder sehr mager und vielleicht nicht in demselben Maße nahrhaft ist wie Fleisch von größerem Fettgehalt, weil diese Eigenschaft auch in der mangelhaften Ernährung oder in dem hohen Alter eines völlig gesunden Tieres ihren Grund haben kann.

RG. vom 25. Januar 1886 (Veröffentl. d. KGA. 1886 S. 485).

Eine völlige Unbrauchbarkeit erfordert der Begriff „verdorben" nicht.

RG. vom 29. Juni 1905 (JW. 765).

Wenn auch der Käufer beim Ankauf „angestoßener" Früchte als einer Ware in einem gewissen Grade mit einem Verdorbensein derselben rechnen muß und insoweit, weil das Merkmal des Verschweigens des Verdorbenseins entfällt, ein strafbarer Verkauf eines verdorbenen Nahrungsmittels im Sinne des § 10 Ziffer 2 NMG. nicht vorliegt, so ist der Tatbestand eines solchen Vergehens doch jedenfalls dann gegeben, wenn das Verdorbensein der Ware den vertragsmäßigen Grad der Mangelhaftigkeit dermaßen übersteigt, daß der Verkäufer ein Einverständnis mit der Ware nicht mehr annehmen kann, wenn der Verkäufer dieses dem Käufer verschweigt.

Den Begriff „Verderben" behandeln noch folgende Entscheidungen:

vom 12. Januar 1882 (E. V 287, R. IV 8),
vom 2. November 1886,
vom 5. Februar 1895 (E. XXVI),
vom 9. Mai 1882 (E. IV 269, R. IV 149),
vom 5. Dezember 1901 (Veröffentl. d. KGA., Beilage VI 536),
vom 12. Februar 1904 (Veröffentl. d. KGA., Beilage VI 504),
vom 2. Januar 1902 (Veröffentl. d. KGA., Beilage VI 25),
RG. II vom 31. Januar 1890.

7. Kenntlichmachung oder Deklaration ist eine Mitteilung an den Käufer des Lebensmittels, die ihn über gewisse Abweichungen von der normalen Beschaffenheit oder Herstellung aufklären soll. Die Kenntlichmachung kann sich nur auf untergeordnete Abweichungen von der Normalware beziehen; sie darf nicht so weit gehen, daß die Hauptbezeichnung dadurch aufgehoben wird. Wir verstehen z. B. unter Marmeladen breiartige Zubereitungen aus Obst und Früchten, auch aus zwei oder mehreren

Sorten gleichzeitig. Konfitüren sind die vorzüglichste Art solcher Marmeladen, die aber nur aus einer Frucht unter noch weiteren Bedingungen gewonnen sein dürfen. Es ist daher möglich, durch Kenntlichmachung davon Mitteilung zu machen, daß entgegen der „Normalware“ etwa eine Erdbeerkonfitüre gefärbt sei, oder daß sie neben Raffinadezucker Stärkesirup enthalte. Es bleibt doch noch Erdbeerkonfitüre. Wird aber ein Zusatz von Apfelmark deklariert, so wird dadurch zu erkennen gegeben, daß ein Zweifruchterzeugnis vorliegt, also ein Fabrikat, das überhaupt nicht mehr in die Klasse der Konfitüren gehört, insbesondere auch kein Recht hat, nach nur einer Frucht, der teureren, benannt zu werden.

Solche Deklarationen, die den Charakter der Ware verschieben, sind nicht schützend, weil die Bezeichnung in ihrer Gesamtheit als irreführend anzusehen ist. Es muß eine andere Hauptbezeichnung gewählt werden.

Von der Kenntlichmachung wohl zu unterscheiden ist die „äußere Kennzeichnung“, die nicht auf besondere Eigenschaften des betreffenden Lebensmittels gerichtet ist, wie die Deklaration, sondern nur eine allgemeine Pflicht zur deutlichen Angabe darüber ist, wer für das Lebensmittel verantwortlich ist, sowie was für ein Lebensmittel und welche Menge in jedem Falle vorliegt. Siehe hierüber die Verordnung vom 29. September 1927 in diesem Teil I Nr. 4.

Eine Deklaration oder Kenntlichmachung muß gewisse Bedingungen erfüllen, um rechtsverbindlich zu sein.

Sie muß so abgefaßt sein, daß sie unmißverständlich ist und auch von jedem nicht fachmännisch gebildeten Käufer verstanden werden kann. Sie soll daher keine Ausdrücke benutzen, die nur dem Fachmann etwas sagen. Stärkesirup z. B. kann jeder verstehen, Bonbonsirup oder Kapillärsirup sind dagegen nur den beteiligten Kreisen geläufige Bezeichnungen.

Eine Deklaration muß räumlich in unmittelbarem Anschluß an die Hauptbezeichnung gebracht werden. Eine an versteckten oder entfernten Stellen vorhandene Kenntlichmachung kann auf rechtsverbindliche Wirkung nicht Anspruch erheben.

Die Kenntlichmachung setzt auch eine ebensogute Sichtbarkeit voraus wie die Hauptbezeichnung. Zu kleine Schriftgrößen oder erschwerende Farbenkombinationen können eine Zusatzbezeichnung rechtsunwirksam machen. Überhaupt soll die Kenntlichmachung in einer Weise erfolgen, daß sie ohne jede Schwierigkeit gleichzeitig und mit der gleichen Leichtigkeit wie die Hauptbezeichnung wahrgenommen werden kann.

8. Festsetzungen sollen durch die in § 5 Ziffer 4 vorgesehenen Regierungsverordnungen getroffen werden.

Im wesentlichen werden Festsetzungen sich nach der Auffassung der Verbraucher, was sie erwarten, und dann erst nach den Gepflogenheiten des reellen Verkehrs, was üblich und gebräuchlich ist, richten müssen.

Die sogenannten Handelsgebräuche sind nicht immer etwas Altüberkommenes, sondern vielmehr ein sich stetig unter der Entwicklung der Technik und des Verkehrs veränderndes Etwas, das keinen Stillstand kennt. Man braucht auch nicht jeden Handelsmißbrauch für einen durch eine gewisse ungestörte Zeitdauer geheiligten unantastbaren Zustand zu halten.

Insbesondere ist zu mißbilligen, wenn wirtschaftliche Verbände einseitig sich berechtigt glauben, ihrerseits durch Vereinsbeschluß „festzustellen", was legaler Brauch sei, was nicht. Es braucht nicht weiter ausgeführt zu werden, daß der leitende Gedanke dabei stets das eigene wirtschaftliche Interesse ist.

Neuerdings macht z. B. ein Fabrikantenverband den Versuch, den Begriff der Gemüsekonserven in seinem Sinne umzuschmieden. Er behauptet, um gewisse umfangreiche Fabrikationszweige, die sich auch in den Großstädten ausführen lassen und die seinen nahe den Gemüsefeldern domizilierten Mitgliedern geschäftlichen Abbruch tun können, zu treffen, zur Fabrikation von Gemüsekonserven dürfe nur frisch geerntetes, an sich nicht haltbares Gemüse verwendet werden. Das ist natürlich eine irreführende Behauptung. Natürlich ist die Industrie der Gemüsekonserven, die ursprünglich eine Luxusfabrikation war, so entstanden, daß man sich bemühte, gewisse Delikatessen, insbesondere Spargel, die es nur ganz kurze Zeit im Jahre frisch gibt, den Feinschmeckern während des ganzen Jahres bieten zu können. Damals lohnte es auch nur, die den Luxuskonsumenten genehmen Qualitäten zu konservieren. Heute ist die Gemüsekonserve aber ein äußerst bedeutender Konsumartikel geworden, den arm und reich kaufen und der das Anbieten sehr auseinandergehender Qualitäten voraussetzt. Die Konserve wird nicht mehr nur für Luxuskonsumenten gefertigt, sondern vielmehr in größtem Maße auch für die, die keine Zeit haben, mehrere Stunden auf die Zubereitung ihrer Mahlzeiten zu verwenden, also für die wirtschaftlich Schwachen. Es ist deshalb sehr kurzsichtig, wenn auch Behörden sich zu der Ansicht bekehren lassen, eine aus reifen, trocknen Erbsen hergestellte Konserve sei nicht existenzberechtigt, weil die Erbse in trocknem Zustande billiger zu kaufen sei als die daraus gefertigte Konserve. Die letztere gestattet, in fünf bis zehn Minuten eine genußfertige Mahlzeit zu erhalten, die trockene Frucht fordert aber nach vielstündigem Einweichen ein- bis zweistündiges Kochen. Die wirtschaftliche Bedeutung ist daher evident.

Ein anderer Verband verbreitet an seine Mitglieder sogar ein Rundschreiben, in dem er behauptet, daß die Verwendung trockener Erbsen zu „Gemischtem Gemüse“ unzulässig sei; „auch durch keinerlei Deklaration ist es möglich, einer Bestrafung zu entgehen“.

Auch die Berliner Handelskammer hat sich bereit gefunden (nach Nahrungsmittelrundschau 1927 Nr. 7), ein Gutachten in gleichem Sinne abzugeben, was um so verwunderlicher ist, als sie einerseits nicht zur Wahrnehmung der Interessen der Braunschweiger Fabrikanten, andererseits aber auch gar nicht zur Abgabe nahrungsmittelrechtlicher Gutachten berufen ist. Die Handelskammer behauptet, daß die Bezeichnung „Gemischtes Gemüse“ für eine Mischung von Gemüsearten unter Verwendung getrockneter, grüner Erbsen selbst dann das Publikum zu täuschen geeignet sei, wenn auf dem Aufdruck ein Vermerk: „Hergestellt unter Verwendung von getrockneten Erbsen" enthalten ist.

Dieses noch unter RMG. abgegebene Gutachten ist in vollem Umfange rechtsirrig. Eine einwandfreie Deklaration schützt den Fabrikanten.

Die jetzt der Regierung erteilten Vollmachten wären nicht imstande, die in Rede stehende Konserve zu verbieten, da nur gesundheitliche Maßnahmen diesbezüglich angeordnet werden könnten. Es ist nicht anzunehmen, daß die Regierung einen derartigen Schlag gegen die wirtschaftlich Schwachen zugunsten einer wohlhabenden Industrie versuchen wird.

Gerichtliche Entscheidungen liegen vor. Sie sind aber nur aus den unteren Instanzen bisher bekannt geworden und bestrafen, wenn die Deklaration fehlt.

LG. II Berlin gegen den Fabrikanten D. in Köpenick: Der Angeklagte hätte vielmehr einen ausdrücklichen Hinweis geben müssen, z. B. „Unter Verwendung getrockneter Erbsen"; das aber hat er nicht getan. (II W. J. 844/25. 2. Nr. 13/26.)

Der Begriff Konserve ist noch in anderer Weise strittig geworden. Die (jetzt durch die Verordnung vom 29. September 1927 ersetzte) Verordnung vom 13. Juli 1923, betr. die äußere Kennzeichnung von Lebensmitteln, umfaßte auch die Fischkonserven: es war unklar, ob auch die in Blechdosen vertriebenen Marinaden unter diesen Begriff fielen. Die bezüglichen Entscheidungen interessieren nur noch, soweit der Begriff der Konserve erörtert wird.

RG. vom 27. April 1925 — II 125/25 — entschied, daß Marinaden in Blechdosen als Fischkonserven im Sinne der Verordnung vom 13. Juli 1923 anzusehen sind, auch wenn sie nicht durch Erhitzen haltbar gemacht sind. Der Standpunkt des Verbrauchers ist der entscheidende, und das Publikum macht sich beim Kauf von Fischkonserven in luftdicht verschlossenen Gefäßen keine Gedanken über die Dauerhaftigkeit. Es kennt meist das Herstellungsverfahren nicht.

RG. (III. Ferienstrafs.) vom 3. August 1925 wider K. W. in W. entschied unabhängig vom RG.:

Der Vorderrichter geht von rechtlich zutreffenden Grundsätzen aus. Er legt seiner Auffassung den Begriff des täglichen Lebens zugrunde und führt aus, daß Konserven Lebensmittel seien, die durch eine besondere Art der Zubereitung und der Verpackung für eine längere unbestimmte Zeit haltbar gemacht seien, ohne daß es darauf ankommt, durch welches Verfahren die Lebensmittel dauerhaft gemacht seien.

OLG. Hamburg vom 1. April 1924 in ähnlicher Sache:

Der Vorderrichter hat in tatsächlicher Beziehung festgestellt, daß das Fischgewerbe den Begriff der Konserven „eindeutig" dahin auslegt, daß nur in Hitze sterilisierte, in Dosen aufbewahrte Fische darunter fielen, nicht aber „marinierte" Fische, d. h. solche durch Salz, auch in Verbindung mit Gewürzen, oder durch Salz und Essig oder durch einfaches Kochen gargemachte, möge ihnen auch eine gewisse vermehrte Haltbarkeit dadurch verliehen sein. Das angefochtene Urteil hat dadurch weiter festgestellt, daß Bismarckheringe als „Marinaden" nicht unter die Konserven im Sinne des Sprachgebrauchs des Fischhandels fielen. Insoweit sind die Feststellungen des Vorderrichters unanfechtbar. Denn es handelt sich nicht etwa um einen Sprachgebrauch allgemeiner Natur, eine allgemeine Erfahrungsregel, die der Revisionsrichter nachprüfen könnte, sondern um die Übung eines einzelnen Gewerbes, deren Erkenntnis besonderer Möglichkeiten bedarf.

Rechtlich kommt daher allein in Frage, ob, wenn die Bekanntmachung vom 19. Mai 1922 von „Fischkonserven" spricht, darunter in ihrem Sinne auch die sog. Marinaden zu verstehen seien. Das ist zu verneinen. An sich ist zu vermuten, daß der Gesetzgeber sich demjenigen Sprachgebrauch anpaßt, der in Kreisen üblich ist, an die er sich wendet. Dazu kommt, daß eine erweiternde Auslegung von Strafgesetzen grundsätzlich nicht statthaft ist.

Ein Versuch mit gutem Erfolge war es, als der Bund Deutscher Nahrungsmittel-Fabrikanten und -Händler daran ging, bis zum Vorliegen verbindlicher Festsetzungen seinerseits die Auffassung beteiligter Verkehrskreise zu ermitteln. Im Deutschen Nahrungsmittelbuch fanden sie ihre Publikationsstelle.

Die in diesem Teil I unter Nr. 6 gebrachten, ebenfalls vorläufigen Vereinbarungen für einige Lebensmittel dürften sich im wesentlichen mit den kommenden Ausführungsbestimmungen decken.

Rechtsverbindliche Festsetzungen befinden sich zurzeit in einer Anzahl von Nebengesetzen, insbesondere im

Fleischbeschaugesetz,
Margarinegesetz,
Süßstoffgesetz,
Weingesetz,
Biersteuergesetz,
Branntweinmonopolgesetz,

soweit es sich um Lebensmittel handelt. Über Bedarfsgegenstände vgl. die § 2 beigegebene Tabelle.

9. Die irreführende Bezeichnung ist ein neuer Tatbestand im Lebensmittelrecht.

In vielen Fällen war ein Einschreiten gegen zweifellos unlautere Handlungen unmöglich, weil NMG. keine Handhabe bot. Verfälschung, Nachmachung, Verderben erfordern einen Eingriff am Lebensmittel selbst. Die Bezeichnung etwa eines gewöhnlichen dunklen Lagerbieres als Münchener Bier war nur zu verbieten, wenn Betrug, was kaum je zutraf, oder unlauterer Wettbewerb vorlag. Verkaufte jemand einen billigen Fisch zu dem diesen zukommenden Preise unter dem Namen eines teureren Fisches, etwa Rotzunge als Seezunge, so gab es keinen Weg zur Abhilfe.

Die irreführende Bezeichnung war von einträglichem Werte, auch ohne betrügerischen Einschlag, da der hochklingende Name im Verein mit dem billigeren Preis für vergrößerten Absatz sorgte.

Ein Teil der hierhergehörigen Delikte konnte als Nachmachung oder entsprechend angesehen werden, wenn eine Möglichkeit sich bot. Man wolle daher besonders betreffs der Jubilatur Anm. 4 vergleichen.

Die am 26. Juni 1916 (RGBl. S. 588) ergangene Verordnung, welche sich bereits gegen den Tatbestand des § 4 Ziffer 3 wendete, führte nur in der Überschrift die Worte „irreführende Bezeichnung", während der Text diesen Ausdruck nicht benutzte. Er hat sich aber seitdem eingebürgert. Er ist aber keineswegs neu, findet sich vielmehr schon in alten Urteilen des Reichsgerichts.

Der § 1 der Verordnung vom 26. Juni 1916 lautete:

> Wer Nahrungs- oder Genußmittel unter einer zur Täuschung geeigneten Bezeichnung oder Angabe anbietet, feilhält, verkauft oder sonst in den Verkehr bringt, wird mit Gefängnis bis zu sechs Monaten und mit Geldstrafe bis zu eintausendfünfhundert Mark oder mit einer dieser Strafen bestraft.
>
> Neben der Strafe kann auf Einziehung der Gegenstände erkannt werden, auf die sich die strafbare Handlung bezieht, ohne Unterschied, ob sie dem Verurteilten gehören oder nicht.
>
> Wird auf Strafe erkannt, so kann angeordnet werden, daß die Verurteilung auf Kosten des Schuldigen öffentlich bekanntgemacht wird. Die Art der Bekanntmachung wird im Urteil bestimmt.

Die Zahl der Möglichkeiten für früher straflose Fälle ist sehr groß. Ein besonders ergiebiges Feld war der Verkehr mit Fischen, indem billigen oder zugänglicheren Fischen der Name teurerer oder bekannterer zugelegt wurde.

RG. (II. Zivils.) vom 4. Juni 1920 — II 361/1914 —, betr. Sprotten statt Sardinen.

Nach den Feststellungen des Berufungsgerichts ist Sardine zoologisch und historisch die Bezeichnung für Clupea pilchardus, und zwar sowohl für den lebenden Fisch wie für die Konserve, die aus diesem in jüngerem Alter gefangenen, getrockneten und in Öl gelegten Fisch in kleinen, geschlossenen Dosen hergestellt und als Sardines à l'huile in den Handel gebracht werden. Das Berufungsgericht hat ausgeführt, die Fabrikation der Clupea pilchardus zu Sardinen in Öl habe in Frankreich etwa 1820 begonnen; viele Jahrzehnte hindurch sei nur diese Ware unter der Bezeichnung Sardines à l'huile bekannt geworden. Sie habe sich in diesen Jahren ihren Weltruf erworben, und es sei bis etwa 1880 niemand in den Sinn gekommen, unter Sardines à l'huile etwas anderes als Clupea pilchardus zu vermuten. Dieser Zustand sei unverändert geblieben, nachdem seit etwa 1870 auch Spanien und Portugal, an deren Küsten der Pilchardus ebenfalls gefangen wurde, den Fang dieses Fisches und dessen gleiche Zubereitung aufnahmen. Wenn dort oder auch in Frankreich andere Fischarten in den Dosen verpackt und als Sardinen feilgehalten wurden, so sei das als Mißbrauch empfunden worden und habe die allgemeine Auffassung über die Bedeutung des Wortes Sardine nicht verändert. Die in Amerika und anderen außereuropäischen Ländern gefangenen und dort in ähnlicher Weise wie Sardinen zubereiteten Fische kämen für den europäischen Markt und speziell für Deutschland nicht in Betracht. Seit etwa 1880 hätten die Norweger begonnen, dort gefangene Brislinge in Dosen in Öl zu legen und in zunehmendem Maße, zum Teil unter der Bezeichnung Sardiners, zu verbreiten. Es sei aber nicht erwiesen, daß dadurch die bis dahin bestehende Auffassung über die Bedeutung des Wortes Sardine sich dahin erweitert habe, daß nunmehr, d. h. zur Erhebung der gegenwärtigen Klage, in Deutschland unter Sardinen allgemein Konserven von kleinen, kopflosen, in Öl zubereiteten Fischen verstanden würden. Diese Frage sei von der später zu erörternden Frage, ob die Bezeichnung „Norwegische Sardinen" erlaubt sei, wohl zu unterscheiden. Gerade wenn man es für notwendig erachte, noch einen Zusatz „norwegische" oder rögede oder saur (d. h. geräucherte) Sardinen zu machen, so spreche das an sich dafür, daß das Wort

Sardinen allein nicht zulässig und nach der Verkehrsauffassung mit anderen Fischen eng verbunden sei. Ohne Erfolg versuchten die Beklagten die Verallgemeinerung dadurch zu beweisen, daß auch „russische Sardinen“ und „schwedische Sardinen“ vorkämen, daß ferner 1880 in Berlin, 1883 in London und 1889 sogar in Paris norwegische Ware unter der Bezeichnung Sardinen ausgestellt und nach Prüfung durch die Jury prämiiert worden sei. Bei den russischen Sardinen habe es sich um eine aus Heringen hergestellte marinierte Ware gehandelt, die in Gläsern feilgehalten wurde, also jeden Vergleich mit Sardines à l'huile ausschloß; die schwedische Ware habe den Zusatz Sprats in oil aufgewiesen; bei der norwegischen hätten die Kataloge mit einer einzigen Ausnahme, die aber auch nur auf einer Ungenauigkeit beruhte, ähnliche Zusätze gezeigt. Überdies erscheinen die norwegischen Waren in den Katalogen von London und Paris als ganz vereinzelte Ausnahmen, die für die Auffassung des allgemeinen Verkehrs ohne Bedeutung blieben. Aus den gerichtlichen Gutachten gehe jedenfalls soviel hervor, daß der weitere Begriff des Wortes Sardine von sehr großen Kreisen nicht gebraucht werde. Vergegenwärtige man sich, wie viele Jahre hindurch das Wort Sardine unangefochten als mit Clupea pilchardus gleichbedeutend angesehen und in welch verschwindend geringem Umfange es ohne Zusatz für aus Norwegen stammende Ware gebraucht wurde, so rechtfertige sich die Feststellung, daß die Beklagten, wenn sie ihre aus Sprotten hergestellte Ware Sardinen nannten, damit eine unrichtige Angabe über die Beschaffenheit oder den Ursprung der Ware machten.

RG. vom 4. Juli 1927, betr. nachgemachten Lachs bezw. irreführend bezeichneten Seelachs, siehe Anm. 4.

OLG. Kiel vom 27. März 1924 ebenda.

RG. vom 7. Januar 1887 (R. XV 102). (AG. Fürth stützt sein freisprechendes Urteil vom 13. April 1927 über das Gebäck „Butterzeug“, welches mit Fett hergestellt war, das zur Hälfte aus Butter, zur anderen Hälfte aus anderen Fetten bestand, auf dieses RG.-Urteil, weil die Erwartungen der Käufer nicht getäuscht waren.)

Richtig ist, daß bei Nahrungsmitteln, die aus verschiedenen Stoffen zusammengesetzt sind, die als normal anzusehende Zusammensetzung durch den Geschäftsgebrauch beeinflußt werden kann. Aber diese letztere wird nie einseitig, nur nach den Wünschen und Gewohnheiten des Produzenten, sondern zugleich mit Berücksichtigung der berechtigten Erwartungen des Publikums zu bilden und darum auch mit Rücksicht auf die verschiedenen Faktoren zu ermitteln sein. Wo das Publikum herkömmlich gewöhnt ist, daß den begriffsmäßig ursprünglichen Stoffen stets bestimmte fremde Stoffe beigemischt werden, und diese Beimischung der fremden Stoffe eine durch allgemeines Herkommen geduldete war, erscheint wohl regelmäßig die Fälschung wie die Absicht einer solchen ausgeschlossen. Es darf aber, wie schon die Motive . . . hervorheben, unter Handels- und Geschäftsgebrauch nicht jede üblich gewordene, vielleicht auf Täuschung berechnete Manipulation, sondern nur der in dem soliden, reellen, ehrlichen Verkehr üblich gewordene, aus der Natur dieses Verkehrs sich ergebende Gebrauch verstanden werden.

LG. Köln vom 11. Februar 1927 — 22/499/26 —. „Margarine — im Geschmack wie Butter" ist keine irreführende Bezeichnung.

Dem Berufungsgericht erscheint der Zusatz als nicht zur Täuschung geeignet. Der Zusatz ist dahin zu verstehen und wird auch vom Publikum dahin verstanden, daß die Margarine nach dem eigenen Urteil des Fabrikanten in bezug auf Geschmack und Nährwert der guten Butter nahekommt. Mehr will der Fabrikant nicht sagen und mehr entnimmt auch das kaufende Publikum nicht aus dem Zusatz. Solche dem Zwecke der Reklame dienenden Anpreisungen dürfen, soweit sie nicht ziffernmäßig oder sonst ganz konkret gehaltene Angaben enthalten, nicht allzu wörtlich genommen werden. Sie werden es auch nicht im Verkehr und gelten dem Publikum als ein allgemeines Werturteil, welches der Fabrikant in eigener Sache abgibt. Die Freisprechung des Angeklagten ist daher zu Recht erfolgt.

Ähnlich: „Feinste Tafelmargarine, wie Landbutter.“ AG. Neuß vom 22. Mai 1927 — 2 D 73/27 — findet in dem Zusatz „wie Landbutter“ keine zur Täuschung geeignete Bezeichnung. Das deutlich hervortretende Wort „Tafelmargarine“ kennzeichne die Ware in genügender Weise.

(Diese Auffassung erscheint nicht bedenkenfrei. Dulden könnte man: im Geschmack wie Landbutter.)

RG. vom 5. November 1926 (durch Nahrungsmittelrundschau 1927 Nr. 16), betr. Tee „echt russischer Mischung“.

Die Firma K. in Berlin, früher eine russische Teefirma, 1867 in Petersburg gegründet, hat bis zur russischen Revolution in Petersburg, Moskau und Kiew Niederlassungen unterhalten, jetzt, aus Rußland verdrängt, vertreibt sie in England und Deutschland, wo sie Niederlassungen hat, im großem Umfange Tee, den sie nicht aus Rußland bezieht, sondern, wie alle deutschen Teefirmen, auf dem Seewege aus den Ursprungsländern direkt nach Deutschland einführt, wo er nach russischer Art gemischt wird. Ihre Teepackungen versieht sie mit russischen Inschriften, insbesondere mit ihrer Firma und den Namen ihrer früheren russischen Niederlassungsorte, mit Klebestreifen, die russische Schriftzeichen tragen, und mit kleinen buntfarbigen Zetteln, die in deutscher Sprache die Aufschrift „Echt russische Mischung“ tragen. In sonstigen Kundgebungen kündigt sie gleichfalls ihren Tee als „Echt russische Mischung“ an und bedient sich auf der Vorderseite der Prospekte russischer Inschriften. Der Verband Deutschen Teehandels in Hamburg sieht in diesen Kundgebungen einen Verstoß gegen die §§ 1 und 3 des Wettbewerbgesetzes. LG. Berlin entsprach der Klage in vollem Umfange, KG. zum Teil, RG. stellte das landgerichtliche Urteil wieder her mit folgender Begründung:

Dem Landgericht ist darin beizupflichten, daß das Durchschnittspublikum nicht nur durch die banderolenähnlichen Streifen der Packung dem Irrtum ausgesetzt wird, die Teemischung rühre aus Rußland her und sei dort verpackt, sondern daß dieser Eindruck auch verstärkt wird durch die Zettel mit der deutschen Aufschrift „Echt russische Mischung" und durch die ausschließlich russischen Inschriften auf der Umhüllung der Packung. Ein gleiches gilt aber auch für die beanstandeten Angaben in den Prospekten und auf den Reklameschildern, also für die Aufschrift „Echt russische Mischung" und für die in deutscher und russischer Sprache wiedergegebenen früheren russischen Niederlassungsorte der Beklagten, die in Verbindung mit dem anschaulichen, besonders ins Auge fallenden Abbilde der Packung die gleiche Wirkung auf das betrachtende Durchschnittspublikum ausüben. Mit dem LG. ist aber auch eine Zuwiderhandlung gegen § 1 UWG. (Verstoß gegen die guten Sitten zu Wettbewerbszwecken) für gegeben zu erachten. So wird in den Prospekten hervorgehoben, daß der Tee in allen Ländern in ein und derselben „russischen" Originalpackung erscheine, eine Angabe, die von niemand anders verstanden werden kann, als daß die Mischung bereits in Rußland gepackt werde, und die, wie die eigenen Erklärungen der Beklagten ergeben, nur wissentlich unrichtig sein kann. Dabei wird hierzu gleichzeitig auf die Vorderseite des Prospekts verwiesen, wo die Packung mit ihren banderolenähnlichen Streifen sichtbar ist. An anderer Stelle heißt es:

> „Die große Nachfrage nach russischem Tee hat zahlreiche Nachahmungen hervorgerufen, und man findet häufig einen Tee in nachgeahmter russischer Packung, der aber dem Tee echt russischer Mischung nicht . . . gleichkommt."

Auch hier wird unverkennbar das Publikum darauf hingewiesen, daß die Mischung echt sei, also aus Rußland stamme und dort verpackt sei, zumal das Publikum noch besonders auf die Originalumschläge verwiesen wird.

E i e r r e i s wurde irrigerweise von einem Gericht für eine gewöhnliche, reisfreie Teigware aus subjektiven Gründen für straffrei erklärt, obgleich festgestellt wurde, daß die Bezeichnung Eierreis objektiv irreführend sei.

Eiergraupen, Eiersterne sind F o r m bezeichnungen, Eierreis aber eine Angabe über den Inhalt.

10. Irreführende Angabe ist entweder durch Worte oder durch Zeichnungen, Abbildungen oder dergl. ausgedrückt, sonst aber mit der irreführenden Bezeichnung, die sich in Worten ausdrückt, übereinstimmend.

Die irreführende Aufmachung kann außerdem noch in der Formgebung gefunden werden. Wenn z. B. Margarine, die geformt nur in Würfelform auftreten darf, wie Butter in Formen geschlagen wird, so ist das irreführende Aufmachung. Auch die Abbildung eines Flußkrebses auf Krabbenextrakt kann ebenso wirken, selbst wenn die Bezeichnung richtig gewählt ist.

Dagegen ist keine irreführende Aufmachung darin zu sehen, wenn Färbeprozesse am Lebensmittel selbst ausgeführt werden. Abgesehen von der gleichen Strafandrohung bleibt hier doch der Tatbestand der Ziffern 1 und 2 allein zu erwägen.

Bezeichnung, Angabe, Aufmachung sind zweifellos Delikte, die nicht an der Beschaffenheit des Lebensmittels, sondern nur an der Umhüllung oder Etikette begangen werden können.

§ 5.[1] [2]

Die Reichsregierung kann mit Zustimmung des Reichsrats und nach Anhörung des zuständigen Ausschusses des Reichstags

1. zum Schutze der Gesundheit verbieten oder nur unter Beschränkung zulassen,[3]) daß
   a) Lebensmittel für andere auf bestimmte Weise gewonnen, hergestellt, zubereitet, verpackt, aufbewahrt oder befördert werden,
   b) Lebensmittel von bestimmter Beschaffenheit angeboten, zum Verkaufe vorrätig gehalten, feilgehalten, verkauft oder sonst in den Verkehr gebracht werden,
   c) Bedarfsgegenstände der im § 2 Nr. 1 bis 4, 6 bezeichneten Art von bestimmter Beschaffenheit her-

gestellt, angeboten, zum Verkaufe vorrätig gehalten, feilgehalten, verkauft oder sonst in den Verkehr gebracht werden,

d) gesundheitsschädliche Farben für bestimmte Zwecke verwendet oder unter einer ihre gesundheitsschädliche Beschaffenheit verschleiernden Bezeichnung, Angabe oder Aufmachung angeboten, zum Verkaufe vorrätig gehalten, feilgehalten, verkauft oder sonst in den Verkehr gebracht werden;

2. verbieten[4]) oder nur unter Beschränkungen zulassen, daß Gegenstände oder Stoffe, die zur Nachmachung oder Verfälschung von Lebensmitteln bestimmt sind oder deren Verwendung bei der Gewinnung, Herstellung oder Zubereitung von Lebensmitteln unzulässig ist, für diese Zwecke hergestellt, angeboten, feilgehalten, verkauft oder sonst in den Verkehr gebracht werden;

3. vorschreiben,[5]) daß und wie auf den Packungen oder Behältnissen, in denen Lebensmittel an den Verbraucher abgegeben werden, oder auf den Lebensmitteln selbst Angaben über denjenigen, der sie in den Verkehr bringt, über die Zeit der Herstellung sowie über den Inhalt nach Art und nach Maß, Gewicht od r Anzahl oder einem anderen Maßstab für den Gebrauchswert angebracht werden;

4. Begriffsbestimmungen[6]) für die einzelnen Lebensmittel aufstellen und Grundsätze darüber festsetzen, unter welchen Voraussetzungen Lebensmittel als verdorben, nachgemacht oder verfälscht unter die Verbote des § 4 fallen sowie welche Bezeichnungen, Angaben oder Aufmachungen als irreführend diesen Verboten unterliegen;

5. Vorschriften[7]) über das Verfahren bei der zur Durchführung dieses Gesetzes erforderlichen Untersuchung von Lebensmitteln und Bedarfsgegenständen erlassen.

1. § 5 enthält diejenigen Verbote und Vorschriften, die zur leichteren Anpassung an die wechselnden wirtschaftlichen Verhältnisse und an die Fortschritte von Wissenschaft und Technik sowie wegen der Notwendigkeit, zahlreiche technische Einzelheiten zu behandeln, dem Verordnungswege vorbehalten sind. Als verordnende Stelle ist die Reichsregierung vorgesehen, die gemäß Art. 77 Satz 2 der Reichsverfassung der Zustimmung des Reichsrats bedarf. Wegen der Vorbereitung der Verordnungen vgl. § 6 Nr. 1 (Verbote und Beschränkungen zum Schutze der Gesundheit) § 5 entspricht mit geringfügigen Abweichungen den Nrn. 1, 2, 4, 5 des § 5 NMG. (die bisherige Nr. 3 ist durch das Schlachtvieh- und Fleischbeschaugesetz erledigt). Diese Verordnungen sollen das allgemeine Verbot der Herstellung und des Vertriebs gesundheitsschädlicher Lebensmittel und Bedarfsgegenstände, wie es im § 3 ausgesprochen ist, ergänzen und wirksamer gestalten, indem die wichtigsten und am häufigsten vorkommenden Fälle durch ausdrückliche Einzelverbote nach Möglichkeit erfaßt werden. Zugleich wird auf diesem Wege der Gesundheitsschutz der Verbraucher vom Streit der Sachverständigen über die Gesundheitsschädlichkeit einer bestimmten Ware unabhängig gemacht. a und b betreffen die bedenklichen Lebensmittel, und zwar a die Herstellung usw., b den Vertrieb, c und d die anderen Bedarfsgegenstände. Unter c sind aus den gleichen Gründen wie im § 3 Nr. 2 die Farben — soweit sie nicht Lebensmittel sind — ausgenommen und dafür unter d besonders behandelt worden, wobei mit Rücksicht auf die besonderen Verhältnisse bei den Farben auch die Verwendung und Bezeichnung, nicht aber die Herstellung eingeschränkt sind. Die Fassung von c und d läßt die Möglichkeit offen, die Gesetze, betreffend den Verkehr mit blei- und zinkhaltigen Gegenständen, vom 25. Juni 1887 (RGBl. S. 273) und betreffend die Verwendung gesundheitsschädlicher Farben usw. vom Juli 1887 (RGBl. S. 277),

die sich beide schon seit längerer Zeit als erneuerungsbedürftig erwiesen haben, künftighin, falls dies zweckmäßig erscheinen sollte, durch leichter bewegliche Verordnungen zu ersetzen.

Nr. 2 ermöglicht, entsprechend dem bisherigen § 6, den Vertrieb von Fälschungsmitteln zu untersagen und darüber hinaus — in Anlehnung an § 26 Nr. 3 des Weingesetzes vom 7. April 1909 (RGBl. S. 399) — den Vertrieb von Stoffen, die als Zutaten zu Lebensmitteln verboten sind, soweit er zu diesem Zweck erfolgt.

Nr. 3 ersetzt den § 1 der Bundesratsverordnung vom 18. Mai 1916 (RGBl. S. 380) über die äußere Kennzeichnung von Waren, unter Beschränkung auf Lebensmittel und unter Verzicht auf die Angabe des Kleinverkaufspreises, entsprechend dem III. Abschnitt der Verordnung über Handelsbeschränkungen vom 13. Juli 1923 (RGBl. I S. 699, 706).

Nr. 4 erfüllt die eingangs erwähnten Wünsche der Gewerbe- und Handelskreise nach amtlicher Aufstellung fester Normen für die einzelnen Gruppen von Lebensmitteln über das, was erlaubt und verboten ist. Ohne daß etwa durch ins Einzelne gehende positive Vorschriften über die Herstellung und Zusammensetzung der Lebensmittel die Entwicklung der Lebensmittelgewerbe eingeschränkt werden soll, kann danach festgesetzt werden, welche Zustände ein Lebensmittel zu einem „verdorbenen" machen, welche Herstellungs- und Behandlungsweisen zu einem „nachgemachten" oder „verfälschten", welche Anpreisungen oder Bezettelungen zu einem „irreführend bezeichneten". Die entsprechenden Verordnungen sollen also den allgemein gehaltenen § 4 des Gesetzes in gleicher Weise durch Einzelvorschriften ergänzen wie die nach Nr. 1 vorgesehenen Verbote den § 3.

Zum Zwecke der gleichmäßigen Anwendung derartiger Beurteilungsgrundsätze sieht Nr. 5 die amtliche Herausgabe einheitlicher Vorschriften zur analytischen Untersuchung vor, die für den sicheren Nachweis von Fälschungen unerläßlich sind. Dabei wird es aber den Leitern der Untersuchungsanstalten unbenommen bleiben müssen, unter ihrer Verantwortung auch andere als die amtlich vorgeschriebenen Untersuchungsverfahren anzuwenden oder anwenden zu lassen, wenn sie wissenschaftlich begründet und in ihren Ergebnissen denen der amtlichen Verfahren gleichwertig sind.

Beispiele für die unter Nr. 1, 4 und 5 vorgesehenen Bestimmungen enthalten die vom Reichsgesundheitsamt herausgegebenen „Entwürfe zu Festsetzungen über Lebensmittel“ (bisher Heft 1 bis 6, Berlin 1912 bis 1915, Verlag Julius Springer), wegen deren Inhalt und Gliederung auf das jedem Hefte beigegebene Vorwort verwiesen sei. (Begr.)

Nach Art. 77 RV. erläßt die Reichsregierung, soweit nichts anderes bestimmt ist, die zur Ausübung der Reichsgesetze erforderlichen „Allgemeinen Verwaltungsvorschriften“. Sie bedarf dazu der Zustimmung des Reichsrats, wenn die Ausführung der Reichsgesetze den Landesbehörden zusteht (vgl. Art. 14 RV.).

„Verwaltungsvorschriften“ im Sinne der angeführten Verfassungsbestimmung sind lediglich Verwaltungsverordnungen, d. h. Verordnungen, welche die Einrichtungen des Staates und die Tätigkeit seiner Organe betreffen. Hingegen fallen unter den Begriff der „Verwaltungsvorschriften“ nicht Rechtsverordnungen, d. h. Vorschriften, die bestimmend in Freiheit und Eigentum der Bürger eingreifen, mit anderen Worten Rechtssätze enthalten, die im Rechtsstaat grundsätzlich nur durch die gesetzgebende Gewalt aufgestellt werden können. (So die herrschende Meinung; vgl. z. B. Giese, Reichsverfassung, 7. Aufl., S. 77 Anm. II 1.)

Die nach § 5 ergehenden Ausführungsverordnungen werden nur dann den Charakter von Verwaltungsverordnungen im oben dargelegten Sinne tragen, wenn sie sich auf Ziffer 5 stützen, da hier des näheren die Tätigkeit der Staatsorgane geregelt werden soll, die sich mit den nach Maßgabe des Lebensmittelgesetzes notwendigen Untersuchungen befassen.

Zum Erlaß von Verordnungen dieser Art wäre, falls es an einer besonderen Vorschrift darüber fehlen würde, gemäß Art. 77 RV. die Reichsregierung berufen, die dazu der Zustimmung des Reichsrats bedürfen würde, da nach § 11 die Ausführung des Gesetzes Sache der Länder ist. Nach der ausdrücklichen Vorschrift der §§ 5 Abs. 1, 6 ist indes die Reichsregierung beim Erlaß jener Verordnungen nicht allein an die Zustimmung des Reichsrats gebunden, sondern auch verpflichtet, gutachtlich vorher den zuständigen Ausschuß des Reichstags sowie den Reichsgesundheitsrat in bestimmter Zusammensetzung zu hören.

Soweit sich die Ausführungsverordnungen auf Ziffer 1 bis 4 stützen, werden sie ihrem Inhalt nach Rechtsverordnungen sein, da sie teils selbständig Verbote oder Gebote aufstellen, teils Ergänzungen zu bereits bestehenden Verboten (vgl. Ziffer 4) darstellen werden.

Wenn in der Begründung auch hinsichtlich dieser Verordnungen auf Art. 77 RV. verwiesen wird, so dürfte dies deshalb nicht zutreffend sein, weil Art. 77 RV., wie ausgeführt wurde, sich lediglich auf Verwaltungsverordnungen bezieht.

2. Solange die Reichsregierung Verbote oder Regelungen gemäß § 5 LMG. nicht vorgenommen hat, sind nach Art. 12 RV. die Länder befugt, die betreffende Materie gesetzlich oder im Verordnungswege zu regeln. Welche Staatsorgane der Länder zum Erlaß der diesbezüglichen Vorschriften zuständig sind, bestimmt sich nach Landesrecht.

Inhaltlich können die landesrechtlichen Vorschriften alle Fragen auf den erwähnten Gebieten regeln. Die betreffenden landesrechtlichen Vorschriften dürfen sich nur nicht mit reichsrechtlichen Grundsätzen oder reichsrechtlichen Bestimmungen der von der Reichsregierung erlassenen Verordnungen in Widerspruch setzen.

Die Landesregierungen können das ihnen hiernach zustehende Verordnungsrecht delegieren und z. B. den örtlichen Polizeibehörden für einzelne Materien Regelungsbefugnis einräumen. Für das preußische Rechtsgebiet ist eine solche grundsätzliche Ermächtigung der örtlichen Verwaltungsstellen durch § 10 II 17 ALR. geschaffen; in Ausführung und Ergänzung dieser Vorschrift enthält das Gesetz über die Polizeiverwaltung vom 11. März weitergehende kasuistische Ermächtigungen.

3. Die gemäß Ziffer 1 zu treffenden Anordnungen bezwecken den Schutz der Gesundheit. Solche Verordnungen sollen die in

§ 8 LMG. getroffene Vorschrift wirksam ergänzen und die Möglichkeit geben, ohne Änderung des § 3 derartige Verbote jederzeit der Wirtschaftslage anzupassen.

4. Die nach Ziffer 2 zu erlassenden Anordnungen sollen einen verstärkten Schutz gegen Verfälschungen bieten. Wegen der Begriffe Nachahmung und Verfälschen vgl. § 4 Anm. 4 und 5.

5. Die Nr. 3 des § 5 ersetzt die Verordnung über äußere Kennzeichnung von Waren vom 13. Juli 1923.

Vgl. hierzu die bereits ergangene Verordnung vom 29. September 1927. Beachtlich ist auch § 11 UWG.

6. Die Ziffer 4 des § 5 ist auf Wunsch des Handels und der Industrie neu in das Gesetz eingefügt, um die Möglichkeit zu schaffen, auch auf dem Gebiet des Lebensmittelhandels für die Abgabe gewisser Artikel festverbindliche Normierungen vorzunehmen.

7. Die gemäß Ziffer 5 zu erlassenden Anordnungen sollen die vielfach stark voneinander abweichenden Vorschriften für die Einrichtung der Untersuchungsanstalten, für die Vorbildung des bei diesen beschäftigten Personals vereinheitlichen.

§ 6.[1])

Vor Erlaß von Verordnungen nach § 2 Nr. 6 und § 5 ist der Reichsgesundheitsrat, verstärkt durch Sachverständige aus den Kreisen der Erzeuger, der Händler, der Verbraucher und der Fachwissenschaft, zu hören.

1. § 6 entspricht den Wünschen der Gewerbetreibenden, die Mitwirkung der an der Erzeugung und dem Vertrieb von Lebensmitteln beteiligten Kreise bei der Vorbereitung der einschlägigen Verordnungen nicht nur dem eigenen Bedürfnis der Reichsbehörden zu überlassen, sondern gesetzlich sicherzustellen. Entsprechend der bisherigen Übung bei gesetzgeberischen und Verwaltungsmaßnahmen auf dem Gebiete der Lebensmittelpolizei erscheint der Reichsgesundheitsrat mit seinen zuständigen Ausschüssen als die gegebene Körperschaft zur Vor-

bereitung; denn die Verordnungen haben entweder unmittelbar gesundheitliche Bedeutung — wie alle nach § 2 Nr. 6 und nach § 5 Nr. 1 zu erlassenden — oder mittelbar, indem sie den Verbraucher vor Täuschung oder Übervorteilung beim Bezug von Lebensmitteln und dadurch, bei knappen Geldmitteln, auch vor unzureichender Ernährung schützen sollen. Die zahlreichen technischen Einzelheiten, die bei Beratung der Vorschriften für die einzelnen Lebensmittelgruppen zu erörtern sind, machen es erforderlich, jeweils noch Sondersachverständige zuzuziehen, die ebensowohl aus den Kreisen der Erzeuger, Händler und Verbraucher wie aus denen der Fachwissenschaft zu entnehmen sein werden. Bei ihrer Auswahl, die sich keinesfalls durch feste Regeln vorschreiben läßt, sondern von Fall zu Fall vorzunehmen ist, werden Vorschläge der Organisationen der Erzeuger und Händler wertvolle Hilfe gewähren. (Begr.)

§ 7.[1])

Die mit der Überwachung des Verkehrs mit Lebensmitteln und Bedarfsgegenständen beauftragten Beamten der Polizei und die von der zuständigen Behörde beauftragten Sachverständigen, bei Gefahr im Verzug auch die sonstigen Beamten der Polizei, sind befugt,[2]) in die Räume, in denen

1. Lebensmittel gewerbsmäßig oder für Mitglieder von Genossenschaften oder ähnlichen Vereinigungen gewonnen, hergestellt, zubereitet, abgemessen, ausgewogen, verpackt, aufbewahrt, feilgehalten oder verkauft werden,
2. Bedarfsgegenstände zum Verkaufe vorrätig gehalten oder feilgehalten werden,

während der Arbeits- oder Geschäftszeit einzutreten,[3]) dort Besichtigungen[4]) vorzunehmen und gegen Empfangsbescheinigung Proben[5]) nach ihrer Auswahl zum Zwecke der Untersuchung zu fordern oder zu entnehmen.[6]) [7]) Soweit nicht der Besitzer ausdrücklich darauf verzichtet, ist ein Teil der Probe amtlich verschlossen oder versiegelt zurückzulassen und für die entnommene Probe eine angemessene Entschädigung zu leisten; in den nach § 11 Abs. 3 aufzustellenden Grundsätzen kann angeordnet werden, daß bei bestimmten Arten von Lebensmitteln und Bedarfsgegenständen ein Teil der Probe auch dann zurückzulassen ist, wenn der Besitzer zu verzichten bereit ist.

Soweit[8]) Erzeugnisse vorwiegend zu anderen Zwecken als zum menschlichen Genusse bestimmt sind, beschränkt sich die im Abs. 1 Nr. 1 bezeichnete Befugnis auf die Räume, in denen diese Erzeugnisse als Lebensmittel zum Verkaufe vorrätig gehalten oder feilgehalten werden.

Die Befugnis zur Besichtigung erstreckt sich auch[9]) auf die Einrichtungen und Geräte zur Beförderung von Lebensmitteln, die Befugnis zur Probeentnahme auch auf Lebensmittel und Bedarfsgegenstände, die an öffentlichen Orten, insbesondere auf Märkten, Plätzen, Straßen oder im Umherziehen, zum Verkaufe vorrätig gehalten, feilgehalten oder verkauft werden.

Als Sachverständige (Abs. 1) können auch die von den Berufsvertretungen und Berufsverbänden der Landwirtschaft, der Industrie, des Handwerkes und des Handels zur Überwachung der Betriebe bestellten technischen Berater berufen werden.[10])

1. Dieser und die folgenden Paragraphen (bisher §§ 1 bis 4) behandeln die Beaufsichtigung des Verkehrs mit Lebensmitteln und Bedarfsgegenständen, die zur Durchführung der in den §§ 3 bis 5 ausgesprochenen oder vorgesehenen Verbote, namentlich aber als vorbeugende Maßnahme erforderlich ist. Während bisher der Polizei im allgemeinen nur die Verkaufsräume zugänglich waren (bisheriger § 2), die Herstellungs-

und Lagerräume dagegen lediglich bei gewissen vorbestraften Personen (bisheriger § 3), sieht der Entwurf im § 7 Abs. 1 Nr. 1 im Anschluß an die Bestimmungen des Margarinegesetzes und des Weingesetzes für alle Arten von Lebensmitteln die dringend notwendige und bereits in neueren reichs- und landesrechtlichen Verordnungen durchgeführte Erweiterung der Besichtigungsbefugnis auf Herstellungs-, Verarbeitungs-, Lagerräume usw. vor. Dabei war die nicht gewerbsmäßige Herstellung usw. der Lebensmittel, also z. B. für den eigenen Haushalt, von der Überwachung auszunehmen, allerdings nur insoweit, als es sich nicht um genossenschaftliche Betriebe, z. B. Konsumvereine oder dergleichen, handelt, deren Begünstigung in dieser Hinsicht sich nicht rechtfertigen ließe. Von manchen Behörden und Sachverständigen war bei der Vorberatung des Gesetzentwurfs eine noch wesentlich weiter gehende Überwachung der Lebensmittelbetriebe durch Einblick in die Geschäftsbücher und Rechnungen für notwendig erklärt worden; diese bisher nur im Margarinegesetz und im Weingesetz gegebene Ermächtigung würde aber bei Ausdehnung auf sämtliche Lebensmittelbetriebe in vielen Fällen eine ungerechtfertigte Härte bedeuten und die hin und wieder geäußerten Besorgnisse vor Verrat von Betriebs- und Geschäftsgeheimnissen verstärken. Von ihrer Aufnahme ist darum abgesehen worden.

Für die Überwachung des Verkehrs mit Bedarfsgegenständen genügt wie bisher die Besichtigung der Lager- und Verkaufsräume (Nr. 2), in denen die etwaige gesundheitsgefährliche Beschaffenheit (Verfälschungen kommen nicht in Betracht) am fertigen Erzeugnis festgestellt werden kann.

Eine gleiche Einschränkung ist erforderlich für solche Stoffe, die nur nebenbei als Lebensmittel, der Hauptsache nach aber für andere, z. B. industrielle Zwecke Verwendung finden. Es würde sich nicht rechtfertigen lassen, die Besichtigung der Herstellungsräume einer Anilinfarbenfabrik durch Polizeibeamte damit zu begründen, daß ein kleiner Teil der erzeugten Farbstoffe auch zur Herstellung von Konditorfarben oder dergleichen dient, oder die Fabrikräume einer Weinsäurefabrik zu besichtigen, weil aus der erzeugten Weinsäure auch Backpulver verfertigt werden kann. Es genügt die Besichtigung derjenigen Betriebe, in denen die Verarbeitung zu Lebensmitteln stattfindet, also z. B. einer Backpulverfabrik, und derjenigen Räume, in denen die fertigen Lebensmittel verkauft werden. Dem trägt Abs. 2 Rechnung.

Abs. 3 erweitert die Ermächtigung der Polizeibeamten und Sachverständigen, indem er die Besichtigung und Probeentnahme auch im Verkehr außerhalb der Betriebs- und Geschäftsräume ermöglicht.

Bei der Probeentnahme ist vielfachen Wünschen entsprechend die Zurücklassung einer Gegenprobe zur Regel gemacht worden.

Die im § 7 vorgesehenen Besichtigungen erfordern häufig eine besondere Sachkenntnis. Sie sollen deshalb nicht von jedem beliebigen Beamten der Polizei, sondern nur von den mit der Überwachung des Lebensmittelverkehrs beauftragten Beamten vorgenommen werden, die für diese Aufgabe ausgebildet worden sind und einen entsprechenden Ausweis mit sich führen. Dies schließt jedoch nicht aus, daß diese Beamten gleichzeitig auch andere Geschäfte des Polizeidienstes wahrzunehmen haben, die nicht in das Gebiet der Lebensmittelkontrolle fallen. Bei Gefahr im Verzuge, insbesondere da, wo es gilt, einen der menschlichen Gesundheit drohenden Schaden zu verhüten, müssen natürlich auch diejenigen Beamten der Polizei einzugreifen befugt sein, die sonst nicht mit der Überwachung des Lebensmittelverkehrs betraut sind. Eine einwandfreie Klarstellung dieser Frage entspricht den Wünschen des Reichswirtschaftsrats.

Das Recht zur Besichtigung ist außer den Polizeibeamten auch den behördlichen Sachverständigen gewährt, weil nur diese in weniger einfachen Fällen die Besichtigung und Probeentnahme sachkundig vornehmen können. Nähere Bestimmungen über die Auswahl dieser Sachverständigen und über das Verfahren bei Besichtigung von Betriebs- und Geschäftsräumen werden von den Landesregierungen zu erlassen sein, soweit hierüber nicht die nach § 11 Abs. 3 von der Reichsregierung mit Zustimmung des Reichsrats aufzustellenden Grundsätze Anordnung treffen.

Unberührt durch die Bestimmungen dieses Paragraphen bleiben natürlich die Vorschriften der Strafprozeßordnung über Durchsuchung und Beschlagnahme in Verdachtsfällen. (Begr.)

§ 7 LMG. stellt eine Durchbrechung des im § 1 RGewO. aufgestellten Grundsatzes der Gewerbefreiheit dar, nach welcher Vorschrift die Ausübung des stehenden Gewerbes und des Gewerbebetriebes im Umherziehen nur insoweit einer behördlichen Genehmigung und Beaufsichtigung unterliegt, als das Reichsrecht oder, mit Ermächtigung desselben, das Landesrecht solche Beschränkungen zuläßt. (Vgl. für das Hausiergewerbe §§ 55 ff. GewO., für gewisse Gewerbe, z. B. Schankwirtschaften, § 33 GewO.)

Der § 7 LMG. steht somit gleich den sonstigen allgemeinen reichs- und landesgesetzlichen Vorschriften, die einen Eingriff in die durch § 1 GewO. statuierte Gewerbefreiheit vorschreiben.

Nach Ausscheidung einiger, nur Sondergebiete betreffender, diesbezüglicher gesetzlicher Vorschriften haben für den Lebensmittelhandel folgende in die Gewerbefreiheit eingreifende Vorschriften besondere Bedeutung:

a) Die Vorschriften der Strafprozeßordnung über Beschlagnahme und Durchsuchungen (vgl. §§ 94 ff. StPO., gegebenenfalls in Verbindung mit § 40 StrGB.). Wegen der näheren Einzelheiten sei auf Feisenberger, StrPO. 1926 S. 91 ff. verwiesen.

Aus den zitierten Vorschriften der StrPO. sei besonders darauf hingewiesen, daß das Recht zur Vornahme der erwähnten Amtshandlung auch den Beamten der Staatsanwaltschaft und den zu Hilfsbeamten der Staatsanwaltschaft bestellten Personen zusteht.

b) Die landesrechtlichen, für das preußische Rechtsgebiet auf § 10 II 17 ALR. gestützten Vorschriften, nach denen die Polizeibehörden zur Verhinderung strafbarer Handlungen die notwendigen Maßnahmen im Interesse der Aufrechterhaltung der öffentlichen Ordnung und Sicherheit zu treffen haben, auch soweit solche in die Gewerbefreiheit des stehenden oder des Hausiergewerbes eingreifen.

c) Die gemäß § 7 LMG. für die mit der Überwachung des Verkehrs mit Lebens- und Bedarfsgegenständen beauftragten Beamten der Polizei und die von der zuständigen Behörde beauftragten Sachverständigen besonders erlassenen Vorschriften (vgl. Anm. 2). Letztere Maßnahmen haben mit den zu b genannten Ähnlichkeit, als beide sich als polizeiliche — im Regelfall präventive — Maßnahmen darstellen.

2. § 7 stellt ein besonderes, in die Gewerbefreiheit eingreifendes Recht fest für die mit der Überwachung des Verkehrs mit Lebensmitteln und Bedarfsgegenständen beauftragten Beamten der Polizei — bei Gefahr im Verzuge auch der sonstigen Beamten der Polizei — und für die von der zuständigen Behörde beauftragten Sachverständigen.

Der Begriff Beamte der Polizei ist dabei nicht im staatsrechtlichen Sinne zu verstehen; es gehören hierher nicht nur die staatsrechtlich mit Beamteneigenschaft ausgestatteten Persönlichkeiten, sondern auch die mit polizeiobrigkeitlichen Funktionen betrauten Hilfspolizeibeamten, gegebenenfalls also auch mit solchen Aufgaben betraute Beamte der Bahnpolizei, Forstpolizeibeamte und dergl.

Welche Behörde zur Beauftragung der Sachverständigen zuständig ist, bestimmt sich nach Landesrecht.

Die Rechte der soeben genannten Personen — Lebensmittel unterstehen einer weitergehenden Kontrolle als Bedarfsgegenstände — bestehen im einzelnen in folgendem:

a) Das Gesetz gestattet ein Eintrittsrecht in die Betriebs- und Geschäftsräume (vgl. Anm. 3).

b) Das Gesetz gibt ein Besichtigungsrecht (Anm. 4).

c) Das Gesetz gestattet, zum Zwecke der Untersuchung Proben zu fordern und zu entnehmen (Anm. 5).

3. Das Recht zum Eintritt in die Betriebs- und Geschäftsräume besteht bezüglich der Räume, in denen

a) Lebensmittel gewerbsmäßig oder für Mitglieder von Genossenschaften oder ähnlichen Vereinigungen gewonnen, hergestellt, zubereitet, abgemessen, ausgewogen, verpackt, aufbewahrt, feilgehalten oder verkauft werden,

b) Bedarfsgegenstände zum Verkaufe vorrätig gehalten oder feilgehalten werden.

Das Eintrittsrecht ist auf die Arbeits- und Geschäftszeit des konkreten Betriebes beschränkt. Wenn man nach der Fassung des Gesetzes auch annehmen könnte, daß unter der Arbeits- und Geschäftszeit die ortsübliche Arbeitszeit der betreffenden Branche verstanden werden soll, so würde diese Schlußfolgerung hier verkehrt sein, da die ordnungsgemäße Erledigung der Kontrolle den Eintritt in die Geschäftsräume zu jeder Zeit erheischt, zu der in denselben gearbeitet wird, sei es tags oder nachts, sei es während der üblichen Arbeitszeit, sei es während eingelegter Sonderschichten.

Wird der Eintritt den in Anm. 2 genannten Persönlichkeiten verweigert, so kann er gewaltsam erzwungen werden. Gewaltsamer Widerstand gegen die Kontrollorgane gilt als Widerstand gegen die Staatsgewalt, und zwar ohne Rücksicht, ob der gewaltsame Widerstand den Polizeibeamten oder den Sachverständigen gegenüber verübt wird. Letztere gelten insoweit als strafrechtlich geschützte Organe der Staatsgewalt. Der Widerstand ist nach Maßgabe der §§ 13 ff. StrGB. zu ahnden.

Daß die Kontrollorgane den besonderen Schutz der §§ 113 ff. StrGB. nur genießen, soweit sie sich in der rechtmäßigen Ausübung des Amtes befinden, ist selbstverständlich. Es sei insoweit noch einmal ausdrücklich auf Anm. 3 hingewiesen.

Für die nur nebenbei der Lebensmittelerzeugung dienenden Betriebe ist § 7 Abs. 2 beachtlich (vgl. Anm. 9).

Die Inhaber der Betriebe sind verpflichtet, die Beamten und Sachverständigen bei der Ausübung ihres Kontrollrechtes zu unterstützen (vgl. § 9).

4. Das Recht der Besichtigung beschränkt sich nicht nur auf eine Okularbesichtigung, sondern schließt auch die Befugnis in sich, Prüfungen der Fabrikate, der Bedarfsgegenstände und der

zur Herstellung der Lebensmittel verwandten Maschinen vorzunehmen. Die Einsicht in die Geschäftsbücher kann jedoch aus dem Besichtigungsrecht nicht hergeleitet werden; soll eine solche vorgenommen werden, sind die in § 1 a vorgesehenen Maßnahmen anzuordnen.

Das Recht zur Besichtigung erstreckt sich auf die sämtlichen in Anm. 3 a und b genannten Räume, jedoch mit der Einschränkung, daß in Fällen, in denen Lebensmittel nur als Nebenprodukte des Betriebs gewonnen werden, sich das Besichtigungsrecht auf die Räume beschränkt, in denen diese Erzeugnisse als Lebensmittel zum Verkauf vorrätig gehalten oder feilgehalten werden.

Eine Erweiterung des Besichtigungsrechtes enthält § 7 Abs. 3 (vgl. Anm. 9).

Daß die Betriebs- und Geschäftsleiter und deren Beauftragte den Kontrollorganen bei der Besichtigung behilflich zu sein haben, ergibt sich aus § 9.

5. Die Probeentnahme ist ein den Kontrollorganen eingeräumtes Recht, das nicht nur als Präventivmaßnahme zu gelten hat, sondern das auch der Beweissicherung dienen soll und insoweit mit der strafprozessualen Beschlagnahme sich ähnelt. Durch die Probeentnahme kommt deshalb nicht ein zivilrechtliches Vertragsverhältnis zwischen dem die Probe Hergebenden und den Kontrollorganen oder der diese beauftragenden Behörde zustande. Die zivilrechtlichen Grundsätze über den gegenseitigen Vertrag, insbesondere über den Kaufvertrag, sind deshalb unanwendbar.

Wird die Probeentnahme verweigert, so liegt Widerstand gegen die Staatsgewalt vor. Wegen des Näheren vgl. Anm. 3.

Das Recht auf Probeentnahme von Lebensmitteln und Bedarfsgegenständen ist gegeben:

a) in den Räumen, in denen die in Anm. 3 a und b aufgeführten Gegenstände der Besichtigung unterliegen,

b) gemäß § 7 Abs. 3 auch hinsichtlich solcher Lebensmittel und Bedarfsgegenstände, die an öffentlichen Orten, insbesondere auf Märkten, Plätzen, Straßen oder im Umherziehen, zum Verkaufe vorrätig gehalten, feilgehalten oder verkauft werden. Wegen der letztgenannten Begriffe vgl. die Anmerkung zu § 3. Unter den angegebenen Voraussetzungen können von allen Gegenständen, die nach §§ 1 oder 2 LMG. zu Lebensmitteln oder Bedarfsgegenständen zählen, Proben entnommen werden. Inwieweit dabei Behältnisse geöffnet, verletzt und gegebenenfalls zerstört werden können, ist Tatfrage und unter Berücksichtigung des Umstandes zu beantworten, daß die Probeentnahme eine sichere Unterlage für ein späteres Strafverfahren aus §§ 12 oder 13 LMG. bieten soll. Bei der Entnahme einer Probe von Flüssigkeiten ist es daher als zulässig zu erachten, daß ein Faß angebohrt wird, bei sog. Tetpackungen ist es zulässig, die eine oder andere Packung zu öffnen, bei Bedarfsgegenständen kann erforderlichenfalls ein eine Einheit bildender Gegenstand weggenommen werden. Die Zerstörung aber z. B. einer Maschine, um einen Teil derselben als Probe zu entnehmen, ist unzulässig.

6. In formeller Beziehung ist die Probeentnahme an folgende Schranken gebunden:

a) Soweit nicht der Besitzer der Lebensmittel oder Bedarfsgegenstände ausdrücklich darauf verzichtet, ist ein Teil der Probe amtlich verschlossen oder versiegelt zurückzulassen. Landesrechtlich kann durch Anordnung gemäß § 11 Abs. 3 LMG. vorgeschrieben werden, daß bei bestimmten Arten von Lebensmitteln und Bedarfsgegenständen ein Teil der Probe auch dann zurückzulassen ist, wenn der Besitzer zu verzichten bereit ist.

Der Sinn der Vorschrift, daß ein Teil der Probe zurückzulassen ist, ist der, die Identität der entnommenen und beanstandeten Probe mit dem bei dem betreffenden Täter vorgefundenen Erzeugnis auf jeden Fall sicherzustellen. Infolge dieses Zweckes der Gesetzesvorschrift wird die Probeentnahme illusorisch, wenn das Produkt, von dem die Probe entnommen werden soll, nicht geteilt werden kann. Wird in solchen Fällen z. B. bei der Entnahme von Proben von Konserven dennoch ein ganzes Stück genommen und ein ganzes anderes Stück zurückgelassen, so wird der angestrebte Zweck des Gesetzes nicht erreicht, da die Identität der entnommenen Probe mit dem zurückgelassenen Stück bezweifelt und bestritten werden kann. Zweckmäßig wird in solchen Fällen von der ausdrücklichen Zurücklassung eines Probestückes abzusehen sein. In gleicher Weise dürfte zu verfahren sein, wenn es sich um Waren handelt, die dem sofortigen Verderb ausgesetzt sind, z. B. Fische, Krabben und dergl. Da in solchen Fällen die zurückgelassene Probe von sich aus während der Zeit der Aufbewahrung eine Zersetzung und vollständige inhaltliche Änderung erfährt, würde der vom Gesetz verfolgte Zweck durch Zurücklassen einer Probe nicht erreicht werden.

b) Soweit nicht der Besitzer ausdrücklich darauf verzichtet, ist für die entnommene Probe eine angemessene Entschädigung zu leisten. Was unter angemessener Entschädigung zu verstehen ist, ist Tatfrage des Einzelfalles. Da die Probeentnahme Präventivmaßnahme und nicht Strafmaßnahme ist, darf durch die Probeentnahme der Betriebsinhaber nicht geschädigt werden. Die angemessene Entschädigung ist deshalb so festzusetzen, daß nicht nur die Selbstkosten des Betriebsinhabers gedeckt werden, sondern daß er einen Gegenwert erhält, der je nach der Art des Betriebes dem brancheüblichen Handelspreise entspricht.

Daß die Entschädigung für die Probeentnahme keinen Kaufpreis im zivilrechtlichen Sinne darstellt, ergibt sich aus dem weiter oben Ausgeführten.

Die Entschädigung ist alsbald nach der Entnahme zu bewirken.

Von einer Probeentnahme im Sinne dieser Gesetzesvorschrift kann nicht gesprochen werden, wenn die Kontrollbeamten zu Kontrollzwecken Lebensmittel oder Bedarfsgegenstände privatrechtlich kaufen, sei es, daß sie sich hierbei als Kontrollorgane zu erkennen geben, sei es, daß sie diese ihre Eigenschaft verbergen. Auf solche Rechtshandlungen finden die privatrechtlichen Vorschriften über den Kauf Anwendung.

7. Um die Probeentnahme praktisch verwirklichen zu können, legt § 9 den Betriebsinhabern und deren Vertretern die Ver-

pflichtung auf, die zur Entnahme von Proben notwendigen Gefäße und Umhüllungen, soweit solche vorrätig sind, gegen angemessene Entschädigung zu überlassen.

8. § 7 Abs. 2 beschränkt die Befugnis des Eintrittes in die Geschäftsräume zur Vornahme der Besichtigung und Probeentnahme in Fällen, in denen die genannten Erzeugnisse vorwiegend zu anderen Zwecken als zum menschlichen Genusse bestimmt sind, auf die Räume, in denen diese Erzeugnisse als Lebensmittel zum Verkauf vorrätig oder feilgehalten werden. Gedacht ist hier an landwirtschaftliche Nebenbetriebe und dergl.

9. § 7 Abs. 3 erweitert das Besichtigungsrecht, aber auch nur dieses, auf die Besichtigung von Einrichtungen und Geräten zur Beförderung von Lebensmitteln. Als Geräte zur Beförderung von Lebensmitteln haben auch die sämtlichen Transportmittel zu gelten, letzten Endes die Eisenbahnwagen.

§ 7 Abs. 3 erweitert desgleichen das Recht zur Probeentnahme auf die schon in Anm. 5 b erwähnten Lebensmittel und Bedarfsgegenstände.

10. Ob die im § 7 Abs. 4 genannten Sachverständigen zur Betriebsüberwachung bestellt und berufen werden können, bleibt freie Entschließung der Landesbehörde.

§ 8.[1]

Die Landesregierungen können bestimmen,[2]) daß die Polizeibehörde ihre Sachverständigen ermächtigen[3]) kann, zum Schutze der Lebensmittel gegen Verunreinigung oder Übertragung von Krankheitserregern unaufschiebbare Anordnungen vorläufig zu treffen oder beanstandete Lebensmittel vorläufig zu beschlagnahmen. Die getroffenen Anordnungen[4]) sind unverzüglich dem Besitzer oder dessen Vertreter zu Protokoll oder durch schriftliche Verfügung zu eröffnen und der Polizeibehörde mitzuteilen. Die Mitteilung einer Beschlagnahme kann an den Besitzer der beschlagnahmten Gegenstände oder dessen Vertreter auch mündlich erfolgen. Die Polizeibehörde hat die getroffenen Anordnungen unverzüglich entweder durch polizeiliche Verfügung zu bestätigen oder aufzuheben.[4]) [5])

1 Während die auf Landesrecht beruhenden Befugnisse der zuständigen Behörden, gesundheitsschädliche Lebensmittel zu beschlagnahmen und sonstige zum Schutze der Volksgesundheit notwendige Maßnahmen zu ergreifen, durch § 11 Abs. 2 bestätigt werden, fehlt es an entsprechenden Bestimmungen für die Sachverständigen. Da diese nicht immer von Polizeibeamten begleitet werden können, wird auch ihnen in dem notwendigen Umfang die Befugnis erteilt werden müssen, unaufschiebbare Anordnungen vorläufig zu treffen. Entsprechende Befugnisse stehen den Fleischbeschauern zu nach § 9 Abs. 1 des Gesetzes, betreffend die Schlachtvieh- und Fleischbeschau, vom 3. Juni 1900 (RGBl. S. 547). (Begr.)

Ob die Landesregierungen Anordnungen im Sinne des § 8 treffen, ist in ihr freies Ermessen gestellt. Macht die Landesregierung von der ihr erteilten Ermächtigung Gebrauch, so bleiben aber die diesbezüglichen Anordnungen Landesrecht. Sie erhalten nicht etwa den Charakter von reichsrechtlichen Rechtsnormen.

2. Diese durch landesgesetzliche Vorschrift zu treffenden Anordnungen sind dem früheren Recht unbekannt. Zwar kennen einige reichsgesetzliche Vorschriften bereits das Recht, daß gewisse Amtspersonen im Interesse der Gesundheit vorbereitende Maßnahmen gegen die Verbreitung von Seuchen und dergleichen treffen können (vgl. § 11 Abs. 2 des Viehseuchengesetzes, § 9 Abs. 1 FlBG.). Die nach § 8 zu treffende Regelung weicht aber von diesem Falle insoweit erheblich ab, als die betreffende Befugnis dem betreffenden Sachverständigen nicht kraft Amtes übertragen wird, sondern eine besondere, evtl. im Einzelfall auszusprechende Delegation durch die Polizeibehörde voraussetzt.

3. Durch Vorschriften der Landesregierung kann angeordnet werden, daß die Polizeibehörde ihren Sachverständigen er-

mächtigen kann, zum Schutze der Lebensmittel gegen Verunreinigung oder Übertragung von Krankheitserregern unaufschiebbare Anordnungen vorläufig zu treffen oder beanstandete Lebensmittel vorläufig zu beschlagnahmen.

Die Ausübung solcher Befugnisse durch Sachverständige setzt also stets voraus einmal, a) daß die Landesbehörde von der erwähnten Ermächtigung Gebrauch gemacht hat, und weiter, b) daß die Polizeibehörde allgemein oder für den besonderen Fall ihren Sachverständigen eine derartige Ermächtigung erteilt hat. Liegt eine solche Ermächtigung vor, so bleibt sie bindend, bis sie widerrufen ist. Die Frage, ob die Ermächtigung zu Recht erteilt ist oder nicht, unterliegt der Nachprüfung nur im Verwaltungsverfahren. Das Gericht ist an die Erteilung der Ermächtigung gebunden und darf die Zweckmäßigkeit der Erteilung einer diesbezüglichen Ermächtigung nicht nachprüfen.

4. Außer dem Vorliegen der in Anm. 3 besprochenen Voraussetzungen haben die Anordnungen des Sachverständigen sich an folgende Schranken zu halten.

a) Die Anordnungen haben sich auf den Schutz der Lebensmittel gegen Verunreinigung oder Übertragung von Krankheitserregern zu beschränken. In Betracht kommen entsprechende Anordnungen gegen die Verstaubung von Obst, frischem Gemüse und dergleichen zwecks Verhütung der Übertragung von Bakterien, Anordnungen wegen Abdichtung von Luft- und Lichtzufuhr auf bestimmte Waren, Anordnungen wegen der Verwendung gesundheitsschädlicher Verpackungsstoffe, Verbot der Beschäftigung von Angestellten in offenen Verkaufsstellen, die mit ekelerregenden oder ansteckenden Ausschlägen, Krankheiten usw. behaftet sind, und dergleichen Fälle. Die Anordnung des Sachverständigen muß unaufschiebbar sein. Unaufschiebbarkeit liegt nur dann vor, wenn ohne Gefährdung der Gesundheit die Anordnung nicht hinausgeschoben werden kann.

b) An Stelle der zu a besprochenen Anordnungen kann der Sachverständige die beanstandeten Lebensmittel vorläufig beschlagnahmen. Diese Beschlagnahme trägt lediglich präventiven

Charakter und soll verhüten, daß in der Zeit zwischen Beanstandung und der endgültigen gerichtlichen Beschlagnahme die beanstandeten Lebensmittel in den Verkehr gebracht werden.

c) Die in a und b genannten Maßnahmen sind in einer bestimmt vorgeschriebenen Form dem Besitzer der Lebensmittel oder dessen Vertreter bekanntzugeben.

Ist eine Beschlagnahme ausgesprochen, so ist dieselbe dem Besitzer zu Protokoll oder durch schriftliche Verfügung zu eröffnen oder dem Besitzer mündlich mitzuteilen. Sind sonstige Anordnungen außer einer Beschlagnahme getroffen, so sind diese dem Besitzer zu Protokoll oder durch schriftliche Verfügung zu eröffnen. Mündliche Mitteilung genügt hier nicht. Als Besitzer ist dabei derjenige zu betrachten, der den tatsächlichen Gewahrsam an den Lebensmitteln ausübt. Um Zweifel über den Zugang der betreffenden schriftlichen Verfügung auszuschließen, dürfte es sich empfehlen, daß der Sachverständige den Weg der öffentlichen Zustellung wählt.

Der Sachverständige hat die getroffene Anordnung des weiteren unverzüglich der nach Landesrecht zuständigen Polizeibehörde mitzuteilen. Diese hat die getroffene Anordnung wiederum unverzüglich durch polizeiliche Verfügung zu bestätigen oder aufzuheben. Gegen die Verfügung der Polizeiverwaltung sind die allgemeinen nach dem Landesverwaltungsgesetz und dem Zuständigkeitsgesetz vorgesehenen Rechtsbehelfe gegeben. Es ist einmal die Möglichkeit vorhanden, an die vorgesetzte Polizeibehörde gegen die betreffende Verfügung Verwaltungsbeschwerde zu erheben, oder es ist, soweit das Landesrecht — wie in Preußen — ein Verwaltungsstreitverfahren kennt, Klage im Verwaltungsstreitverfahren anzustrengen.

5. Beschlagnahmeverfügungen der Sachverständigen stehen unter dem strafrechtlichen Schutz der §§ 136 und 137 StrGB., aus denen ein gegen die Strafverfügung Zuwiderhandelnder zu bestrafen ist.

§ 9.[1])[2])

Die Inhaber[3]) der im § 7 bezeichneten Räume, Einrichtungen und Geräte und die von ihnen bestellten Betriebs- oder Geschäftsleiter und Aufseher sowie die Händler, die an öffentlichen Orten, insbesondere auf Märkten, Plätzen, Straßen oder im Umherziehen, Lebensmittel oder Bedarfsgegenstände zum Verkaufe vorrätig halten, feilhalten oder verkaufen, sind verpflichtet,[4]) die Beamten und Sachverständigen bei der Ausübung[5]) der im § 7 bezeichneten Befugnisse zu unterstützen,[6]) insbesondere ihnen auf Verlangen die Räume zu bezeichnen, die Gegenstände zugänglich zu machen, verschlossene Behältnisse zu öffnen, angeforderte Proben auszuhändigen, die Entnahme[7]) von Proben zu ermöglichen und für die Aufnahme der Proben geeignete Gefäße oder Umhüllungen, soweit[8]) solche vorrätig sind, gegen angemessene Entschädigung zu überlassen.

1. § 9 schreibt — teilweise in Anlehnung an § 23 des Weingesetzes — eine nicht nur duldende, sondern tätige Mitwirkung der Inhaber und Angestellten der zu besichtigenden Betriebe und Geschäfte bei der Besichtigung und Probeentnahme vor, um der Erschwerung und Hintertreibung der Besichtigung vorzubeugen. Dabei konnte aber von der Verpflichtung zur Auskunftserteilung über Herstellungsverfahren, Rohstoffe, geschäftliche Verhältnisse (§ 9 MargG., § 23 Weingesetz) abgesehen werden, weil eine solche für Lebensmittelbetriebe aller Art vorgeschriebene Auskunftspflicht eine außerordentlich einschneidende und für die Aufklärung von Verfälschungen nicht unbedingt erforderliche Maßnahme bedeuten würde. (Begr.)

2. § 9 verpflichtet die Inhaber und die ihnen gleichstehenden Hersteller bezw. Verkäufer von Lebensmitteln, die Beamten der Nahrungsmittelpolizei bei der Ausübung der Nahrungsmittelkontrolle und Prüfung tätig zu unterstützen, um eine gewissenhafte und erschöpfende Ausübung der Kontrollmaßnahmen sicherzustellen.

8. Der Verpflichtung zur tätigen Unterstützung der Kontrollorgane unterliegen:

a) die Inhaber der im § 7 bezeichneten Räume, Einrichtungen und Geräte, d. h. die Inhaber der Räume, in denen Lebensmittel gewerbsmäßig oder für Mitglieder von Genossenschaften oder ähnliche Vereinigungen gewonnen, hergestellt, zubereitet, abgemessen, ausgewogen, verpackt, aufbewahrt, feilgehalten oder verkauft werden, bezw. in denen Bedarfsgegenstände zum Verkauf vorrätig oder feilgehalten werden.

Als Inhaber eines Betriebes gilt in erster Linie bei eingetragenen Firmen der Firmeninhaber, bei offenen Handelsgesellschaften und Kommanditgesellschaften die persönlich haftenden Gesellschafter, bei nicht eingetragenen Firmen der Eigentümer des Betriebes. Daneben gelten als Inhaber diejenigen, die den Betrieb für eigene Rechnung und im eigenen Vorteil führen, z. B. der Pächter einer Landwirtschaft, die mit den aus § 7 ersichtlichen Betrieben verbunden ist;

b) die von dem Inhaber bestellten Betriebs- und Geschäftsleiter; es kommt nicht darauf an, ob dieselben in gehobener oder untergeordneter Stellung stehen, ob dieselben Handelsbevollmächtigte sind oder nicht. Zu den Betriebsleitern sind deshalb technische Direktoren, Werkmeister usw. zu rechnen, während zu den Geschäftsleitern Prokuristen, Handelsbevollmächtigte, Abteilungschefs, erste Buchhalter und in ähnlichen Stellungen befindliche kaufmännische Angestellte zählen;

c) die von den Inhabern bestellten Aufseher des Gesamtbetriebes oder eines Teilbetriebes. Die Kategorie dieser Verpflichteten unterscheidet sich von den unter b genannten dadurch, daß letztere eine selbständige, die in Ziffer c erwähnten eine unselbständige Tätigkeit ausüben;

d) die Händler, die an öffentlichen Orten, insbesondere auf Märkten, Plätzen, Straßen oder im Umherziehen, Lebensmittel oder Bedarfsgegenstände zum Verkauf vorrätig halten, feilhalten oder verkaufen.

4. Die Verpflichtung besteht gegenüber den Beamten und Sachverständigen bei der Ausübung der im § 7 bezeichneten Befugnisse. Als Sachverständige kommen dabei nur die von den landesrechtlich (vgl. § 10 LMG.) zuständigen Behörden Beauftragten in Betracht. Der Begriff „Beamte der Polizei" ist nicht nur auf die staatsrechtlich als Beamte anzusprechenden Persönlichkeiten beschränkt, es zählen hierzu auch Hilfspolizeibeamte, Bahnpolizeibeamte, Forstschutzbeamte, Zollfahndungsbeamte usw.

5. Die in Anm. 1 festgelegte Verpflichtung besteht nur den in Anm. 3 erwähnten Personen gegenüber bei der in § 7 LMG. festgelegten Lebensmittelkontrolle, nicht dagegen bei den aus anderen Gründen vorgenommenen Ermittelungen, z. B. also nicht bei Recherchen von Bahnpolizeibeamten zwecks Feststellung von Frachthinterziehung oder bei Ermittelungen von Zollbeamten im Steuerinteresse. In letzterer Beziehung gelten die einschlägigen Sondervorschriften, z. B. die der Reichsabgabeordnung.

6. Die Verpflichtung besteht einmal ganz allgemein in der Unterstützung der Beamten bei Ausübung der Kontrolle. Als Beispiel für eine solche Unterstützung führt das Gesetz im einzelnen an: die Verpflichtung, den Kontrollbeamten auf Verlangen die Räume zu bezeichnen, die Gegenstände zugänglich zu machen, verschlossene Behältnisse zu öffnen, angeforderte Proben auszuhändigen, die Entnahme von Proben zu ermöglichen und für die Aufnahme der Proben geeignete Gefäße oder Umhüllungen, soweit solche vorrätig sind, gegen angemessene Entschädigung zu überlassen. Die vom Gesetz aufgeführten Fälle sind nur Beispiele, sie erschöpfen inhaltlich also die Unterstützungspflicht nicht. Zur Erfüllung der Unterstützungspflicht gehört deshalb auch die Unterrichtung über die einzelnen Betriebsanlagen, die Stellung geeigneter Auskunftspersonen und Führer durch die Betriebsstätten, die Beleuchtung der Betriebsräume, die Vorführung und eventuelle Inbetriebsetzung der maschinellen Anlagen, die Ermöglichung der Fertigung von Skizzen und dergl.; dagegen fällt unter die Unterstützungspflicht nicht mehr die Zurverfügungstellung von Arbeitsräumen, Stellung von Schreibmaschinen, Steno-

typistinnen und dergl.; selbstverständlich kann auf Grund des § 9 auch nicht eine Abänderung der Arbeitsmethode in technischer Beziehung verlangt werden. Ob eine Verpflichtung besteht, die Vornahme technischer Prüfungen an Ort und Stelle dulden zu müssen, ist Frage des Einzelfalles; soweit sie nur an Ort und Stelle vorgenommen werden kann, ist sie auf jeden Fall zu gestatten. Aus der Unterstützungspflicht des Inhabers kann nicht dessen Verpflichtung gefolgert werden zur Vorlegung der Geschäftsbücher und Geschäftspapiere. Soll diese erzwungen werden, sind zuvor die aus §§ 94 ff. StrPO. ersichtlichen Maßnahmen zu ergreifen.

7. Zu welchem Umfange der Betriebsinhaber eine Entschädigung für die entnommenen Proben verlangen kann, bestimmt sich nach § 7 (Anm. 6 § 7).

8. Die Verpflichtung zur Überlassung der zur Aufnahme von Proben geeigneten Gefäße und Umhüllungen besteht nur, soweit sie in den der Kontrolle unterzogenen Räumen vorrätig sind. Als der Kontrolle unterzogene Räume sind dabei bei größeren, in mehreren Betriebsstätten ausgübten Betrieben nicht nur gerade die einzelnen kontrollierten Betriebsstätten zu verstehen, sondern auch räumlich benachbarte Betriebsstätten. Dagegen besteht die Hergabeverpflichtung des Verpackungsmaterials nicht, wenn diese in dem gesamten Betriebe überhaupt nicht vorhanden ist oder erst aus räumlich entfernt gelegenen Betriebsstätten besorgt werden kann.

§ 10.[1] [2]

Die Beamten der Polizei[3]) und die von der zuständigen Behörde[4]) beauftragten Sachverständigen[5]) sind, vorbehaltlich der dienstlichen Berichterstattung[8]) und der Anzeige von Gesetzwidrigkeiten, verpflichtet,[6]) [7]) [11]) über die Tatsachen und Einrichtungen, die durch die Ausübung der im § 7 bezeichneten Befugnisse zu ihrer Kenntnis kommen, Verschwiegenheit zu beobachten und sich der Mitteilung und Verwertung von Geschäfts- oder Betriebsgeheimnissen zu enthalten, auch wenn sie nicht mehr im Dienste[10]) sind. Die Sachverständigen sind hierauf zu beeidigen.[5])

1. § 10 soll die Betriebs- und Geschäftsgeheimnisse der besichtigten Unternehmungen sichern und entspricht § 10 MargG. sowie § 24 des Weingesetzes. Er geht aber in zwei Punkten noch über diese Gesetze hinaus, um den Schutz vor Verrat möglichst wirksam zu gestalten. Es sind nämlich außer den Sachverständigen auch die Beamten ausdrücklich genannt, weil deren Verschwiegenheitspflicht nur durch landesrechtliche Bestimmungen umgrenzt ist, und es sind die Verpflichtung zur Verschwiegenheit und das Verwertungsverbot, um jeden Zweifel hierüber auszuschließen, ausdrücklich auf die Zeit ausgedehnt, zu der die Beamten oder Sachverständigen nicht mehr im Dienste sind. (Begr.)

2. Eine entsprechende Vorschrift fehlt im LMG. Die Bestimmungen des § 10 entsprechen mit der aus der vorgedruckten Begründung ersichtlichen Maßgabe dem § 10 MargG. und dem § 24 des Weingesetzes. Die Vorschrift vertieft die im § 139 b RGO. enthaltene Bestimmung insofern, als sie Verletzungen der Schweigepflicht nicht nur disziplinar, sondern kriminell mit Strafe bedroht.

3. Bei dem Begriff „Beamte der Polizei" ist das Vorliegen der Beamteneigenschaft nicht nach standesrechtlichen Grundsätzen zu beurteilen. Es ist deshalb nicht Anstellung als Beamter erforderlich. Unter den Begriff „Beamte der Polizei" fallen deshalb auch die sogenannten Hilfspolizeibeamten, Forstschutz- und Forstpolizeibeamten und Bahnpolizeibeamten, auch wenn sie als Beamte nicht angestellt sind, sofern sie nur zur Ausübung der polizeilichen Vollzugsgewalt verpflichtet sind.

4. Vgl. § 11 LMG.

5. Als Sachverständige im Sinne dieser Vorschrift gelten nur die von der nach § 11 zuständigen Behörde beauftragten Sachverständigen, z. B. also von der Lebensmittelpolizeibehörde zur gutachtlichen Tätigkeit herangezogene Sachverständige. Im

Gerichtsverfahren auf Anordnung des Gerichtes oder der Staatsanwaltschaft herangezogene Sachverständige gehören auch hierher, da die betreffende Staatsanwaltschaft bezw. das Gericht im Sinne dieser Vorschrift die zuständige Behörde ist. Privaterseits zur Begutachtung herangezogene Sachverständige unterliegen nicht der aus § 10 sich ergebenden Verpflichtung. Dies gilt entsprechend von den von der Verteidigung im Strafverfahren herangezogenen Sachverständigen, sofern ihre Vernehmung durch das Gericht nicht beschlossen wird. Daß der Sachverständige beeidigt ist, ist nicht Voraussetzung für die Anwendbarkeit des § 10.

6 § 10 legt den in Anm. 2 und 4 erwähnten Personen eine doppelte Verpflichtung auf. Diese Pflicht besteht einmal

a) in einer allgemeinen Schweigepflicht über die Tatsachen und Einrichtungen, die durch die Ausübung der im § 7 bezeichneten Befugnisse zu ihrer Kenntnis kommen, wobei es gleichgültig ist, ob sie diese Kenntnis durch eigene Prüfung oder durch schriftliche oder mündliche Mitteilung erhalten. Die Begriffe „Tatsachen und Einrichtungen" sind in weitestem Sinne auszulegen; es gehören hierher sowohl Betriebsgeheimnisse über die Produktion, über die Bezugsquellen und Preisgestaltung und die Verkaufsorganisationen wie auch die allgemeinen Einrichtungen der Firma, sei es a) bezüglich der verwendeten Maschinen, Karteien, Reklamesachen und schließlich die finanzielle Lage der Firma,

b) in jeder Enthaltung einer Mitteilung und Verwertung von Geschäfts- oder Betriebsgeheimnissen. Der Begriff der Mitteilung von Betriebs- oder Geschäftsgeheimnissen ist im wesentlichen identisch mit dem unter a Festgelegten der allgemeinen Schweigepflicht. Das Verbot der Verwertung von Geschäfts- und Betriebsgeheimnissen geht dagegen weiter und soll insbesondere die Verwertung dieser Kenntnisse im eigenen Betriebe ausschließen.

Als Betriebs- oder Geschäftsgeheimnisse — erstere betreffend technische, letztere kaufmännische Fragen — gelten nicht nur von dem Geschäftsinhaber ausdrücklich als Geheimnis gehütete Tatsachen, sondern auch solche, die bei vernünftiger Würdigung des Wesens des Betriebes und nach dem erkennbaren Interesse des Inhabers geheimzuhalten sind. Allgemeine offenkundige Tatsachen, insbesondere wenn sie ein Allgemeingut bilden, gelten deshalb nicht mehr als Geschäfts- oder Betriebsgeheimnis.

7. Eine Verletzung der in Anm. 6 besprochenen Verpflichtung liegt bei jeder Mitteilung, sei es in Wort, Bild oder Schrift, vor; die unbefugte Vorlegung von Akten ist sinngemäß als schriftliche Mitteilung zu bewerten. Gewinnsucht ist nicht Voraussetzung für die Annahme einer die Schweigepflicht verletzenden Verpflichtung.

Ein besonderer Fall der Pflichtverletzung ist die Verwertung von Betriebs- oder Geschäftsgeheimnissen. Als solche gilt die praktische Verwendung derselben zu gewerblichen Zwecken, also sowohl im eigenen Betriebe wie in einem fremden Betriebe gegen Gewinnbeteiligung, wie auch eine geldliche Auswertung der erlangten Kenntnisse.

8. Von der Verpflichtung zur Verschwiegenheit sind ausgenommen a) die dienstliche Berichterstattung, b) die Anzeige von Gesetzwidrigkeiten. Der Umfang der zulässigen dienstlichen Berichterstattung beurteilt sich nach den einschlägigen Dienstvorschriften.

Aus der allgemeinen Ausnahme der Anzeige von Gesetzwidrigkeiten von der Schweigepflicht folgt, daß die betreffenden Kontrollorgane auch sonstige bei der Kontrolle festgestellte Gesetzwidrigkeiten zur Anzeige bringen dürfen, z. B. Steuerhintergehung usw., ohne die Schweigepflicht zu verletzen.

Diese im § 10 festgelegten Ausnahmen von der Schweigepflicht werden erzeugt durch die allgemeinen Vorschriften der ZPO. und StPO. über die Zeugnispflicht eines Zeugen und Sachverständigen, die die hier gegebenen Vorschriften erweitern. Es sei hier darauf hingewiesen, daß beamtete Zeugen und Sachverständige gemäß § 376 ZPO. und § 54 StPO. der Genehmigung der vorgesetzten Behörde bedürfen.

Die ZPO. gibt unter Umständen dem Zeugen ein Zeugnisverweigerungsrecht. Das Nähere ergibt §§ 383 ff. ZPO.

9. Die Beeidigung des Sachverständigen soll nur seine Schweigepflicht besonders sicherstellen, sie ist nicht Voraussetzung der Anwendbarkeit des § 10 auf Sachverständige.

10. Die Verpflichtung zur Verschwiegenheit (vgl. Anm. 6) wird auch auf die Zeit ausgedehnt, zu welcher der Beamte nicht mehr im Dienste ist; die Verpflichtung erstreckt sich aber nur auf solche Tatsachen, die ihm zur Zeit der Ausübung des Dienstes bekanntgeworden sind.

11. Verletzung der Schweigepflicht führt nach sich a) kriminelle Strafbarkeit gemäß § 18, b) zivilrechtliche Verantwortlichkeit der betreffenden Kontrollorgane gemäß §§ 823 und 839 BGB. und evtl. Schadensersatzpflicht des Staates nach Maßgabe der einschlägigen landesrechtlichen Vorschriften über die Haftung des Staates für Amtspflichtverletzungen ihrer Beamten.

§ 11.[1] [2]

Die Zuständigkeit der Behörden und Beamten für die im § 7 bezeichneten Maßnahmen richtet sich nach Landesrecht.

Landesrechtliche Bestimmungen, die den Behörden weitergehende Befugnisse als die im § 7 bezeichneten geben, bleiben unberührt.[5]

Der Vollzug[3] [4] des Gesetzes liegt den Landesregierungen ob. Die Reichsregierung stellt mit Zustimmung des Reichsrats die zur Sicherung der Einheitlichkeit des Vollzugs erforderlichen Grundsätze, insbesondere für die Bestellung von geeigneten Sachverständigen und die Gewährleistung ihrer Unabhängigkeit, fest.[3]

1. Abs. 1 und 2 des § 11 sind inhaltlich unverändert aus dem § 4 NMG. übernommen worden.

Abs. 3 entspricht dem § 25 Abs. 1 und Abs. 2 Satz 1 des Weingesetzes. Er soll der Reichsregierung die Möglichkeit bieten, mit Zustimmung des Reichsrats, ohne Eingriff in den Aufbau und die Tätigkeit der Landesbehörden, auf eine möglichst einheitliche Handhabung des Gesetzes hinzuwirken. (Begr.)

In der Kommission führte ein Regierungsvertreter aus:

„§ 11 Abs. 2 des Gesetzes ist wörtlich aus dem Nahrungsmittelgesetz vom 14. Mai 1879 übernommen und somit bereits seit Jahrzehnten geltendes Recht. Die hiernach aufrechterhaltenen landesrechtlichen Bestimmungen, die den Behörden weitergehende Befugnisse als die im § 7 bezeichneten geben, sind für die wirksame Durchführung des Gesetzes vollkommen unentbehrlich. Es handelt sich dabei hauptsächlich darum, den Beamten der Polizei die Möglichkeit zu geben, nach näherer Bestimmung des Landesrechts gesundheitsschädliche Lebensmittel sofort zu beschlagnahmen oder sonst aus dem Verkehr zu ziehen, wie auch andere zum Schutze der Volksgesundheit dringend notwendige unaufschiebbare Anordnungen zu treffen. In Preußen dient als Rechtsgrundlage für solche Maßnahmen der § 10 II 17 ALR. (vgl. E. IX 123). § 8, der die Landesregierungen ermächtigt, den Sachverständigen der Polizei ähnliche Befugnisse wie den Polizeibeamten beizulegen, diene nur zur Ergänzung des § 11 Abs. 2. Wenn man sich aber schon einmal von der Unentbehrlichkeit landesrechtlicher Vorschriften überzeugt habe, dürfe man sich nicht mit den bereits bestehenden Vorschriften begnügen, sondern müsse auch zulassen, daß diese verbessert und den jeweiligen Erfordernissen des praktischen Lebens angepaßt werden."

2. Dieser Paragraph, der in Abs. 1 und 2 dem § 4a LMG. entspricht, während Abs. 3 auf Preußens Initiative neu eingefügt ist, um die zurzeit bestehende Mannigfaltigkeit in der Organisation der Lebensmittelkontrolle nach Möglichkeit für das ganze Reichsgebiet zu vereinheitlichen, spricht in Abs. 1 und 3 nur das aus, was Art. 14 und 15 der Reichsverfassung bestimmt. Lediglich Abs. 2 § 11 enthält eine Sonderbestimmung.

3. Zum Vollzug des Gesetzes gehört einmal die Bestimmung der in Abs. 1 besonders hervorgehobenen Zuständigkeit der einzelnen Behörden und Beamten. Es ist also der Landesgesetzgebung

überlassen, ob die Aufgabe der Nahrungsmittelpolizei den Organen der allgemeinen Polizei, und bei denen wiederum der Sicherheits- und Kriminalpolizei übertragen werden soll. Ebenso ist es der Landesgesetzgebung völlig überlassen, ob sie die untere oder höhere Polizeibehörde, insbesondere die Landespolizeibehörde, mit der Durchführung der Lebensmittelkontrolle beauftragen will, oder wie sie dieselbe zwischen den einzelnen Polizeistellen verteilt.

Nach Landesrecht bestimmt sich auch der Instanzenweg im Beschwerdeverfahren, insbesondere die Entscheidung der Frage, ob gegen eine angefochtene Verfügung das Verwaltungsstreit-, das Verwaltungsbeschluß- oder nur ein Aufsichtsverfahren gegeben ist. Zum Vollzuge des Gesetzes gehört des weiteren der Erlaß von Vorschriften über die Einrichtung von Untersuchungsanstalten im weitesten Sinne, mögen sie als staatliche errichtet sein, mögen sie bereits bestehenden Verbänden (Kommunalverbänden usw., Berufsgenossenschaften oder z. B. Landwirtschaftskammern) angegliedert werden.

Zur Durchführung des Gesetzes hat auch das Landesrecht Bestimmungen zu treffen, welche Vorbildung, Prüfung usw. die Sachverständigen gemäß § 7 zu erfüllen haben.

4. Sämtliche gemäß Anm. 2 zu erlassenden Anordnungen dürfen sich nicht in Widerspruch setzen mit reichsrechtlichen Bestimmungen überhaupt oder mit den gemäß § 11 Abs. 3 Satz 2 von der Reichsregierung erlassenen Vollzugsvorschriften. Die Frage, ob landesrechtliche Vorschriften dem Reichsrecht widersprechen, unterliegt der Nachprüfung und letzten Endes der Entscheidung der Gerichte.

5. Unberührt bleiben nur solche landesrechtliche Vorschriften, die auf dem im § 7 festgestellten Getriebe den Behörden weitergehende Befugnisse einräumen. Sonstige über den Rahmen des LMG. hinausgehende landesrechtliche Vorschriften werden aufgehoben, und es ist nicht zulässig, aus der hier vorhandenen Vorschrift das Bestehenbleiben solcher weitergehenden Vorschriften herzuleiten.

Landesrechtliche Vorschriften, die hiernach bestehen bleiben, bleiben Landesrecht, sie erhalten infolge der im § 11 Abs. 2 enthaltenen Ermächtigung nicht etwa den Charakter als Reichsrecht, eine Rechtsfolgerung, die insbesondere im Strafverfahren für die Frage der Einlegung der Revision Beachtung verdient.

§ 12.[1] [2] [3] [4] [5]

Wer vorsätzlich[6] einem der Verbote des § 3 oder einer nach § 5 Nr. 1 erlassenen Vorschrift zuwiderhandelt, wird mit Gefängnis und mit Geldstrafe oder mit einer dieser Strafen bestraft.[7]

Der Versuch[8] ist strafbar.[9]

Ist durch die Tat eine schwere Körperverletzung oder der Tod eines Menschen[10] verursacht[11] worden, so tritt an Stelle des Gefängnisses Zuchthaus bis zu zehn Jahren.

Neben der Freiheitsstrafe kann[12] auf Verlust der bürgerlichen Ehrenrechte,[13] neben Zuchthaus auch auf Zulässigkeit von Polizeiaufsicht[14] erkannt werden.

Ist die Zuwiderhandlung fahrlässig[15] begangen, so tritt Geldstrafe und Gefängnis oder eine dieser Strafen ein.[16] [17]

1. Bei den Strafbestimmungen waren Handlungen, die unmittelbar die menschliche Gesundheit bedrohen (§ 3), von solchen zu trennen, die zunächst nur wirtschaftliche Schädigungen zur Folge haben (§ 4); jene sind im § 11 (der die §§ 12 bis 14 des bisherigen Gesetzes zusammenfaßt), diese im § 12 (entsprechend den bisherigen §§ 10, 11) behandelt, wobei jeweils zwischen vorsätzlichem und fahrlässigem Handeln unterschieden wird.

Die Unterscheidung zwischen Gegenständen, die die menschliche Gesundheit zu „beschädigen" (§ 12 NMG.), und solchen, die sie zu „zerstören" (§ 13 NMG.) geeignet sind, ist oft schwierig zu treffen und abhängig von der Art, wie im einzelnen Falle der gefährliche Gegenstand genossen oder benutzt wird; sie ist entbehrlich, wenn beim Strafmaß dem Richter die Berücksichtigung der Schwere des Falles ausreichend ermöglicht wird.

Da die nach § 5 Nr. 1 „zum Schutze der Gesundheit" zu erlassenden Verordnungen lediglich die allgemeinen Verbote des § 3 spezialisieren und ergänzen, so besteht kein Grund, ihre Verletzung milder zu bestrafen als diejenige des § 3 selbst. Verordnungen nach § 5 Nr. 2, 3 haben nur mittelbar gesundheitliche Bedeutung; Zuwiderhandlungen dagegen waren deshalb denen gegen § 4 gleichzustellen. Verordnungen nach § 5 Nr. 4 werden keine selbständigen Verbote enthalten, sondern nur die Bestimmungen des § 4 für Einzelfälle auslegen, so daß sich besondere Strafbestimmungen erübrigen. Ebensowenig sind solche hinsichtlich der nach § 5 Nr. 5 zu erlassenden Vorschriften erforderlich, weil deren Innehaltung durch die die Nahrungsmittelkontrolle überwachenden Behörden gesichert wird. (Begr. zu §§ 12 und 13.)

2. Ganz allgemein bestimmt der als § 27 b in das Strafgesetzbuch übernommene § 3 des sogenannten Geldstrafengesetzes vom 21. Dezember 1921, daß an Stelle einer verwirkten Freiheitsstrafe von weniger als drei Monaten auf eine Geldstrafe zu erkennen sei, wenn der Strafzweck durch eine Geldstrafe erreicht werden kann. (KB.)

3. Die §§ 12 ff. stellen sich als besondere Tatbestände im Sinne des zweiten Teiles des StrGB. dar, das sie insoweit ergänzen. Als geschütztes Rechtsgut hat bei den Tatbeständen der §§ 12, 13, 17 und 19 die menschliche Gesundheit zu gelten. Als Täter kommt bei diesen Tatbeständen der Produzent, Veräußerer, Beförderer und Hersteller von Lebensmitteln und Gebrauchsgegenständen im Sinne der §§ 3 und 4 des Gesetzes in Frage.

Durch § 18 wird der selbständige, als Rechtsgut anerkannte (vgl. RGZ. 65, 210) Gewerbebetrieb geschützt. Als Täter dieses Deliktes kommen die ausführenden Beamten der Polizeiverwaltung einschließlich der von dieser beauftragten Sachverständigen in Betracht.

4. Aus der in Anm. 3 festgestellten Stellung der §§ 12 ff. zum besonderen Teil des StrGB. folgt die Anwendung der allgemeinen Vorschriften des StrGB. auf diese Tatbestände. Diese allgemeinen Vorschriften des StrGB. gelten daher insbesondere für folgende Fragen:

a) Die Anwendbarkeit der Strafbestimmungen des alten LMG. und derjenigen des vorliegenden bei Straftaten, die vor dem 1. Oktober 1927 begangen, aber nach dem 1. Oktober 1927 zur Aburteilung gelangen, bestimmt sich nach § 2 Abs. 2 StrGB., nach welcher Vorschrift bei Verschiedenheit der Gesetze von der Zeit der begangenen Handlung bis zu deren Aburteilung das mildere Gesetz anzuwenden ist. Der Grundsatz des RG. (vgl. RGSt. 50, 303 und 399), den § 2 Abs. 2 auf die Gesetze und Verordnungen, die zur Regelung eines vorübergehenden Zustandes erlassen sind, nicht anzuwenden, gilt hier nicht, da die Tatbestände des neuen LMG. die Tatbestände des alten LMG. ersetzen wollen, beiden Gesetzen daher der Charakter eines Ausnahmegesetzes fehlt.

Der § 2 Abs. 2 bezieht sich dabei sowohl auf die Fälle, in denen der strafrechtliche Tatbestand zwischen Zeit der Tat und Aburteilung geändert wird, wie auch auf solche, in denen sich nur die Strafandrohung ändert (vgl. Ebermayer zu § 2 II S. 123). So muß eine vor Inkrafttreten des neuen LMG. vollendete Verfehlung, die im Anbieten von Lebensmitteln besteht, straffrei bleiben, da § 10 altes LMG. nur das Feilhalten und Verkaufen, nicht aber das Anbieten mit Strafe bedroht, während § 4 Ziffer 2 und § 13 auch für das Anbieten eine Strafe eingeführt hat. Desgleichen sind vor dem 1. Oktober 1927 liegende Verstöße, die in einer Zuwiderhandlung gegen Ausführungsverordnungen bestehen, nach altem LMG. zu ahnden, da ein Verstoß gegen § 5 nach altem LMG. nur eine Übertretung darstellt, während das neue LMG. diese Straftat zum Vergehen erklärt.

b) Die strafrechtliche Verfolgung von im Auslande begangenen Delikten gegen das neue LMG. richtet sich nach §§ 4 und 5 StrGB.

c) Ebenfalls gilt für die §§ 12 ff. der § 1 StrGB., betr. die Dreiteilung der strafbaren Handlungen. § 1 lautet:

Eine mit dem Tode, mit Zuchthaus oder mit Festungshaft von mehr als fünf Jahren bedrohte Handlung ist ein Verbrechen.

Eine mit Festungshaft bis zu fünf Jahren, mit Gefängnis oder mit Geldstrafe von mehr als 150 GM. oder mit Geldstrafe schlechthin bedrohte Handlung ist ein Vergehen.

Eine mit Haft oder Geldstrafe bis 150 GM. bedrohte Handlung ist eine Übertretung.

Hiernach sind Verbrechen der Tatbestand des § 12 Abs. 3, Vergehen die Tatbestände des § 12 Abs. 1, 5 § 13 Abs. 1, § 18 und Übertretungen die Tatbestände des § 13 Abs. 2 und § 17.

Den auf die Tatbestände anzuwendenden Strafrahmen bestimmen die §§ 14 ff. StrGB., auf die verwiesen wird. Beachtlich ist dabei insbesondere § 27 a, nach welchem bei einem Verbrechen oder Vergehen, das auf Gewinnsucht beruht, die Geldstrafe bis auf 100 000 M. erhöht werden kann. Gewinnsucht ist (RGSt. 60, 300) die Steigerung des Erwerbssinnes auf ein ungewöhnliches, ungesundes, sittlich anstößiges Maß. Sie ist gegeben, wenn das Verlangen auf Gewinnerzielung den Täter mit solcher Gewalt erfaßt, daß er sich ihm hemmungslos hingibt, ohne auf die Schranken von Gesetz Recht, geschäftlichem Anstand und Interesse beim Mitmenschen zu achten. (Näheres bei Frank zu § 27 a S. 55)

Die bei den einzelnen Tatbeständen anzuwendenden Strafrahmen werden bei diesen besonders vermerkt werden. Die Umwandlung der Hauptstrafen in sogenannte Ersatzstrafen richtet sich nach § 29 StrGB.

d) Der Grad des Verschuldens, d. h. ob absichtliches, vorsätzliches oder fahrlässiges Handeln Voraussetzung der Verurteilung ist, bestimmt sich nach allgemeinen strafrechtlichen Grundsätzen. Absicht im Sinne eines strafbaren Verschuldens ist nach vorherrschender Rechtsprechung (vgl. hierzu Ebermayer S. 57 XI A, wo auch Näheres über abweichende Auffassungen zu finden ist) dann gegeben, wenn dem Täter „Wille der Tat“ und „Wille des Erfolges“ innewohnt. Der Entwurf zum neuen StrGB.

§ 13 Abs. 2 definiert Absicht dahin: „Absichtlich handelt der, dem es darauf ankommt, einen Erfolg, der im Gesetz bezeichnet ist, herbeizuführen.“ Vorsatz dagegen liegt schon dann vor, wenn bei dem Täter nur der Wille der Tat besteht. Wird der Erfolg infolge Außerachtlassung der Sorgfalt, die nach den Umständen des Falles hätte beobachtet werden müssen, herbeigeführt, so kommt Fahrlässigkeit in Frage. Ein fahrlässig begangenes Delikt wird jedoch nur dann bestraft, wenn das Gesetz die Ahndung eines solchen ausdrücklich vorschreibt. Die besonderen Strafvorschriften des neuen LMG. verlangen regelmäßig nur Vorsatz oder Fahrlässigkeit; die Feststellung einer Absicht wird nicht verlangt. Vorsatz im Sinne obiger Begriffsbestimmung ist sowohl gegeben, wenn eine bestimmte Tat gewollt wurde, wie auch, wenn sie nur bedingt gewollt war. Dieser Fall, auch „Dolus eventualis“ genannt, liegt dann vor, wenn der Täter der Auffassung ist, daß er möglicherweise den strafbaren Tatbestand erfüllen könne, wenn er aber dennoch auf die Gefahr der Verwirklichung hin handelt. Die Feststellung des sog. Dolus eventualis genügt grundsätzlich zur Bestrafung (RGSt. 55, 204). (Vgl. auch Frank S. 82, 175; Ebermayer S. 59 f. sub C.)

Ebenso muß man bei Fahrlässigkeit unbewußte (negligentia) und bewußte (luxuria, Geilheit) Fahrlässigkeit unterscheiden. Erstere ist dann gegeben, wenn der Täter durch Außerachtlassung der erwähnten Sorgfalt zur Erkenntnis der Strafbarkeit nicht gelangt ist, letztere, wenn der Täter mit der Möglichkeit des Erfolges rechnete, aber irrig darauf vertraute, daß der Erfolg nicht einträte (vgl. Näheres Ebermayer S. 63 f. sub XIII).

Als Handlung des Täters gilt sowohl ein positives Tun wie ein gewolltes Unterlassen. (Näheres bei Ebermayer S. 85 sub B.) Die fahrlässige Unterlassung spielt für die Lebensmitteldelikte eine besondere Rolle, da nach stehender Rechtsprechung des Reichsgerichts es zu den Pflichten der Gewerbetreibenden gehört, ihren Betrieb und die Betriebsangestellten dauernd zu überwachen (vgl. RGSt. 58, 131), so daß die versäumte Überwachung als straffällig fahrlässige Unterlassung zu ahnden ist.

e) Häufig wirken an der Erfüllung eines strafrechtlichen Tatbestandes mehrere Personen mit. Man unterscheidet (vgl. auch Ebermayer S. 66) gemäß §§ 47 ff. StrGB. sog. Alleintäterschaft, Mittäterschaft oder Mehrtäterschaft. Bei allen drei Gruppen kann die Täterschaft eine unmittelbare oder mittelbare sein. Mittelbare Täterschaft liegt regelmäßig dann vor, wenn die Mittelsperson Werkzeug in der Hand des Täters ist (vgl. Frank S. 100 f.). Letzteres ist einmal bei Verwendung eines Geisteskranken oder sonst Willenlosen zur Ausführung der Tat der Fall, sie ist aber auch gegeben bei unwissentlichem wie bei unfreiem Verhalten der Mittelsperson. Diese beiden Fälle haben für die Delikte des neuen LMG. besondere Bedeutung. Läßt z. B. ein Kaufmann gefälschte Lebensmittel feilhalten, ohne daß die den Verkauf tätigende Angestellte auch ohne Vorliegen einer strafbaren Fahrlässigkeit davon Kenntnis hat, so kommt zur Bestrafung nur der Geschäftsherr als mittelbarer Täter in Betracht. Ein sog. unfreies Verhalten der Mittelsperson soll aber nach stehender Rechtsprechung nur dann angenommen werden, wenn die Tat durch unwiderstehliche Gewalt oder durch Drohung, welche mit einer gegenwärtigen, auf andere Weise nicht abzuwendenden Gefahr für Leib oder Leben verbunden war, herbeigeführt ist. Die Gefährdung der Stellung des Angestellten genügt deshalb nicht, um unfreies Verhalten anzunehmen. Ein Fleischergeselle, der infolge Androhung der Entlassung verdorbenes Fleisch in die Wurst hineinarbeitet, handelt daher nicht unfrei, er ist Täter; sein Arbeitgeber ist nicht mittelbarer Täter, sondern Mittäter. Der mittelbare Täter wird wie ein Alleintäter bestraft. Die Mittelsperson bleibt grundsätzlich straffrei.

Mittäterschaft liegt vor, wenn von mehreren jeder den gesamten Tatbestand des Deliktes erfüllt (§ 47 StrGB.). Zwei Inhaber einer Firma, die gefälschte oder schlechtgewordene Lebensmittel vorsätzlich und bewußt verkaufen, geben das typische Beispiel für Mittäterschaft. Jeder Mittäter wird mit der für den Alleintäter angedrohten Strafe bestraft.

Als Mittäterschaft charakterisiert das StrGB. einen Tatbestand, bei dem mehrere Täter nicht in dem Verhältnis von Mittätern stehen, es also bei ihnen an dem bewußten und gewollten Zusammenwirken fehlt, sie vielmehr unabhängig voneinander einen gemeinsamen Erfolg herbeiführen. Ein Fleischermeister, der aus Gewinnsucht minderwertiges Fleisch feilhält, und seine Verkäuferin, die aus Gewinnsucht beim Verkauf desselben Fleisches Salz oder sonstige Substanzen hinzufügt, ohne daß einer vom anderen etwas weiß, handeln als Mehrtäter. Mehrtäter werden ebenso wie Mittäter bestraft.

Von einem anderen Gesichtspunkt aus kann man bei der Beteiligung mehrerer am Delikt zwischen Anstiftung, Täterschaft und Teilnahme unterscheiden. Als Anstifter gilt gemäß § 48 StrGB., wer einen andern durch Geschenke oder Versprechen, durch Drohung, durch Mißbrauch des Ansehens oder der Gewalt, durch absichtliche Herbeiführung oder Beförderung eines Irrtums oder durch andere Mittel zu der von demselben begangenen strafbaren Handlung vorsätzlich bestimmt hat. Ein Geschäftsinhaber, der, ohne selbst an der Ausführung des Verbrechens teilzunehmen, seine Angestellten durch Geschenke oder in der sonstigen soeben angegebenen Weise zur Ausführung eines Lebensmitteldeliktes bestimmt, ist als Anstifter zu bestrafen. Wichtig ist bei Lebensmitteldelikten besonders der Fall der Herbeiführung oder Beförderung eines Irrtums: Tatbestände, bei denen z. B. der wissenschaftlich und chemisch gebildete Geschäftsherr seine Angestellten zur Herstellung von Präparaten veranlaßt, die gesundheitsschädlich sind, deren Gesundheitsschädlichkeit den aber nicht unfrei handelnden Angestellten jedoch verschwiegen wird. Der letzte Fall ist ein Grenzfall und nähert sich dem der mittelbaren Täterschaft bei unfreiwilligem Handeln des Täters. Den Anstifter trifft dieselbe Strafe wie den Täter.

Als Gehilfe gilt, wer dem Täter zur Begehung des Verbrechens oder Vergehens durch Rat oder Tat wissentlich Hilfe geleistet hat. Eine Gehilfenschaft für Übertretung gibt es nicht. Die Hilfeleistung kann in positiver oder negativer Tätigkeit bestehen. Die Gehilfenschaft unterscheidet sich von der Täterschaft dadurch, daß der Vorsatz des Täters sich auf alle zur Erfüllung des Strafdeliktes erforderlichen Tatbestände zu richten hat, während der Vorsatz des Gehilfen sich nur auf die Unterstützung des Täters erstreckt, ohne daß der Gehilfe in irgendeiner Weise den Willen zur Ausführung der Tat selbst bekundet. Die Strafe des Gehilfen ist gemäß § 49 Abs. 2 nach dem Gesetz festzusetzen, welches auf die Handlung Anwendung findet, zu welcher er wissentlich Hilfe geleistet hat, jedoch unter Berücksichtigung der für den Versuch vorgeschriebenen Strafmilderung (vgl. Näheres bei Frank S. 110 ff., S. 117 ff.).

f) Man unterscheidet als Grade der Ausführung des Verbrechens Vollendung, Versuch und Vorbereitungshandlung. Ein Delikt ist vollendet, wenn die sämtlichen Merkmale in objektiver und subjektiver Beziehung verwirklicht sind. Versuch liegt dagegen vor, sobald eines dieser Tatbestandsmerkmale nicht erfüllt ist. Für den Begriff des Versuches ist deshalb wesentlich einmal der Entschluß, ein Verbrechen oder Vergehen zu verüben, und des weiteren die Bestätigung des Entschlusses, und zwar durch einen Anfang der Ausführung (vgl. § 43 StGB.). Ein solcher ist in allen Bestätigungen zu finden, die vermöge ihrer notwendigen Zusammengehörigkeit mit der Tatbestandshandlung für die natürliche Auffassung als deren Bestandteile erscheinen (vgl. Näheres Frank S. 91 ff.).

Scharf unterscheidet sich vom Versuch die Vorbereitungshandlung, bei der wohl der Entschluß, ein Vergehen oder Verbrechen zu verüben, vorliegt, dagegen noch keine Betätigung des Entschlusses durch einen Anfang der Ausübung erfolgt. Hierher gehören Fälle wie Verabreden des Verbrechens und des Auskundschaftens von Gelegenheiten, Beschaffen der zur Ausführung des Vergehens notwendigen Materialien usw.

Vollendung ist jeweils mit einer innerhalb des normalen Strafrahmens liegenden Strafe zu ahnden. Der Versuch ist, soweit ein Verbrechen in Frage kommt, stets strafbar. Der Versuch eines Vergehens ist nur in den Fällen zu bestrafen, in welchen das Gesetz dies ausdrücklich vorschreibt. Der Versuch einer Übertretung ist straffrei. Vorbereitungshandlungen sind nicht zu bestrafen.

Soweit der Versuch nach dem Gesagten strafbar ist, richtet sich der Strafrahmen des versuchten Deliktes nach § 44 StrGB. Der Versuch ist danach grundsätzlich milder zu bestrafen als das vollendete Vergehen.

g) Die sog. Strafausschließungs- oder Strafmilderungsgründe bestimmen sich ebenfalls nach den Vorschriften des allgemeinen Teils des StrGB. Die Fälle der Straflosigkeit wegen Geisteskrankheit (§ 51 StrGB.), wegen Notwehr und Nötigung (§§ 52 bis 54 StrGB.) haben für das LMG. wenig Bedeutung. Auch die Strafmilderungen, die für Jugendliche bestehen, interessieren für das vorliegende Gesetz wenig. Wegen des Näheren wird auf das Jugendgerichtsgesetz vom 16. Februar 1923 verwiesen. Bedeutung hat dagegen für das LMG. die Vorschrift des § 59 StrGB., nach welcher straffrei bleibt der Täter, der bei Begehung einer strafbaren Handlung das Vorhandensein von Tatbeständen nicht kannte — bezw. bei einer wegen Fahrlässigkeit zu ahndenden Handlung Tatbestände nicht kannte, ohne daß die Unkenntnis selbst durch Fahrlässigkeit verschuldet ist —, welche zum gesetzlichen Strafbestand gehören oder die Strafbarkeit erhöhen.

Ein Irrtum des Täters darüber, daß er durch die Verwirklichung eines mit Strafe bedrohten Tatbestandes das Strafgesetz verletzt, macht denselben deshalb nicht straffrei, da insoweit ein Tatsachenirrtum nicht vorliegt und die sog. Irrtumsverordnung vom 18. Januar 1917 für das gegenwärtige Gesetz nicht mehr gilt. Dagegen hat die Vorschrift des § 59 große Bedeutung für die vielen Fälle, in denen der Produzent, Verkäufer usw. sich über die tatsächliche Beschaffenheit der verkauften Ware irrt, ohne daß etwa Strafbarkeit wegen Unterlassung der Untersuchungspflicht besteht.

Die wichtigste Frage ist hierbei, inwieweit sich § 59 auf einen Irrtum über das Vorhandensein einer Ausführungsverordnung erstreckt, oder mit anderen Worten, ob ein solcher Irrtum unbeachtlicher Rechtsirrtum oder entschuldbarer Tatsachenirrtum ist. Das Reichsgericht hat in stehender Rechtsprechung diese Frage dahin entschieden, daß unbeachtlicher Rechtsirrtum vorliegt, wenn im Gesetz Strafrahmen und die Tatbestände erschöpfend festgelegt sind, die durch die außerstrafrechtlichen Vorschriften nur erläutert oder ausgeführt werden (z. B. AusfVerordn. zu §§ 3 und 4 neues LMG.), während beachtlicher Tatsachenirrtum besteht, wenn das Gesetz nur den Rahmen für Tatbestand und Strafmaß enthält, die Ausfüllung dieses Rahmens aber Verordnungen überlassen ist (vgl. Ebermayer S. 302 und die dortigen Zitate).

h) Der Tatbestand einer strafbaren Handlung kann durch denselben Täter einmal oder wiederholt erfüllt werden. Eine einmalige Ausübung liegt, abgesehen von dem Regelfall, daß die Tatbestände des Deliktes nur einmal erfüllt werden, auch dann noch vor, wenn mehrere Verstöße gegen dasselbe Strafgesetz so rasch aufeinanderfolgen, daß sie nach der Lebensauffassung als eine natürliche Handlungseinheit zu gelten haben (RGStr. 58 S. 113 f.).

In letzterem Falle ist der Täter ebenso zu bestrafen, als wenn die Handlung nur einmal ausgeübt wird.

Ist die natürliche Handlungseinheit nicht mehr gegeben, so liegen mehrere strafbare Handlungen oder Realkonkurrenz im Sinne des § 74 StrGB. vor. In diesem Fall ist der Täter strenger zu bestrafen, als wenn der strafbare Tatbestand nur einmal erfüllt wäre. Die einzeln verwirkten Strafen sind aber nicht zusammenzurechnen, es ist vielmehr auf eine Gesamtstrafe zu erkennen, welche in einer Erhöhung der verwirkten schwersten Strafe besteht. Ein abweichender, rechtlich besonders behandelter Fall ist der, daß die mehreren gleichartigen Einzelhandlungen auf einheitlichem Vorsatz beruhen und gleichartig sind. Hier spricht man von einem fortgesetzten Verbrechen (vgl. Ebermayer S. 39 ff.), das nicht nach dem Grundsatz der Realkonkurrenz, sondern wie das eine Handlungseinheit darstellende Delikt zu bestrafen ist. Diese letztere Vergehensart hat für die Lebensmittelgesetzgebung besondere Bedeutung. Erinnert sei an die zahlreichen Fälle der fortgesetzten, einem einheitlichen Entschluß entspringenden Lebensmittelfälschungen und dergl.

Bestritten ist, ob es ein fortgesetztes Vergehen bei fahrlässig begangenen Handlungen gibt. Das Reichsgericht verneint dieses, da bei dem fahrlässigen Delikt der einheitliche Vorsatz fehlt.

Zu unterscheiden vom fortgesetzten Vergehen ist das sog. Dauervergehen, d. h. der Fall, wo ein strafbarer Zustand sich über längere Zeit hinaus erstreckt. Beispiel: Bigamie. Für die Lebensmittelgesetzgebung, insbesondere die gewerbliche Gesetzgebung, hat auch dieser Begriff Bedeutung, z. B. beim Bestehenlassen eines gesetzwidrigen Zustandes über längere Zeit hinaus. Auch das Dauerdelikt wird wie nur eine Tat bestraft.

i) Häufig verstößt das eine Handlungseinheit darstellende Delikt gegen mehrere Strafvorschriften. Man unterscheidet in solchem Falle zwischen sog. Idealkonkurrenz und Gesetzeskonkurrenz. Idealkonkurrenz ist anzunehmen, wenn mehrere Tatbestände erfüllt werden, die im Verhältnis zueinander gleichwertig sind, insbesondere also nicht im Verhältnis der Spezialvorschrift zu der allgemeinen Vorschrift stehen. Trifft letzteres zu, so wird von Gesetzeskonkurrenz gesprochen (vgl. Näheres bei Ebermayer S. 25 f.). Einige Beispiele werden dies erläutern: Eine gegen §§ 12 und 3 LMG. verstoßende Handlung, die gleichzeitig den Betrugstatbestand erfüllt, ist der typische Fall einer Idealkonkurrenz, denn beide Delikte stellen eine selbständige, nicht im Verhältnis des engeren speziellen zu dem weiteren allgemeinen Tatbestande stehende Handlung dar. Andererseits stehen in Gesetzeskonkurrenz solche Tatbestände, die einmal gegen §§ 3 und 21 a. a. O. verstoßen und gleichzeitig ein Vergehen gegen lebensmittelrechtliche Sondergesetze, z. B. das Fleischbeschaugesetz, das Weingesetz usw., darstellen.

Es ist dabei nicht erforderlich, daß die beiden konkurrierenden Strafvorschriften denselben Grad des Verschuldens voraussetzen. Es kann deshalb ein vorsätzliches mit einem fahrlässig begangenen Delikt ideal konkurrieren bezw. im Verhältnis der Gesetzeskonkurrenz stehen.

Liegt Idealkonkurrenz vor, so ist die Strafe aus dem schwersten Strafgesetz festzusetzen. Bei Gesetzeskonkurrenz ist der Strafrahmen der als Sondernorm anzusprechenden Vorschrift zu entnehmen.

k) Die Frage der Verjährung der Verfolgung von Lebensmitteldelikten beurteilt sich nach den §§ 66 bis 69 StrGB., auf die verwiesen wird. Die Verjährungsfristen betragen demnach bei dem Verbrechen des § 12 Abs. 3 zehn Jahre, in den Fällen des § 12 ein, zwei und fünf Jahre, des § 13 ein Jahr und des § 18 fünf Jahre, bei den Übertretungen in den Fällen des § 13 zwei und des § 17 drei Monate.

l) Außer der unter Ziffer k behandelten Verjährung der Straftat, der sog. Strafverfolgungsverjährung, kennt das StrGB. noch eine Verjährung der Strafvollstreckung der rechtskräftig erkannten Strafe. Das Nähere ergibt sich aus §§ 70 bis 72 StrGB.

5. § 12 behandelt die Zuwiderhandlungen gegen die zum Schutze der Gesundheit erlassenen Vorschriften.

6. Wegen des Begriffes „Vorsatz" wird auf Anm. 2 d verwiesen. Der Vorsatz des Täters hat sich auf die sämtlichen Tatbestände der Verbote des § 3 oder der nach § 5 Nr. 1 erlassenen Vorschriften zu erstrecken. Es genügt Dolus eventualis (vgl. Anm. 2 a).

Wegen Berücksichtigung eines etwaigen Irrtums des Täters über diese Tatbestände oder das Bestrafen einer Ausführungsverordnung vgl. Anm. 2 g.

7. Der Strafrahmen beträgt Gefängnis von einem Jahr bis zu fünf Jahren und Geldstrafe von 3000 bis 10 000 RM. oder nur Geldstrafe oder Gefängnis. Wegen der Straferhöhung bei gewinnsüchtigem Handeln vgl. Anm. 2 c.

8. Wegen der Begriffsbestimmungen „Versuch" und „Vorbereitungshandlung" vgl. Anm. 2 e. Besondere Bedeutung kommt für das vorliegende Gesetz dem schon besprochenen Unterschiede von Versuch und Vorbereitungshandlung zu. Ein Händler, der verdorbene Lebensmittel einkauft und in der Hoffnung späteren Verkaufes einmeilen lagert, begeht insoweit nur straffreie Vorbereitungshandlung. Diese wird zum straffälligen Versuch, wenn

er diese Ware zwecks Verkaufes ordnet, bündelt oder dergl. oder gar in den Laden bringt.

9. Der Strafrahmen beträgt Gefängnis von einem Tag bis zu fünf Jahren weniger einem Tag und Geldstrafe von 3 RM. bis 9997 RM. oder nur Gefängnis oder Geldstrafe innerhalb dieser Grenzen.

10. Wann eine schwere Körperverletzung vorliegt, bestimmt sich nicht nach gutachtlicher medizinischer Auffassung. Der Begriff „schwere Körperverletzung" ist in den §§ 224 bis 227 StrGB. erschöpfend geregelt. Eine schwere Körperverletzung liegt danach vor:

a) bei Verlust eines wichtigen Körpergliedes — im Sinne physischen Verlustes —,
b) Verlust des Sehvermögens,
c) Verlust des Gehörs,
d) Verlust der Sprache,
e) Verlust der Zeugungsfähigkeit,
f) dauernde Entstellung in erheblicher Weise,
g) Verfallen in Siechtum, Lähmung oder Geisteskrankheit.

11. Es genügt Vorsatz des Täters; eine Absicht desselben auf Herbeiführung des Erfolges mit dem Ziel der schweren Körperverletzung ist nicht Voraussetzung der Strafbarkeit.

12. Der Strafrahmen beträgt nach der auf § 12 Abs. 1 bezugnehmenden Gesetzesfassung ein Jahr bis zehn Jahre Zuchthaus oder Geldstrafe von 3000 bis 10 000 RM. oder nur eine dieser Strafen. Bei Gewinnsucht des Täters gilt § 27 a StrGB.

Die Fassung des Gesetzes beruht insoweit auf einem Redaktionsfehler, da, wie aus der Regierungsvorlage sich ergibt, Zuchthaus und Geldstrafe nicht nebeneinander, sondern gemeinsam angedroht werden sollten. Dieser Redaktionsfehler kann aber nicht dazu führen, den nach dem Texte des Gesetzes verwirkten Strafrahmen zu ändern.

13. Es wird insoweit auf §§ 32 bis 37 StrGB. verwiesen.

14. Das Nähere ergibt sich aus §§ 38 und 39 StrGB. Die Stellung unter Polizeiaufsicht hat als Strafe, nicht als Sicherheitsmaßnahme zu gelten. Neben den in §§ 38 und 39 festgelegten Wirkungen der Polizeiaufsicht haben die §§ 57 und 44 a GewO. für den Lebensmittelhandel besondere Bedeutung, als diese Vorschriften für die unter Polizeiaufsicht Gestellten die Erteilung des Wandergewerbescheines auf Zeit ausschließen.

15. Wegen des Begriffes „Fahrlässigkeit" vgl. Anm. 2 d. Unbewußte Fahrlässigkeit genügt.

16. Der Strafrahmen ist derselbe wie im Falle des Abs. 1 (vgl. Anm. 5), nur mit dem Unterschiede, daß im Falle des Abs. 5 die Geldstrafe an erster Stelle angedroht ist und deshalb als Regelstrafe zu gelten hat.

17. Zur Aburteilung zuständig ist im Regelfalle

für das Delikt des § 12 Abs. 1 und 5: das Schöffengericht (§§ 24, 28, 29 GVG.), unter Umständen der Amtsrichter allein (§ 25 Abs. 1 Ziffer 2 GVG.), das erweiterte Schöffengericht (§ 29 Abs. 2 GVG.);

für das Delikt des § 12 Abs. 3: das Schöffengericht, evtl. das erweiterte Schöffengericht.

§ 13.[1] [2]

Wer vorsätzlich[3] einem der Verbote des § 4 oder einer nach § 5 Nr. 2, 3 erlassenen Vorschrift zuwiderhandelt, wird mit Gefängnis bis zu sechs Monaten und mit Geldstrafe oder mit einer dieser Strafen bestraft.[4]

Ist die Zuwiderhandlung fahrlässig[5] begangen, so tritt[6] Geldstrafe bis zu einhundertfünfzig Reichsmark oder Haft ein.

1. Dieser Paragraph behandelt die Zuwiderhandlungen gegen § 4 oder eine der nach § 5 Nr. 2 und 3 erlassenen Vorschriften, also eine Verletzung der Vorschriften, die zum Schutze des Publikums gegen Täuschung gegeben sind.

2. Vgl. hierzu § 12 Anm. 2.

3. Vgl. § 12 Anm. 2 d.

4. Der Strafrahmen ist ein Tag bis sechs Monate Gefängnis und Geldstrafe von 3 RM. bis 10 000 RM. oder nur eine dieser Strafen.

5. Es genügt unbewußte Fahrlässigkeit. Besondere Bedeutung hat hierbei die in der Unterlassung einer Kontrollpflicht des Geschäftsherrn bestehende Fahrlässigkeit. Die Rechtsprechung stellt in dieser Beziehung die strengsten Anforderungen an die Ausübung dieser Pflicht, um den Schutz des Publikums vor Täuschung sicherzustellen. So hat KG. — 3 S 340/26 — eine straffällige Unterlassung der Kontrollpflicht als vorliegend erachtet, wenn ein Butterhändler, der Butter mit hohem Wassergehalt feilhält, sich auf die Versicherung des Lieferanten verläßt, die Butter sei von einwandsfreier Qualität, ohne seinerseits von Zeit zu Zeit Stichproben vorzunehmen. In ähnlichem Sinne spricht sich OLG. Dresden in einem in der Halbmonatszeitschrift für die Margarine-Industrie 1927 S. 146 abgedruckten Urteil aus. Dieses Urteil geht insofern noch weiter, als es dem Händler auch eine Prüfungspflicht dahin gehend auferlegt, ob die Qualität der Butter der handelsüblichen Güte der Anpreisung entspricht, und eine Verletzung dieser Untersuchungspflicht für straffällige Fahrlässigkeit erklärt.

Als straffällige Fahrlässigkeit wird auch eine Lieferung von Rohmaterialien zur Lebensmittelherstellung angesehen, die zwar im allgemeinen tauglich ist, aber den besonders getroffenen Abmachungen für die fragliche Fabrikation nicht entspricht (RG. vom 30. November 1926 — II G 62/26 —).

6. Der Strafrahmen ist 1 RM. bis 150 RM. Geldstrafe oder Haftstrafe von einem Tag bis sechs Wochen. Die aus § 27 a sich ergebende Erhöhung der Strafe bei gewinnsüchtigem Handeln greift hier nicht Platz, weil sich § 27 a nur auf Verbrechen und Vergehen bezieht, hier dagegen eine Übertretung vorliegt.

7. Zur Aburteilung zuständig ist der Amtsrichter allein (§ 25 Abs. 1 Ziffer 1 und 24 GVG.).

§ 14.[1])

In den Fällen des § 12 ist[2]) neben der Strafe auf Einziehung[3])[4]) oder Vernichtung[5]) der Gegenstände,[6]) auf die sich die Zuwiderhandlung bezieht, zu erkennen,[7]) auch wenn die Gegenstände dem Verurteilten nicht gehören. In den Fällen des § 13 kann dies geschehen.[8])

Kann keine[9]) bestimmte Person verfolgt oder verurteilt werden, so kann auf die Einziehung oder Vernichtung der Gegenstände selbständig erkannt werden, wenn im übrigen die Voraussetzungen hierfür vorliegen.[10]) [11])

1. § 14, der die Nebenstrafe der Einziehung behandelt, entspricht inhaltlich dem § 15 NMG. Dabei ist neben der Einziehung nach dem Vorbild von § 31 des Weingesetzes die Vernichtung der beanstandeten Gegenstände in das Ermessen des Gerichts gestellt. Sie wird dann in Frage kommen, wenn die einzuziehenden Gegenstände unter allen Umständen eine Gesundheitsgefahr bilden oder wenn es sich um verdorbene Lebensmittel handelt, die auch für andere Zwecke nicht mehr verwendbar sind, oder um solche Gegenstände, deren Verkauf nicht lohnt. Die angemessene Verwertung der eingezogenen Gegenstände, soweit sie nicht vernichtet werden, zum Nutzen der Staatskasse und der Volkswirtschaft ist den Justizbehörden überlassen.

Die Einziehung oder Vernichtung im objektiven Verfahren (Abs. 2) ist nicht mehr wie bisher auf gesundheitsschädliche Gegenstände beschränkt, sondern auf verdorbene, verfälschte, nachgemachte oder irreführend bezeichnete Lebensmittel ausgedehnt, um den Schutz der Verbraucher wirksamer zu gestalten. (Begr.)

§ 15 entspricht inhaltlich dem § 15 des alten NMG.

2. Obligatorisch, im Gegensatz zu den Fällen des zweiten Satzes, bei denen das Gericht nach freiem Ermessen über die Anordnung der Einziehung oder Vernichtung entscheidet.

3. Die Natur der Einziehung ist bestritten. Herrschender Meinung (vgl. Frank § 40 I) nach ist die Einziehung Nebenstrafe, wenn sie nur unter der Voraussetzung angeordnet werden darf, daß die einzuziehenden Gegenstände Eigentum des Verurteilten sind. Da vorliegendenfalls die Einziehung ohne Rücksicht auf das Eigentum des Verurteilten zulässig ist, so ist die Einziehung hier nicht als Nebenstrafe, sondern als polizeiliche Sicherungsmaßnahme anzusehen. Gleiches hat für die Vernichtung zu gelten (vgl. RGSt. 55, 13).

Aus dieser rechtlichen Auffassung der Einziehung und Vernichtung folgt, daß der Einziehungsanspruch bestehen bleibt, wenn infolge eines persönlichen Strafausschließungsgrundes oder wegen eines Strafaufhebungsgrundes Straffreiheit des Täters eintritt, z. B. im Falle der Anwendung des § 59 StrGB. wegen Irrtum des Täters über rechtserhebliche Tatsachen.

Aus der hier vertretenen Rechtsauffassung folgt aber weiter, daß die Einziehung und Vernichtung auch zulässig bleibt, wenn z. B. in Idealkonkurrenz mit einem eine strengere Strafe androhenden Gesetz die Bestrafung aus diesem und nicht aus den §§ 12 und 13 LMG. festzusetzen ist.

4. Durch die Einziehung geht das Eigentum auf den Fiskus über, der daher auch über die angemessene Verwertung der eingezogenen Gegenstände zu entscheiden hat.

Bestritten ist, ob im Falle der Veräußerung der beschlagnahmten Ware der Erlös an ihre Stelle zu setzen ist und der Einziehung unterliegt. Dies muß, entgegen dem Standpunkt des Reichsgerichts (RGSt. 51 S. 321) verneint werden, und zwar schon als Folge der diesseitigen Auffassung, daß die Einziehung nicht Strafe, sondern polizeiliche Sicherheitsmaßnahme ist.

5. Die Möglichkeit, an Stelle der Einziehung die Vernichtung der beanstandeten Gegenstände auszusprechen, ist eine Neuerung gegenüber dem bisherigen Recht, die in § 15 des Weingesetzes ihr Vorbild hat. — Der rechtliche Unterschied zwischen der Einziehung und der Vernichtung ist darin zu sehen (vgl. Frank § 41 I), daß nur bei der Einziehung, nicht aber bei der Vernichtung das

Eigentum auf den Fiskus übergeht. Demzufolge sind etwaige Überreste der vernichteten Sachen dem Eigentümer herauszugeben. — Ob Einziehung oder Vernichtung anzuordnen ist, steht im Ermessen des Gerichts. Auf Vernichtung wird insbesondere dann zu erkennen sein, wenn es sich um absolut gesundheitsschädliche Gegenstände handelt, die anderweitiger Verwendung nicht fähig sind. (Begr.)

6. Als Gegenstände, auf die sich die strafbare Handlung bezieht, haben einmal die durch die strafbare Handlung hervorgebrachten Gegenstände, z. B. also die unter Verstoß gegen § 3 erzeugten Lebensmittel- und Bedarfsgegenstände und die gemäß § 4 LMG. zu beanstandenden, nachgemachten, gefälschten, verdorbenen usw. Gegenstände, zu gelten, andererseits gehören hierher auch die Gegenstände, die zur Erzeugung, Herstellung usw. der soeben genannten Waren verwandt werden, z. B. Maschinen zur Herstellung gefälschter Butter usw.

Die Vorschrift des § 14 geht deshalb insofern weiter als die Bestimmungen des § 40 StrGB., die sie insoweit ergänzt und ersetzt.

Strittig ist die Frage, inwieweit die Beförderungs- und Aufbewahrungsmittel der einzuziehenden Ware der Einziehung und gegebenenfalls der Vernichtung mit unterliegen. Die Entscheidung dieser Frage ist auf die tatsächliche und wirtschaftliche Zusammengehörigkeit dieser Materialien mit der einzuziehenden Ware abzustellen. Bei verfälschter Margarine, bei verfälschtem Kaffee, Schokolade usw., bei gesundheitsschädlichen Streichhölzern unterliegen selbstverständlich die Umhüllungen gleichfalls der Einziehung, während z. B. bei gefälschtem Wein oder sonstigen Getränken die Flaschen, Fässer und dergl. nicht der Einziehung oder Vernichtung mit unterliegen und deshalb nach Vernichtung des Inhalts zurückgegeben werden müssen.

7. Vgl. Anm. 2.

8. Aus rechtlichen oder tatsächlichen Gründen; vgl. auch Anm. 3.

9. Sogenanntes objektives Verfahren. Geregelt in §§ 430 bis 432 StPO. Die Vollstreckung erfolgt durch die Staatsanwaltschaft oder den Amtsrichter bezw. die landesrechtlich an seiner Stelle hierzu zuständigen Gerichtspersonen. Über Einwendungen gegen die Zulässigkeit der Vollstreckung ist gemäß §§ 458 und 462 StPO. zu entscheiden; sonstige Einwendungen, insbesondere gegen Art und Weise der Zwangsvollstreckung, sind nach den Vorschriften der ZPO., insbesondere des § 766, zu behandeln. Der aus der Verwertung der eingezogenen Gegenstände fließende Erlös gebührt dem Landesfiskus.

10. D. h. die objektiven Tatbestandsmerkmale eines Delikts der in den §§ 12 oder 13 bezeichneten Art gegeben sind. Nicht hingegen ist erforderlich, daß auch nach der subjektiven Seite die Tatbestandsmerkmale der §§ 12 oder 13 erfüllt sind, also Verschulden vorliegt, da sowohl Einziehung als auch Vernichtung nicht Strafen, sondern Sicherungsmaßnahmen darstellen (vgl. Anm. 2).

11. Während nach § 15 Abs. 2 des alten NMG. das objektive Verfahren auf gesundheitsschädliche Gegenstände beschränkt war, ist es jetzt in allen Fällen zulässig, die nach §§ 12 oder 13 unter Strafe gestellt sind, so daß auch verdorbene, verfälschte, nachgemachte oder irreführend bezeichnete Lebensmittel der Einziehung oder Vernichtung unterliegen. Die Neuerung bezweckt einen wirksameren Schutz des Verbrauchers. (Begr.)

Die Entscheidung der Frage, ob das objektive Verfahren einzuleiten ist oder nicht, steht allein der Staatsanwaltschaft zu (RGSt. 32, 55).

In dem objektiven Verfahren muß bei Vorliegen der objektiven Tatbestandsmerkmale im Falle des § 12 auf Einziehung oder Vernichtung, im Falle des § 13 kann entsprechend erkannt werden.

Das objektive Verfahren ist unzulässig, wenn in einem gegen eine bestimmte Person gerichteten Verfahren rechtskräftig auf Freisprechung von den Delikten der §§ 12 und 13 erkannt ist.

§ 15.[1])

Ergibt sich in den Fällen der §§ 12, 13, daß dem Täter die erforderliche Zuverlässigkeit fehlt, so kann[2]) ihm das Gericht[3]) in dem Urteil[4]) die Führung eines Betriebs ganz oder teilweise untersagen oder nur unter Bedingungen gestatten, soweit er sich auf die Herstellung oder den Vertrieb von Lebensmitteln oder Bedarfsgegenständen erstreckt.[5]) Vorläufig kann es eine solche Anordnung durch Beschluß treffen.[6])

Die zuständige Verwaltungsbehörde kann die nach Abs. 1 Satz 1 getroffene Anordnung aufheben, wenn seit Eintritt der Rechtskraft des Urteils mindestens drei Monate verflossen sind.[7])

Wer der Untersagung zuwiderhandelt, wird mit Gefängnis und mit Geldstrafe bestraft.[8])

1. Ergibt sich in den Fällen der §§ 12, 13, daß dem Täter die für die Herstellung oder den Vertrieb von Lebensmitteln oder Bedarfsgegenständen erforderliche Zuverlässigkeit fehlt, so kann ihm das Gericht in dem Urteil die Weiterführung des Betriebs ganz oder teilweise untersagen. Vorläufig kann es eine solche Anordnung durch Beschluß treffen. (Entwurf.)

Die von verschiedenen Seiten angeregte und hier vorgesehene gerichtliche Untersagung des Herstellungs- oder Handelsbetriebs bedeutet einerseits einen wirksamen Schutz der Bevölkerung gegen solche Geschäftsleute, die der großen auf ihrem Gewerbe ruhenden Verantwortung für die Gesundheit der Verbraucher nicht gewachsen sind, anderseits durch den damit verbundenen wirtschaftlichen Schaden für den Verurteilten eine besonders abschreckend wirkende Strafe. Die Vorschrift ist dem § 4a der Verordnung zur Fernhaltung unzuverlässiger Personen vom Handel vom 23. September 1915 (RGBl. S. 603) in der Fassung des Art. III der Verordnung über Sondergerichte usw. vom 27. November 1919 (RGBl. S. 1909) — nicht aber den schärferen Bestimmungen im § 3 Abs. 2 des Gesetzes über Verschärfung der Strafen gegen Schleichhandel usw. vom 18. Dezember 1920 (RGBl. S. 2107) — nachgebildet (vgl. auch § 25 der Verordnung über Handelsbeschränkungen vom 13. Juli 1923, RGBl. I S. 699, 706).

Die §§ 20 bis 33 der Verordnung über Handelsbeschränkungen vom 13. Juli 1923 (RGBl. I S. 706) in der Fassung vom 26. Juni 1924 (RGBl. I S. 661) werden hierdurch nicht berührt. Die dort vorgesehenen, von den Verwaltungsbehörden zu treffenden Maßnahmen können je nach Lage des Falles an Stelle oder neben den nach § 14 des vorliegenden Entwurfs zulässigen gerichtlichen Anordnungen zur Anwendung gelangen. (Begr.)

In der RK. war in erster Linie Streichung des ganzen § 15 beantragt. Ein Eventualantrag ging dahin, falls die Streichung abgelehnt würde, den letzten Satz des Entwurfes durch den hier folgenden zu ersetzen:

„Für die Untersagung der Fortbestehung des Betriebes muß Bestrafung mit Zuchthaus oder Zulässigkeit von Polizeiaufsicht Voraussetzung sein."

Der Regierungskommissar führte hierzu mit Erfolg aus, daß die Bestrafung mit Zuchthaus nach § 12 nur dann in Betracht komme, wenn durch die Tat eine schwere Körperverletzung oder der Tod eines Menschen verursacht worden sei. Die Ausschließung von der Gewerbetätigkeit dürfte man aber nicht von dem tatsächlich eingetretenen Erfolge, also dem Schaden an Leben und Gesundheit, abhängig machen, *sondern von dem Grade der bei Begehung der Tat bewiesenen Gemeingefährlichkeit des Täters und der Verwerflichkeit seiner Gesinnung.*

§ 15 LMG. hat ein Vorbild in den §§ 35 und 35 a GewO. und in den §§ 20 bis 33 der Verordnung über Handelsbeschränkungen in der Fassung vom 26. Juni 1924, insbesondere in deren § 25, der zurzeit noch in Geltung ist. Die erwähnten Vorschriften der GewO. unterscheiden sich vom § 15 LMG. dadurch, daß in ihm nur gewisse namentlich aufgeführte Betriebe untersagt werden können. Von den im § 35 aufgeführten Betrieben hat der im Abs. 3 a. a. O. aufgeführte Handel mit Drogen und chemischen Präparaten für das LMG. gewisse Bedeutung und nähert sich insoweit inhaltlich dem Kreis der durch § 15 LMG. betroffenen Handelsbetriebe. § 35 GewO. unterscheidet sich in formeller Beziehung vom § 15 LMG. dadurch, daß die Untersagung der im § 15 genannten Betriebe ausschließlich im Wege der Verwaltungsmaßnahme zu geschehen hat (Rekurs gemäß § 40 GewO.), während § 15 die Untersagung des Handels auch durch Richterspruch zuläßt. Sachlich besteht zwischen beiden Vorschriften der Unterschied, daß § 15 LMG. die Begehung der strafbaren Handlungen der §§ 12 und 13 LMG. voraussetzt, während für die Anwendbarkeit der §§ 35, 35 a GewO. die Begehung einer strafbaren Handlung nicht Voraussetzung ist. Von dem § 25 der Verordnung über Handelsbeschränkungen unterscheidet sich der § 15 ebenfalls sachlich dadurch, daß § 15 Begehung einer aus § 12 oder § 13 LMG. strafbaren Handlung voraussetzt und außerdem die Feststellung verlangt, daß dem Täter die für die Herstellung oder den Vertrieb von Lebensmitteln oder Bedarfsgegenständen erforderliche Zuverlässigkeit fehlt, während § 25 lediglich einen unzulässigen Handel oder Unzuverlässigkeit des Täters in bezug auf den Handelsbetrieb voraussetzt. Die Durchführung der Betriebsuntersagung nach § 25 der erwähnten Verordnung kann durch eine Maßnahme der Verwaltungsbehörde erfolgen, während die Anordnung aus § 15 LMG. nur durch richterliches Urteil geschehen kann.

2. Wenn die Begründung des § 15 die Handelsuntersagung als eine Strafe — gedacht ist offenbar eine Nebenstrafe — hinstellt, so ist dies im Hinblick auf die Ziffer 1 gezeigte Verwandtschaft mit früheren gesetzlichen Bestimmungen und im Hinblick auf die Entstehungsgeschichte des Paragraphen unrichtig. Die Maßnahme der Handelsuntersagung hat ebenso wie die in dem § 14 vorgesehene Einziehung und Vernichtung präventiven Charakter, sie ist also als polizeiliche Sicherheitsmaßnahme anzusprechen.

Aus diesem Charakter der Untersagungsmöglichkeit folgt.

daß die Betriebsuntersagung auch zulässig ist, wenn der Täter aus einem persönlichen Strafausschließungs- oder Strafbefreiungsgrunde (vgl. § 12 Anm. 2) freigesprochen ist, oder wenn im Falle der Idealkonkurrenz der §§ 12 und 13 LMG. mit anderen Strafgesetzen die Strafe aus einem anderen, den §§ 12 und 13 gegenüber härteren Strafgesetze zu entnehmen ist, welches die Folgen des § 15 LMG. nicht kennt.

3. Voraussetzungen der Betriebsuntersagung.

a) § 15 LMG. erfordert als erste Voraussetzung für seine Anwendbarkeit das Vorliegen eines Täters, der sich gegen die §§ 12 und 13 LMG. vergangen hat.

In dem gemäß § 14 LMG. zulässigen sog. objektiven Verfahren kommt deshalb die Anordnung der Maßnahme aus § 15 LMG. nicht in Betracht.

b) Als weitere Voraussetzung für die Anordnung einer Maßnahme gemäß § 15 LMG. kommt das Vorliegen eines Urteils im Sinne der Strafprozeßordnung in Betracht.

Ein amtsrichterlicher Strafbefehl genügt deshalb nicht, da das Gesetz die einschneidende Maßnahme des § 15 LMG. von einem auf Grund mündlicher Hauptverhandlung ergangenen und dadurch dem Schuldigen die Möglichkeit zum richterlichen Gehör bietenden Urteils abhängig macht.

c) Materiell für die Anordnung aus § 15 LMG. ist Voraussetzung, daß dem Täter die erforderliche Zuverlässigkeit fehlt, die zur Führung eines Betriebes erforderlich ist, der sich auf Herstellung oder den Vertrieb von Lebensmitteln oder Bedarfsgegenständen erstreckt.

4. Welches Gericht für die Anordnungen aus § 15 LMG. zuständig ist, bestimmt sich nach der Zuständigkeit für die Aburteilung der in den §§ 12 und 13 aufgeführten strafbaren Handlungen.

Die Verurteilung zu einer Maßnahme des § 15 LMG. kann nicht nur durch das Gericht erster Instanz geschehen, sondern auch durch das Gericht der Berufungsinstanz.

Das Revisionsgericht dagegen ist zur Vornahme einer Anordnung aus § 15 nicht als zuständig zu betrachten.

5. Sofern die Voraussetzungen gemäß Anm. 3 und 4 zur Anordnung einer Maßnahme aus § 15 LMG. erfüllt sind, kann — nicht muß — der Richter nach pflichtgemäßem Ermessen entscheiden, ob er den Betrieb ganz oder teilweise untersagen oder nur unter gewissen Bedingungen zulassen will. Eine Anordnung der gedachten Art ist auch bei Verurteilung des Täters nicht obligatorisch. Der Richter kann deshalb bei einem Gewerbebetriebe mit mehreren Zweigen nur die Fortführung eines Zweiges untersagen, ebenso kann er seine Maßnahme auf eine bestimmte Einzelproduktion beschränken. Desgleichen kann er gewisse Voraussetzungen für die Fortführung des Betriebes setzen, indem er die Umstellung desselben oder die Schaffung besonderer Kontrolleinrichtungen, die Anstellung besonders vorgebildeten Personals, verlangt oder die Weiterbenutzung veralteter bezw. zu Nahrungsmittelfälschungen Veranlassung gebender Maschinen untersagt. Aus der gesetzlichen Beschränkung des Verbotes auf die Führung eines Betriebes ergibt sich, daß dem einzelnen Täter die Beschäftigung in einschlägigen Betrieben, z. B. als Arbeiter, nicht schlechthin untersagt werden kann.

Die Untersagungsmaßnahmen beziehen sich lediglich auf Betriebe, die auf Herstellung oder den Vertrieb von Nahrungsmitteln oder Bedarfsgegenständen sich erstrecken. Wegen der Begriffe Lebensmittel und Bedarfsgegenstände wird auf §§ 3 und 4 verwiesen.

6. Der präventive Charakter der Maßnahme des § 15 zeigt sich besonders aus dieser Vorschrift, die aus Sicherungsgründen auch schon vor Erlaß des Urteils dem Gericht die Möglichkeit gibt, durch Beschluß eine zwar vorläufige, aber sofort wirkende Anordnung gemäß § 15 zu treffen. Ein solcher Beschluß kann aber nur vom Gericht ergehen. Der Erlaß eines solchen Beschlusses setzt jedoch nicht die Eröffnung des Hauptverfahrens oder die Anklageerhebung voraus, der betreffende Gerichtsbeschluß ist auch bereits im vorbereitenden Verfahren zulässig.

Gegen einen derartigen Beschluß findet in entsprechender Anwendung der §§ 304 ff. StPO. sofortige Beschwerde statt.

7. Durch die Vorschrift des Abs. 2 des § 15 soll die Möglichkeit gegeben werden, die von dem Gericht angeordnete, unter Umständen äußerst schwerwiegende Untersagung eines Betriebes durch Maßnahme der Verwaltungsbehörde aufzuheben.

Welche Verwaltungsbehörde zuständig ist, bestimmt sich nach Landesrecht. Ein Anspruch des Verurteilten auf Erlaß einer solchen Maßnahme besteht nicht.

Das Gesetz vermeidet außer der Vorschrift, daß nach der Rechtskraft des Urteils drei Monate verstrichen sein müssen, weitere Voraussetzungen zu schaffen, unter denen die Verwaltungsbehörde die nach pflichtgemäßem Ermessen zutreffende Maßnahme anordnen kann. Die Verwaltungsbehörde wird deshalb bei Erlaß der diesbezüglichen Anordnung zu prüfen haben, ob der Verurteilte in jeder Beziehung die Voraussetzungen für den Erlaß einer solchen Verwaltungsmaßnahme geschaffen hat und Gewähr für die Zuverlässigkeit bei der Herstellung oder dem Vertrieb von Nahrungsmitteln oder Bedarfsgegenständen bietet.

8. Der Strafrahmen beträgt Geldstrafe von 3 RM. bis 10 000 RM. und Gefängnisstrafe von einem Tage bis zu fünf Jahren.

Zuständig zur Aburteilung ist regelmäßig das Schöffengericht bezw. das erweiterte Schöffengericht.

§ 16.[1]

In den Fällen der §§ 12, 13 kann neben der Strafe angeordnet werden, daß die Verurteilung auf Kosten des Schuldigen öffentlich bekanntzumachen ist.[2][3] Auf Antrag des freigesprochenen Angeklagten kann das Gericht anordnen, daß der Freispruch öffentlich bekanntzumachen ist; die Staatskasse trägt in diesem Falle die Kosten, soweit sie nicht dem Anzeigenden auferlegt worden sind[4][5] (§ 469 der Strafprozeßordnung).

In der Anordnung ist die Art der Bekanntmachung zu bestimmen; sie kann auch durch Anschlag an oder in den Geschäftsräumen des Verurteilten oder Freigesprochenen erfolgen. [6]) [7]) [8])

1. § 16 entspricht den drei ersten Absätzen des § 16 NMG. Die Bekanntmachung der Freisprechung ist jedoch dem Ermessen des Gerichts überlassen, weil Fälle denkbar sind, in denen zwar aus äußeren Gründen ein Freispruch, nicht aber die mit einer öffentlichen Bekanntmachung des Freispruchs verknüpfte Ehrenerklärung für den Angeklagten gerechtfertigt erscheint. Die Möglichkeit der Bekanntmachung in den Geschäftsräumen des Angeklagten ist aus § 17 der Verordnung gegen Preistreiberei vom 8. Mai 1918 (RGBl. S. 395) (vgl. § 26 der Preistreibereiverordnung vom 13. Juli 1923 — RGBl. I S. 699/700 —) übernommen. (Begr.)

§ 16 entspricht dem § 16 Abs. I bis III NMG.

2. Die Bekanntmachung ist Nebenstrafe. Aus der Rechtsnatur der öffentlichen Bekanntmachung als Strafe ergibt sich, daß im Falle der Idealkonkurrenz des Lebensmitteldeliktes mit einem eine schwerere Strafe androhenden allgemeinen Delikt auf Veröffentlichung des Urteils nur dann erkannt werden darf, wenn auch das der Verurteilung zugrunde zu legende schwerere Strafgesetz die Publikationsbefugnis enthält. Konkurriert z. B. § 13 LMG. mit § 263 StrGB. ideal, so daß die Verurteilung aus § 263 StrGB. zu erfolgen hat, so ist die Veröffentlichung des Urteils ausgeschlossen.

3. Die Anordnung der Veröffentlichung ist stets in dem ergehenden Urteil auszusprechen; es ist deshalb unzulässig, die Anordnung der öffentlichen Bekanntmachung erst später durch Gerichtsbeschluß herbeizuführen.

Soweit dem Anzeigenden im Falle einer Freisprechung des Denunzierten die Kosten auferlegt werden sollen, kann dagegen diese Entscheidung auch durch einen besonderen, mit dem Urteil nicht in Verbindung stehenden Beschluß ergehen, da das Urteil dem Anzeigenden gegenüber nicht Rechtskraft schafft.

4. Die Entscheidung über die Veröffentlichung des Urteils kann von dem Verurteilten bezw. Freigesprochenen nur mit den Rechtsmitteln angefochten werden, die gegen das betreffende Urteil zulässig sind (Berufung, Revision). Der in die Kosten verurteilte Anzeigende hat gegen das Urteil bezw. den Beschluß, die ihm die Kosten des Verfahrens auferlegen, das Rechtsmittel der sofortigen Beschwerde.

5. Während nach § 16 Abs. II des alten RWG. das Gericht auf Antrag die öffentliche Bekanntmachung des freisprechenden Erkenntnisses anordnen mußte, ist es jetzt seinem Ermessen überlassen, ob es dem Antrage auf Bekanntmachung stattgeben will oder nicht. Die Änderung erfolgte im Hinblick auf Fälle, bei denen zwar der Freispruch geboten erscheint, seine öffentliche Bekanntmachung aber mit Rücksicht auf die darin enthaltene Ehrenerklärung für den Angeklagten nicht gerechtfertigt ist. (Begr.)

6. Dazu gehört auch ihr Umfang, d. h. ob das ganze Urteil oder nur gewisse Teile bekanntzumachen sind. Die Einzelheiten der Art der Bekanntmachung unterliegen dem richterlichen Ermessen.

Bei dieser Prüfung muß das Gericht insbesondere berücksichtigen, daß dem Publikum die Verurteilung verständlich wird. Der bloße Abdruck des Urteilstenors genügt deshalb im allgemeinen nicht, er wird durch einen kurzen Zusatz aus den Urteilsgründen zu versinnbildlichen sein.

Bei der Auswahl des zu veröffentlichenden Teiles des Urteils hat sich das Gericht aber auf eine Wiedergabe des Urteilsinhalts zu beschränken. Es ist unzulässig, die Veröffentlichung etwa mit einer auffallenden Überschrift zu versehen.

7. Neuordnung, die aus den Preistreibereiverordnungen entlehnt ist (vgl. § 17 der Verordnung vom 8. Mai 1918, RGBl. S. 395; § 26 der Verordnung vom 13. Juli 1923, RGBl. I S. 699/700).

Hiernach ist es z. B. zulässig, das Urteil auf auffallend rotem Papier an den Laden, Schaufenstern oder an den Litfaßsäulen der Nachbarschaft bekanntzugeben.

8. Aus dem Strafcharakter der Veröffentlichung ergibt sich, daß zur Vollstreckung der Strafe der Veröffentlichung die Strafvollstreckungsbehörde zuständig ist. Einwendungen gegen die Zulässigkeit der Vollstreckung sind in den sonst für die Behandlung von Einwendungen gegen die Vollstreckung von Gerichtsurteilen vorgeschriebenen Verfahren zu erledigen. Aus dem Strafcharakter der Veröffentlichungsbefugnis folgt die Zulässigkeit der Beseitigung oder Milderung dieser Nebenstrafe im Gnadenwege.

§ 17.[1] [2]

Wer der durch § 9 auferlegten Verpflichtung zuwiderhandelt,[3] wird mit Geldstrafe bis zu einhundertfünfzig Reichsmark oder mit Haft bestraft.[4] [5]

1. § 17 setzt die Strafen für die Erschwerung der Besichtigung und Probenentnahme fest, und zwar in Anlehnung an § 29 Nr. 5 des Weingesetzes vom 7. April 1909 (RGBl. S. 393). (Begr.)

2. Der § 17 steht im engen Zusammenhang mit § 9, auf dessen Anmerkung Bezug genommen wird.

3. Die Zuwiderhandlung kann sowohl in einem positiven Handeln wie in einem gewollten Unterlassen bestehen, z. B. Verschweigen der Räume, nach denen der Kontrollbeamte fragt. Die Übertretung des § 17 wird häufig mit anderen Straftaten (z. B. mit Widerstand gegen die Staatsgewalt im Sinne der §§ 112 ff. StGB.) in Idealkonkurrenz stehen, Fälle, in denen z. B. der Firmeninhaber das Eindringen des Kontrollbeamten in die der Kontrolle unterstehenden Räume mit Brachialgewalt verhindert. Auch Idealkonkurrenz mit Nötigung und Bedrohung wird nicht selten sein. Vgl. §§ 240 bis 247 StGB. Das zu § 12 Anm. 2e über Beteiligung mehrerer an einer strafbaren Handlung Ausgeführte hat für die Übertretung des § 17 besondere Bedeutung. Mehrere Inhaber der Firma haften als Mittäter; der leitende Direktor, der seinen Aufseher durch eine der in § 46 StGB. erwähnten Handlungen zur Verletzung der

in der Person des Aufsehers begründeten Kontrollpflicht anhält, ist als Anstifter zu bestrafen.

Wegen mittelbarer Täterschaft vgl. § 12 Anm. 4 e. Da die Straftat rechtlich sich als Übertretung darstellt, ist Beihilfe zu derselben nicht möglich (vgl. § 12 Anm. 4 e).

Versuch der Übertretung des § 17 ist straflos (vgl. § 12 Anm. 4 f).

4. Der Strafrahmen beträgt Geldstrafe von 1 bis 150 RM. oder Haft von mindestens einem Tag bis höchstens sechs Wochen.

5. Die Aburteilung erfolgt durch den Amtsrichter allein.

§ 18.[1] [2]

Wer der durch § 10 Abs. 1 auferlegten Verpflichtung zuwiderhandelt, wird mit Gefängnis bis zu einem Jahre oder mit Geldstrafe bestraft.

Die Verfolgung tritt nur auf Antrag des Verletzten ein; die Zurücknahme des Antrags ist zulässig.

1. Zur Sicherung der Betriebs- und Geschäftsgeheimnisse, die bei der wesentlich erweiterten Besichtigungsbefugnis den besichtigenden Beamten und Sachverständigenzur Kenntnis kommen, sind besondere Strafbestimmungen erforderlich. Da es sich hierbei häufig um Kenntnisse von hohem wirtschaftlichen Werte handelt, würden Geldstrafen für die Verletzung der Verschwiegenheitspflicht oder des Verwertungsverbotes nicht immer genügen. Der Entwurf sieht deshalb auch Gefängnisstrafe vor, deren Höchstdauer auf ein Jahr bemessen ist. Um die Strafbestimmungen einheitlich zu gestalten, bedürfen auch § 15 MargG. und § 27 des Weingesetzes hinsichtlich des Strafmaßes einer entsprechenden Änderung.

Die Strafandrohung gilt auch für Beamte, da Disziplinarstrafen oft nicht ausreichen werden und gegen ausgeschiedene Beamte in den meisten Ländern überhaupt nicht mehr verhängt werden dürfen.

Wie allgemein in derartigen Fällen, ist ein Antrag des Geschädigten zur Verfolgung erforderlich. (Begr.)

2. Der § 18 steht im engen Zusammenhange mit § 10.

Der Strafrahmen beträgt Gefängnis von einem Tag bis zu einem Jahre oder Geldstrafe von 1 RM. bis 10 000 RM. mit der sich aus § 27 a StrGB. ergebenden Erhöhung wegen gewinnsüchtigen Handelns.

Da es sich um ein Vergehen handelt, bei welchem die Versuchshandlung nicht ausdrücklich unter Strafe gestellt ist, bleibt ein Versuch straflos.

Die in § 12 Anm. 2 i über Idealkonkurrenz niedergelegten Ausführungen verdienen hier besondere Beachtung, da der Tatbestand des § 18 wiederholt mit den allgemeinen Beamtendelikten und insbesondere mit § 17 UWG. ideal konkurriert.

§ 19.[1])

Im § 15 Abs. 1 des Gesetzes, betreffend den Verkehr mit Butter, Käse, Schmalz und deren Ersatzmitteln, vom 15. Juni 1897 (RGBl. S. 475) und im § 27 Abs. 1 des Weingesetzes vom 7. April 1909 (RGBl. S. 393) treten an Stelle der Worte „bis zu drei Monaten" die Worte „bis zu einem Jahre".

1. Die bei § 18 mitgeteilte amtliche Begründung bezieht sich auch auf § 19.

§ 20.[1])

Wenn im Verfolg der behördlichen Untersuchung von Lebensmitteln oder von Bedarfsgegenständen eine rechtskräftige strafrechtliche Verurteilung[2]) eintritt, fallen dem Verurteilten die der Behörde durch die Beschaffung und Untersuchung der Proben erwachsenen Kosten zur Last. Sie sind zugleich mit den Kosten des gerichtlichen Verfahrens festzusetzen und einzuziehen.

1. § 20 legt in Übereinstimmung mit dem erst durch die Novelle vom 29. Juni 1887 (RGBl. S. 276) dem § 16 des RNMG. eingefügten Abs. 4 die Kosten der technischen Untersuchung dem Verurteilten auf. Dabei wird durch die neue Fassung nicht ein streng ursächlicher Zusammenhang zwischen der Untersuchung und der Verurteilung vorausgesetzt. Ferner ist — wie bisher — nicht zur Bedingung gemacht, daß die Verurteilung auf Grund des vorliegenden Gesetzes oder der daraufhin ergangenen Verordnungen erfolgt sein muß; sie kann sich auch auf das Strafgesetzbuch oder auf eines derjenigen Gesetze stützen, die ausdrücklich die Anwendbarkeit von § 16 des bisherigen Gesetzes vorgesehen haben (Fleischbeschaugesetz, Margarinegesetz, Weingesetz, Blei-Zink-Gesetz, Farbengesetz). Zu den durch die Beschaffung und Untersuchung der Proben erwachsenen Kosten sind unter Umständen auch die Kosten von Besichtigungen, der Untersuchung von Gegenproben, der Erstattung von Gutachten über das Untersuchungsergebnis usw. zu rechnen. (Begr.)

2. Strafrechtliche Verurteilung kann auch durch Strafbefehl erfolgen, polizeilichen sowohl wie richterlichen. Da die Kosten für Beschaffung und Untersuchung der Probe aber zugleich mit den Kosten des gerichtlichen Verfahrens festzusetzen sind, kann es zweifelhaft erscheinen, ob sie auch demjenigen auferlegt werden können, der einen polizeilichen Strafbefehl rechtskräftig werden läßt.

§ 20 spricht ganz allgemein von der behördlichen Untersuchung von Lebensmitteln. Er muß daher auch auf die Nebengesetze zum LMG. und alle sonstigen behördlichen Lebensmitteluntersuchungen bezogen werden, die zu einer rechtskräftigen Verurteilung führen.

§ 21.[1])

Sind die technischen Unterlagen für eine Verurteilung durch eine öffentliche Anstalt zur Untersuchung von Lebensmitteln erbracht worden, so fallen die auf Grund dieses Gesetzes auferlegten Geldstrafen der Kasse zu, welche die

Kosten der Unterhaltung der Anstalt trägt; kommen mehrere Anstalten oder mehrere Kassen in Betracht, so sind die Beträge angemessen zu verteilen.

1. § 21 regelt die Verwendung der Strafgelder in Anlehnung an § 17 RNG. Zwar ist mehrfach angeregt worden, hierin eine Änderung eintreten zu lassen, um auch den Anschein zu vermeiden, als ließen sich die Untersuchungsanstalten im Bestreben nach besserer Finanzierung zu überflüssigen Beanstandungen verleiten. Dieser Einwand ist nicht gerechtfertigt; bei der Art der Organisation der Nahrungsmittelkontrolle in den einzelnen Ländern, die meist den Gemeinden oder Gemeindeverbänden zur Last fällt, würde eine andere Regelung der Unterhaltungskosten den Anstalten zurzeit große Schwierigkeiten machen.

Vielfach sind aber Unbilligkeiten dadurch vorgekommen, daß nach § 19 RNG. die Strafgelder zur Unterhaltung der „für den Ort der Tat" bestehenden Untersuchungsanstalt verwendet worden sind, während nicht diese, sondern eine andere Anstalt durch ihre Untersuchungen, Besichtigungen, Erhebungen, Gutachten usw. die Unterlagen für die Verurteilung erbracht hatte. So kommen z. B. die Strafgelder aus den zahlreichen Milchfälschungsfällen, die durch die Untersuchungsanstalten der größeren Städte aufgedeckt werden, bisher in der Regel nur den mitunter ganz unbeteiligten, für die betreffenden ländlichen Milchlieferungsbezirke bestehenden Untersuchungsanstalten zugute. Dem soll durch die neue Fassung vorgebeugt werden, die auch den häufig vorkommenden Fall berücksichtigt, daß mehrere Untersuchungsanstalten mit der Aufklärung der strafbaren Handlung befaßt worden sind. Die Kosten der Unterhaltung der Anstalt werden nicht immer unmittelbar von einer Kasse getragen, sondern häufig dadurch, daß eine Gemeinde oder andere öffentlich-rechtliche Körperschaft (oder mehrere solche) vertragsmäßig der Anstalt laufende Beschäftigung sichert, sei es gegen Pauschgebühr oder gegen Bezahlung der Einzelleistungen; auch derartige Kostenträger werden zu berücksichtigen sein. Die Zuweisung hat im Strafvollstreckungsverfahren zu erfolgen. (Begr.)

§ 22.[1])

Die Reichsregierung kann mit Zustimmung des Reichsrats die Untersuchung bestimmter Lebensmittel bei der Einfuhr anordnen.

§ 6 findet entsprechende Anwendung.

1. Das bisherige Gesetz und der Entwurf beziehen sich auf alle in Deutschland in den Verkehr gebrachten Lebensmittel usw., unabhängig davon, ob sie aus dem Ausland eingeführt sind. Dagegen ist die Einfuhr solcher Lebensmittel, die den Bestimmungen nicht entsprechen, zunächst unbehindert. Sie können erst dann beanstandet werden, wenn sie innerhalb des Reichs in Verkehr gebracht werden. Nur für Fleisch, Wurst, tierische Speisefette usw. ist durch das Gesetz, betr. die Schlachtvieh- und Fleischbeschau, vom 3. Juni 1900 (RGBl. S. 547), für Wein, Traubenmost und Traubenmaische durch die Ausführungsbestimmungen zum Weingesetz vom 9. Juli 1909 (RGBl. S. 549) eine amtliche Untersuchung bei der Einfuhr in das Zollinland, die nur über bestimmte Zollstellen erfolgen darf, vorgeschrieben. Vom hygienischen Standpunkt aus wäre es wünschenswert, die gleiche Vorsicht bei sämtlichen Lebensmitteln anzuwenden, um dem Einbringen gesundheitlich bedenklicher, verdorbener, verfälschter oder betrügerisch aufgemachter Nahrungs- und Genußmittel aus dem Ausland von vornherein vorzubeugen. Indessen läßt sich nicht verkennen, daß mit der ausnahmslosen Untersuchung der Lebensmittel an der Grenze eine wesentliche Erschwerung, Verlangsamung und Verteuerung der Einfuhr verbunden sein würde, die unter den gegenwärtigen Verhältnissen schwer zu ertragen wäre. Die vorhandenen Lebensmitteluntersuchungsanstalten würden die damit verknüpfte starke Mehrbelastung kaum bewältigen können, und die Errichtung neuer Laboratorien wäre unter den heutigen Verhältnissen kaum möglich. Um aber die Möglichkeit zu haben, bei beobachteten Mißständen wenigstens gegen bestimmte Gruppen von Einfuhrwaren auf diesem Wege vorzugehen, soll auf dem Verordnungswege die Untersuchung bestimmter Lebensmittel

bei der Einfuhr angeordnet werden können. Durch die technische Untersuchung in Verbindung mit den Zollbehörden kann dann festgestellt werden — in ähnlicher Weise, wie es für Fleisch, Wein usw. schon jetzt geschieht —, ob die eingeführten Lebensmittel den Vorschriften des vorliegenden Gesetzes und seiner Ausführungsbestimmungen oder anderer einschlägiger Gesetze und Verordnungen genügen; andernfalls kann durch Benachrichtigung der Polizeibehörde des Bestimmungsorts oder andere Verwaltungsmaßnahmen verhütet werden, daß die gesundheitsschädlichen, verdorbenen, verfälschten, nachgemachten oder irreführend bezeichneten Lebensmittel in den Inlandsverkehr gelangen.

Der Erlaß entsprechender Anordnungen durch die Reichsregierung ist nicht nur von der Zustimmung des Reichsrats, sondern auch von der Anhörung des durch Sachverständige aus den beteiligten Kreisen und der Fachwissenschaft verstärkten Reichsgesundheitsrats abhängig gemacht. (Begr.)

§ 23.[1])

In den nach §§ 5, 22 zu erlassenden Verordnungen dürfen an die aus dem Ausland eingeführten Lebensmittel und Bedarfsgegenstände[2]) keine geringeren Anforderungen gestellt werden als an gleichartige inländische.

1. Diese Anordnung fehlte im Entwurf. Sie gelangte erst in der Reichstagskommission in das Gesetz. In der ersten Lesung des 8. Ausschusses für Volkswirtschaft war zu § 2 ein Absatz 3 beschlossen worden, der lautete:

> Ausländische Produkte dürfen auf keinen Fall günstiger behandelt werden als deutsche.

In zweiter Lesung wurde § 22 in der ursprünglichen Form der Vorlage wiederhergestellt und Abs. 3 der ersten Lesung in der Kommission zu einem besonderen Paragraphen in der jetzigen Form des § 23 gemacht.

2. Nicht nur die Lebensmittel, auch alle vom LMG. erfaßten Bedarfsgegenstände, die aus dem Auslande eingehen, müssen in Zukunft der deutschen Gesetzgebung entsprechen.

§ 24.[1])

Dieses Gesetz tritt am 1. Oktober 1927 in Kraft.[2])

Mit diesem Zeitpunkt treten der § 367 Nr. 7 des Strafgesetzbuchs, das Gesetz, betreffend den Verkehr mit Nahrungsmitteln, Genußmitteln und Gebrauchsgegenständen, vom 14. Mai 1879 (RGBl. S. 145), die Verordnung gegen irreführende Bezeichnung von Nahrungs- und Genußmitteln vom 26. Juni 1916 (RGBl. S. 588) und der III. Abschnitt der Verordnung über Handelsbeschränkungen vom 13. Juli 1923 (RGBl. I S. 699, 706) außer Kraft. Die auf Grund des Gesetzes vom 14. Mai 1879 erlassenen Verordnungen gelten weiterhin als Verordnungen auf Grund des § 5 dieses Gesetzes.[3])

Soweit in anderen Gesetzen oder Verordnungen auf die im Absatz 2 Satz 1 bezeichneten Vorschriften Bezug genommen ist, treten an deren Stelle die entsprechenden Vorschriften dieses Gesetzes.[4])

Die Reichsregierung kann mit Zustimmung des Reichsrats mit Inkrafttreten der nach § 5 Nr. 1 bis 5 zu erlassenden Verordnungen die durch diese Verordnungen ersetzten Vorschriften des Gesetzes über das Branntweinmonopol vom 8. April 1922 (RGBl. I S. 335, 405), des Biersteuergesetzes vom 9. Juli 1923 (RGBl. I S. 557) und des Gesetzes, betreffend die Verwendung gesundheitsschädlicher Farben bei der Herstellung von Nahrungsmitteln, Genußmitteln und Gebrauchsgegenständen, vom 5. Juli 1887 (RGBl. S. 277) außer Kraft setzen.[5])

1. Es besteht kein Grund dagegen, den schon lange vorbereiteten Gesetzentwurf ohne Verzug an Stelle des bisherigen Gesetzes

in Kraft treten zu lassen. Fristen und Übergangsvorschriften würden erst bei den vorgesehenen Ausführungsbestimmungen in Frage kommen.

Auf Grund der §§ 5, 6 des bisherigen Gesetzes gelten zurzeit folgende Verordnungen:

Kaiserliche Verordnung, betr. den Verkehr mit Essigsäure, vom 14. Juli 1908 (RGBl. S. 475),

Kaiserliche Verordnung über das gewerbsmäßige Verkaufen und Feilhalten von Petroleum vom 24. Februar 1882 (RGBl. S. 40),

Kaiserliche Verordnung, betr. das Verbot von Maschinen zur Herstellung künstlicher Kaffeebohnen, vom 1. Februar 1891 (RGBl. S. 11).

Sie werden ohne weiteres als Verordnungen auf Grund des vorliegenden Gesetzes weitergelten können, und zwar die erste nach § 5 Nr. 1 b, die zweite nach § 5 Nr. 1 c, die dritte nach § 5 Nr. 2.

Mit Inkrafttreten des neuen Gesetzes sind außer dem bisherigen Nahrungsmittelgesetze noch § 367 Nr. 7 des Strafgesetzbuchs, ferner die Verordnungen gegen irreführende Bezeichnung von Nahrungs- und Genußmitteln vom 26. Juni 1916 (RGBl. S. 588) sowie die Vorschriften über die äußere Kennzeichnung von Waren in dem III. Abschnitt der Verordnung über Handelsbeschränkungen vom 13. Juli 1923 (RGBl. I S. 699, 706), da sie in das vorliegende Gesetz (§ 4 Nr. 3, § 5 Nr. 3) eingearbeitet sind, aufzuheben. Die Bekanntmachung auf Grund der letztgenannten Verordnung — Verordnung über die äußere Kennzeichnung von Waren vom 13. Juli 1923 (RGBl. I S. 728) — wird durch eine Verordnung auf Grund des § 5 Nr. 3 des vorliegenden Gesetzes zu ersetzen sein, die auch die Bestimmungen der §§ 43, 45, 46 der Verordnung über Handelsbeschränkungen zu umfassen und gleichzeitig mit dem vorliegenden Gesetz in Kraft zu treten hätte.

Die Bekanntmachungen über fetthaltige Zubereitungen vom 26. Juni 1916 (RGBl. S. 589), vom 10. März 1920 (RGBl.

S. 323) und vom 28. April 1921 (RGBl. S. 501) und die Verordnung über Fleischbrühwürfel und deren Ersatzmittel vom 25. Oktober 1917 (RGBl. S. 969) werden zweckmäßig in Verordnungen nach § 5 Nr. 4 umzuwandeln sein.

Ferner wird zu prüfen sein, ob nicht eine Reihe von Vorschriften des Branntweinmonopolgesetzes vom 8. April 1922 (RGBl. I S. 405), die rein lebensmittelpolizeiliche Bedeutung haben (§§ 101, 102: Bezeichnungen Kornbranntwein, Kirschwasser u. a.; § 103: Verbot von Branntweinschärfen; § 115: Verbot von Methylalkohol; § 116: Anforderungen an Hefe), in Verordnungen nach § 5 des vorliegenden Gesetzes umzuwandeln oder daneben noch als solche zu erlassen sein werden. Das gleiche gilt von Ausführungsbestimmungen zum Branntweinmonopolgesetz vom 12. September 1922 (Zentrbl. S. 707) (§ 56: Begriffsbestimmungen für Rum, Arrak, Kognak, Liköre), ferner von einzelnen Vorschriften des Biersteuergesetzes vom 9. Juli 1923 (RGBl. I S. 557) (§§ 10 bis 12: Bierbereitung, Verkehr mit Bier, Zubereitungen) und den dazu ergangenen Ausführungsbestimmungen.

Die bewährten Gesetze über einige besondere Lebensmittel, nämlich:

1. das Gesetz, betr. die Schlachtvieh- und Fleischbeschau, vom 3. Juni 1900 (RGBl. S. 547),
2. das Gesetz, betr. den Verkehr mit Butter, Käse, Schmalz und deren Ersatzmitteln, vom 15. Juni 1897 (RGBl. S. 475),
3. das Weingesetz vom 7. April 1909 (RGBl. S. 393) in der Fassung des Gesetzes vom 1. Februar 1923 (RGBl. I S. 107),

etwa in Verordnungen auf Grund des vorliegenden Gesetzes umzuwandeln, erscheint schon deshalb unzweckmäßig, weil ihr Wirkungsbereich zum Teil wesentlich über den Rahmen des vorliegenden Gesetzes hinausgeht. Das gleiche gilt von dem Gesetz über den Verkehr mit Absinth vom 23. April 1923 (RGBl. I S. 257) und der Verordnung über den Verkehr mit Süßstoff vom 4. August 1926 (RGBl. I S. 467).

Dagegen wird, wie bereits oben bei § 5 hervorgehoben wurde,

zu erwägen sein, ob nicht die Gesetze, betr. den Verkehr mit blei und zinkhaltigen Gegenständen, vom 25. Juni 1887 (RGBl. S. 273) und betr. die Verwendung gesundheitsschädlicher Farben bei der Herstellung von Nahrungsmitteln, Genußmitteln und Gebrauchsgegenständen vom 5. Juli 1887 (RGBl. S. 277) gelegentlich ihrer ohnehin erforderlichen Umgestaltung durch Verordnungen nach § 5 Nr. 1 c und d zu ersetzen sein möchten. (Begr.)

2 a) Es treten also außer Kraft:

1. das alte Nahrungsmittelgesetz vom 14. Mai 1879,
2. § 367 Ziffer 7 StrGB.,
3. Verordnung des Bundesrats vom 26. Juni 1916, betr. irreführende Bezeichnung von Nahrungs- und Genußmitteln,
4. Vorschriften über die äußere Kennzeichnung von Waren in dem III. Abschnitt der Verordnung über Handelsbeschränkungen vom 13. Juli 1923.

b) Es bleiben in Kraft:

1. Gesetz, betr. Schlachtvieh- und Fleischbeschau, vom 3. Juni 1900,
2. Gesetz, betr. den Verkehr mit Butter, Käse, Schmalz und deren Ersatzmitteln, vom 15. Juni 1897,
3. Weingesetz vom 7. April 1909 in der Fassung vom 1. Februar 1923,
4. Gesetz, betr. den Verkehr mit Absinth, vom 23. April 1923,
5. Süßstoffgesetz vom 14. Juli 1926 mit der Verordnung vom 4. August 1926,
6. Gesetz zur Regelung des Verkehrs mit Milch vom 23. Dezember 1926 (bis 1. April 1928),
7. Gesetz über den Verkehr mit Vieh und Fleisch vom 10. August 1925,
8. Branntweinmonopolgesetz vom 8. April 1922, 9. Dezember 1922, 15. Februar 1923, 13. Februar 1924,
9. Biersteuergesetz vom 9. Juli 1923,
10. Gesetz, betr. Verkehr mit blei- und zinkhaltigen Gegenständen, vom 25. Juni 1887 (soll demnächst durch eine Verordnung gemäß § 5 LMG. ersetzt werden),

11. Gesetz, betr. Verwendung gesundheitsschädlicher Farben bei der Herstellung von Nahrungsmitteln, Genußmitteln und Gebrauchsgegenständen, vom 5. Juli 1887 (soll ebenfalls durch eine neue Verordnung gemäß § 5 ersetzt werden).

Als Verordnungen gemäß § 5 gelten weiter:

12 Kaiserliche Verordnung, betr. gewerbsmäßiges Feilhalten und Verkaufen von Petroleum, vom 24. Februar 1882,

13. Kaiserliche Verordnung, betr. Verbot von Maschinen zur Herstellung künstlicher Kaffeebohnen, vom 1. Februar 1891,

14. Kaiserliche Verordnung, betr. Verkehr mit Essigsäure, vom 14. Juli 1908.

Als überlebende Kriegsverordnung bestehen noch zu Recht:

15. Bekanntmachung vom 26. Juni 1916 über fetthaltige Zubereitungen,

16. Bekanntmachung vom 10. März 1920 über fetthaltige Zubereitungen,

17. Bekanntmachung vom 20. April 1921 über fetthaltige Zubereitungen,

18. Bekanntmachung vom 25. Oktober 1917 über Fleischbrühwürfel.

3. Nur die auf Grund des NMG. von 1879 ergangenen Verordnungen sind als Bestandteile des LMG. erklärt. Auf Grund anderer Vollmachten etwa noch bestehende Verordnungen (Kriegsverordnungen) sind nicht aus dem neuen Gesetz legalisiert. Sie werden, soweit sie noch zu Recht bestehen, in Form neuer Verordnungen als Ausfluß dieses Gesetzes neubearbeitet wiedererscheinen. Zurzeit sind noch die zwei Verordnungen über fetthaltige Zubereitungen (Butter und Margarine) und die über Fleischbrühwürfel in Kraft.

Von diesen sollen in Verordnungen nach § 5 Nr. 4 die folgenden noch rechtsgültigen Kriegsverordnungen angewendet werden:

1. betr. fetthaltige Zubereitungen, vom 26. Juni 1916 (RGBl. S. 589),

2. desgl., vom 10. März 1920 (RGBl. S. 323),
3. desgl., vom 28. April 1921 (RGBl. S. 501),
4. betr. Fleischbrühwürfel und die Ersatzmittel, vom 25. Oktober 1917 (RGBl. S. 969);

ferner in eine Verordnung nach § 5 Nr. 1 c:

5. Gesetz, betr. blei- und zinkhaltige Gegenstände, vom 25. Juni 1887 (RGBl. S. 273).

Von den nachfolgenden Gesetzen können die in ihnen enthaltenen Bestimmungen nahrungsmittelrechtlichen Inhaltes durch Verordnungen gemäß § 5 Nr. 1 bis 5 ersetzt werden:

6. Gesetz, betr. Verwendung gesundheitsschädlicher Farben, vom 5. Juli 1887 (RGBl. S. 277),
7. Branntweinmonopolgesetz,
8. Biersteuergesetz.

Die entsprechenden Paragraphen dieser drei Gesetze treten außer Kraft, sobald die neuen Verordnungen gültig werden.

4. Vielfach wird in verschiedenen Gesetzen und Verordnungen auf das alte Lebensmittelgesetz verwiesen. In diesem Falle tritt an Stelle der Bestimmungen des alten Lebensmittelgesetzes das neue. Die durch die Verweisung mit in Bezug genommenen Strafvorschriften des neuen Lebensmittelgesetzes finden fortan Anwendung, jedoch unter entsprechender Berücksichtigung des § 2 Abs. 2 StrGB.

5. Es sei noch einmal besonders bezüglich der Übergangszeit auf die bereits bei § 12 Anm. 2 a besprochene Vorschrift des § 2 Abs. 2 StrGB. hingewiesen, nach welcher bei Verschiedenheit der Gesetze von der Zeit der begangenen Handlung bis zu deren Aburteilung das mildeste Gesetz anzuwenden ist. Wegen einiger Beispiele zu der bei § 12 Anm. 2 a besprochenen Gesetzesvorschrift wird auf den Artikel Holthöfer, Deutsche Nahrungsmittel Rundschau Nr. 17, hiermit verwiesen.

3. Gesetz, betreffend den Verkehr mit Nahrungsmitteln, Genußmitteln und Gebrauchsgegenständen.

Vom 14. Mai 1879 (RGBl. S. 145).

§ 1.

Der Verkehr mit Nahrungs- und Genußmitteln sowie mit Spielwaren, Tapeten, Farben, Eß-, Trink- und Kochgeschirr und mit Petroleum unterliegt der Beaufsichtigung nach Maßgabe dieses Gesetzes.

§ 5.

Für das Reich können durch Kaiserliche Verordnung mit Zustimmung des Bundesrats zum Schutze der Gesundheit Vorschriften erlassen werden, welche verbieten:

1. bestimmte Arten der Herstellung, Aufbewahrung und Verpackung von Nahrungs- und Genußmitteln, die zum Verkaufe bestimmt sind;
2. das gewerbsmäßige Verkaufen und Feilhalten von Nahrungs- und Genußmitteln von einer bestimmten Beschaffenheit oder unter einer der wirklichen Beschaffenheit nicht entsprechenden Bezeichnung;
3. das Verkaufen und Feilhalten von Tieren, welche an bestimmten Krankheiten leiden, zum Zwecke des Schlachtens sowie das Verkaufen und Feilhalten des Fleisches von Tieren, welche mit bestimmten Krankheiten behaftet waren;
4. die Verwendung bestimmter Stoffe und Farben zur Herstellung von Bekleidungsgegenständen, Spielwaren, Tapeten, Eß-, Trink- und Kochgeschirr sowie das ge-

werbsmäßige Verkaufen und Feilhalten von Gegenständen, welche diesem Verbote zuwider hergestellt sind;

3. das gewerbsmäßige Verkaufen und Feilhalten von Petroleum von einer bestimmten Beschaffenheit.

§ 6.

Für das Reich kann durch Kaiserliche Verordnung mit Zustimmung des Bundesrats das gewerbsmäßige Herstellen, Verkaufen und Feilhalten von Gegenständen, welche zur Fälschung von Nahrungs- oder Genußmitteln bestimmt sind, verboten oder beschränkt werden.

§ 7.

Die auf Grund der §§ 5, 6 erlassenen Kaiserlichen Verordnungen sind dem Reichstag, sofern er versammelt ist, sofort, anderenfalls bei dessen nächstem Zusammentreten vorzulegen. Dieselben sind außer Kraft zu setzen, soweit der Reichstag dies verlangt.

§ 10.

Mit Gefängnis bis zu sechs Monaten und mit Geldstrafe bis zu eintausendfünfhundert Mark oder mit einer dieser Strafen wird bestraft:

1. wer zum Zwecke der Täuschung im Handel und Verkehr Nahrungs- oder Genußmittel nachmacht oder verfälscht;
2. wer wissentlich Nahrungs- oder Genußmittel, welche verdorben oder nachgemacht oder verfälscht sind, unter Verschweigung dieses Umstandes verkauft oder unter einer zur Täuschung geeigneten Bezeichnung feilhält.

§ 12.

Mit Gefängnis, neben welchem auf Verlust der bürgerlichen Ehrenrechte erkannt werden kann, wird bestraft:

1. wer vorsätzlich Gegenstände, welche bestimmt sind, anderen als Nahrungs- oder Genußmittel zu dienen, derart herstellt, daß der Genuß derselben die menschliche Gesundheit zu beschädigen geeignet ist, ingleichen wer wissentlich Gegenstände, deren Genuß die menschliche Gesundheit zu beschädigen geeignet ist, als Nahrungs- oder Genußmittel verkauft, feilhält oder sonst in Verkehr bringt;
2. wer vorsätzlich Bekleidungsgegenstände, Spielwaren, Tapeten, Eß-, Trink- oder Kochgeschirr oder Petroleum derart herstellt, daß der bestimmungsgemäße oder vorauszusehende Gebrauch dieser Gegenstände die menschliche Gesundheit zu beschädigen geeignet ist, ingleichen wer wissentlich solche Gegenstände verkauft, feilhält oder sonst in Verkehr bringt.

Der Versuch ist strafbar.

§ 13.

War in den Fällen des § 12 der Genuß oder Gebrauch des Gegenstandes die menschliche Gesundheit zu zerstören geeignet, und war diese Eigenschaft dem Täter bekannt, so tritt Zuchthausstrafe bis zu zehn Jahren und wenn durch die Handlung der Tod eines Menschen verursacht worden ist, Zuchthausstrafe nicht unter zehn Jahren oder lebenslängliche Zuchthausstrafe ein.

Neben der Strafe kann auf Zulässigkeit von Polizeiaufsicht erkannt werden.

§ 14.

Ist eine der in den §§ 12, 13 bezeichneten Handlungen aus Fahrlässigkeit begangen worden, so ist auf Geldstrafe bis zu 1000 Mark oder Gefängnisstrafe bis zu sechs Monaten und, wenn durch die Handlung ein Schaden an der Gesundheit eines Menschen verursacht worden ist, auf Gefängnisstrafe bis zu einem Jahre, wenn aber der Tod eines Menschen verursacht worden ist, auf Gefängnisstrafe von einem Monat bis zu drei Jahren zu erkennen.

§ 15.

In den Fällen der §§ 12 bis 14 ist neben der Strafe auf Einziehung der Gegenstände zu erkennen, welche den bezeichneten Vorschriften zuwider hergestellt, verkauft, feilgehalten oder sonst in Verkehr gebracht sind, ohne Unterschied, ob sie dem Verurteilten gehören oder nicht; in den Fällen der §§ 8, 10, 11 kann auf die Einziehung erkannt werden.

Ist in den Fällen der §§ 12 bis 14 die Verfolgung oder die Verurteilung einer bestimmten Person nicht ausführbar, so kann auf die Einziehung selbständig erkannt werden.

§ 16.

In dem Urteil oder dem Strafbefehl kann angeordnet werden, daß die Verurteilung auf Kosten des Schuldigen öffentlich bekanntzumachen sei.

Auf Antrag des freigesprochenen Angeschuldigten hat das Gericht die öffentliche Bekanntmachung der Freisprechung anzuordnen; die Staatskasse trägt die Kosten, insofern dieselben nicht dem Anzeigenden auferlegt worden sind.

In der Anordnung ist die Art der Bekanntmachung zu bestimmen.

4. Verordnung über die äußere Kennzeichnung von Lebensmitteln.

Vom 29. September 1927 (RGBl. I S. 318 und Deutscher Reichsanzeiger und Preußischer Staatsanzeiger Nr. 229 vom 30. September 1927). Mit der amtlichen Begründung.

Auf Grund des § 5 Nr. 3 des Gesetzes über den Verkehr mit Lebensmitteln und Bedarfsgegenständen (Lebensmittelgesetz) vom 5. Juli 1927 (RGBl. I S. 134) wird nach Zustimmung des Reichsrats und Anhörung des zuständigen Ausschusses des Reichstags sowie des nach § 6 des Gesetzes verstärkten Reichsgesundheitsrats verordnet:

Amtliche Begründung.

Allgemeines.

Die Bestimmungen über die äußere Kennzeichnung von Lebensmitteln, wie sie in dem III. Abschnitt der Verordnung über Handelsbeschränkungen vom 13. Juli 1923 (RGBl. I S. 712) und in der Verordnung über die äußere Kennzeichnung von Waren vom 13. Juli 1923 (RGBl. I S. 728) enthalten sind, haben sich bewährt. Sie sind auch von den Verbrauchern sowie von den beteiligten Gewerbe- und Handelskreisen als zweckmäßig anerkannt worden. Daher ist in § 5 Nr. 3 des Gesetzes über den Verkehr mit Lebensmitteln und Bedarfsgegenständen (Lebensmittelgesetz) vom 5. Juli 1927 (RGBl. I S. 134) für die Reichsregierung eine Ermächtigung geschaffen worden, die es ermöglicht, diese Vorschriften aufrechtzuerhalten und nach Bedarf weiter auszugestalten (vgl. Begründung zu § 5 Nr. 3 des Lebensmittelgesetzes, Reichstagsdrucksache Nr. 2704 von 1926 S. 7).

Der auf Grund dieser Ermächtigung ausgearbeitete Verordnungsentwurf lehnt sich im allgemeinen eng an die bisherigen Bestimmungen an. Eine wesentliche Änderung liegt darin, daß nach § 23 des Lebensmittelgesetzes an die aus dem Ausland eingeführten Lebensmittel keine geringeren Anforderungen zu stellen sind als an gleichartige inländische. Von den weiteren Änderungen, über die das Nähere unten zu den einzelnen Paragraphen ausgeführt wird, sei hier lediglich noch die Erweiterung des Kreises der einbezogenen Lebensmittel erwähnt.

Gemäß § 6 des Lebensmittelgesetzes ist der Reichsgesundheitsrat, verstärkt durch zahlreiche Sachverständige aus den Kreisen der Erzeuger, der Händler, der Verbraucher und der Fachwissenschaft, gehört worden. Dabei haben die in dem Entwurfe vorgesehenen Bestimmungen in allen wesentlichen Punkten Zustimmung gefunden.

§ 1.*)

Der Kennzeichnungspflicht unterliegen,[1]) sofern sie in Packungen[2]) oder Behältnissen an den Verbraucher abgegeben werden, folgende Lebensmittel:

---

*) Amtliche Begründung zu § 1.

Der Kreis der der Kennzeichnungspflicht unterliegenden Waren entspricht in der Hauptsache dem § 1 der Verordnung über die äußere Kennzeichnung von Waren. Neu hinzugekommen sind: Dauerwaren von Krustentieren, Gewürze und ihre Ersatzmittel, Honig, Krebsextrakt und Krabbenextrakt, Marzipan und Marzipanersatz, Kaffee und Tee, Teigwaren, Biskuits und Lebkuchen.

Der Verkehr mit Dauerwaren von Krustentieren, mit Krebsextrakt und Krabbenextrakt hat in den letzten Jahren erheblich zugenommen. Es ist nicht gerechtfertigt, diesen Lebensmitteln hinsichtlich der Kennzeichnung eine Vorzugsstellung gegenüber den Fischdauerwaren oder dem Fleischextrakt einzuräumen. Gleiches gilt von Honig, Kaffee und Tee gegenüber ihren Ersatzmitteln sowie von Teigwaren, Biskuits und Lebkuchen gegenüber Zwieback und Keks. Bei Marzipan erscheint vor allem im Hinblick auf die Zunahme der Ersatzmittel die Kennzeichnung angezeigt. Die Gewürze, die nach der Bekanntmachung vom

1. Dauerwaren von Fleisch oder mit Fleischzusatz in luftdicht verschlossenen Behältnissen;[3])
2. Dauerwaren von Fischen, einschließlich Marinaden;[4])
3. Dauerwaren von Krustentieren;
4. Milch- und Sahnedauerwaren;[5])
5. Gemüsedauerwaren;[6])
6. Obstdauerwaren, einschließlich Obstmus, Obstkraut,[6]) Marmelade, Obstsaft, Obstgelee, Obstsirup;
7. Honig und Kunsthonig;
8. diätetische Nährmittel;
9. Fleischextrakt und seine Ersatzmittel, Fleischbrühwürfel und ihre Ersatzmittel, kochfertige Suppen in trockener Form;[7])
10. Krebsextrakt und Krabbenextrakt;
11. Eipulver und ihre Ersatzmittel;[8])
12. Puddingpulver, Backpulver;[9])

---

5. Dezember 1917 (RGBl. S. 1093) bereits früher einbezogen waren, sind, einem Bedürfnis des Verkehrs entsprechend, wieder aufgenommen worden. Die Anführung der einzelnen Waren von Obstdauerwaren soll Mißverständnisse über den Kreis der in Betracht kommenden Waren ausschließen.

Die Vorschriften in Abs. 2, 3 entsprechen inhaltlich den bisherigen Bestimmungen des III. Abschnitts der Verordnung über Handelsbeschränkungen (vgl. §§ 43, 45, 49 daselbst). Für die Begriffe „Packungen" und „Behältnisse" besondere Begriffsbestimmungen aufzustellen, erübrigt sich, da die bisherige Auslegung dieser Begriffe zu Schwierigkeiten nicht Anlaß gegeben hat. Bemerkt sei lediglich, daß gewöhnliche, nicht fest verschlossene Umhüllungen aus Papier (z. B. Papierbeutel, Tüten) oder aus Stanniol, wie sie zum Auswiegen auf Vorrat oder zur Ausschmückung der Ware Verwendung finden, nach der Verkehrssitte nicht als „Packungen" im Sinne dieser Bestimmungen anzusehen sein werden.

13. Gewürze und ihre Ersatzmittel;
14. Schokolade und Schokoladewaren, außer in Packungen unter 25 g, Schokolade- und Kakaopulver;[10])
15. Marzipan und Marzipanersatz;
16. Kaffee, Tee und ihre Ersatzmittel;[11])
17. Teigwaren;
18. Zwieback, Keks, Biskuits und Lebkuchen.

Ohne die vorgeschriebene Kennzeichnung dürfen diese Lebensmittel in den Packungen oder Behältnissen nicht feilgehalten, verkauft oder sonst in den Verkehr gebracht werden.[12])

Die Angaben hat der Hersteller anzubringen, oder falls ein anderer die Ware unter seinem Namen oder seiner Firma in den Verkehr bringt, dieser andere.

Anmerkungen:

1. § 1 gibt an, welche Lebensmittel zu kennzeichnen sind, § 2 gibt an, wie sie zu kennzeichnen sind.

2. Packungen sind feste Packungen, verschlossen, bestimmt nach gleichbleibender Menge und Aufmachung, nicht sogenannte Einzelverkaufspackungen, die sich jeder Kleinhändler lediglich aus Gründen der schnelleren Abfertigung oder größeren Sauberkeit selbst auf Vorrat macht.

Der Regel nach sind Packungen gemeint, die einer für eine Mehrzahl von Kleinhandlungen herrichtet.

3. Dauerwaren von Fleisch, wie Würste und dergl., die nicht in luftdicht verschlossenen Behältnissen in den Verkehr kommen, unterliegen der Kennzeichnungspflicht nicht. Hierzu § 2 Ziffer 2a. Vgl. auch § 2 Abs. 2.

4. Dauerwaren von Fischen einschließlich Marinaden sind ebenfalls nur, wenn sie in festen Umhüllungen, möglichst luftdicht verschlossen, abgegeben werden, gemeint.

Räucherfische, offen feilgehaltene Fischzubereitungen sind

nicht Dauerwaren im Sinne dieser Verordnung (siehe § 2 Ziffer 2 b, die von „Füllung" spricht).

Vgl. hierzu die zur früheren Verordnung (hierunter) ergangenen höchstrichterlichen Erkenntnisse bei „Irreführende Bezeichnung" und bei Erörterung des Begriffes „Konserven" in Anmerkungen 8 und 9 zu § 4 LMG. Man beachte auch § 2 Abs. 2.

5. Während alle Milch- und Sahnedauerwaren der allgemeinen Kennzeichnungspflicht unterliegen, ist nach § 2 Ziffer 2 c die Angabe des Fettgehaltes nur bei bestimmten Erzeugnissen geboten. Vollmilch in Dosen z. B. ist nicht genannt.

6. Gemüse- und Obstdauerwaren entweder als Konserven in Blechdosen oder Gläsern oder als Trockendauerware in anderer fester Packung nach § 2 Ziffer 2 d. Bei Verwendung von Normaldosen ist die Inhaltsangabe der Menge nach für die genannten Ausnahmen nachgelassen. Beachte § 2 Abs. 2. Vgl. hierzu im übrigen die detaillierten Bezeichnungsvorschriften unter Nr. 6a dieses Hauptabschnittes.

7. Vgl. hierzu die Verordnungen vom 25. Oktober 1917 / 11. November 1924, betr. Fleischbrühwürfel und Ersatzmittel, im Hauptabschnitt II Nr. 13. Für kochfertige Suppen vgl. § 2 Ziffer 2 e und § 2 Abs. 2.

8. § 2 Ziffer 2 g stellt ein Durchschnittsnormalgewicht für Eier auf, ebenso für Eidotter. Gemeint sind Hühnereier.

9. § 2 Ziffer 2 f verlangt Angabe des Wirkungswertes, ausgedrückt durch die zulässige Mehlmenge. Siehe auch § 2 Abs. 2.

10. § 2 Ziffer 2 h verlangt auch Angabe der Kakaobestandteile. Für Tafelschokolade ist außerdem die auf Grund des Gesetzes gegen den unlauteren Wettbewerb ergangene Verordnung vom 11. Dezember 1925, Hauptteil VI Nr. 5 zu beachten.

11. Man beachte § 2 Ziffer 2 i sowie die Festsetzungen Teil I Nr. 6 i und Teil VI Nr. 3 und 4.

12. Diese Anordnung ist mit der des letzten Absatzes und den praktischen Verhältnissen insofern nicht immer zu vereinbaren,

als sehr häufig unbezeichnete (wenigstens nicht durch Etiketten bezeichnete) Konserven usw. vom Hersteller an einen Großabnehmer gehen, der sie selbst erst etikettiert. Streng genommen sind solche Waren schon „in den Verkehr gebracht". Die Verordnung will aber doch offenbar nur den Konsumenten schützen, so daß angenommen werden muß, daß eine rechtzeitige Kennzeichnung auch noch durch den Wiederverkäufer erfolgen kann.

§ 2.*)

Auf den Packungen oder Behältnissen müssen in deutscher Sprache[1]) und für den Käufer leicht erkennbar angegeben sein:

---

*) Amtliche Begründung zu §§ 2 und 3.

Der § 2 Nr. 1 und 2 Satz 1 entspricht dem § 43 Nr. 1 und 2 der Verordnung über Handelsbeschränkungen. Es ist dazu folgendes zu bemerken:

In Nr. 1 ist neu die Bestimmung, daß der Ort der Herstellung anzugeben ist, wenn die gewerbliche Hauptniederlassung sich im Auslande befindet, das Lebensmittel aber im Inlande hergestellt ist. Diese Vorschrift hat sich als notwendig erwiesen, da sonst im Verkehre deutsche Erzeugnisse als ausländische angesehen werden, wenn auf der Packung lediglich der im Auslande wohnende Hersteller angegeben wird.

Durch den Hinweis auf die Maß- und Gewichtsordnung in Nr. 2 soll klargestellt werden, daß die amtlichen deutschen Maß- und Gewichtsbezeichnungen (Kubikzentimeter, Liter, Gramm, Kilogramm) vorgeschrieben, demnach nicht solche wie Pfund, Quart, Lot zulässig sind. Es muß ein bestimmtes Gewicht angegeben werden; annähernde Bezeichnungen, wie „zirka", „etwa", „ungefähr", genügen nicht.

Unter Gewicht ist das Mindestgewicht zu verstehen, und zwar mit einer Ausnahme (§ 2 Nr. 2 i), das Gewicht zur Zeit der Füllung. Bei Beurteilung von Waren, die auch bei sachgemäßer

1. der Name oder die Firma und der Ort der gewerblichen Hauptniederlassung desjenigen, der das Lebensmittel hergestellt hat; befindet sich die gewerbliche Hauptniederlassung des Herstellers im Ausland, ist aber das Lebensmittel im Inland hergestellt, so muß außerdem der Ort der Herstellung angegeben werden; bringt ein anderer als der Hersteller das Lebensmittel in der Verpackung oder dem Behältnis unter seinem Namen oder seiner Firma in den Verkehr, so ist an Stelle des Herstellers dieser andere anzugeben;[2])
2. der Inhalt nach handelsüblicher Bezeichnung und nach deutschem Maß oder Gewicht[3]) (entsprechend der Maß-

---

Herstellung und Aufbewahrung einen größeren Schwund erleiden, wird hierauf Rücksicht zu nehmen sein.

Nach § 2 Nr. 2 Satz 1 kann wie bisher statt des Gewichts die Stückzahl angegeben werden. Dadurch können Schwierigkeiten vermieden werden, die in der genauen Feststellung und Angabe des Gewichts bei einzelnen Waren (z. B. bei Figuren aus Schokolade) begründet sind. Einen Schutz des Verbrauchers gegen irreführende Aufmachung bietet in diesem Falle § 4 Nr. 3 des Lebensmittelgesetzes.

Die Bestimmung in § 2 Nr. 2a entspricht dem § 2 Abs. 1 der Verordnung über die äußere Kennzeichnung von Waren vom 13. Juli 1923.

In § 2 Nr. 2 b ist die Bestimmung des § 2 Abs. 1 der Verordnung vom 13. Juli 1923 fortgefallen, wonach an Stelle des Gewichts die Zahl der eingefüllten Fische angegeben werden darf. Nach den bisherigen Erfahrungen erscheint dieser Schutz der Verbraucher notwendig; die Änderung entspricht auch den Wünschen der Hersteller. Die Angabe der Herstellungszeit war bereits bisher im § 3 Abs. 1 der vorbezeichneten Verordnung vorgeschrieben. Ihre Beibehaltung erscheint im allgemeinen aus gesundheitlichen Gründen erforderlich; für die durch Erhitzen haltbar gemachten und Gewichtsordnung) zur Zeit der Füllung oder nach Stückzahl unter Berücksichtigung folgender besonderer Bestimmungen. Es ist anzugeben

a) bei Dauerwaren von Fleisch oder mit Fleischzusatz in luftdicht verschlossenen Behältnissen das Gewicht, welches das knochenfreie Fleisch (einschließlich Fett) oder der Speck hat; bei Rippchen, Eisbein und Geflügeldauerwaren darf das Gewicht der Knochen in dem angegebenen Gewicht einbegriffen sein;

b) bei Dauerwaren von Fischen, einschließlich Marinaden, das Gewicht der zubereiteten Fische oder Fischteile;

Fischdauerwaren (z. B. Ölsardinen) Angaben über die Zeit der Herstellung zu verlangen, hat sich dagegen als unnötig erwiesen. Zur Klarstellung von Zweifeln sind die Marinaden ausdrücklich erwähnt worden.

Bei Milch- und Sahnedauerwaren (§ 2 Nr. 2 c) entspricht die Vorschrift über die nähere Angabe des Gebrauchswertes (des Gehaltes der Milch an Fett und fettfreier Trockensubstanz) den Wünschen der Hersteller und zugleich auch den Bedürfnissen der Verbraucher. Die Angabe der Herstellungszeit wird nur noch bei Milchpulver verlangt; für Kondensmilch aller Art hat sie sich als überflüssig erwiesen.

Bei Gemüse- und Obstdauerwaren (§ 2 Nr. 2 d) ist zwar die bisherige Bestimmung über die Gewichtsangabe bestehen geblieben, eine Ausnahme ist jedoch für die Fälle gemacht worden, in denen Normaldosen Verwendung finden. Die Zulassung solcher Normaldosen entspricht einem langjährigen Wunsche der Konservenindustrie; sie erscheint unbedenklich, da nur solche Dosen dieser Vorschrift genügen, die nach § 3 Abs. 3 entsprechend den zugelassenen Größen bezeichnet und vorschriftsmäßig gefüllt sind. Die Größe der Normaldosen ist in Übereinstimmung mit den Vorschlägen der Konservenindustrie in § 3 Abs. 1 und 2 bestimmt.

außerdem die Zeit der Füllung nach Monat und Jahr, sofern es sich nicht um Ware handelt, die durch Erhitzen haltbar gemacht ist;

c) bei kondensierter Milch der Gehalt an Fett und fettfreier Milchtrockensubstanz in Hundertteilen des Gewichts, bei Sahnedauerwaren der Gehalt an Fett in Hundertteilen des Gewichts, bei Milchpulver die Zeit der Herstellung nach Monat und Jahr;

d) bei Gemüsedauerwaren und bei Obstdauerwaren mit Ausnahme von Obstmus, Obstkraut, Marmelade, Obstsaft, Obstgelee, Obstsirup das Gewicht des Gemüses

---

In ähnlicher Weise wie bei den Milch- und Sahnedauerwaren ist für kochfertige Suppen in trockener Form (§ 2 Nr. 2 e), Backpulver (§ 2 Nr. 2 f) und Eipulver (§ 2 Nr. 2 g) die Angabe eines besonderen Maßstabes für den Gebrauchswert vorgeschrieben worden, um dem Verbraucher die Beurteilung des Lebensmittels zu erleichtern. Für Backpulver galt eine solche Bestimmung bereits bisher (§ 2 Abs. 4 der Verordnung über die äußere Kennzeichnung von Waren).

Bei Schokolade und Schokoladepulver (§ 2 Nr. 2 h) soll in Übereinstimmung mit den Wünschen der Hersteller der Gehalt an Kakaobestandteilen angegeben werden, wodurch ebenfalls ein bestimmter Gebrauchswert dieser Ware gewährleistet wird. Dabei ist davon ausgegangen worden, daß eine handelsübliche Schokolade mindestens 40 Hundertteile Kakaobestandteile enthält.

Bei Kaffee-Ersatzmitteln (§ 2 Nr. 2 i) ist zu berücksichtigen, daß einige von ihnen nach dem Einfüllen in die Packungen einem mit erheblicherem Gewichtsverlust verbundenen Fermentationsprozeß unterliegen, ehe sie in den Verkehr gebracht werden. Infolgedessen soll für diese Waren an Stelle des Gewichts zur Zeit der Füllung das Gewicht zur Zeit des Inverkehrbringens angegeben werden. Diese Regelung entspricht auch den Wünschen der Hersteller.

oder Obstes ohne die zugesetzte Flüssigkeit, sofern nicht für die Füllung eine Normaldose (§ 3) verwendet wird;

e) bei kochfertigen Suppen in trockener Form, wieviel Teller Suppe daraus hergestellt werden können;

f) bei Backpulver die Gewichtsmenge Mehl, zu deren Verarbeitung der Inhalt der Packung auch noch nach der im Verkehre vorauszusehenden Lagerzeit ausreicht;

g) bei Volleipulver, wieviel Eiern im Gewichte von je 45 g, bei Eidotterpulver, wieviel Eidottern im Gewichte von je 16 g der Inhalt der Packung entspricht;

h) bei Schokolade und Schokoladepulver die Menge der Kakaobestandteile in Hundertteilen des Gewichts;

i) bei Kaffee-Ersatzmitteln an Stelle des Gewichts zur Zeit der Füllung das Gewicht der Ware zu dem Zeitpunkt, zu dem sie in den Verkehr gebracht wird.

In den unter a, b, d, e, f aufgeführten Fällen bedarf es keiner weiteren Gewichtsangabe.

Anmerkungen:

1. Es ist nicht erforderlich, daß die Angaben ausschließlich in deutscher Sprache erfolgen. Bei Auslandserzeugnissen wird man die Originalbezeichnung neben der deutschen dulden müssen.

Inländische Erzeugnisse, die neben der deutschen Kennzeichnung noch eine fremdsprachige Aufschrift tragen, können, sofern sie nicht für den Export bestimmt sind, gegen das Gesetz, betr. unlauteren Wettbewerb, verstoßen. Auch § 4 Ziffer 3 LMG. kann in Frage kommen.

2. Der Fall, daß ein ausländisches Erzeugnis in Originalverpackung eingeführt wird, ohne daß die Erzeugerin eine deutsche Niederlassung oder Vertretung hat, ist nicht vorgesehen. Fallweise muß demnach der Importeur durch Angabe seiner Firma und Niederlassung die Verantwortung übernehmen.

3. Verkauf nach englischen Pfunden z. B. (454 g statt 500 g) ist nicht mehr zugelassen.

§ 3.*)

Unter einer $^1/_1$-Normaldose ist eine Dose zu verstehen, die, in nicht verschlossenem Zustand gemessen, einen Rauminhalt hat

bei Gemüsedauerwaren von 900 Kubikzentimeter,
bei Obstdauerwaren von 850 Kubikzentimeter.

Neben der $^1/_1$-Normaldose werden zugelassen:
$^1/_8$-, $^1/_4$-, $^1/_2$-, $1^1/_2$-, $^2/_1$-, $2^1/_2$-, $^5/_1$-Normaldosen.

Die Dosen müssen als Normaldosen entsprechend den zugelassenen Größen bezeichnet werden. Sie müssen handelsüblich gefüllt sein und dürfen nicht mehr Flüssigkeit enthalten, als technisch unvermeidbar ist.

§ 4.**)

Die Vorschriften dieser Verordnung gelten auch für die aus dem Ausland eingeführten Lebensmittel.[1])

---

*) Amtliche Begründung siehe bei § 2. Vgl. auch die Vornotiz zu I 6 a.

**) Amtliche Begründung zu § 4.

Dieser Paragraph soll zur Vermeidung von Zweifeln klarstellen, daß, im Gegensatz zur bisherigen Regelung (vgl. oben I), die neuen Vorschriften auch für ausländische Waren allgemein gelten.

Anmerkung:

1. § 4 entspricht der Forderung des § 23 LMG.

§ 5.*)

Diese Verordnung tritt am 1. Oktober 1927 in Kraft.

Für die im § 1 der Verordnung über die äußere Kennzeichnung von Waren vom 13. Juli 1923 (RGBl. I S. 728) nicht genannten und für die aus dem Ausland eingeführten

---

*) Amtliche Begründung zu § 5.

Der § 5 enthält Übergangsvorschriften. Die Verordnung muß am 1. Oktober 1927 in Kraft treten, da nach § 24 Abs. 2 des Lebensmittelgesetzes die bisherigen Vorschriften über die äußere Kennzeichnung mit diesem Tage ihre Gültigkeit verlieren. Für die Übergangsregelung war zu unterscheiden zwischen denjenigen Waren, die bisher der Kennzeichnungspflicht noch nicht unterlagen, und denjenigen, die ihr zwar unterlagen, für die aber die Bestimmungen durch die vorliegende Verordnung geändert werden.

Für die erstgenannte Gruppe bestimmt § 5 Abs. 2, daß sie erst vom 1. April 1928 an den Kennzeichnungsvorschriften unterliegen. Diese Frist erscheint mit Rücksicht auf die berechtigten Bedürfnisse des Verkehrs notwendig. Die aus dem Auslande eingeführten Waren mußten hier besonders erwähnt werden, weil sie nach § 46 der Verordnung über Handelsbeschränkungen den Kennzeichnungsvorschriften bisher nur unter besonderen Voraussetzungen unterlagen.

Für die zweite Gruppe wird zur Erleichterung des Übergangs in § 5 Abs. 3 bis zum 31. März 1928 nachgelassen, daß sie als ausreichend gekennzeichnet anzusehen sind, wenn sie den bisherigen Vorschriften entsprechen.

Einer besonderen Strafvorschrift für Zuwiderhandlungen bedarf es nicht mehr, da sie bereits im § 13 des Lebensmittelgesetzes enthalten ist.

Lebensmittel, die bisher den Vorschriften über die äußere Kennzeichnung nicht unterlagen, tritt die Verordnung am 1. April 1928 in Kraft.

Lebensmittel, die im § 1 der Verordnung über die äußere Kennzeichnung von Waren vom 13. Juli 1923 (RGBl. I S. 728) genannt sind, sind bis zum 31. März 1928 auch dann als ausreichend gekennzeichnet anzusehen, wenn sie den bisherigen Kennzeichnungsvorschriften genügen.

Aus der

Verordnung vom 13. Juli 1923
(RGBl. I S. 728)

sind in bezug auf § 5 der Verordnung vom 30. September 1927 noch von Bedeutung:

§ 1.

Die Vorschriften über die äußere Kennzeichnung von Waren finden Anwendung auf:

1. Konserven von Fleisch oder mit Fleischzusatz in luftdicht verschlossenen Behältnissen,
2. Fischkonserven,
3. Milch- und Sahnekonserven,
4. Gemüse und Obstkonserven,
5. Marmeladen, Obstmus und Kunsthonig,
6. diätetische Nährmittel, Fleischextrakt und dessen Ersatzmittel, Fleischbrühwürfel, Fleischbrühersatzwürfel, Suppenwürfel, Suppenpulver, Eipulver, Eiersatzpulver, Puddingpulver und Backpulver,
7. Schokoladen, Schokolade- und Kakaopulver aller Art,
8. Kaffee-, Tee- und Kakaoersatzmittel,
9. Zwieback und Keks.

§ 2.

Bei Fleisch oder fleischhaltigen Konserven ist das Gewicht anzugeben, welches das knochenfreie Fleisch (einschließlich Fett) oder der Speck zur Zeit der Füllung mindestens hatte; bei Rippchen, Eisbein und Geflügelkonserven kann das Gewicht der Knochen in dem angegebenen Gewicht einbegriffen sein.

Bei Gemüse- und Obstkonserven ist das zur Zeit der Füllung vorhandene Mindestgewicht des Gemüses oder Obstes ohne die der Konserve zugesetzte Flüssigkeit anzugeben.

Bei Fischkonserven ist das Mindestgewicht der rohen Fische ohne die Abfälle anzugeben; bei Konserven von Sardinen, Heringen oder dergleichen Fischen genügt an Stelle des Gewichts die Zahl der eingefüllten Fische, sofern diese im Durchschnitt der mittleren Größe der in Betracht kommenden Art entsprechen.

Bei Backpulver (§ 1 Nr. 6) ist an Stelle des Gewichts die Gewichtsmenge Mehl anzugeben, zu deren Verarbeitung der Inhalt der Packung auch noch nach der im Verkehr vorauszusehenden Lagerzeit ausreicht.

§ 3.

Bei Fischkonserven, Milch- und Sahnekonserven (§ 1 Nr. 2 und 3) ist auch die Zeit der Herstellung nach Monat und Jahr anzugeben; bei Milch- und Sahnekonserven genügt die Angabe zweier aufeinanderfolgender Monate.

5. Chemische Konservierung der Lebensmittel.

Die Fleischwaren und Erzeugnisse sind nach § 21 FlBG. und den dazu ergangenen Bekanntmachungen zu beurteilen. Wein, weinähnliche und weinhaltige Getränke behandelt das Weingesetz (Band II: Getränkegesetze). Im übrigen gelten zurzeit stillschweigend folgende Regeln.*)

Liste I

der Lebensmittel, die zurzeit Konservierungsmittel enthalten dürfen; Art und höchstzulässiges Mengenverhältnis der Konservierungsmittel im einzelnen Falle.

Lebensmittel	Konservierungsmittel	Höchstzulässige Gewichtsmenge in 100 g der Lebensmittel g	Deklarationspflicht D = Deklaration
1. Fleischsalat	Benzoesäure[1])	0,125	Ohne D.
2. Fischkonserven:			
Appetitsild, Anchovis, Gabelbissen	Borsäure[2])	0,5	Mit D.
3. Fischrogen:			
Kaviar	Hexamethylentetramin[3])	0,1	Mit D.
4. Krabben:			
Frische Krabben	Borsäure[2]) [4])	0,9	Mit D.
Krabbenkonserven	Borsäure[5])	0,75 (0,9)	Mit D.

*) Reichsgesundheitsblatt, herausgegeben vom Reichsgesundheitsamt, 1927 Nr. 18 Seite 359.

Lebensmittel	Konservierungsmittel	Höchstzulässige Gewichtmenge in 100 g der Lebensmittel g	Deklarationspflicht D. = Deklaration
5. Eierkonserven:			
Speiseeigelb zur ausschließlichen Verwendung in Feinbäckereien u. Eierteigwarenbetrieben	Borsäure[5]) [6])	1,5	Ohne D.
Speiseeigelb	Benzoesäure[1])	*) 1,0	Ohne D.
6. Speisefette:			
Margarine	Benzoesäure[3])	0,2	Ohne D.
7. Mayonnaise	Benzoesäure[1])	0,25	Ohne D.
8. Graupen und Gerstengrütze	Schweflige Säure[7])	0,04 (0,044)	Ohne D.
9. Obstdauerwaren:			
Dörrobst	Schweflige Säure[8])	0,125	Ohne D.
Fruchtsäfte	Benzoesäure[9])	0,15	Ohne D.
Desgl.	Ameisensäure[9])	0,25	Ohne D.
Pülpen (Fruchtmark)	Benzoesäure[9])	0,15	Ohne D.
Desgl.	Ameisensäure[9])	0,25	Ohne D.

*) Hier liegt ein offenbares Versehen vor. Die angegebene Menge soll sich auf 1 kg nicht auf 100 g beziehen, also 0,1 v. H. statt 1 v. H.

Lebensmittel	Konservierungsmittel	Höchstzulässige Gewichtsmenge in 100 g der Lebensmittel g	Deklarationspflicht D = Deklaration
10. Wein	Schweflige Säure in Form des Gases, seiner mindestens 5 v. H. Schwefeldioxyd enthaltenden Lösungen in destilliertem Wasser von technisch reinem Kaliumpyrosulfit [10])	Sofern nur „kleine Mengen" von schwefliger Säure oder Schwefelsäure in die Getränke gelangen	Ohne D.
Auslandswein	Desgl. [11])	Nach Maßgabe der für den Verkehr innerhalb des Ursprungslandes geltenden Vorschriften [11])	Ohne D.
11. Dem Weine ähnliche Getränke aus Fruchtsäften, Pflanzensäften, Malzauszügen, weinhaltige Getränke, Schaumwein	Wie bei Wein [12])		
12. Speisegelatine	Schweflige Säure [3])	0,125	Ohne D.

Diese Duldungen stützen sich auf die folgenden Stellen (siehe die Anmerkungen auf Seite 202.):

Anmerkungen zu Liste I (S. 199 bis 201).

1. Vgl. z. B. die preußischen Ministerialerlasse vom 17. Juli 1925 (Veröffentl. des Reichsgesundheitsamts S. 711) und vom 8. April 1926 (Reichsgesundheitsblatt S. 723).

2. Vgl. z. B. den preußischen Ministerialerlaß vom 31. Oktober 1925 (Veröffentl. S. 956).

3. Stillschweigend geduldet.

4. Zunächst weiterhin bis 1. April 1928 zugelassen (vgl. z. B. preußischen Ministerialerlaß vom 6. April 1927).

5. Vgl. z. B. preußischen Ministerialerlaß vom 31. Dezember 1924 (Veröffentl. 1925 S. 110).

6. Nur noch zugelassen bis 31. März 1928, einschließlich des Verkaufs von im Handel befindlicher Ware (vgl. Rundschreiben des Reichsministerium des Innern vom 26. April 1927).

7. Vgl. Rundschreiben des Reichsministeriums des Innern vom 15. Februar 1926 (Reichsgesundheitsblatt 1926 S. 542).

8. Vgl. z. B. preußischen Ministerialerlaß vom 12. Januar 1904 (Veröffentl. S. 179).

9. Vgl. z. B. die preußischen Ministerialerlasse vom 23. Mai 1916 und 16. Juni 1916 (Veröffentl. S. 397 und 447).

10. Vgl. Art. 2 und 3 der Ausführungsbestimmungen zum Weingesetz in der Fassung vom 1. Dezember 1925 (RGBl. 1925 I S. 413, Reichsgesundheitsblatt 1926 S. 22).

11. Nach Art. 4 der Ausführungsbestimmungen zum Weingesetz werden ausländische Weine, die den Vorschriften des § 4 des Weingesetzes nicht entsprechen, zum Verkehr zugelassen, wenn sie — abgesehen von bestimmten Ausnahmen — den für den Verkehr innerhalb des Ursprungslandes geltenden Vorschriften genügen. Französische und spanische Weine dürfen z. B. im Liter bis zu 450mg gesamte schweflige Säure, davon bis zu 100 mg im freien Zustande, enthalten; in Frankreich wird eine Überschreitung der Grenzwerte um 10 v. H. geduldet (vgl. Frankreich: Veröffentl. 1925 S. 189; Spanien: daselbst 1923 S. 11).

12. Vgl. Art. 3 der Ausführungsbestimmungen zum Weingesetz.

Liste II

der Konservierungsmittel, die zurzeit in einzelnen Lebensmitteln enthalten sein dürfen; Art und höchstzulässiges Mengenverhältnisses der Konservierungsmittel im einzelnen Falle.

Konservierungsmittel	Lebensmittel	Höchstzulässige Gewichtsmenge in 100 g des Konservierungsmittels g	Deklarationspflicht D. = Deklaration
1. Borsäure und ihre Salze .	Fischkonserven:		
	Appetitsild, Anchovis, Gabelbissen	0,5	Mit D.
	Krabben:		
	Frische Krabben	0,9	Mit D.
	Krabbenkonserven	0,75 (0,9)	Mit D.
	Eierkonserven:		
	Speiseeigelb z. ausschließlichen Verwendung in Feinbäckereien und Eierteigwarenbetrieben	1,5	Ohne D.
2. Schweflige Säure	Graupen und Gerstengrütze	0,04 (0,044)	Ohne D.
	Obstdauerwaren:		
	Dörrobst	0,125	Ohne D.

Konservierungsmittel	Lebensmittel	Höchstzulässige Gewichtsmenge in 100 g des Konservierungsmittels g	Deklarationspflicht D. = Deklaration
(Noch: 2. Schweflige Säure) Schweflige Säure in Form des Gases, seiner mindestens 5 v. H. Schwefeldioxyd enthaltenen Lösungen und von technisch reinem Kaliumpyrosulfit	Wein	Sofern nur „kleine Mengen" von schwefliger Säure oder Schwefelsäure in die Getränke gelangen	Ohne D.
	Auslandswein (Bei Obstwein usw. wie bei Wein)	Nach Maßgabe der ausländ. Vorschrift.	
	Speisegelatine	0,125	Ohne D.
3. Formaldehyd: Hexamethylentetramin . .	Fischrogen: Kavier	0,1	Mit D.
4. Ameisensäure	Fruchtsäfte	0,25	Ohne D.
	Pülpen (Fruchtmark)	0,25	Ohne D.
5. Benzoesäure und deren Salze	Fleischsalat	0,125	Ohne D.
	Speiseeigelb	*) 1,0	Ohne D.
	Mayonnaise	0,25	Ohne D.
	Speisefette: Margarine	0,2	Ohne D.
	Fruchtsäfte	0,15	Ohne D.
	Pülpen (Fruchtmark)	0,15	Ohne D.

*) Siehe die Fußnote zu Liste I auf S. 200.

6. Vorläufige Vereinbarungen, betreffend einige Lebensmittel.

a) Gemüse- und Obstkonserven.

α) Mindestgewichte der Einwage in Konservendosen bei $^1/_1$-Normaldosen.

(Sogenannte Kasseler Beschlüsse.)

Die $^1/_1$-Dose in noch nicht verschlossenem Zustande, offen gemessen, hat einen Rauminhalt für Gemüsekonserven von 900 ccm, für Früchtekonserven von 850 ccm.

Der Rauminhalt der übrigen Dosen beträgt die Hälfte, das Viertel, das Einundeinhalbfache, das Doppelte, Dreifache, Vierfache, Fünffache usw. hiervon ($^1/_2$-, $^1/_4$-, $1^1/_2$-, $^2/_1$-, $^3/_1$-, $^4/_1$-, $^5/_1$- usw. Dosen). Dosen mit diesem Rauminhalt sind Normaldosen. Normaldosen sind als solche zu bezeichnen. Auf Dosen, die mehr oder weniger Inhalt haben, ist der Rauminhalt anzugeben. (Vgl. § 2 Ziffer 2d und § 3 der Verordnung vom 29. September 1927, RGBl. I S. 318.)

Gemüse:

Grüne Spargelköpfe, liegend	je 500 g
Erbsen	
Brechbohnen	
Junge große Bohnen	
Kohlrabi, ganze Köpfe	
Leipziger Allerlei	
Rosenkohl	
Blumenkohl	
Steinpilze	
Prinzeßbohnen	
Tomaten, ganze Frucht	
Stangensellerie	

Brechspargel Weiße Spargelköpfe Schnittbohnen Karotten, geschnitten Erbsen mit Karotten Kohlrabi in Scheiben Sellerie Alle Kohlsorten (mit Ausnahme von Rosen- und Blumenkohl) Teltower Rübchen Steckrüben Schwarzwurzeln	je 550 g
Stangenspargel Ganze Karotten	je 600 g
Spinat Sauerampfer	je 800 g
Tomatenpüree Tomatenmark	je 850 g
Morcheln (feucht eingewogen) Pfifferlinge Champignons	je 450 g

Früchte:

(Es handelt sich nur um Früchte, die mit Saft umgeben sind, den man ablaufen lassen kann; bei Früchten in dickem Zucker können Einwagen nicht festgestellt werden.)

Äpfel Himbeeren Ananas	je 500 g

Kirschen, ohne Stein	je 550 g
Birnen, ganze Frucht	
Aprikosen, ganze Frucht	
Pfirsiche, ganze Frucht	
Stachelbeeren	
Erdbeeren	
Johannisbeeren	
Heidelbeeren	
Birnen, halbe Frucht	je 600 g
Aprikosen, halbe Frucht	
Pfirsiche, halbe Frucht	
Mirabellen	
Kirschen, mit Stein	
Alle Sorten Pflaumen	
Reineclauden	
Quitten	
Kürbis	
Melonen	
Gemischte Früchte	
Apfelmark	je 800 g
Sämtliches Fruchtmark	
Apfelmus	850 g

β) Vereinbarung über Benennung und Qualitätsbezeichnung der Gemüse- und Pilzkonserven.

Benennung der Konserven:	Beschaffenheit des Inhalts:
	Stangenzahl per 1/1-Dose.
1. Riesenstangenspargel.	10 bis 16 Stangen.
2. Stangenspargel, extrastark.	20 bis 24 Stangen.
3. Desgl., sehr stark.	28 bis 30 Stangen.
4. Desgl., stark.	34 bis 38 Stangen.
5. Desgl., mittelstark.	40 bis 45 Stangen.
6. Desgl., 50/60er per 1/1-Dose.	50 bis 60 Stangen.
7. Desgl., dünn.	über 70 Stangen. Die Sorten: Riesenstangenspargel, Stangenspargel, extrastark, Stangenspargel, sehrstark sollen weiße Köpfe haben. Bei den übrigen Stangenspargelsorten können auch bläuliche Köpfe vorkommen. Die Dosenhöhe beträgt für Stangenspargel mit Ausnahme von Riesenstangenspargel 185 mm.
8. Riesenbrechspargel.	Hat annähernd die Stärke des Riesenstangenspargels.

Benennung der Konserven:	Beschaffenheit des Inhalts:
9. Brechspargel, extrastark.	Hat ungefähr die Stärke des Stangenspargels 20/30er in möglichst gleichmäßiger Verteilung.
10. Brechspargel, stark.	Hat ungefähr die Stärke des Stangenspargels 34/45er in möglichst gleichmäßiger Verteilung.
11. Brechspargel, mittel.	Hat ungefähr die Stärke des Stangenspargels 50/60er.
12. Brechspargel, dünn.	Hat ungefähr die Stärke des Stangenspargels dünn.
	NB. Die Brechspargelsorten sollen durchschnittl. 20 v. H. Köpfe (nach Stückzahl) enthalten. Die Köpfe dürfen im Riesenbrechspargel, Brechspargel, extra stark, Brechspargel, stark nicht grün sein.
13. Brechspargel ohne Köpfe (lange Abschnitte).	Sind längere Abschnitte aller Stärken von etwa 3 cm an aufwärts.
14. Spargelabschnitte.	Sind kurze Schnitzeln von 2 cm und darunter.
	NB. Brechspargel muß geschält sein.

Benennung der Konserven:	Beschaffenheit des Inhalts:
15. Spargelköpfe, weiß, extrastark.	In der Stärke von 20/24 er Stangenspargel.
16. Spargelköpfe, weiß, sehr stark.	In der Stärke von 28/30 er Stangenspargel.
17. Spargelköpfe, weiß, stark.	In der Stärke von 34/38 er bis 40/45 er Stangenspargel.
18. Spargelköpfe, grün.	Hergestellt aus Spargel aller Sorten mit Ausnahme von Sprossen.
19. Kaiserschoten oder Junge Erbsen, extrafein, oder Petits pois extra fins.	Klares Dosenwasser. Sieblochung: 6 bis 6,5 mm quadratische Lochung (runde französische Lochung 6,5 bis 7 mm).
20. Junge Erbsen, sehr fein, oder Petits pois très fins.	Klares Dosenwasser. Sieblochung: über 6,5 bis 7 mm quadratische Lochung (runde französische Lochung 7 bis 7,5 mm).
21. Junge Erbsen, fein, oder Petits pois fins.	Das Dosenwasser soll unter normalen Verhältnissen klar sein. Sieblochung: über 7 bis 7,5 mm quadratische Lochung (runde französische Lochung 7,5 bis 8,25 mm).

Benennung der Konserven:	Beschaffenheit des Inhalts:
22. Junge Erbsen, mittelfein, oder Petits pois moyens.	Das Dosenwasser kann trübe sein, aber nicht so stark, daß der Doseninhalt eine feste Masse bildet. Sieblochung: über 7,5 bis 8,5 mm quadratische Lochung (runde französische Lochung 8,25 bis 9,25 mm).
23. Junge Erbsen oder Junge Erbsen (Gemüseerbsen I) oder Pois moyens.	Können geliert oder auch als feste Masse geliefert werden. Sieblochung: Überläufer.
24. Suppenerbsen oder Gemüseerbsen.	Sind eine besonders dick ausfallende Erbse. NB. Bei den angegebenen Sieblochungen sind normale Verhältnisse in bezug auf die Qualität der Erbsen vorausgesetzt; größere Sieblochungen sind jedoch unstatthaft.
25. Feinste Stangenschnittbohnen.	Müssen aus an Stangen gewachsenen Bohnen hergestellt sein.
26. Feinste Stangenbrechbohnen.	Desgl.
27. Feinste Stangen-Perlbrechbohnen.	Desgl.

Benennung der Konserven:	Beschaffenheit des Inhalts:
28. Feinste Stangen-Wachsbrechbohnen.	Müssen aus an Stangen gewachsenen Bohnen hergestellt sein.
29. Junge Schnittbohnen I oder Feine junge Schnittbohnen.	Sind aus zarten Krupbohnen hergestellt.
30. Junge Brechbohnen I od. Feine junge Brechbohnen	Desgl.
31. Junge Perlbrechbohnen I oder Feine junge Perlbrechbohnen.	Desgl.
32. Junge Wachsbrechbohnen I oder Feine junge Wachsbrechbohnen.	Desgl.
33. Junge Schnittbohnen.	Sind aus Krupbohnen hergestellt.
34. Junge Brechbohnen.	Desgl.
35. Junge Perlbrechbohnen.	Desgl.
36. Junge Wachsbrechbohnen.	Desgl.
37. Junge große Bohnen I oder Feine junge große Bohnen.	Sind die Kerne der sogenannten Großen Bohne oder Gartenbohne. Die vorkommenden großen Kerne werden aus dieser Qualität aussortiert.
38. Junge große Bohnen.	Sind die aus der ersten Qualität ausgesuchten dicken Kerne.

Benennung der Konserven:	Beschaffenheit des Inhalts:
39. Junge Erbsen, fein, mit Karotten.	Bestehen aus mindestens 50 v. H. jungen Erbsen, fein, und jungen kleinen Karotten.
40. Junge Erbsen, mittelfein, mit Karotten.	Bestehen aus mindestens 50 v. H. jungen Erbsen, mittelfein, und geschnittenen Karotten.
41. Junge extrakleine Karotten.	Sind ausgesucht kleine Karotten.
42. Junge kleine Karotten.	Sind Karotten in normaler Größe.
43. Junge Karotten.	Sind die großen aus der vorigen Sorte ausgesuchten Rüben.
44. Karotten, geschnitten.	Aus ganz dicken Karotten, die sich zum Einlegen als ganze Frucht nicht mehr eignen, oder aus Nantaiser Karotten angefertigt.
45. Junge Kohlrabi I, ganze Köpfe, oder Feinster junger Kohlrabi, ganze Köpfe.	Aus kleinen zarten Früchten hergestellt.
46. Junger Kohlrabi I, in Scheiben, oder Feinster junger Kohlrabi, in Scheiben.	In Scheiben geschnittener kleiner zarter Kohlrabi.

Benennung der Konserven:	Beschaffenheit des Inhalts:
47. Junger Kohlrabi, in Scheiben.	In Scheiben geschnittener großer Kohlrabi.
48. Junger Kohlrabi I, in Scheiben mit Grün, oder Feinster junger Kohlrabi, in Scheiben mit Grün.	In Scheiben geschnittener, kleiner zarter Kohlrabi mit Grün.
49. Junger Kohlrabi, in Scheiben mit Grün.	In Scheiben geschnittener großer Kohlrabi mit Grün.
50. Gemischtes Gemüse, sehr fein, oder Leipziger Allerlei, sehr fein.	Besteht aus jungen Erbsen, sehr fein, Brechspargel, stark, jungen kleinen Karotten und etwas Morcheln.
51. Gemischtes Gemüse, fein, oder Leipziger Allerlei, fein.	Besteht aus jungen Erbsen, fein, Brechspargel, mittel, jungen Karotten und etwas Morcheln.
52. Gemischtes Gemüse, mittelfein, oder Leipziger Allerlei, mittelfein.	Besteht aus jungen Erbsen, mittelfein, Brechspargel ohne Köpfe (lange Abschnitte), geschnittenen oder größeren ganzen Karotten und etwas Morcheln.
53. Gemischtes Gemüse oder Leipziger Allerlei.	Besteht aus jungen Erbsen, Spargelabschnitten, geschnittenen Karotten und etwas Morcheln.
54. Brüsseler oder Rosenkohl.	Die von den losen Blättern befreiten Köpfchen.

Benennung der Konserven:	Beschaffenheit des Inhalts:
55. Spinat.	Besteht aus einer breiartigen, mit Wasser vermengten Spinatmasse, die frei von Sand sein soll.
56. Sellerie in Scheiben.	In Scheiben geschnittener, nicht stockiger oder schwarzer Sellerie.
57. Wirsingkohl.	Der von den schadhaften Blättern und Strünken befreite Kohl.
58. Blumenkohl.	Desgl.
59. Weißkohl.	Desgl.
60. Braunkohl.	Desgl.
61. Rotkohl.	Desgl.
62. Junge kleine Teltower Rübchen.	Die kleineren Rüben.
63. Junge Teltower Rübchen	Die ausgesuchten großen Teltower Rüben oder die sogenannten Märkischen Rüben.
64. Feinste Morcheln.	Aus frischen Morcheln angefertigt.
65. Morcheln.	Aus getrockneten Morcheln angefertigt.
66. Steinpilze.	Geschälte und in Stücke geschnittene Steinpilze.
67. Steinpilze, bayrischer Art.	Ungeschälte, in Scheiben geschnittene Steinpilze jeder Herkunft.
68. Pfifferlinge.	Müssen gut gereinigt sein.

Benennung der Konserven:	Beschaffenheit des Inhalts:
69. Prinzeßbohnen, extrafein, oder Haricots verts extra fins.	Sind ausgesucht kleine Prinzeßbohnen.
70. Prinzeßbohnen, fein, oder Haricots verts fins.	Sind Prinzeßbohnen mittlerer Größe.
71. Prinzeßbohnen, mittel, od. Haricots verts moyens.	Sind größere Prinzeßbohnen.
72. Bohnenkerne (Kernbohnen), extrafein, oder Flageolets extra fins.	Hergestellt aus den feinen Kernen der Flageoletsbohnen.
73. Bohnenkerne (Kernbohnen), fein, oder Flageolets fins.	Hergestellt aus den gröberen Kernen der Flageoletsbohnen.
74. Bohnenkerne (Kernbohnen), mittel, oder Flageolets moyens.	Hergestellt aus den dicken Kernen der Flageoletsbohnen.
75. Tomatenpüree (Tomatenmus).	Passierter, leicht eingekochter Tomatenbrei.
76. Tomatenmark.	Passierter, stärker eingekochter Tomatenbrei.
77. Champignons têtes oder Köpfe.	Geschlossene Pilze von schöner, regelmäßiger Form. Stiele ziemlich dicht am unteren Rande des Kopfes abgeschnitten.
78. Champignons, extra oder extrafein.	Geschlossene Pilze von regelmäßiger Form, mit kurzen, bis zu etwa 10 mm langen Stielen.

Benennung der Konserven:	Beschaffenheit des Inhalts:
79. Champignons, premier choix oder sehr fein (I. Wahl).	Leicht geöffnete Pilze, Lamellen nicht sichtbar, mit Stielen.
80. Champignons, choix od. mittelfein (II. Wahl).	Geöffnete Pilze mit zum Teil sichtbaren Lamellen, mit Stielen, auch Köpfe ohne Stiele.
81. Champignons de couche oder Stücke.	Vollständig geöffnete Pilze, Stiele und Stücke.

Anmerkung: Umstellungen der Bezeichnungen, z. B. Erbsen, junge statt Junge Erbsen, sind statthaft.

γ) Vereinbarungen über Benennung und Begriffsbestimmung von Früchtekonserven.

(Einstweilen nur seitens der Fabrikanten angenommen.)

A. Kompottfrüchte sind gesunde ganze oder in bestimmte Teile zerlegte frische Früchte, die in Zuckerlösung konserviert sind.

B. Dunstfrüchte sind Früchtekonserven gleicher Art in Wasser oder schwacher Zuckerlösung. Sie sind als solche zu kennzeichnen.

Die Färbung oder Grünung einzelner Fruchtsorten ist sowohl bei Kompottfrüchten als auch bei Dunstfrüchten handelsüblich. Die einzelnen Früchtekonserven werden wie folgt charakterisiert:

Benennung der Konserven:	Beschaffenheit des Inhalts:
1. Erdbeeren.	Von Kelchen befreite, saubere, ganze, sog. Gartenerdbeeren, roh eingefüllt, gefärbt.
2. Erdbeeren, vorbehandelt.	Vor der Einfüllung mit Zucker behandelte Früchte, sonst wie Erdbeeren unter 1.
3 a. Johannisbeeren, rot.	Entstielte ganze Früchte, gefärbt.
3 b. Johannisbeeren, weiß.	Entstielte ganze Früchte.
4 a. Stachelbeeren, gegrünt.	Von Kelchen und Stielen befreite, ganze, unreife, nicht zusammengeschrumpfte Früchte, gegrünt.
4 b. Stachelbeeren, naturell.	Früchte wie unter 4 a, ungegrünt.
5. Kirschen, mit Stein.	Entstielte ganze Früchte, gefärbt.
6. Kirschen, ohne Stein.	Entstielte und entsteinte ganze Früchte, gefärbt.
Bei Kirschen sind zu unterscheiden:	
a) Kaiserkirschen.	Hellrote große Süßkirschen.
b) Kirschen, rote.	Hellrote Süßkirschen.
c) Kirschen, dunkel.	Dunkelrote oder dunkelbraune Süßkirschen.
d) Kirschen, schwarz.	Tiefschwarze Süßkirschen.
e) Sauerkirschen.	Sind kleinere Sorten Sauerkirschen mit Ausnahme der kleinen Preßkirschen.

Benennung der Konserven:	Beschaffenheit des Inhalts:
f) Weichselkirschen oder Schattenmorellen.	Sind Sauerkirschen edler Sorten.
7. Heidelbeeren.	Gut erhaltene verlesene Früchte.
8. Himbeeren.	Von Blütenkelchen befreite Früchte, gefärbt.
9. Birnen, ganze Frucht.	Geschälte ganze Früchte mit kurzem Stiel oder ohne Stiel.
10. Birnen, halbe Frucht.	Geschälte halbierte Früchte ohne Stiel und Kernhaus.
11. Birnen, halbe Frucht, extra.	Geschälte halbierte Früchte edler Sorten ohne Stiel und Kernhaus.
	Zu 9 bis 11: „Birnen rot" sind gefärbt.
12. Quitten.	Geschälte, in Schnitten zerlegte und vom Kernhaus befreite Früchte.
13. Pflaumen oder Zwetschen, mit Stein.	Ganze vollfleischige Hauszwetschen, gefärbt.
14. Pflaumen oder Zwetschen, mit Stein, geschält.	Geschälte ganze Früchte wie unter Ziff. 13.
15. Pflaumen oder Zwetschen, ohne Stein.	Die gleichen Früchte wie unter Ziff. 13, entsteint, gefärbt.
16. Pflaumen oder Zwetschen, halbe Frucht.	Die gleichen Früchte wie unter Ziff. 13, halbiert, gefärbt.

Benennung der Konserven:	Beschaffenheit des Inhalts:
17. Mirabellen.	Echte Mirabellen, sogenannte Metzer oder Nancier; das Vorkommen leichter Sprünge liegt in der Eigenart der echten Sorte.
18. Reineclauden, gegrünt.	„Echte grüne" große Früchte, gegrünt.
19. Reineclauden, naturell.	Dieselbe Gattung, ungegrünt.
	Zu 18 und 19: Das Vorkommen leichter Hautrisse liegt in der Eigenart der echten Sorte.
20. Aprikosen, ganze Frucht.	Ganze Früchte mit Stein, ungeschält, entstielt.
21. Aprikosen, halbe Frucht.	Halbe Früchte ohne Stein, ungeschält.
22. Aprikosen, halbe Frucht, geschält.	Dieselben wie unter Ziff. 21, geschält.
23. Pfirsiche, ganze Frucht.	Ganze, meist kleinere Früchte, geschält.
24. Pfirsiche, halbe Frucht.	Geschälte halbe Früchte.
25. Edelpfirsiche, halbe Frucht.	Geschälte halbe, große Früchte edler Sorten.
26. Gemischte Früchte.	Gemischte Früchte sind Früchtezusammenstellungen, bestehend aus soviel Fruchtsorten, wie beim Kaufabschluß vereinbart worden.

Benennung der Konserven:	Beschaffenheit des Inhalts:
27. Äpfel, in Stücken.	Geschälte, halbierte oder kleine geteilte, vom Kernhaus befreite Äpfel besserer Sorten.
28 a. Apfelmus, tafelfertig.	Passierter Apfelbrei, hergestellt aus gepflückten sauren Äpfeln.
28 b. Apfelmus, tafelfertig, extra.	Fein passierter heller Apfelbrei, hergestellt aus gepflückten sauren Äpfeln edler Sorten.
29. Apfelmark.	Wie Apfelmus, ohne Zucker, in gebundener Form.
30. Fruchtmark.	Passierte Früchte in breiiger, hinreichend konsistenter Beschaffenheit, die ohne oder mit Zucker ohne Konservierungsmittel haltbar hergestellt sind. Der Gehalt an zugesetztem Zucker darf 10 v. H. im Fertigfabrikat ohne Deklaration nicht übersteigen.
31. Preiselbeeren.	Gut verlesene, echte Preiselbeeren mit mindestens 50 v. H. Zucker im Fertigfabrikat.

b) Leitsätze für die Beurteilung von Marmeladen, Konfitüren und Jams.

A. Normale Beschaffenheit.

1. Marmeladen, Konfitüren und Jams sind Einkochungen aus frischen Früchten (Obst) und Zucker.

Die Konsistenz der Erzeugnisse muß derart sein, daß dieselben entweder dickbreiig oder geleeartig, dabei streichfähig sind.

Der äußeren Beschaffenheit nach unterscheidet man:

a) Konfitüren oder Jams. Mit dieser Bezeichnung dürfen nur Einfruchterzeugnisse belegt werden. Sie müssen den Namen der Frucht, aus der sie hergestellt sind, tragen; die zu ihrer Herstellung verwendeten Früchte müssen unzerteilt oder, wenn nötig, in Stücken zur Einkochung gelangen, so daß in der Regel im Fertigfabrikat Fruchtstücke erkennbar sind.

b) Marmeladen, breiige Zubereitungen, die durch Einkochen des zerkleinerten (auch passierten) Fruchtmarkes gewonnen werden. Mehrfruchtmarmeladen (Zweifrucht-, Dreifrucht-, Vierfruchtmarmeladen) sind solche, die nach den verwendeten Früchten benannt sind, und bei denen der Gehalt an Apfelmark nicht mehr als 50 v. H. der Fruchteinwage beträgt.

Auch bei als „Gemischte Marmelade" bezeichneten Erzeugnissen darf der Gehalt an Apfelmark 50 v. H. der Fruchteinwage nicht übersteigen.

2. Die Früchte müssen vollwertig in dem Sinne sein, daß sie weder teilweise ausgepreßt noch anderweitig ihres Saftes beraubt sind. Halbfabrikate für vorgenannte Erzeugnisse (Fruchtmark oder ähnliche Zubereitungen aus

frischen vollwertigen Früchten) sind frischen Früchten im Sinne von Ziff. 1 gleichzuachten.

3. Die beim Einkochen eines Obsterzeugnisses dieser Art entweichenden und mit Hilfe besonderer Kondensationsvorrichtungen wiedergewonnenen Stoffe (Aromastoffe) dürfen demselben Produkt ohne Deklaration wieder zugesetzt werden.

4. Bei der Herstellung von Marmeladen, Konfitüren und Jams sind im allgemeinen auf 55 Teile Zucker mindestens 45 Teile Früchte zu nehmen, jedoch hat das Fertigfabrikat mindestens 50 v. H. an zugesetztem Zucker zu enthalten. Als Ausnahme gelten die Marmeladen von Zitrusfrüchten; hier sind auf 70 Teile Zucker mindestens 30 Teile Frucht zu verwenden.

5. Als Geliermittel (aber nur als solches, nicht als Streckmittel) darf entweder ein aus einer anderen Frucht hergestellter Geliersaft bis zu 15 v. H. oder Fruchtpektin vorläufig in einer Menge bis zu 0,3 v. H. Pektinstoff (berechnet als Kalziumpektat) ohne Kennzeichnung zugesetzt werden. Sobald eine weitere Klärung der Pektinfrage stattgefunden hat, soll die Festlegung von Grenzwerten neu geprüft werden. Diese Zusätze dürfen aber nicht als Fruchtmark oder Fruchtbestandteile mit in Ansatz gebracht werden, sie müssen vielmehr neben dem vorgeschriebenen Fruchtmark Anwendung finden.

6. Ein geringer Zusatz von Weinsäure oder Milchsäure ist ohne Kennzeichnung zulässig.

B. Auch unter Kennzeichnung unzulässige Zusätze.

1. Obstrückstände sowie solche Rückstände, die beim Pressen, Auslaugen und Destillieren von Früchten oder Fruchtbestandteilen verbleiben.

2. Stärkesirup in Menge von mehr als 25 v. H. im Fertigfabrikat.

3. Getrocknete Früchte bei Konfitüren und Jams.

4. Agar und Gelatine sowie andere in Früchten nicht enthaltene Geliermittel.

5. Mineralstoffe aller Art.

C. Unter Kennzeichnung erlaubte Stoffe.

1. Getrocknete Obstfrüchte bei Marmeladen.

2. Stärkesirup. Dei Deklaration „Mit Stärkesirup" deckt einen Zusatz bis zu 25 v. H.

3. Künstliche Färbung. Zwecks Deklaration ist das Wort „Gefärbt" zu verwenden. Diese Deklaration genügt unter allen Umständen.

c) Leitsätze für die Beurteilung von Gelees.

A. Normale Beschaffenheit.

1. Gelee ist unter Zusatz von Zucker von der flüssigen in die starre Form übergeführter Saft frischer Früchte.

2. Die beim Einkochen von Gelee entweichenden und mit Hilfe besonderer Kondensationsvorrichtungen wiedergewonnenen Aromastoffe dürfen demselben Produkt ohne Deklaration wieder zugesetzt werden.

3. Im fertigen Erzeugnisse müssen mindestens 50 v. H. zugesetzter Zucker enthalten sein.

4. Als Geliermittel (aber nur als solches, nicht als Streckmittel) darf für die Erzeugnisse aus Fruchtsaft Fruchtpektin in einer Menge bis zu 0,6 v. H. Pektinstoff (berechnet als Kalziumpektat) ohne Kennzeichnung zugesetzt werden.

B. Auch unter Kennzeichnung unzulässige Zusätze.

1. Agar und Gelatine sowie andere in Früchten nicht enthaltene Geliermittel. Erzeugnisse, die unter Verwendung derartiger Geliermittel hergestellt sind, müssen als „Kunstgelee" bezeichnet werden.

2. Stärkesirup.

3. Mineralstoffe aller Art.

C. Unter Kennzeichnung erlaubte Stoffe.

1. Auszüge aus getrocknetem Obst.

2. Obstsaft anderer Früchte bei Gelees, die unter dem Namen einer bestimmten Fruchtart vertrieben werden. Der Zusatz ist zu kennzeichnen, und zwar in der Weise: „Mit Zusatz von Johannisbeersaft" usw. Diese Deklaration deckt einen Zusatz bis zu 25 v. H. des zur Einwage gelangenden Obstsaftes.

3. Künstliche Färbung. Zwecks Deklaration ist das Wort „Gefärbt" zu verwenden. Diese Deklaration genügt alsdann unter allen Umständen.

Allgemeine Bestimmungen über Pektinerzeugnisse.

Pektinerzeugnisse (flüssige, extraktartige oder pulverförmige), die in der Obstkonservenindustrie Verwendung finden sollen, müssen aus unverdorbenen sowie auch anderweitig hygienisch einwandfreien Fruchtteilen hergestellt sein und auch im übrigen in jeder Hinsicht den an einwandfreie Lebensmittel zu stellenden Anforderungen genügen. Weiter muß aus ihrer Bezeichnung die Fruchtart, der das Produkt entstammt, erkennbar sein.

Als Konservierungsmittel bezw. als Bleich- und Konservierungsmittel dürfen nur Ameisensäure, Benzoesäure und schweflige Säure Verwendung finden, soweit sie nicht die sonst üblichen und zulässigen Mengen überschreiten. Der Zusatz ist nach Art und Menge zu deklarieren.

Geliersaft im Sinne dieser Bestimmungen ist ein aus Äpfeln oder anderen pektinreichen Früchten unter den vorstehend angegebenen Voraussetzungen kalt oder unter Anwendung von Hitze hergestellter Saft mit einem Pektinstoffgehalt von nicht mehr als 2 v. H. (berechnet als Kalziumpektat).

d) Leitsätze für Obstkraut.

1. Apfelkraut, rein oder naturrein, ist hergestellt aus dem Saft frischer Äpfel ohne jeden weiteren Zusatz.

Birnenkraut, rein oder naturrein, ist hergestellt aus dem Saft frischer Birnen ohne jeden weiteren Zusatz.

Obstkraut, rein oder naturrein, ist hergestellt aus dem Saft frischer Äpfel und Birnen ohne jeden weiteren Zusatz.

2. Apfelkraut ohne jede weitere Kennzeichnung ist hergestellt aus dem Saft frischer oder getrockneter Äpfel, auch unter Mitverwendung vollwertiger Apfelteile mit Ausschluß der Kerngehäuse (abgesehen von einen technisch unvermeidbaren Anteil der Schalen am Kerngehäuse, wie zum Beispiel bei handelsüblichen amerikanischen Apfelschalen). Ohne Kennzeichnung wird ein Zuckerzusatz bis zu 25 v. H. des fertigen Erzeugnisses zugelassen. Jeder weitere Zusatz von Zucker muß deutlich gekennzeichnet sein, und zwar: „Mit Zuckerzusatz über 25 v. H." Hierdurch ist ein Zuckerzusatz bis zu höchstens 50 v. H. gedeckt.

3. Apfelkraut, welches einen Zusatz von Auszügen aus Preßrückständen erhalten hat, ist zu kenn-

zeichnen als „Apfelkraut mit Nachpresse“. Diese Bezeichnung deckt einen Zusatz bis zu 25 v. H. eingedickter Nachpresse im fertigen Erzeugnis.

Bei Zusätzen über 50 v. H. Zucker oder mehr als 25 v. H. Nachpressenextrakt ist eine Bezeichnung in Verbindung mit dem Worte Apfelkraut (Obstkraut usw.) unzulässig.

Bei einem Zusatz von Rübenkraut (Rübensaft) wird nur die Bezeichnung „Gemischtes Kraut“ als zulässig angesehen. Nicht zulässig ist die Bezeichnung „Gemischtes Apfelkraut“.

4. Das unter 2 und 3 Gesagte findet sinngemäß Anwendung auch für Birnenkraut und Obstkraut.

5. Der Zusatz von Stärkesirup zu Apfelkraut und Obstkraut ist unzulässig. Bei „Gemischtem Kraut“ wird ein Zusatz von Stärkesirup nur als zulässig angesehen, wenn er deutlich gekennzeichnet ist. Die Bezeichnung „Mit Stärkesirup“ deckt einen Gehalt des fertigen Erzeugnisses bis zu 25 v. H. Die Bezeichnung „Mit mehr als 25 v. H. Stärkesirup“ deckt einen solchen bis zu 50 v. H. des fertigen Erzeugnisses. Bei einem Gehalt von über 50 v. H. Stärkesirup darf keine Bezeichnung in Verbindung mit dem Worte Kraut verwendet werden.

e) Feststellungen für Zuckerwaren, sonstige Süßwaren und Marzipanwaren.

I. Allgemeines.

Zuckerwaren (im engeren Sinne) sind Waren, die aus Zucker jeglicher Art allein oder mit mannigfaltigen Zusätzen von anderen zu Nahrungs- und Genußzwecken dienenden Stoffen (Stärkezucker, Stärkesirup, Milch, Sahne, Eier, Honig, Fetten, Kakao, Schokolade, Früchten und Marmeladen, Gelees, Fruchtsäften, Gewürzen, Malzextrakt,

Mandeln, Nüssen, Samen, Tragant, Gummiarabikum, Gelatine, Agar-Agar usw.) sowie von Farb- oder Geschmacksstoffen hergestellt sind.

Alle Zuckerwaren haben das miteinander gemeinsam, daß Zucker einer ihrer wesentlichen Bestandteile ist. Die Verwendung von Stärkezucker, Stärkesirup, Invertzucker usw. muß nicht nur als erlaubt, sondern in zahlreichen Fällen als für den Fabrikationsprozeß notwendig erachtet werden, so daß ein berechtigter Anlaß zur Kennzeichnung bei solcher Verwendung nicht vorliegt, sofern nicht im folgenden für bestimmte Sorten anderes festgestellt ist.

Das gleiche gilt auch von der Färbung der Zuckerwaren mit selbstverständlich unschädlichen Farbstoffen: die Färbung ist durch die Eigenschaft der Zuckerwaren nicht blos als Nahrungs-, sondern auch als Genußmittel bedingt.

Der Zusatz von Geschmacksstoffen zu Zuckerwaren kann erfolgen durch natürliche (naturreine) oder künstliche Essenzen oder Tinkturen, ätherische Öle, künstliche Fruchtäther, natürliche (naturreine) Frucht- und Pflanzensäfte, chemisch reines Kumarin, Vanillin, organische Säuren (Weinsäure, Zitronensäure, Milchsäure) usw. Die Bezeichnung von Zuckerwaren mit Frucht- oder sonstigen Geschmacksnamen bedingt nicht die Verwendung von natürlichen Früchten, natürlichen Fruchtessenzen oder sonstigen natürlichen Geschmacksstoffen, da die zu Zuckerwaren verwendeten Geschmacksstoffe (Essenzen usw.) bei ihrer Verarbeitung meist so hohen Hitzegraden ausgesetzt werden, daß z. B. reine Fruchtauszüge für diesen Zweck nicht ausreichen, sondern mehr oder weniger künstliche Verstärkungsmittel erhalten müssen. Eine Kennzeichnung der verwendeten künstlichen Essenzen usw. ist daher nicht erforderlich. Beispiel: Himbeerbonbons werden nicht mit Himbeeren oder mit Himbeersaft, sondern mit künstlicher Himbeeressenz hergestellt.

Erzeugnisse, die nach ihrer Bezeichnung die Verwendung von Spirituosen als Geschmackszusatz annehmen lassen, müssen jedoch auch wirklich unter Verwendung dieser alkoholhaltigen Zusätze, und zwar in ausreichenden Mengen, so daß der Geschmack dadurch bestimmt wird, hergestellt sein. Es müssen z. B. Weinbrand-Pralinen, Arrak- oder Rum-Konfekt auch wirklich unter entsprechenden Zusätzen der genannten Spirituosen hergestellt sein. Auch bei allgemeineren Bezeichnungen, wie „Likör“ oder „Punsch“ und dergl., ist nach dem Sprachgebrauch die Verwendung von entsprechenden Zusätzen zu vermuten. Über die Menge des Zusatzes oder über den Alkoholgehalt können jedoch keine bestimmten Vorschriften gegeben werden, da es sich regelmäßig nur um Geschmackszusätze handelt. Die Zusätze müssen eben in so ausreichendem Maße verwendet werden, daß der Geschmack wirklich bestimmt wird. Zuckerwaren, Konfekte usw., die eine flüssige Füllung ohne entsprechenden Zusatz von Spirituosen haben, dürfen also nicht z. B. als „Likörbohnen“ usw. benannt werden, sondern können nur etwa als „flüssig gefüllt“ oder in ähnlicher Weise bezeichnet werden.

Die Verwendung aller Stoffe, die nicht einen Gebrauchswert als Nahrungs- oder Genußmittel haben oder die nicht zu Färbungs- oder Geschmackszwecken dienen, muß als unzulässig angesehen werden. Insbesondere ist der Zusatz von mineralischen Stoffen, die nur zur Beschwerung dienen, wie Talkum, kohlensaurer Kalk, Schwerspat, Gips, Kaolin und dergl., verboten; geringe Spuren von Talkum und dergl., die bei der nötigen Verarbeitung des Zuckers zurückbleiben, sind nicht zu beanstanden. Der Zusatz von künstlichem Süßstoff (Saccharin, Dulcin und dergl.) unterliegt den Bestimmungen des Süßstoffgesetzes.

Umhüllungen, in welchen Zuckerwaren in den Verkehr gebracht werden, dürfen nicht mit gesundheitsschädlichen

Farben im Sinne des Gesetzes vom 5. Juli 1887 versehen sein. Zinnfolien, welche als Umhüllungen dienen, dürfen, nicht mehr als ein Gewichtsteil Blei in 100 Gewichtsteilen enthalten.

II. Besondere Arten.

Zuckerwaren und sonstige Süßwaren werden in außerordentlich zahlreichen Sorten hergestellt. Die nachstehende Sortentafel, die sich handelsüblich entwickelt hat und eigentlich nur für die Preisgestaltung festgelegt wurde, ist deshalb nicht als erschöpfende Aufzeichnung der Sorten von Zuckerwaren usw. zu betrachten.

III. Sortentafel,

enthaltend die hauptsächlich gebräuchlichen Zuckerwaren und sonstigen Süßwaren.

A. Karamellbonbons:

Gruppe I: Walzen- und Schnittbonbons mit Geschmackszusatz ohne Säure sowie einfache Hustenbonbons, auch in Stangen.

Gruppe II: Walzen- und Schnittbonbons mit Geschmackszusatz und Säure, ungefüllte Plastik- und Apparatsbonbons mit Geschmackszusatz und Säure, Mohnbonbons (Nauten) sowie bessere Hustenbonbons, Zuckerzigarren und Pfefferminzstangen, ferner Honig- und Malzbonbons (mit 5 v. H. Zusatz).

Gruppe III: Einfach gefüllte Bonbons, Cachoubonbons, Stangen, Rocks, Kokosnußbonbons (Manna), Kakaobonbons, Kaffeebonbons sowie gegossene massive Karamellfiguren.

Gruppe IV: Bonbons der Gruppe II, eingewickelt in fettdichtem Papier.

Gruppe V: Gefüllte Bonbons, Kokosnußbonbons (Manna), Kakao- und Kaffeebonbons der

Gruppe III, sämtlich eingewickelt in fettdichtem Papier sowie gegossene hohle Karamellfiguren.

Gruppe VI: Feinst gefüllte Bonbons (mit Schokolade-, Marzipan- Nugat- oder gleichwertigen Füllungen).

Gruppe VII: Milch- und Rahm- (oder Sahne-) Bonbons.

B. Konservekonfekt, unkandiert:

Gruppe I: Einfaches Konservekonfekt, unkandierte Fondants mit Geschmackszusatz.

Gruppe II: Konservekonfekt mit Pfefferminzgeschmack.

C. Fondants und Dessertfondants, Fondantmasse:

Gruppe I: Einfache schmelzende, ein- oder doppelfarbige gegossene kandierte Fondants.

Gruppe II: Gefüllte schmelzende Fondants, überzogen, sowie Pfefferminzfondants.

Gruppe III: Überzogene oder glasierte Dessertfondants mit Mandel-, Nuß-, Likör- oder Fruchtfüllung, Fondantmasse.

D. Komprimate (Pfefferminzpastillen und dergl.).

E. Türkischer Honig.

F. Kandierte Agarwaren, Fruchtpasten, Gelee- und Marmeladefrüchte.

G. Weiche Schaumzuckerwaren (Baisers).

H. Harte Schaumzuckerwaren:

Gruppe I: Einfach, bemalt, ohne Zierat.
Gruppe II: Einfach, bemalt, mit Zierat.
Gruppe III: Bemalt, mit Spritzarbeit und Zierat.

J. Gummipastillen.

K. Rohmarzipanmasse, Nußmasse und Mandelnußmasse.

L. Rohpersipanmasse (Backmasse).

M. Nugatmasse:

Gruppe I: Nußnugatmasse.
Gruppe II: Mandelnugatmasse.

N. Marzipanwaren.

O. Persipanwaren.

P. Gebrannte Mandeln und Haselnüsse.

R. Krokant.

R. Kokosflocken.

S. Pralinen:

Gruppe I: Cremepralinen.
Gruppe II: Dessertpralinen mit Mandel-, Nuß-, Likör- oder Fruchtfüllung.

T. Dragees:

Gruppe I: Dragees mit Walzenkaramelleinlage.
Gruppe II: Perlen und Kugeln.
Gruppe III: Dragees mit gegossenen Einlagen und hohle Karamelldragees.
Gruppe IV: Warm hergestellte und gekrauste Dragees.
Gruppe V: Geleedragees bezw. gleichwertige Dragees.
Gruppe VI: Feinst gefüllte Dragees mit Schokolade-, Marzipan-, Nugat oder gleichwertigen Füllungen, ferner Sansibarnüsse (Drageehaselnüsse) usw.
Gruppe VII: Nonpareille.
Gruppe VIII: Milch- und Rahm- (Sahne-) Dragees.

U. Lakritzen und Lakritzwaren.

V. Konfekttrüffeln.

IV. Einzelheiten.

Zu A: **Karamellbonbons**, die unter verschiedenen Namen (Drop, Rocks, Berlingots, Boltjen, Gutsl, Zucker, gefüllte Bonbons usw.) in den Verkehr kommenden hauptsächlichen Sorten von Zuckerwaren, werden hergestellt durch Verkochen von aufgelöstem Zucker, regelmäßig mit Stärkesirup oder Invertzucker, sowie unter Zusatz von Geschmacks- und Farbstoffen in offenen oder unter Vakuum stehenden Kesseln.

Fruchtbonbons haben Zusätze von Fruchtessenzen, künstlichen Fruchtsäften oder ätherischen Ölen. Hustenbonbons haben Zusätze von Frucht- oder Pflanzensäften (z. B. von Eibischwurzeln, Malzextrakt usw.) oder von alkoholischen Auszügen aus Pflanzenteilen, von ätherischen Ölen, Menthol, Eukalyptus, Lakritze usw.

Malzbonbons oder Malzextraktbonbons müssen bei der Fabrikation einen Zusatz von mindestens 5 v. H. Malzextrakt oder 4 v. H. Malzextraktpulver erhalten. Honigbonbons müssen bei der Fabrikation einen Zusatz von mindestens 5 v. H. natürlichem Bienenhonig erhalten. Karamellbonbons, die diesen Herstellungsvorschriften nicht entsprechen, dürfen nicht als Malz- bezw. Honigbonbons oder unter ähnlichen Bezeichnungen in Verkehr gebracht werden. (Als ähnliche Bezeichnung für Malzbonbons gilt im Verkehr auch die Aufschrift oder Bezeichnung „B. M.“, die in Hersteller-, Händler- und Verbraucherkreisen als Abkürzung für die Worte „Bayrisch Malz“ gilt. Als ähnliche Bezeichnung für Honigbonbons gilt auch das Bild einer Biene auf den Bonbons aufgeprägt oder auf dem Einwickelpapier.)

Bonbons mit Säure enthalten Weinsäure, Zitronensäure, Milchsäure oder Essigsäure.

Gefüllte Bonbons sind Karamellbonbons mit Füllungen von Früchten, Marmeladen, Mandeln, Kernen, Likören usw. —

Mohnbonbons sind entweder mit Mohnsamen überzogen (Nauten) oder mit Mohnsamen gemischt. — Kokosnußbonbons (Manna) sind Karamellbonbons, deren Masse mit geraspelter Kokosnuß gemischt ist. — Kakaobonbons sind Karamellbonbons mit Zusatz von Kakaomasse oder Kakaopulver; der Gehalt an Kakaobestandteilen soll wenigstens 5 v. H. betragen. — Kaffeebonbons (auch Hopjes) sind Karamellbonbons mit Zusatz von Kaffee-Extrakt, mit oder ohne Milch- oder Sahnezusatz.

Milchbonbons müssen unter Verwendung von Vollmilch in frischer oder kondensierter Form (auch Trockenmilchpulver) hergestellt sein und müssen mindestens 2,5 v. H. Milchfett enthalten. Sahne- oder Rahmbonbons müssen in gleicher Weise hergestellt sein, aber mindestens 4 v. H. Milchfett enthalten. (Eine Fehlergrenze bis zu ½ v. H. Milchfett ist im Einzelfalle bei Milch- und Sahnebonbons wegen der auch bei Kondens- und Trockenmilch üblichen Fehlergrenzen zuzulassen.) Der Geschmacksverbesserung wegen kann sowohl bei Milch- wie bei Sahne- oder Rahmbonbons jeweils über die obenbezeichneten Milchfette hinaus Milchfett (auch Butterfett) oder anderes Fett ferner Magermilch (auch in kondensierter Form oder als Magermilchpulver) zugesetzt werden.

Zu B: Konservekonfekt (auch Konserve) ist eine Zuckerware aus aufgelöstem, dann bis zu einem gewissen Grade eingedicktem Zucker unter Verwendung von Geschmacksstoffen und Farben, Gewürzen, auch Pflanzenstoffen und dergl. in Formen, Platten (Morsellen) oder Plätzchen (Raffinadeküchel) gegossen.

Fruchtzucker- oder Blockzuckerwaren sind aus aufgelöstem Traubenzucker mit Zusätzen von Geschmacksstoffen und Farben hergestellte Erzeugnisse.

Zu C: Fondants sind schmelzende, auf der Zunge leicht

zergehende Zuckerwaren, die in Formen gegossen und kandiert oder mit Zucker überzogen sind. Dessertfondants (Dessertbonbons) enthalten eine Füllung von Mandeln, Nüssen, Kernen, Likören, Früchten, Marmeladen und dergl.

Fondantmasse ist eine schmelzende, auf der Zunge leicht zergehende Masse von Zucker und Sirup, Geschmacks- und Farbstoffen.

Zu D: Komprimate sind aus gepreßtem Staubzucker hergestellte Zuckerwaren, regelmäßig in pastillenähnlicher Form; sie haben, abgesehen von geringen Mengen an Bindemitteln sowie von Zusätzen von medizinischen oder Geschmacksstoffen, ausschließlich aus Zucker zu bestehen. Zusätze von Mineralstoffen, wie Talkum, kohlensaurer Kalk und dergl., sind als Fälschungen zu betrachten. — Pfefferminzkomprimate erhalten einen Zusatz von Pfefferminzöl, der den Geschmack zu bestimmen hat; eine Vorschrift über die Menge des Zusatzes von Pfefferminzöl ist mit Rücksicht auf die verschiedene Ausgiebigkeit der einzelnen Sorten nicht möglich.

Zu E: Türkischer Honig wird hergestellt aus Zucker, Honig, Stärkezucker, Stärkesirup, Schaum von Eiweiß, Gelatine oder dergl. sowie mit oder ohne Zusätze von Mandeln, Kernen, Nüssen usw. Bestimmte Vorschriften lassen sich hierfür ebensowenig aufstellen wie für die verwandten Zuckerwarensorten „Lokum", „Orientalisches Nugat" usw. (Die zulässige Menge Talkum im Türkischen Honig soll noch bestimmt werden.)

Zu F: Agarwaren mit Fruchtgeschmack sind aus Zucker und Stärkesirup mit Zusatz von Agar-Agar (als Geliermittel) hergestellte Zuckerwaren mit Zusätzen von Geschmacksstoffen und Farben; häufig sind sie künstliche Nachahmungen von Früchten, aber nur der Form nach. — Fruchtpasten, Fruchtgeleewaren und Marmeladenfrüchte werden hergestellt aus Obstgelee oder Marmelade ohne oder mit Zusatz von Geliermitteln.

Zu G: Weiche Schaumzuckerwaren (Baisers) werden aus Zucker, Sirup, Eiweiß, Speisegelatine oder Agar hergestellt, in weichem Zustand mit Waffelunterlage versehen und entweder mit Zuckerguß oder mit Schokolade überzogen (sogenannte „Negerküsse" oder „Mohrenköpfe").

Zu H: Harte Schaumzuckerwaren werden in gleicher Weise wie weiche Schaumzuckerwaren, jedoch durch Trocknen in harter Form hergestellt und vielfach mit Malereien, Spritzarbeit und Zierat aller Art versehen. — Verwandt mit Schaumzuckerwaren sind die Gummischaumwaren; diese haben mit Gummiarabikum oder ähnlichen Stoffen nichts zu tun, sind vielmehr nur elastische Schaumzuckerwaren (in Form von Schlangen und dergl.).

Zu J: Gummipastillen sowie Gummibonbons sind aus Zucker, Stärkesirup und Gummiarabikum mit Zusätzen von anderen Nahrungs- und Genußmittelstoffen, Drogen und dergl. hergestellte, in Puder oder Formen gegossene und getrocknete Waren mit oder ohne Zuckerüberzug (Kandierung). Gelatine- und Leimzuckerwaren gehören nicht zu den Gummipastillen oder Gummibonbons, sind vielmehr als solche zu bezeichnen.

Zu K, L, M, N, O:

Marzipan und Ersatzmittel.

a) Rohmassen.

1. Rohmarzipanmasse ist ein Gemenge von feucht geriebenen Mandeln und Zucker. Der Feuchtigkeitsgehalt darf nicht über 17 v. H., der Zusatz von Zucker nicht über 35 v. H. der fertigen Rohmarzipanmasse betragen.

2. Backmasse (Rohpersipanmasse) ist ein Gemenge von entbitterten geriebenen Aprikosen- oder Pfirsichkernen und Zucker. Der Feuchtigkeitsgehalt darf nicht über 20 v. H., der Zusatz von Zucker nicht über 35 v. H. der fertigen Backmasse betragen.

Zur Kennzeichnung ist ein Zusatz von 0,5 v. H. Kartoffelstärke, der jedoch in das Gewicht des Zuckers gelegt werden muß, vorgeschrieben.

b) Fertigwaren.

1. Marzipanwaren (angewirkter Marzipan) sollen aus einem Teil Rohmarzipanmasse mit Zusatz bis zu einem Teil Zucker bestehen.

Zur Frischhaltung kann bis zu 3,5 v. H. Stärkesirup hinzugefügt werden. Dieser Zusatz ist dann aber in das Gewicht des zugefügten Zuckers zu legen.

2. Angewirkte Backmassen (Persipanwaren) sollen aus einem Teil Backmasse mit einem Zusatz bis zu eineinhalb Teilen Zucker bestehen.

Zur Frischhaltung kann bis zu 3,5 v. H. Stärkesirup zugefügt werden. Dieser Zusatz ist dann aber in das Gewicht des zugefügten Zuckers zu legen.

Persipanwaren sind als solche in Drucksachen, Rechnungen, Packungen und Auslagen kenntlich zu machen.

Zucker schlechtweg ist Rüben- oder Rohrzucker.

c) Marzipanähnliche Fabrikate.

Zu den marzinpanähnlichen Fabrikaten sind Nuß-, Mandelnuß-, Nugat- und Makronenmassen zu zählen.

1. Nußmassen sind Rohmassen, die aus Haselnüssen und Zucker im Verhältnis der Rohmarzipanmassen bestehen.

2. Mandelnußmassen sind Rohmassen, die aus Mandeln und Haselnüssen sowie Zucker im Verhältnis der Rohmarzipanmassen bestehen. Alle Zusätze anderer Art zu Nuß- und Mandelnußmassen gelten als Verfälschung.

3. Nugatmassen:

a) Nugat wird hergestellt aus Haselnüssen und Zucker mit oder ohne Zusatz von Kakaobestandteilen. Der Zuckerzusatz soll nicht mehr als die Hälfte der fertigen Nugatmasse betragen.

b) Mandelnugat. Die Herstellung ist eine entsprechende. An Stelle von Haselnüssen werden geröstete Mandeln verwendet.

Alle übrigen Marzipanersatzwaren sind (auch bei Kennzeichnung) unzulässig.

4. Makronenmassen und deren Ersatz:

a) Makronenmasse soll bestehen aus einem Teil Rohmarzipan mit Zusatz bis zu einem Teil Zucker sowie der zur Verarbeitung nötigen Eiweißlösung. — Makronenmasse dient zur Herstellung von Makronen. Ein Mehlzusatz darf nicht verwendet werden.

b) Backpersipan (backfertige Backmasse, Makronenmassenersatz) wird entsprechend der Makronenmasse hergestellt. An Stelle von Rohmarzipan wird Backmasse (Rohpersipan) verwendet. — Das fertiggestellte makronenartige Gebäck ist unter entsprechender Kenntlichmachung (Persipanmakronen) zu vertreiben. — Bei Verwendung von Kokosnüssen an Stelle der Backmassen ist die fertige Backware als „Kokosmakronen" zu bezeichnen.

Zucker schlechtweg ist Rüben- oder Rohrzucker.

Zu P: Gebrannte Mandeln bestehen aus rohen oder gerösteten Mandeln und karamellisiertem Zucker mit Gewürz- oder Geschmacksstoffzusätzen, wie Vanillin und dergl. Das Verhältnis von Zucker zu Mandeln darf im Durchschnitt einer größeren Menge nicht mehr als 4 : 1 betragen. — Für gebrannte Haselnüsse gelten die gleichen Bestimmungen hinsichtlich des Zusatzes von karamellisiertem Zucker zu rohen oder gerösteten Haselnüssen.

Zu Q: Krokant ist ein Erzeugnis aus Mandeln oder Nüssen (Hasel- oder Walnüssen) mit karamellisiertem Zucker. Bei Verwendung anderer Bestandteile, z. B. von Erd- oder Kokosnüssen und dergl., muß Bezeichnung (Deklaration) erfolgen.

Zu R: Kokosflocken bestehen aus frischer, nicht entölter geraspelter Kokosnuß- und Fondantmasse; Zusätze von Stärkemehl sind nicht zulässig. Der Anteil von geraspelter Kokosnuß muß mindestens ein Viertel des Gesamtgewichts betragen.

Zu S: Pralinen. (Die Beschlüsse werden einer neuen Beratung vorbehalten. Wegen Konfekttrüffeln siehe am Schluß.)

Zu T: Dragees sind mit Zucker oder mit Zuckerlösung unter Zusätzen von Stärkesirup, Stärkezucker sowie sonstigen Nahrungs- und Genußmittelstoffen, auch Heilmitteln, ferner mit Geschmacksstoffen, Farben usw. entweder ohne Einlagen aufgezogene oder mit Einlagen in gleicher Weise hergestellte Zuckerwaren. Die Einlagen sind entweder flüssige oder feste Kerne aus Zucker, Traubenzucker, Gummiarabikum, Gelatine, Konserve, Agar-Agar usw. oder vegetabilische Kerne und Samen, z. B. Haselnüsse, sonstige zu Nahrungs-, Genuß- und Heilmitteln geeignete Kerne und Samen, wie Wurmsamen und dergl. Der Zusatz von Mehl ist nicht gestattet; jedoch sind bei Dragees mit Einlagen geringe Spuren von Stärkemehl, die bei der nötigen Verarbeitung der Einlagen zurückbleiben, unbeanstandbar.

Milchdragees sowie Sahne- oder Rahmdragees müssen ebenso wie die Milchbonbons und Sahne- oder Rahmbonbons (vgl. zu A) die festgesetzten Mengen von Milchfett enthalten, jedoch jeweils nur im ungefähren Durchschnitt auf Kern und Decke berechnet.

Silber- oder Golddragees müssen, wenn sie ausdrücklich so bestellt und bezeichnet sind, mit Silber bezw. Gold überzogen sein. Die Verwendung von Aluminium ist zulässig, doch darf dann nicht die ausdrückliche Bezeichnung Silber gewählt werden. Die Verwendung von kupferhaltigen Bronzen zu Golddragees ist unzulässig.

Sansibar-Nüsse (Dragees-Haselnüsse) sind Haselnüsse mit einem Zuckerüberzug.

Nonpareille und Liebesperlen dürfen nur aus Zucker ohne irgendwelche fremde Kerne hergestellt werden. Die Verwendung von Sago, Grieß, Mohnsamen und dergl. als Kerne für diese Sorte ist unzulässig. Es ist jedoch gestattet, Nonpareille (Streuküchel) aus technischen Gründen für besondere Zwecke mit einem Mehl- bezw. Puderzusatz bis zu 30 v. H. herzustellen, der in seiner Höhe auf der Rechnung zu deklarieren ist.

Diese Zulassung eines Mehlzusatzes gilt aber — wie ausdrücklich betont werden soll — lediglich für Nonpareille, während ein Mehlzusatz zu Liebesperlen und sonstigen Dragees unzulässig ist

Zu U: Süßholzsaft (Succus liquiritiae) muß rein und ohne Zusätze sein. Über die Eigenschaften und die Verwendung von Succus liquiritiae in der Pharmazie bestimmt das Deutsche Arzneibuch, 6. Ausgabe.

Lakritzen und Lakritzenwaren (aller Art) werden unter Verwendung von Süßholzsaft und, je nach dem Zweck, verschiedenen Zusätzen, wie Süßholzpulver, Zucker, Sirup, Stärke, Mehl, Anispulver, Gummiarabikum usw., in Form von Stangen, Stengelchen, Röhren, Riemen, Bändern, auch von Figuren, z. B. Mutzpfeifen, Kautabak und dergl., hergestellt. Lakritzen und Lakritzwaren müssen Süßholzsaft enthalten, und zwar bei den billigsten Sorten (Spielartikeln) mindestens 5 v. H. Die sonstigen Zusätze dürfen nur aus Nahrungs- und Genußmitteln sowie aus für den Genuß gebräuchlichen Drogen bestehen. Mineralische Zusätze sind verboten.

Zu V:

Konfekttrüffeln.

Trüffeln sind schokoladenartige, aus Trüffelmasse hergestellte Zubereitungen, die in ihrer Form an Trüffelpilze erinnern.

Trüffelmassen sind schokoladenartige Zubereitungen von besonderer Güte, die neben Kakaomasse, Zucker und Kakaobutter solche Geschmacksstoffe enthalten, die ihnen einen besonderen Charakter als Genußmittel verleihen.

Konfekttrüffeln und Trüffelmassen bestehen aus Zucker, Kakao und Kakaobutter unter Zusatz von Butter und Geschmackstoffen, wie Rum u. a. Der Fettbestand muß mindestens 15 v. H. sein. Sahnetrüffeln sind Trüffeln in vorstehendem Sinne, die außerdem Sahne in geschmacklich zum Ausdruck kommenden Mengen enthalten. Als Fälschung zu betrachten sind insbesondere Zusätze von Streckmitteln aller Art (Mehlen, Stärke und dergl.), Fremdfetten und Farbstoffen.

f) Festsetzungen über Speiseeis.

(Sie sind zwar erst einseitig getroffen vom Reichsobermeistertag des Deutschen Konditorenbundes am 27. Juni 1927, aber als Beschluß aus jüngster Zeit immerhin richtunggebend.)

Unter Speiseeis, Konditoreis, Gefrorenem, Cremeeis, Rahmeis, Fruchteis, Eiscreme, Eisspeisen usw. versteht man Zubereitungen, die aus Milch bezw. Sahne und Zucker (teilweise unter Verwendung von Eiern) oder Fruchtpülpen bestehen, durch Zusätze verschiedenster Art aromatisiert sind und nahe unter dem Gefrierpunkt des Wassers abgekühlt zum Genuß gelangen.

Der Zusatz von Verdickungsmitteln (stärkehaltigen Stoffen, Agar-Agar, Gelatine, Pektine usw.) ist unzulässig.

Jede Anpreisung von Speiseeis muß als Hauptbezeichnung eine der nachstehend näher beschriebenen Sorten Speiseeis tragen.

1. Cremeeis (Hauptvertreter: Vanilleeis) besteht aus Eigelb (oder Vollei) mit Vollmilch (evtl. teilweise Rahm), Zucker und Geschmackszusätzen, wie Vanille, Kaffee, Schokolade, Mandel, Maraschino, Pistazien. Die der Bezeichnung der Sorte entsprechenden charakteristischen Geschmackszusätze müssen in unverfälschter Form im Speiseeis enthalten sein. Cremeeise dürfen keine künstlichen Farbstoffe enthalten. 1 kg Vanilleeis muß mindestens 65 g Eigelb enthalten. 1 kg anderer Cremeeissorten muß mindestens 30 g Eigelb enthalten. Demnach sind bei sachlicher Zubereitung auf 1 l Milch außer den anderen Zutaten bei Vanilleeis mindestens 6, bei den anderen Cremesorten 3 Eidotter zu verwenden.

2. Rahmeis oder Sahneeis (Hauptvertreter: Fürst Pückler) besteht aus mit Zucker geschlagener Sahne und natürlichen, wie bei Creme- und Fruchteis verwendeten Geschmackszusätzen, evtl. auch Eibestandteilen. 1 kg Rahmeis

muß mindestens 170 g Fett enthalten. Zusatz milchfremder Fette oder Öle ist nicht zulässig.

3. Fruchteis (Hauptvertreter: Erdbeereis) besteht aus frischem oder konserviertem Fruchtmark mit Zucker und Wasser (evtl. teilweise Milch, Rahm, Eiweiß). Fruchtmark besteht aus vollen, natürlichen Früchten, welche durch Passieren von gröberen Bestandteilen befreit sind, denen sonst aber nichts zugesetzt oder entzogen ist. Von dem der Bezeichnung der Sorte entsprechenden Fruchtmark müssen im Kilogramm Fruchteis mindestens 200 g enthalten sein. Zusatz von Säure ist nur in Gestalt von Wein- oder Zitronensäure zulässig. Zusatz künstlicher, nicht natürlicher Früchten entsprechender Essenzen ist verboten. Eine Färbung ist nur zulässig, soweit sie zur Wiederherstellung der durch die Konservierung verlorengegangenen natürlichen Farbe des Fruchtmarkes dient.

4. Kunstspeiseeis. Bei der Anpreisung dieser Ware darf kein Wort größer gedruckt oder geschrieben sein als das Wort „Kunst".

Hierunter fallen alle einschlägigen Zubereitungen, die den vorstehenden Anforderungen nicht genügen. Bei keinem Speiseeis dürfen Zusätze, die zur Erreichung besserer Konsistenz dienen, als Ersatz der als erforderlich bezeichneten Zutaten verwendet werden. Künstliche Färbungen, die den Zusatz von Eigelb vortäuschen, sind unzulässig.

g) Festsetzungen für verschiedene Gebäcksorten.

1. Buttergebäck. Unter der Bezeichnung „Buttergebäck" dürfen ausschließlich Waren in den Verkehr gebracht werden, welchen außer mindestens 10 kg Butter auf 100 kg Mehl kein anderes Fett zugesetzt worden ist.

2. Milchgebäck. Zur Herstellung von „Milchgebäck" soll Vollmilch verwendet werden. Bei der Verwendung von Magermilch muß die Differenz im Fettgehalt zwischen Vollmilch und Magermilch durch Butterfett ersetzt werden.

3. Milchcremefüllungen für Waffeln. Der Grundstoff von Waffelfüllungen ist Kokosfett und Zucker. Die Füllung darf die Bezeichnung „Milchcremefüllung für Waffeln" tragen, wenn ihr soviel Milch zugesetzt ist, daß sie geschmacklich hervortritt. Bei der Herstellung von Milchcreme zur Füllung von Gebäck soll Vollmilch verwendet werden. Bei Verwendung von Magermilch muß die Differenz im Fettgehalt zwischen Vollmilch und Magermilch durch technisch geeignete Fettstoffe ersetzt werden. Bei der Herstellung der Füllung von Sahne- oder Sahnecremegebäck soll an Milchstoffen nur Sahne oder Sahnepulver verwendet werden. Die bei „Milch- und Sahnecreme" bezw. „Milch- und Sahnecremewaffeln" angewandte Menge des Milch- bezw. Sahnepulvers muß so groß sein, daß sie technisch und geschmacklich hervortritt.

4. Schokoladewaffeln, Schokoladecremewaffeln. „Schokoladewaffeln" sind Waffeln, die mit Schokolade überzogen oder gefüllt sind. Bei „Schokoladecremewaffeln" muß die Cremefüllung hergestellt sein unter Beifügung von Schokolade. Die Menge der verwendeten Schokolade muß so groß sein, daß sie technisch und geschmacklich zur Geltung kommt.

5. Albert-Keks. Man versteht unter der Bezeichnung „Albert-Keks" solche Kekse, denen mindestens 12 kg Fette auf 100 kg Mehl zugesetzt sind. Es muß daran festgehalten werden, daß unter der Bezeichnung „Albert-Keks" keine Waren von geringer Qualität (Konsum-Keks) geliefert werden.

6. Elisen-Lebkuchen. Man versteht unter „Elisen-Lebkuchen" nur auf Oblaten oder Waffelblättern gebackene Lebkuchen, zu deren Teigmasse wenigstens 25 v. H. Mandeln oder Haselnüsse (mit einer Fehlergrenze bis herab zu 22 v. H.) und höchstens 10 v. H. Mehl oder mehlartige Bestandteile Verwendung gefunden haben. Die Bezeichnungen „Marzipan-Lebkuchen", „Makronen-Lebkuchen" oder „Mandeln-Lebkuchen" sind nur für die gleichen Lebkuchensorten zulässig unter der weiteren Voraussetzung, daß bei dem erforderlichen Zusatz von Mandeln und Nüssen der Anteil an Mandeln überwiegt. Bei Verwendung von Rohmassen (Marzipanmassen, Nußmassen usw.) müssen die Mandeln- oder Haselnußbestandteile entsprechend berechnet werden, um den vorgeschriebenen Anteil von Mandeln oder Nüssen zu bewirken.

Die Bezeichnung Buttercreme ist auch dann noch erlaubt, wenn aus technischen Gründen neben Butter ein Zusatz von nicht mehr als 25 v. H. der gesamten Fettmenge eines anderen geeigneten Fettes erfolgt.

Bei Kokosmakronen[1]) darf ein etwaiger Mehlzusatz höchstens 3 v. H. der Gesamtmenge betragen.

h) Leitsätze für die Beurteilung von Kakao und Kakaoerzeugnissen.

I. Kakaomasse.

Kakaomasse ist das Erzeugnis, welches lediglich durch Mahlen und Formen der gerösteten und enthülsten Kakaobohnen gewonnen wird. Die Verarbeitung beschädigter Kakaobohnen ist verboten.

---

[1]) Vgl. hierzu auch bei Zuckerwaren Einzelheiten zu den Gruppen K, L, M, N, Oc Nr. 4.

Kakaomasse darf keinerlei fremde Beimengungen enthalten. Kakaoschalen und Kakaokeime dürfen nur in technisch unvermeidbarer Menge vorhanden sein. Die beim Reinigen der Kakaobohnen sich ergebenden Abfälle dürfen weder der Kakaomasse zugefügt noch für sich auf Kakaomasse verarbeitet werden.

Aufgeschlossene Kakaomasse ist eine mit Alkalien, Karbonaten von Alkalien bezw. alkalischen Erden, Ammoniak oder deren Salzen bezw. mit Dampfdruck behandelte Kakaomasse.

Kakaomasse hinterläßt 2,5 bis 5 v. H. Asche und enthält nach den bisherigen Feststellungen 52 bis 58 v. H. Fett; der Sandgehalt darf 0,2 v. H., berechnet auf fettfreie Trockenmasse, nicht übersteigen.

II. Kakaopulver.

Kakaopulver, entölter Kakao, aufgeschlossener Kakao sind gleichbedeutende Bezeichnungen für eine in Pulverform gebrachte Kakaomasse bezw. in Pulverform gebrachte, geröstete, enthülste, unbeschädigte Kakaobohnen, nachdem diese durch Abpressen in der Wärme von dem ursprünglichen Gehalte an Fett teilweise befreit und unter Umständen einer Behandlung mit Alkalien, Karbonaten von Alkalien bezw. alkalischen Erden, Ammoniak und deren Salzen bezw. einem Dampfdruck ausgesetzt waren.

Dem Fettgehalt nach unterscheidet man stark und schwach entölte Kakaopulver. „Schwach entölte" Kakaopulver müssen mindestens 20 v. H. Fett, „stark entölte" Kakaopulver mindestens 15 v. H. Fett enthalten. Stark entölte Kakaopulver müssen als solche deutlich gekennzeichnet sein (als „fettarme"), ebenso müssen gewürzte (aromatisierte oder parfümierte) Kakaopulver als solche deklariert werden.

Der Zusatz von Alkalien oder alkalischen Erden darf 3 v. H. des Rohmaterials nicht überschreiten.

Kakaopulver usw. darf keine fremden Beimengungen (auch kein Stärkemehl) enthalten. Kakaoschalen und Kakaokeime dürfen nur in technisch unvermeidbarer Menge vorhanden sein. Die beim Reinigen der Kakaobohnen sich ergebenden Abfälle dürfen weder dem Kakaopulver zugefügt noch für sich auf Kakaopulver verarbeitet werden.

Nur gepulvertes oder mit Ammoniak bezw. mit Dampfdruck hergestelltes Kakaopulver hinterläßt, auf Kakaomasse mit 55 v. H. Fett umgerechnet, nach den bisherigen Feststellungen 3 bis 5 v. H. Asche.

Mit Alkalien oder alkalischen Erden aufgeschlossenes Kakaopulver darf, auf Kakaomasse mit 55 v. H. Fett umgerechnet, nicht mehr als 8 v. H. Asche hinterlassen.

Der Gehalt an Wasser darf 9 v. H. nicht übersteigen. Der Sandgehalt darf 0,2 v. H., berechnet auf fettfreie Trockenmasse, nicht übersteigen.

IIa. Haferkakao, Haferzuckerkakao

oder ähnliche Zubereitungen müssen mindestens 50 v. H. Kakao enthalten. Dies gilt auch für gesüßte derartige Zubereitungen. Der Zusatz von Zucker muß besonders gekennzeichnet werden.

IIb. Malzkakao, insbesondere Hafermalzkakao,

muß 5 v. H. Malzextrakt oder eine dementsprechende Menge Malz enthalten.

III. Schokolade.

Schokoladen sind Zubereitungen von Kakaomasse mit Rüben- oder Rohrzucker (Raffinade oder Weißzucker) mit oder ohne Zusatz von Kakaobutter und Gewürzen.

Schokoladen müssen wenigstens 35 v. H. Kakaomasse und wenigstens 40 v. H. Kakaobestandteile (Kakaomasse und Kakaobutter) enthalten.

Der Gehalt an Zucker darf also in Schokoladen nicht mehr als 60 v. H. betragen, und wenn zulässige andere Stoffe zugesetzt werden, so darf die Gesamtsumme dieser und des Zuckers nicht mehr als 60 v. H. betragen.

Außer dem Zusatz von Gewürzen dürfen bei der Herstellung von Schokoladen andere pflanzliche Zusätze nicht gemacht werden. Auch darf Schokolade kein fremdes Fett und keine fremden Mineralbestandteile enthalten. Kakaoschalen und Kakaokeime dürfen nur in technisch unvermeidbarer Menge vorhanden sein. Die beim Reinigen der Kakaobohnen sich ergebenden Abfälle dürfen weder der Schokolade zugesetzt noch für sich auf Schokolade verarbeitet werden.

Der Gehalt an Mineralstoffen soll im allgemeinen 2,5 v. H. nicht übersteigen, bei sehr hohem Gehalt an Kakaomasse kann er bis 3 v. H. steigen; der Sandgehalt darf 0,1 v. H. nicht übersteigen.

Zusatz III a.

Marzipanschokolade, Marzipancremeschokolade: Marzipanschokolade muß Marzipan im handelsüblichen Sinne enthalten. Marzipancremeschokolade muß eine Creme enthalten, die einen solchen Zusatz von Marzipan enthält, daß er geschmacklich deutlich wahrnehmbar ist. Die Verwendung von Ersatzstoffen für Marzipan ist verboten.

Zusatz III b.

Fruchtschokoladen sind solche Schokoladen, die ausschließlich mit Bestandteilen von Früchten (Fruchtmassen, Fruchtpasten, auch in konzentrierter Form) hergestellt sind. Schokoladen, die unter Zusatz von natürlichen oder künstlichen

Fruchtaromen hergestellt sind, müssen ausdrücklich als „Schokolade mit Fruchtgeschmack" bezeichnet werden. Bei Schokoladen, die mit Fruchtfleisch aus Zitrusarten hergestellt sind, ist ein Zusatz des natürlichen Schalenaromas zulässig.

Bananenmehl gilt nicht als Fruchtmasse.

Zusatz III c.

Nußschokoladen müssen ohne Rücksicht darauf, ob sie Nußzusätze in sichtbarer Form oder in feingeriebenem Zustande enthalten, so hergestellt sein, daß die nußfreie Schokoladenmasse den für Schokoladen oben angegebenen Anforderungen genügt. Unter „Nüssen" in diesem Sinne sind nur Hasel- oder Walnüsse zu verstehen. Eine leichte, teilweise Entölung der Nüsse, die lediglich zum Zwecke der Herstellung von Nußschokolade geschieht, aber keine anderen Zwecke verfolgt, ist zulässig. Die Verwendung von Nußpreßrückständen ist verboten.

Erdnußschokoladen, Kokosnußschokoladen und ähnliche sind als solche deutlich in der Hauptbezeichnung als „Erdnußschokolade" bezw. „Kokosnußschokolade" zu kennzeichnen. Ein Zusatz von Erdnußöl oder Kokosnußöl ist auch bei diesen verboten. (Für Nußcremeschokolade soll noch eine der Marzipancremeschokolade analoge Bestimmung aufgenommen werden.)

Zusatz III d.

Cremeschokoladen bestehen aus einem inneren Kern (einer Creme) und einem Überzug aus Schokoladenmasse. Die Schokoladenmasse muß den für Schokolade oben angegebenen Anforderungen entsprechen. Die Creme muß frei von Stärkemehl sein. Deutet die Bezeichnung auf die Verwendung besonderer Stoffe hin, so müssen diese in handelsüblicher Form in der Creme enthalten sein. Werden zur Herstellung solcher besonders bezeichneter Cremes künstliche Essenzen verwendet, so muß dies aus der Bezeichnung hervorgehen, in dem nur die Geschmacksrichtung (z. B. „mit Rumgeschmack") angegeben wird.

Zusatz III e.

Schmelzschokoladen müssen mindestens 35 v. H. Kakaomasse und mindestens 50 v. H. Kakaobestandteile (Kakaomasse oder Kakaobutter) enthalten und eine entsprechende Bearbeitung erfahren haben. Der Gesamtgehalt an Kakaobutter soll mindestens 30 v. H. betragen.

IV. Milch- und Sahneschokoladen.

Milch- und Sahneschokoladen sind Zubereitungen aus Kakaomasse, Zucker (Raffinade oder Weißzucker), Milch- und Sahnebestandteilen mit oder ohne Zusatz von Kakaobutter. Milch- und Sahneschokoladen müssen mindestens 12,5 v. H. Kakaomasse und mindestens 25 v. H. Kakaobestandteile enthalten. Der Gehalt an Zucker darf auch in Milch- und Sahneschokoladen nicht mehr als 60 v. H. betragen; im übrigen gelten dieselben Grundsätze wie für Schokolade.

Magermilchschokolade muß als solche wörtlich bezeichnet werden. Sie muß mindestens 12,5 v. H. Magermilchtrockensubstanz enthalten. Ein weiterer Zusatz von Vollmilchpulver ist des Geschmackes wegen ohne Deklaration gestattet.

Milchschokalade, das ist Vollmilchschokolade, muß mindestens 12,5 v. H. Vollmilchtrockensubstanz enthalten. Ein Zusatz von Magermilchtrockensubstanz ist nicht zulässig.

Sahne- bezw. Rahmschokolade muß so viel handelsübliches Sahnepulver enthalten, daß der Milchfettgehalt hieraus mindestens 5,5 v. H. beträgt. Des Geschmackes wegen kann darüber hinaus ein Zusatz von Vollmilch oder Vollmilchtrockensubstanz ohne Deklaration erfolgen.

V. Überzugsmasse.

Überzugsmasse besteht aus mindestens 50 Teilen Kakaobestandteilen — darunter mindestens 15 Teilen freier Kakaobutter — und höchstens 50 Teilen Zucker. Werden mehr als 50 v. H. Kakaobestandteile verwendet, so darf für jedes Kilogramm Kakaomasse mehr 0,5 kg Kakaobutter von den 15 Teilen freier Kakaobutter abgesetzt werden; dabei muß die Überzugsmasse mindestens 35 v. H. Kakaomasse enthalten. Im übrigen gelten dieselben Grundsätze wie für Schokolade, nur daß in der Überzugsmasse kennzeichnungsfreie Zusätze von Nüssen, Mandeln und von Milchtrockensubstanz bis zu insgesamt 5 v. H. zulässig sind.

VI. Schokoladenpulver.

Schokoladenpulver (Schokoladenmehl, Puderschokolade, Trinkschokolade, Raspelschokolade) ist eine im Schokoladeverfahren hergestellte Zubereitung aus Kakaomasse bezw. aufgeschlossener Kakaomasse, die auch mehr oder weniger entölt sein kann, mit höchstens 60 v. H. Zucker. Trotz der teilweisen Entölung der Kakaomasse darf das Schokoladenpulver nicht weniger als 10 v. H. Fett enthalten. Die teilweise Entölung ist in jedem Falle durch den Zusatz „teilweise entölt" in unmittelbarem Zusammenhange mit der Hauptbezeichnung zu deklarieren.

Einfache Mischungen aus Kakaopulver mit Zucker dürfen nicht als Schokoladenpulver usw. bezeichnet werden.

Gewürze und etwaige sonstige Zusätze wie bei Schokolade.

VII. Kakaobutter.

Kakaobutter ist das aus gesunden, enthülsten Kakaobohnen oder aus Kakaomasse durch Abpressen und Filtration ohne chemische Nachbehandlung gewonnene Fett. Der Säuregrad der Kakaobutter soll nach den bisherigen Feststellungen 6° nicht überschreiten.

VIII. Irreführende Bezeichnungen (Surrogatwaren).

Die vorstehenden Leitsätze gelten auch für Waren, die nicht als Schokolade und Kakaopulver usw., sondern unter Phantasienamen in den Verkehr gebracht werden, aber dem Äußeren nach den Anschein dieser Waren erwecken.

i) Kaffee-Ersatzstoffe.

I. Begriffsbestimmungen.

Kaffee-Ersatz- und Kaffee-Zusatzstoffe (Kaffeegewürze) im weiteren Sinne sind Zubereitungen, die durch Rösten von Pflanzenteilen, Pflanzenstoffen, Pflanzensäften, Zuckerarten oder Gemischen dieser Stoffe, auch unter Zusatz anderer Stoffe hergestellt und dazu bestimmt sind, als Ersatz des Kaffees oder als Zusatz zu Kaffee und Kaffee-Ersatzstoffen zu dienen.

Kaffee-Ersatzstoffe müssen als Hauptbestandteil geröstete Pflanzenteile enthalten; bei Zubereitungen, die nur als Kaffee-Zusatzstoffe oder Kaffeegewürze in den Verkehr gebracht werden, können auch Pflanzensäfte und -auszüge oder Zuckerarten den Grundstoff bilden. Daß unter „anderen Stoffen", deren Zusatz vorgesehen ist, nicht etwa wertlose Stoffe verstanden werden dürfen, geht aus den Grundsätzen für die Beurteilung, Ziff. 3, hervor.

Kaffee-Ersatzstoffe müssen für sich mit heißem Wasser ein kaffeeähnliches Getränk liefern; bei den nur als Zusatzstoffe bezeichneten Erzeugnissen ist dies nicht erforderlich. Kaffee-Ersatzstoffe werden daher im allgemeinen auch als Kaffee-Zusatzstoffe bezeichnet werden können, während das Umgekehrte häufig nicht der Fall ist.

Zu unterscheiden sind folgende Kaffee-Ersatz- und Kaffee-Zusatzstoffe:

Malzkaffee ist das ausschließlich aus Malz, d. i. gereinigter, gekeimter und von den Wurzelkeimen befreiter Gerste, hergestellte Rösterzeugnis, wobei die Gesamtheit der verwendeten Gerstenkörner den Weich- und Keimvorgang durchgemacht haben muß und der Korninhalt bei mehr als 70 v. H. der Körner bis zur Hälfte gelöst ist, wofür als äußeres Kennzeichen die Tatsache anzusehen ist, daß der Blattkeim mindestens bis zur halben Länge des Kornes entwickelt ist.

Spitzgerste, fälschlich Spitzmalz genannt, ist also nicht als Malz im obigen Sinne anzusprechen; ein daraus hergestelltes Rösterzeugnis darf nicht als Malzkaffee bezeichnet werden.

Roggenmalzkaffee und Weizenmalzkaffee sind aus Roggen bezw. Weizen in gleicher Weise wie Malzkaffee gewonnene Erzeugnisse.

Roggenmalzkaffee ist gleichbedeutend mit Kornmalzkaffee.

Gersten-, Roggen-, Weizenkaffee sind ausschließlich aus den gereinigten Früchten der betreffenden Pflanzen durch Rösten gewonnene Erzeugnisse, die einen ordnungsmäßigen Weichprozeß, mit oder ohne Dampfbehandlung, durchgemacht haben müssen.

Roggenkaffee ist gleichbedeutend mit Kornkaffee.

Die Bezeichnung Malzgerstenkaffee für ein aus ungemälzter Malzgerste hergestelltes Erzeugnis ist unzulässig.

Aus trocken gerösteter Gerste oder trocken geröstetem Roggen hergestellte Erzeugnisse dürfen nicht als Gerstenkaffee bezw. Roggen- (Korn-) Kaffee bezeichnet werden; es sind lediglich Bezeichnungen wie geröstete Gerste, gebrannte Gerste, Röstgerste, gerösteter Roggen, gebrannter Roggen (Korn), Röstroggen zulässig.

Die Bezeichnung Getreidekaffee schlechthin ist nicht zulässig.

Zichorienkaffee (Zichorie) ist das aus den gereinigten Wurzeln der Zichorie (Cichorium intybus), auch unter Zusatz von Zuckerrüben, geringen Mengen von Speisefetten, von Speiseölen und von kohlensauren Alkalien, durch Rösten, Zerkleinern, mit und ohne Behandlung mit Wasserdampf oder Wasser, gewonnene Erzeugnis.

Feigenkaffee ist das aus Feigen, d. h. den Scheinfrüchten des Feigenbaumes (Ficus carica), durch Rösten und Zerkleinern, auch nach Behandlung mit Wasserdampf oder Wasser, gewonnene Erzeugnis ohne jeden Zusatz anderer Stoffe.

Eichelkaffee ist das durch Rösten der von der Fruchtschale und dem größten Teile der Samenschale befreiten Früchte der Eiche (Quercus robur), auch nach Behandlung mit Wasserdampf oder Wasser, gewonnene zerkleinerte Erzeugnis.

Kaffee-Ersatz-Mischungen und gleichsinnig bezeichnete Erzeugnisse sind Mischungen von Kaffee-Ersatzstoffen mit Kaffeezusatzstoffen und auch mit Bohnenkaffee.

Kaffee-Ersatz-Extrakte und Kaffeezusatzextrakte sind wässerige, mehr oder minder eingedickte Auszüge aus Kaffee-Ersatz- oder Kaffeezusatzstoffen.

Kaffee-Ersatz-Essenz oder Kaffeezusatzessenz ist ein als Zusatz zu Bohnenkaffee oder Kaffee-Ersatzstoffen benutztes Erzeugnis, das aus gebrannten Zuckerarten, zuckerhaltigen Säften, reiner Melasse oder aus mehreren dieser Stoffe besteht.

II. Verbote zum Schutze der Gesundheit.

Zu Genußzwecken dürfen — auch in Mischungen oder Zubereitungen — nicht in den Verkehr gebracht werden:

Kaffee-Ersatz- und Kaffeezusatzstoffe, die unter Verwendung solcher Roh- und Hilfsstoffe hergestellt sind, deren Unschädlichkeit für den Menschen nicht feststeht;

Kaffee-Ersatzstoffe, die aus Getreide hergestellt sind, das nicht von giftigen Samen, insbesondere Kornraden und

Taumellolchsamen und Mutterkorn, bis auf technisch nicht vermeidbare Reste befreit worden ist.

Die Verbote unter II sind zum Schutze der Gesundheit bestimmt. Damit ist indessen nicht gesagt, daß Erzeugnisse, deren Beschaffenheit diesen Vorschriften zuwiderläuft, unter allen Umständen gesundheitsschädlich sind. Andererseits sind nicht alle Behandlungsweisen und Eigenschaften aufgeführt, die die in Betracht kommenden Erzeugnisse gesundheitsgefährlich machen, sondern nur die wichtigsten.

Das Verbot bezieht sich insbesondere auf solche Arten von Pflanzenteilen oder Stoffen, die bisher zu den Zwecken des menschlichen Genusses noch nicht verwendet worden sind. Ihre Unschädlichkeit für den Menschen wird erst dann als feststehend anzusehen sein, wenn sie durch eingehende wissenschaftliche Versuche oder ausgedehnte praktische Erfahrungen erwiesen ist.

III. Grundsätze für die Beurteilung.

Als verdorben sind anzusehen Kaffee-Ersatz- und Kaffeezusatzstoffe,

die aus verdorbenen oder stark verunreinigten Rohstoffen hergestellt sind,

die beim Rösten verkohlt sind,

die verschimmelt oder sauer geworden sind,

oder die als solche oder in dem daraus bereiteten Getränk einen ekelerregenden Geruch oder Geschmack aufweisen,

die Käfer, Milben oder dergl. enthalten oder sonst stark verunreinigt sind.

Als verfälscht, nachgemacht oder irreführend bezeichnet sind solche Kaffee-Ersatz- und Kaffeezusatzstoffe anzusehen:

1. die den Begriffsbestimmungen unter I nicht entsprechen;

2. die aus solchen Rohstoffen hergestellt sind, welche entgegen der technischen Möglichkeit und den gesundheitlichen Anforderungen ungenügend gereinigt sind;

3. die ausgelaugte Zuckerrübenschnitzel, Steinnußabfälle, ausgelaugten Kaffee (Kaffeesatz), Farbstoffe oder andere für den Genuß des daraus bereiteten Getränkes wertlose Stoffe enthalten;

4. die unter Verwendung von Mineralölen, Glyzerin oder Melassen, die bei einer Dichtigkeit von 45° Baumé weniger als 45 v. H. Zucker enthalten, hergestellt sind;

5. die mehr Wasser enthalten, als einer handelsüblichen Ware entspricht.

Als handelsüblich ist anzusehen:

bei Kaffee-Ersatzstoffen aus Getreide ein Wassergehalt bis höchstens 10 v. H.,

bei Feigenkaffee ein Wassergehalt bis höchstens 20 v. H.,

bei Zichorienkaffee ein Wassergehalt bis höchstens 30 v. H.

Eine zahlenmäßige Begrenzung des Wassergehaltes ist bei einigen Kaffee-Ersatz- und Kaffeezusatzstoffen gegeben; der Wassergehalt der übrigen Kaffee-Ersatz- und Kaffeezusatzstoffe hat sich in demjenigen Rahmen zu halten, der für Kaffee-Ersatz- und Kaffeezusatzstoffe aus gleichartigen oder verwandten Rohstoffen gegeben ist.

Bei Rösterzeugnissen, welche in geschlossenen Packungen oder Behältnissen in den Verkehr gebracht werden, liegt ein Verstoß im Sinne der Ziff. 5 dann nicht vor, wenn die Überschreitung der unter Ziff. 5 genannten Höchsthundertsätze durch die Zunahme des Gesamtgewichtes ausgeglichen wird;

6. bei denen folgende Höchstgrenzen überschritten werden: bei Kaffee-Ersatz- und Kaffeezusatzstoffen aus Zichorie oder anderen Wurzelarten 8 v. H. Asche und 2,5 v. H. Sand, bei Kaffeezusatzstoffen aus Feigen 7 v. H. Asche und 1 v. H. Sand, bei Kaffee-Ersatz- und Kaffeezusatzstoffen aus anderen zuckerreichen Früchten 4 v. H. Asche und 1 v. H. Sand (Sand gleichbedeutend mit in Salzsäure unlöslichen Aschebestandteilen);

7. die, auch in Mischung mit Kaffee, als Kaffee oder mit handelsüblichen Bezeichnungen von Kaffeesorten oder als Kaffeemischung oder gleichsinnig bezeichnet sind (z. B. Mokka, Malzmokka, Mokkamischung, Melange, Mokkamalzkaffee);

8. denen Kaffee beigemischt ist und die unter einer anderen Bezeichnung in den Handel gebracht werden als „Kaffee-Ersatz-Mischung" mit Angabe des Hundertzusatzes der in der Mischung enthaltenen Menge Bohnenkaffees.

9. denen künstlich eine der Kaffeebohne ähnliche Form, auch im Bruch, gegeben ist;

10. die in Wortzusammensetzungen das Wort „Kaffee" enthalten und nicht ausschließlich aus Kaffee bestehen; hiervon sind lediglich ausgenommen die Bezeichnungen „Malzkaffee", „Roggenmalzkaffee" bezw. „Kornmalzkaffee", „Weizenmalzkaffee", „Gerstenkaffee", „Roggenkaffee" bezw. „Kornkaffee", Weizenkaffee", „Zichorienkaffee", „Feigenkaffee", „Eichelkaffee", „Kaffeegewürz", „Kaffewürze", „Kaffee-Ersatz-Essenz" bezw. „Kaffeezusatz ssenz", „Kaffeesurrogat", „Kaffee-Ersatz", „Kaffeezusatz", „Kaffee-Ersatz-Mischung", „Kaffeezusatzmischung".

Die Beschränkung für das Wort „**Kaffee**" in Wortzusammensetzungen bezieht sich nur auf Erzeugnisse, die äußerlich oder nach der Art ihrer Bestimmung dem

Kaffee ähnlich sind. Die zugelassenen Ausnahmen sind erschöpfend aufgeführt. Andere als die genannten Kaffee-Ersatz- und Kaffeezusatzstoffe dürfen nicht mit Wortzusammensetzungen, die das Wort „Kaffee" enthalten, bezeichnet werden. Daher ist z. B. auch die Bezeichnung „Nährsalzkaffee" für Mischungen von Kaffee-Ersatz und Kaffeezusatzstoffen mit Salzen unzulässig;

11. die nach einem bestimmten Rohstoff benannt und nicht ausschließlich aus diesem Rohstoff hergestellt sind, unbeschadet des Zusatzes von Zuckerrüben zu Zichorie bis zu einem Viertel des Gesamtgewichtes sowie geringer Mengen von Speisefetten, Speiseölen, Kochsalz, Alkalikarbonaten und phosphaten und der Verwendung der zulässigen Überzugsstoffe;

12. als „Kaffee-Extrakt" bezeichnete Erzeugnisse, die aus anderen Stoffen als Kaffee und Wasser bereitet sind, unbeschadet eines geringen Zusatzes von Zucker und von Milch, sofern diese Zusätze aus der Bezeichnung hervorgehen;

13. als „Kaffee-Essenz" bezeichnete Erzeugnisse, die aus anderen Stoffen als Kaffee und Wasser bereitet sind.

k) Feinkostartikel.

Der Begriff Feinkost läßt sich nicht genau begrenzen. Im allgemeinen versteht man unter Feinkost solche Lebensmittel, die wegen ihrer Güte, ihrer besonderen Eigenart oder ihrer besonders sorgfältigen Zubereitung im Verkehr besondere Anerkennung und Bewertung gefunden haben. Festsetzungen über einzelne hierhergehörige Waren befinden sich in den einschlägigen Kapiteln des Deutschen Nahrungsmittelbuchs.

Ragouts als Dauerware zur Füllung von Pasteten

oder als Kleinfleisch sind in Speisefette eingekochte Fleischstückchen mit Zusätzen von Edelpilzen und Gewürzen. Ein Mehlzusatz, der aus technischen Gründen notwendig ist, ist bis zu 2 v. H. der Gesamtmasse ohne Kennzeichnung zulässig.

Fleischpasten (Fleischpains), Wildpasten, Geflügel sind in Fett eingekochte feingemahlene Fleischteile mit oder ohne Gewürzzusätzen. Ihr Fleischgehalt muß mindestens 75 v. H. betragen. Von dem Gesamtfleischgehalt müssen 60 v. H. aus dem Fleisch der Tierart bestehen, nach der die Pasten benannt sind.

Gänseleberpasten. Der Inhalt muß wenigstens zu 75 v. H. aus Gänseleber bestehen.

Sardellenpaste darf nur aus gereinigten Sardellen mit oder ohne Gewürzzusätzen hergestellt sein. Bindungs- und Streckmittel sind unzulässig.

Anchovispaste darf nur aus gereinigten und gewürzten Anchovis und Sardellen hergestellt sein. Bindungs- und Streckmittel sind unzulässig. Farbzusätze sind unter Kennzeichnung gestattet.

Lachspaste darf nur aus Lachsfleisch mit Gewürzzusätzen bestehen. Bindungs- und Streckmittel sowie Farbzusätze sind unzulässig.

Schaltierpasten sind sinngemäß wie Lachspaste zu beurteilen.

Werden obige Fischpasten unter der Bezeichnung: Sardellenbutter, Anchovisbutter, Lachsbutter, Krabbenbutter usw. in den Handel gebracht, dann darf als Fett nur Butter zugesetzt werden.

Krebsbutter ist ein Erzeugnis aus Krebsfleisch und Krebsschalen der Süßwasserkrebse und Butter. Das Verhältnis zwischen Krebsfleisch und Krebsschalen soll sich innerhalb der natürlichen Grenzen bewegen. Zur Versteifung und Haltbarmachung dürfen unter Kennzeichnung bis zu 15 v. H.

Nierenfett zugesetzt werden. Zusätze von Mehl oder von Farbstoffen sind unzulässig.

Krebspulver und Krebsmehl werden aus dem Fleisch und den Schalen von Süßwasserkrebsen hergestellt. Das Mengenverhältnis von Krebsfleisch und Schalen muß sich innerhalb der natürlichen Grenzen bewegen. Streckungsmittel und Zusatz von Farbstoffen sind nicht zulässig.

l) Eier.

Über den Verkehr dieses in ungeheuren Mengen verbrauchten Lebensmittels bestehen fast gar keine behördlichen Regelungen, was um so auffälliger ist, als gerade der Eierhandel bei uns vielfach in Händen von Ausländern ist und viele Streitigkeiten zeitigt. Nur wenige Ortsbehörden haben sich dieses Gebietes bisher angenommen. Deshalb folge hier als Beispiel die

Ortspolizeiliche Vorschrift für die Stadt Karlsruhe vom 29. Januar 1926.

§ 1.

Die zum Handel bestimmten Eier werden nach Maßgabe der §§ 2 bis 7 dieser Vorschrift als:

1. inländische Trinkeier,
2. ausländische Trinkeier,
3. inländische Eier (keine Trinkeier),
4. ausländische Eier (keine Trinkeier),
5. konservierte Eier,
6. Fleckeier

unterschieden.

Die Behälter, in denen die Eier feilgehalten oder verkauft werden, haben hiernach in deutlich lesbarer Schrift die Bezeichnung der einzelnen Eiersorten zu tragen.

§ 2.

Inländische Trinkeier sind nur diejenigen unbeschmutzten inländischen Eier, die höchstens 14 Tage alt und von hervorragender Beschaffenheit und Frische sind.

§ 3.

Ausländische Trinkeier sind nur diejenigen unbeschmutzten ausländischen Eier, die den Erfordernissen des § 2 entsprechen. Ihre Herkunft ist beim Verkauf durch deutliche Schrift anzugeben (italienische, ungarische, steiermärkische Trinkeier usw.).

§ 4.

Als inländische Eier sind über 14 Tage alte inländische, nicht konservierte Eier zu bezeichnen.

§ 5.

Ausländische Eier sind die aus dem Ausland bezogenen über 14 Tage alten, nicht konservierten Eier. Sie dürfen als frisch oder ähnlich nicht bezeichnet werden.

§ 6.

Konservierte Eier inländischen oder ausländischen Ursprungs sind solche Eier, welche durch besonderes Verfahren, z. B. Aufbewahren in Kühlräumen, Eintauchen in Kalkwasser oder Wasserglas, Überziehen mit Harzen, Wachsarten, Fetten, Lehm oder dergl., vor dem Verderben bewahrt werden. Das Konservierungsmittel ist beim Verkauf anzugeben („Kühlhauseier", „Kalkeier", „Wasserglaseier" usw.).

§ 7.

Fleckeier sind beim Verkauf und bei der Lagerung ausdrücklich als solche, d. h. als minderwertige und nur bedingt taugliche Eier, zu bezeichnen.

II.

Fleisch und Fleischwaren.

---

1. Gesetz, betreffend die Schlachtvieh- und Fleischbeschau.

Vom 3. Juni 1900 (RGBl. S. 547—555).

(Von diesem Gesetz ist als Nr. 68 dieser Sammlung eine Sonder ausgabe erschienen mit allen Ausführungsbestimmungen.)

§ 1.

Rindvieh,[1]) Schweine, Schafe, Ziegen, Pferde und Hunde, deren Fleisch zum Genusse für Menschen verwendet werden soll, unterliegen vor und nach der Schlachtung [2]) einer amtlichen Untersuchung. Durch Beschluß des Bundesrats kann die Untersuchungspflicht auf anderes [3]) Schlachtvieh ausgedehnt werden.

Bei Notschlachtungen darf die Untersuchung vor der Schlachtung unterbleiben.

Der Fall der Notschlachtung liegt dann vor, wenn zu befürchten steht, daß das Tier bis zur Ankunft des zuständigen Beschauers verenden oder das Fleisch durch Verschlimmerung des krankhaften Zustandes wesentlich an Wert verlieren werde, oder wenn das Tier infolge eines Unglücksfalls sofort getötet werden muß.

1. Alter und Herkunft der Tiere bedingen keinen Unterschied. Kälber gehören also zum Rindvieh, obgleich der Fleischhandel Kalbfleisch und Rindfleisch streng unterscheidet.

Wegen des Fleisches „unreifer" Kälber vgl. den preußischen Runderlaß vom 29. April 1927 (siehe diesen Teil II Nr. 6).

2. Tötungsarten, die sich nicht als Schlachtung qualifizieren, bedingen wenigstens keine Lebendbeschau. Sie gelten als notgeschlachtet.

3. Die Ausführungsbestimmungen A vom 30. Mai 1902 (Zentrbl. für das Deutsche Reich, Beilage zu Nr. 22) nennen noch Esel, Maultiere, Maulesel als dem Beschauzwang unterworfen.

§ 14 des Gesetzes erwähnt auch Wildbret und Federvieh. Die Ausführungsbestimmungen D sprechen in § 4 von Renntieren, Wildschweinen, Büffeln, in § 27 A. II von Wildschweinen und Renntieren.

§ 2.

Bei Schlachttieren, deren Fleisch ausschließlich im eigenen Haushalte [1]) des Besitzers verwendet werden soll, darf, sofern sie keine Merkmale einer die Genußtauglichkeit des Fleisches ausschließenden Erkrankung zeigen, die Untersuchung vor der Schlachtung und, sofern sich solche Merkmale auch bei der Schlachtung nicht ergeben, auch die Untersuchung nach der Schlachtung unterbleiben.

Eine gewerbsmäßige [2]) Verwendung von Fleisch, bei welchem auf Grund des Abs. 1 die Untersuchung unterbleibt, ist verboten.[3])

Als eigener Haushalt im Sinne des Abs. 1 ist der Haushalt der Kasernen, Krankenhäuser, Erziehungsanstalten, Speiseanstalten, Gefangenanstalten, Armenhäuser und ähnlicher Anstalten sowie der Haushalt der Schlächter, Fleischhändler,[4]) Gast-, Schank- und Speisewirte nicht anzusehen.

1. Das Gesetz unterscheidet die Hausschlachtung von der gewerblichen Schlachtung. Hausschlachtung liegt auch vor, wenn Gäste, Dienstboten usw. von dem Fleisch erhalten (ausgenommen

die Fälle des Abs. 3). Alle herkömmlicherweise beköstigten Personen gehören zum Haushalt.

Verschenken, auch an Verwandte, die außerhalb des Haushaltes leben, entbindet nicht von der Untersuchungspflicht.

Nach OLG. Rostock vom 12. Juni 1926 — II Ju. 89 — ist in Badeorten was Gastwirte schlachten stets dem Beschauzwang unterworfen, auch außerhalb der Badesaison bezw. der Fremdenverkehrszeit.

Dagegen gehören Kostgänger, Gesinde und unverheiratete Knechte zum Haushalt eines Gutsbesitzers. Kommt die Schlachtung solchen Personen zugute, deren Beziehung zum Haushalte dauernd ist, so liegt eine Schlachtung für den eigenen Haushalt vor. Ist die Beschäftigung der Kostgänger nicht eine vorübergehende und die Verpflegung dieser Leute nicht von kurzer Dauer, so können sie zum Haushalt gerechnet werden. (Durch Zeitschrift für Fleisch- und Milchhygiene 1927 Nr. 19.)

2. Eine „gewerbsmäßige" Schlachtung setzt nicht voraus, daß sie in Ausübung eines Gewerbes erfolgt sei, sondern nur, daß sie eine auf fortgesetzten Erwerb gerichtete ist. Gewerbsmäßig schlachtet schon derjenige, welcher regelmäßig den Überschuß aus Hausschlachtungen zum Selbstkostenpreis verkauft, um auf diese Weise die Kosten der Schlachtung herauszuschlagen.

3. Konserven aus hausgeschlachtetem Fleisch werden öfter als „hausschlachtene" Fleischkonserven, also als Vorzugsware, angepriesen. Es unterliegt keinem Zweifel, daß die Herstellung von solchen zum Verkauf bestimmten Waren nicht die Vergünstigungen des § 2 Abs. 1 gewährt, auch wenn der Entschluß zur Herstellung der Konserven für andere erst später (nach Erledigung aller Formalitäten) gefaßt wird. Abs. 2 schließt das außerdem ausdrücklich aus. „Hausschlachtene Fleischkonserven" sind daher nur dann verkehrsberechtigt, wenn die Fleischtiere vor und nach der Schlachtung besichtigt sind, so daß das Wort „hausschlachtene" sich nur auf die Zubereitungsart beziehen kann. Der Umstand, daß gerade nach Genuß dieser „Vorzugsware"

Erkrankungen wiederholt beobachtet wurden, zwingt zur besonders vorsichtigen Behandlung. Vgl. LMG. § 4 Anm. 10.

4. Fleischhändler sind auch diejenigen, die das Fleisch vor der Weitergabe erst zubereiten oder verarbeiten, z. B. Wurstfabrikanten, Konservenfabrikanten, ferner Speisewirte und Pensionsinhaber.

§ 4.

Fleisch im Sinne dieses Gesetzes sind Teile von warmblütigen Tieren, frisch [1]) oder zubereitet,[2]) sofern sie sich zum Genusse für Menschen [3]) eignen. Als Teile gelten auch die aus warmblütigen Tieren hergestellten Fette [4]) und Würste,[5]) andere Erzeugnisse nur insoweit, als der Bundesrat dies anordnet.

1. Frisches Fleisch ist hier nur der wenig geeignete Ausdruck im Gegensatz zu zubereitetem Fleisch.

Das Wort „frisch" hat mannigfache Bedeutung in Beziehung zu Lebensmitteln.

Frisches Fleisch kann bedeuten:

frisch geschlachtet,
frisch = unverdorben,
frisch = roh, nicht zubereitet.

Zu dieser Unklarheit ist noch hinzugekommen, daß wir jetzt auch „frisches Fleisch" = roh, nicht zubereitet in verschiedenen Formen der Aufbewahrungsart kennengelernt haben.

Das zu uns gelangende „Gefrierfleisch" ist zweifellos frisches Fleisch im Sinne des § 4. Die versuchte Unterscheidung zwischen Gefrierfleisch und gefrorenem Fleisch ist nicht stichhaltig.

Nach einem Gutachten des Reichsgesundheitsamts ist unter „Gefrierfleisch" und auch unter „gefrorenes Fleisch" solches Fleisch zu verstehen, das infolge eines Gefrierverfahrens bis in die innersten Schichten vollständig durchgefroren ist, so daß diese Teile eine bretthart Beschaffenheit haben. Fleisch, dessen obere Schichten nur angefroren sind, dessen tiefere Teile jedoch noch von der natürlichen Beschaffenheit und Festigkeit des frischen Fleisches sind, ist kein Gefrierfleisch. Fleisch, dessen tiefere Schichten noch die brettartige Beschaffenheit infolge des Gefrierens aufweisen, dessen oberflächliche Schichten aber weniger harte Beschaffenheit zeigen, ist Gefrierfleisch, das im Auftauen begriffen ist. In Zweifelsfällen gibt eine einfache Schnitt- oder Stichprobe mit einem Messer oder einer Spicknadel Aufschluß. Lassen sich an dicken Muskelteilen (Hals, Schulter, Keule) tiefe Schnitte anlegen oder diese Teile tief ein- oder durchstechen, so ist das Fleisch kein Gefrierfleisch.

Dagegen ist Gefrierfleisch verschieden von Kühlfleisch. Letzteres ist Fleisch, das bei etwa minus 1° verschickt am Bestimmungsort in weichem Zustande zum unmittelbaren und sofortigen Gebrauch eintrifft. Gefrierfleisch wird bei minus 10 bis 12° C befördert und gelagert, trifft also in vollkommen hartem Zustande ein und muß vor dem Gebrauch sachgemäß aufgetaut werden. Eine nennenswerte Einfuhr von Kühlfleisch nach Deutschland kommt nicht in Frage, da für einen rentablen Absatz in Deutschland die wichtigste Voraussetzung fehlt. Kühlfleisch muß sofort nach seiner Ankunft im Seehafen innerhalb weniger Tage dem Konsum zugeführt werden. Der Verbrauchsort muß daher in wenigen Stunden vom Seehafen per Achse zu erreichen sein. In England sind diese Voraussetzungen vorhanden. Dort macht Kühlfleisch einen erheblichen Prozentsatz auf dem Fleischmarkte aus.

Der Gebrauchswert des Kühlfleisches ist etwas höher als der des Gefrierfleisches, dessen Qualität damit durchaus nicht herabgesetzt werden soll. Kühlfleisch hält aber den Fleischsaft besser als gefrorenes Fleisch.

2. Gelegentlich kann zweifelhaft werden, was als Frischfleisch und was als Pökelfleisch anzusehen ist. Ein Gastwirt besaß nicht die Genehmigung zum Handel mit Frischfleisch. Er verkaufte Fleisch, das nur zwei Tage in Salzlake gelegen hatte, als Pökel-

fleisch. Diese Sache befaßte vier Instanzen, bis das OLG. entschied, die Definition des Fleischbeschaugesetzes sei maßgebend, es liege oberflächlich gesalzenes, also Frischfleisch vor. Diese Entscheidung stützte sich auf die Bekanntmachung des Reichskanzlers vom 22. Februar 1908:

§ 2. Als frisches Fleisch ist anzusehen Fleisch, welches, abgesehen von einem etwaigen Kühlverfahren, einer auf die Haltbarkeit einwirkenden Behandlung nicht unterworfen worden ist, ferner Fleisch, welches zwar einer solchen Behandlung unterzogen worden ist, aber die Eigenschaften frischen Fleisches im wesentlichen behalten hat oder durch entsprechende Behandlung wiedergewinnen kann.

Die Eigenschaft als frisches Fleisch geht insbesondere nicht verloren . . . durch oberflächliche Behandlung mit Salz, Zucker oder anderen chemischen Stoffen. . . .

§ 3. Als zubereitetes Fleisch ist anzusehen alles Fleisch, welches infolge einer ihm zuteil gewordenen Behandlung die Eigenschaften frischen Fleisches auch in den inneren Schichten verloren hat und durch eine entsprechende Behandlung nicht wieder gewinnen kann.

Hierzu gehört insbesondere das durch Pökelung, wozu auch starke Salzung zu rechnen ist, oder durch hohe Hitzegrade (Kochen, Braten, Dämpfen, Schmoren) behandelte Fleisch. Als genügend starke Pökelung (Salzung) ist nur eine solche Behandlung anzusehen, nach der das Fleisch auch in den innersten Schichten mindestens 6 v. H. Kochsalz enthält; auf Speck findet diese Bestimmung insofern Anwendung, als der angegebene Mindestgehalt von Kochsalz nur in den etwa eingelagerten schwachen Muskelfleischschichten enthalten sein muß.

3. § 36 der Ausführungsbestimmungen A wurde im Jahre 1922 mit den übrigen Ausführungsbestimmungen umgearbeitet und dahin erweitert, daß nicht nur, wie bis dahin, Hundedärme stets als zu menschlichem Genuß untauglich erklärt werden, sondern auch „Augen, Ohren-

ausschnitte, Afterausschnitte, Geschlechtsteile, bei Schweinen einschließlich des Nabelbeutels" stets als zu menschlichem Genuß untauglich anzusehen sind.

Unklarheiten, was mit den genannten Körperteilen gemeint sei, behandelt eine Abhandlung aus dem Reichsgesundheitsamt (von R. R. Meyer in der „Fleischwaren-Industrie" vom 26. November 1926). Daraus sei mitgeteilt:

Mit „Auge" ist der ganze Augapfel gemeint.

Der „Ohrenausschnitt" umfaßt den inneren knorpeligen Teil des äußeren Gehörganges, ist also der sich verjüngende, nach innen führende unterste Teil der Ohrmuschel, der deshalb herausgeschnitten werden muß, weil er in seinen vielen Ein- und Ausbuchtungen und rillenartigen Vertiefungen immer Schmutz und das zersetzte, vielfach übelriechende, klebrige und sehr fest anhaftende Ohrenschmalz enthält, das anders nicht zu entfernen ist.

Als „Afterausschnitt" ist die Ausmündung des Mastdarmes mit den diese umgebenden Gewebsteilen anzusehen.

Zu den „Geschlechtsteilen" sind nur die für das männliche oder weibliche Tier besonders eigentümlichen Teile zu rechnen. Dies sind in erster Linie beim männlichen Tier die Hoden und das männliche Glied, beim weiblichen Tier die Eierstöcke, Gebärmutter, Scheide und Scham. Auch die akzessorischen Geschlechtsdrüsen, die Vorsteherdrüse, Samenblase, sowie Eileiter und Samenleiter gehören hierzu, während die Geschlechtsmuskeln außer Betracht bleiben können. Die Harnblase gehört keinesfalls zu den Geschlechtsteilen, denn sie ist kein dem Geschlecht eigentümliches Organ, außerdem fällt sie deshalb nicht unter den § 36, da sie z. B. im § 1 der Ausführungsbestimmungen D zum Reichsfleischbeschaugesetz unter den Teilen genannt ist, die sich zum Genuß für Menschen eignen. Das gleiche gilt vom Euter.

Bezüglich des Nabelbeutels dürften Unklarheiten nicht bestehen.

Diese Bestimmungen haben eine erhöhte Bedeutung dadurch gewonnen, daß viele Drüsen sowie die Geschlechtsorgane wenn auch nicht Nahrungszwecken, so doch therapeutischen Präparaten als Ausgangsmaterial dienen.

Nach § 9 Abs. 1 FlBG. hat nun der Fleischbeschauer „zum menschlichen Genuß untaugliches Fleisch“ vorläufig zu beschlagnahmen.

Abs. 3 des § 9 sieht aber vor, daß die Polizeibehörde, soweit gesundheitliche Bedenken nicht bestehen, die Verwendung zu anderen Zwecken zuläßt.

4. Zu den durch diese Gesetzesstelle betroffenen Fetten gehört auch die Margarine, allerdings nur soweit ihr Fettgehalt rein tierischen Ursprunges ist. Insbesondere kommen die gemäß § 21 ergangenen Bekanntmachungen vom 18. Februar 1902 nnd 4. Juli 1908 in Frage (siehe diesen Teil II Nr. 2).

5. Wurst ist bekanntlich ein umfassender Begriff für Zubereitungen mannigfacher Art, dadurch gekennzeichnet, daß zerkleinertes Fleisch (im Sinne des § 4 I) mit Gewürzen gemischt und in verschiedenartiger Weise gebrauchsfertig gemacht ist.

Die Bezeichnung von Wurstwaren gibt (aus UWG.) oft Anlaß zu Meinungsdifferenzen.

„Braunschweiger Wurstwaren“ ist Herkunftsbezeichnung. KG. vom 16. Oktober 1923.

„Thüringer Wurstwaren“ desgleichen.

Die vorliegenden Entscheidungen sind aber nicht rein prinzipieller Art. „Braunschweiger Wurst“ oder „Thüringer Wurstwaren“ sind zweifellos Herkunftsbezeichnungen, wenn sie so allgemein gehalten sind. „Braunschweiger Mettwurst“ dagegen kann nicht so positiv aufgefaßt werden, da der Konsument darunter eine Ware bestimmter Beschaffenheit versteht und erforderlichenfalls „echte“ Braunschweiger Mettwurst verlangt, wenn er auf den Produktionsort Gewicht legt. Die Käufer wissen sehr wohl, daß in Braunschweig wie überall gute und weniger gute Wurst gemacht wird. Sie legen daher, sofern sie überhaupt von diesen Dingen etwas wissen, meist Wert darauf, den

Fabrikanten zu erfahren, unter Vernachlässigung der ihnen gleichgültigen Frage, wo dieser domiziliert ist.

Die Färbung von Wurst ist durch die gemäß § 21 ergangene Verordnung verboten. Erlaubt ist nur eine gewisse Gelbfärbung des Darmes, wo diese ortsüblich ist.

Sogenanntes Fleischobst, d. h. fleischhaltige Zubereitungen in Form bestimmter Früchte (Äpfel, Orangen, Apfelsinen usw.), sind offenbar Dekorationsstücke, die auch einer Färbung bedürfen, die aber nicht auf Irreführung, Täuschung, Fälschung gerichtet sein kann, sondern naturgemäß sich dem Wesen der gewählten Fruchtform anzuschließen hat. Bananenwurst müßte also gelbgrün, Apfelsinenwurst orangefarbig usw. hergestellt werden. Niemals hat der Gesetzgeber an Erzeugnisse dieser Art gedacht, als er das Färben von Wurst verbot. Würste sind diese Zubereitungen nicht. Auch als „andere Erzeugnisse“ kommen sie mangels ergangener Deklaration durch den Bundesrat nicht in Frage.

§ 8.

Ergibt die Untersuchung nach der Schlachtung, daß kein Grund zur Beanstandung des Fleisches vorliegt, so hat der Beschauer es als tauglich zum Genusse für Menschen zu erklären.

Vor der Untersuchung dürfen Teile eines geschlachteten Tieres nicht beseitigt werden.

§ 9.

Ergibt die Untersuchung, daß das Fleisch zum Genusse für Menschen untauglich ist, so hat der Beschauer es vorläufig zu beschlagnahmen, den Besitzer hiervon zu benachrichtigen und der Polizeibehörde sofort Anzeige zu erstatten.

Fleisch, dessen Untauglichkeit sich bei der Untersuchung ergeben hat, darf als Nahrungs- oder Genußmittel für Menschen nicht in Verkehr gebracht werden.

Die Verwendung des Fleisches zu anderen Zwecken kann von der Polizeibehörde zugelassen werden, soweit gesundheitliche Bedenken nicht entgegenstehen. Die Polizeibehörde bestimmt, welche Sicherungsmaßregeln gegen eine Verwendung des Fleisches zum Genusse für Menschen zu treffen sind.

Das Fleisch darf nicht vor der polizeilichen Zulassung und nur unter Einhaltung der von der Polizeibehörde angeordneten Sicherungsmaßregeln in Verkehr gebracht werden.

Das Fleisch ist von der Polizeibehörde in unschädlicher Weise zu beseitigen, soweit seine Verwendung zu anderen Zwecken (Abs. 3) nicht zugelassen wird.

§ 10.

Ergibt die Untersuchung, daß das Fleisch zum Genusse für Menschen nur bedingt tauglich ist, so hat der Beschauer es vorläufig zu beschlagnahmen, den Besitzer hiervon zu benachrichtigen und der Polizeibehörde sofort Anzeige zu erstatten. Die Polizeibehörde bestimmt, unter welchen Sicherungsmaßregeln das Fleisch zum Genusse für Menschen brauchbar gemacht werden kann.

Fleisch, das bei der Untersuchung als nur bedingt tauglich erkannt worden ist, darf als Nahrungs- und Genußmittel für Menschen nicht in Verkehr gebracht werden, bevor es unter den von der Polizeibehörde angeordneten Sicherungsmaßregeln zum Genusse für Menschen brauchbar gemacht worden ist.

Insoweit eine solche Brauchbarmachung unterbleibt, finden die Vorschriften des § 9 Abs. 3 bis 5 entsprechende Anwendung.

§ 11.

Der Vertrieb des zum Genusse für Menschen brauchbar gemachten Fleisches darf nur unter einer diese Beschaffenheit erkennbar machenden Bezeichnung erfolgen.

Fleischhändlern, Gast-, Schank und Speisewirten ist der Vertrieb und die Verwendung solchen Fleisches nur mit Genehmigung der Polizeibehörde gestattet; die Genehmigung ist jederzeit widerruflich. An die vorbezeichneten Gewerbetreibenden darf derartiges Fleisch nur abgegeben werden, soweit ihnen eine solche Genehmigung erteilt worden ist. In den Gesch ftsräumen dieser Personen muß an einer in die Augen fallenden Stelle durch deutlichen Anschlag besonders erkennbar gemacht werden, daß Fleisch der im Abs. 1 bezeichneten Beschaffenheit zum Vertrieb oder zur Verwendung kommt.

Fleischhändler dürfen das Fleisch nicht in Räumen feilhalten oder verkaufen, in welchen taugliches Fleisch (§ 8) feilgehalten oder verkauft wird.

§ 12.

Die Einfuhr von Fleisch in luftdicht verschlossenen Büchsen oder ähnlichen Gefäßen, von Würsten und sonstigen Gemengen aus zerkleinertem Fleische in das Zollinland ist verboten.

Im übrigen gelten für die Einfuhr von Fleisch in das Zollinland bis zum 31. Dezember 1903 folgende Bedingungen:

1. Frisches Fleisch darf in das Zollinland nur in ganzen Tierkörpern, die bei Rindvieh, ausschließlich der Kälber, und bei Schweinen in Hälften zerlegt sein können, eingeführt werden.

   Mit den Tierkörpern müssen Brust- und Bauchfell, Lunge Herz, Nieren, bei Kühen auch das Euter in natürlichem Zusammenhange verbunden sein; der Bundesrat ist ermächtigt, diese Vorschrift auf weitere Organe auszudehnen.

2. Zubereitetes Fleisch darf nur eingeführt werden, wenn nach der Art seiner Gewinnung und Zubereitung Gefahren für die menschliche Gesundheit erfahrungsgemäß ausgeschlossen sind oder die Unschädlichkeit für die menschliche Gesundheit in zuverlässiger Weise bei der Einfuhr sich feststellen läßt. Diese Feststellung gilt als unausführbar insbesondere bei Sendungen von Pökelfleisch, sofern das Gewicht einzelner Stücke weniger als 4 kg beträgt; auf Schinken, Speck und Därme findet diese Vorschrift keine Anwendung.

Fleisch, welches zwar einer Behandlung zum Zwecke seiner Haltbarmachung unterzogen worden ist, aber die Eigenschaften frischen Fleisches im wesentlichen behalten hat oder durch entsprechende Behandlung wiedergewinnen kann, ist als zubereitetes Fleisch nicht anzusehen; Fleisch solcher Art unterliegt den Bestimmungen in Ziffer 1.

Für die Zeit nach dem 31. Dezember 1903 sind die Bedingungen für die Einfuhr von Fleisch gesetzlich von neuem zu regeln. Sollte eine Neuregelung bis zu dem bezeichneten Zeitpunkte nicht zustande kommen, so bleiben die in Abs. 2 festgesetzten Einfuhrbedingungen bis auf weiteres maßgebend.

§ 13.

Das in das Zollinland eingehende Fleisch unterliegt bei der Einfuhr einer amtlichen Untersuchung unter Mitwirkung der Zollbehörden. Ausgenommen hiervon ist das nachweislich im Inlande bereits vorschriftsmäßig untersuchte und das zur unmittelbaren Durchfuhr bestimmte Fleisch.

Die Einfuhr von Fleisch darf nur über bestimmte Zollämter erfolgen. Der Bundesrat bezeichnet diese Ämter sowie diejenigen Zoll- und Steuerstellen, bei welchen die Untersuchung des Fleisches stattfinden kann.

§ 17.

Fleisch, welches zwar nicht für den menschlichen Genuß bestimmt ist, aber dazu verwendet werden kann, darf zur Einfuhr ohne Untersuchung zugelassen werden, nachdem es zum Genusse für Menschen unbrauchbar gemacht ist.

§ 18.

Bei Pferden muß die Untersuchung (§ 1) durch approbierte Tierärzte vorgenommen werden.

Der Vertrieb von Pferdefleisch sowie die Einfuhr solchen Fleisches in das Zollinland darf nur unter einer Bezeichnung erfolgen, welche in deutscher Sprache das Fleisch als Pferdefleisch erkennbar macht.

Fleischhändlern, Gast-, Schank- und Speisewirten ist der Vertrieb und die Verwendung von Pferdefleisch nur mit Genehmigung der Polizeibehörde gestattet; die Genehmigung ist jederzeit widerruflich. An die vorbezeichneten Gewerbetreibenden darf Pferdefleisch nur abgegeben werden, soweit ihnen eine solche Genehmigung erteilt worden ist. In den Geschäftsräumen dieser Personen muß an einer in die Augen fallenden Stelle durch deutlichen Anschlag besonders erkennbar gemacht werden, daß Pferdefleisch zum Vertrieb oder zur Verwendung kommt.

Fleischhändler dürfen Pferdefleisch nicht in Räumen feilhalten oder verkaufen, in welchen Fleisch von anderen Tieren feilgehalten oder verkauft wird.

Der Bundesrat ist ermächtigt, anzuordnen, daß die vorstehenden Vorschriften auf Esel, Maulesel, Hunde und sonstige seltener zur Schlachtung gelangende Tiere entsprechende Anwendung finden.

§ 21.

Bei der gewerbsmäßigen Zubereitung von Fleisch dürfen Stoffe oder Arten des Verfahrens, welche der Ware eine gesundheitsschädliche Beschaffenheit zu verleihen vermögen, nicht angewendet werden. Es ist verboten, derartig zubereitetes Fleisch aus dem Ausland einzuführen, feilzuhalten, zu verkaufen oder sonst in Verkehr zu bringen.

Der Bundesrat bestimmt die Stoffe und die Arten des Verfahrens, auf welche diese Vorschriften Anwendung finden.

Der Bundesrat ordnet an, inwieweit die Vorschriften des Abs. 1 auch auf bestimmte Stoffe und Arten des Verfahrens Anwendung finden, welche eine gesundheitsschädliche oder minderwertige Beschaffenheit der Ware zu verdecken geeignet sind.

§ 26.

Mit Gefängnis bis zu sechs Monaten und mit Geldstrafe bis zu eintausendfünfhundert Mark oder mit einer dieser Strafen wird bestraft:

1. wer wissentlich den Vorschriften des § 9 Abs. 2, 4, des § 10 Abs. 2, 3, des § 12 Abs. 1 oder des § 21 Abs. 1, 2 oder einem auf Grund des § 21 Abs. 3 ergangenen Verbote zuwiderhandelt;
2. wer wissentlich Fleisch, das den Vorschriften des § 12 Abs. 1 zuwider eingeführt oder auf Grund des § 17 zum Genusse für Menschen unbrauchbar gemacht worden ist, als Nahrungs- oder Genußmittel für Menschen in Verkehr bringt;
3. wer Kennzeichen der im § 19 vorgesehenen Art fälschlich anbringt oder verfälscht oder wer wissentlich Fleisch, an welchem die Kennzeichen fälschlich angebracht, verfälscht oder beseitigt worden sind, feilhält oder verkauft.

2. Bekanntmachung des Reichskanzlers, betreffend gesundheitsschädliche und täuschende Zusätze zu Fleisch und dessen Zubereitung.

Vom 18. Februar 1902 (RGBl. S. 48), vom 4. Juli 1908 (RGBl. S. 470) und vom 14. Dezember 1916 (RGBl. S. 1359).

Auf Grund der Bestimmungen im § 21 des Gesetzes, betreffend die Schlachtvieh- und Fleischbeschau, vom 3. Juni 1900 (RGBl. S. 547) hat der Bundesrat die nachstehenden Bestimmungen beschlossen:

Die Vorschriften des § 21 Abs. 1 des Gesetzes finden auf die folgenden Stoffe sowie auf die solche Stoffe enthaltenden Zubereitungen Anwendung:

Borsäure und deren Salze,
Formaldehyd und solche Stoffe, die bei ihrer Verwendung Formaldehyd abgeben,
Alkali und Erdalkali-Hydroxyde und -Karbonate,
schweflige Säure und deren Salze sowie unterschwefligsaure Salze,
Fluorwasserstoff und dessen Salze,
Salizylsäure und deren Verbindungen,
chlorsaure Salze,
salpetrigsaure Salze.

Dasselbe gilt für Farbstoffe jeder Art, jedoch unbeschadet ihrer Verwendung zur Gelbfärbung der Margarine und der Hüllen derjenigen Wurstarten, bei denen die Gelbfärbung herkömmlich und als künstliche ohne weiteres erkennbar ist, sofern diese Verwendung nicht anderen Vorschriften zuwiderläuft.

3. Ausführungsbestimmungen D unter Berücksichtigung der Abänderungen vom 22. Februar 1908 und 21. Juni 1912.

§ 1.

(1) Fleisch sind alle Teile von warmblütigen Tieren, frisch oder zubereitet, sofern sie sich zum Genusse für Menschen eignen. Als Teile gelten auch die aus warmblütigen Tieren hergestellten Fette und Würste. Als Fleisch sind daher insbesondere anzusehen:

Muskelfleisch (mit oder ohne Knochen, Fettgewebe, Bindegewebe und Lymphdrüsen), Zunge, Herz, Lunge, Leber, Milz, Nieren, Gehirn, Brustdrüse (Bröschen, Bries, Brieschen, Kalbsmilch, Thymus), Schlund, Magen, Dünn- und Dickdarm, Gekröse, Blase, Milchdrüse (Euter), vom Schweine die ganze Haut (Schwarte), vom Rindvieh die Haut am Kopfe, einschließlich Nasenspiegel, Gaumen und Ohren, sowie die Haut an den Unterfüßen, ferner Knochen mit daran haftenden Weichteilen, frisches Blut;

Fette, unverarbeitet oder zubereitet, insbesondere Talg, Unschlitt, Speck, Liesen (Flohmen, Lünte, Schmer, Wammenfett), sowie Gekröse- und Netzfett, Schmalz, Oleomargarine, Premier jus, Margarine und solche Stoffe enthaltende Fettgemische, jedoch nicht Butter und geschmolzene Butter (Butterschmalz);

Würste und ähnliche Gemenge von zerkleinertem Fleische.

(2) Andere Erzeugnisse aus Fleisch, insbesondere Fleischextrakte, Fleischpeptone, tierische Gelatine, Suppentafeln, gelten bis auf weiteres nicht als Fleisch.

§ 2.

(1) Als frisches Fleisch ist anzusehen Fleisch, welches, abgesehen von einem etwaigen Kühlverfahren, einer auf die Haltbarkeit einwirkenden Behandlung nicht unterworfen worden ist, ferner Fleisch, welches zwar einer solchen Behandlung unterzogen worden ist, aber die Eigenschaft frischen Fleisches im wesentlichen behalten hat oder durch entsprechende Behandlung wiedergewinnen kann.

(2) Die Eigenschaft als frisches Fleisch geht insbesondere nicht verloren durch Gefrieren oder Austrocknen, ausgenommen bei getrockneten Därmen (§ 3 Abs. 4), durch oberflächliche Behandlung mit Salz, Zucker oder anderen chemischen Stoffen, durch bloßes Räuchern, durch Einlegen in Essig, durch Einhüllung in Fett, Gelatine oder andere den Luftabschluß bezweckende Stoffe, durch Einspritzen von Konservierungsmitteln in die Blutgefäße oder in die Fleischsubstanz.

(3) Als ganzer Tierkörper ist unbeschadet der Sonderbestimmung im § 6 das geschlachtete, abgehäutete und ausgeweidete Tier anzusehen; der Kopf vom ersten Halswirbel ab, die Unterfüße einschließlich der sogenannten Schienbeine und der Schwanz dürfen vorbehaltlich derselben Sonderbestimmung fehlen.

§ 3.

(1) Als zubereitetes Fleisch ist anzusehen alles Fleisch, welches infolge einer ihm zuteilig gewordenen Behandlung die Eigenschaften frischen Fleisches auch in den inneren Schichten verloren hat und durch eine entsprechende Behandlung nicht wiedergewinnen kann.

(2) Hierher gehört insbesondere das durch Pökelung, wozu auch starke Salzung zu rechnen ist, oder durch hohe Hitzegrade (Kochen, Braten, Dämpfen, Schmoren) behandelte

Fleisch. Als genügend starke Pökelung (Salzung) ist nur eine solche Behandlung anzusehen, nach der das Fleisch auch in den innersten Schichten mindestens 6 v. H. Kochsalz enthält; auf Speck findet diese Bestimmung insofern Anwendung, als der angegebene Mindestgehalt an Kochsalz nur in den etwa eingelagerten schwachen Muskelfleischschichten enthalten sein muß.

(3) Als zubereitetes Fleisch sind anzusehen ausgeschmolzenes oder ausgepreßtes Fett mit oder ohne nachfolgende Raffinierung, insbesondere Schmalz, Oleomargarine, Premier jus und ähnliche Zubereitungen, ferner die tierischen Kunstspeisefette im Sinne des § 1 Abs. 4 des Gesetzes, betreffend den Verkehr mit Butter, Käse, Schmalz und deren Ersatzmitteln, vom 15. Juni 1897 (RGBl. S. 475) sowie Margarine.

(4) Im Sinne des § 12 des Gesetzes und im Sinne der gegenwärtigen Ausführungsbestimmungen sind anzusehen:

als Schinken die von den Knochen nicht losgelösten Teile des Hinter- oder Vorderschenkels vom Schweine mit oder ohne Haut;

als Speck die zwischen der Haut und dem Muskelfleische, besonders am Rücken und an den Seiten des Körpers, liegende Fettschicht vom Schweine mit oder ohne Haut, auch mit schwachen, in der Fettschicht eingelagerten Muskelschichten;

als Därme der Dünn- und der Dickdarm sowie die Harnblase vom Rindvieh, Schweine, Schafe, von der Ziege, vom Pferde, vom Esel, Maultier, Maulesel oder von anderen Tieren des Einhufergeschlechts, der Magen vom Schwein sowie der Schlund vom Rindvieh;

als Würste und sonstige Gemenge aus zerkleinertem Fleische insbesondere alle Waren, welche ganz oder teilweise aus zerkleinertem Fleische bestehen und in Därme oder künstlich hergestellte Wursthüllen eingeschlossen sind, ferner Hackfleisch, Schabefleisch, Mett, Brät, Sülzen aus zerkleinertem Fleische, Fleischpulver, Fleischmehl (ausgenommen Fleischfuttermehl) mit oder ohne Zusätze;

als luftdicht verschlossene Büchsen oder ähnliche Gefäße insbesondere Büchsen, Dosen, Töpfe (Terrinen), Gläser jeder Form und Größe, deren Inhalt mit oder ohne anderweitige Vorbehandlung durch Luftabschluß haltbar gemacht worden ist.

§ 4.

(1) Die Vorschriften der §§ 12 und 13 des Gesetzes sowie die gegenwärtigen Ausführungsbestimmungen finden auch auf Renntiere und Wildschweine Anwendung, und zwar dergestalt, daß, unbeschadet der Bestimmungen im § 6 Abs. 4 und im § 27 unter A II, erstere dem Rindvieh, letztere den Schweinen gleichgestellt werden. Anderes Wildbret einschließlich warmblütiger Seetiere sowie Federvieh unterliegen weder den Einfuhrbeschränkungen in §§ 12, 13 des Gesetzes noch der amtlichen Untersuchung bei der Einfuhr; das gleiche gilt für das zum Reiseverbrauche mitgeführte Fleisch.

(2) Büffel unterliegen denselben Vorschriften wie Rindvieh.

Beschränkungen der Ein- und Durchfuhr.

§ 5.

In das Zollinland dürfen nicht eingeführt werden:

1. Fleisch in luftdicht verschlossenen Büchsen oder ähnlichen Gefäßen sowie Würste und sonstige Gemenge aus zerkleinertem Fleische;

2. Hundefleisch sowie zubereitetes Fleisch (mit Ausnahme der Därme), welches von Pferden, Eseln, Maultieren oder anderen Tieren des Einhufergeschlechts herrührt;

3. Fleisch, welches mit einem der folgenden Stoffe oder mit einer solche Stoffe enthaltenden Zubereitung behandelt worden ist:

a) Borsäure und deren Salze,
b) Formaldehyd und solche Stoffe, die bei ihrer Verwendung Formaldehyd abgeben,
c) Alkali- und Erdalkali-Hydroxyde und -Karbonate,
d) schweflige Säuren und deren Salze sowie unterschwefligsaure Salze,
e) Fluorwasserstoff und dessen Salze,
f) Salizylsäure und deren Verbindungen,
g) chlorsaure Salze,
h) salpetrigsaure Salze,
i) Farbstoffe jeder Art, jedoch unbeschadet ihrer Verwendung zur Gelbfärbung der Margarine, sofern diese Verwendung nicht anderen Vorschriften zuwiderläuft.

§ 6.

(1) Frisches Fleisch darf in das Zollinland nur in ganzen Tierkörpern (vgl. § 2 Abs. 3), die bei Rindvieh, ausgenommen Kälber, und bei Schweinen in Hälften zerlegt sein können, eingeführt werden. Als Kälber gelten Rinder im Fleischgewichte von nicht mehr als 75 kg. Mit den Tierkörpern müssen Brust- und Bauchfell, Lunge, Herz, Nieren, bei Kühen auch das Eute mit den zugehörigen Lymphdrüsen in natürlichem Zusammenhange verbunden sein. In Hälften zerlegte Tierkörper müssen nebeneinander verpackt und mit Zeichen und Nummern versehen sein, welche ihre Zusammengehörigkeit ohne weiteres erkennen lassen. Die Organe und sonstigen Körperteile, auf welche sich die Untersuchung zu erstrecken hat (vgl. §§ 6 bis 12 der Anlage a), dürfen nicht angeschnitten sein, jedoch darf in die Mittelfelldrüsen und in das Herzfleisch je ein Schnitt gelegt sein.

(2) Bei Rindvieh, ausgenommen Kälber (vgl. Abs. 1), muß auch der Kopf oder der Unterkiefer mit den Kaumuskeln, bei Schweinen auch der Kopf mit Zunge und Kehlkopf in natürlichem Zusammenhange mit den Körpern eingeführt werden; Gehirn und Augen dürfen fehlen. Bei Rindern darf der Kopf getrennt von dem Tierkörper beigebracht werden, sofern er und der Tierkörper derart mit Zeichen oder Nummern versehen sind, daß die Zusammengehörigkeit ohne weiteres erkennbar ist.

(3) Bei Pferden, Eseln, Maultieren, Mauleseln und anderen Tieren des Einhufergeschlechts müssen außer den in Abs. 1 aufgeführten Teilen Kopf, Kehlkopf und Luftröhre sowie die ganze Haut mindestens an einer Stelle mit dem Körper noch in natürlichem Zusammenhange verbunden sein.

(4) Bei Wildschweinen, die im übrigen den Schweinen gleich zu behandeln sind, dürfen Lunge, Herz und Nieren fehlen.

§ 7.

(1) Pökel- (Salz-) Fleisch, ausgenommen Schinken, Speck und Därme, darf in das Zollinland nur eingeführt werden, wenn das Gewicht der einzelnen Stücke nicht weniger als 4 kg beträgt.

(2) Geräuchertes Fleisch, welches einem Pökelverfahren unterlegen hat, ist als Pökelfleisch zu behandeln.

(3) Die der Untersuchung zu unterziehenden Lymphdrüsen dürfen nicht fehlen oder angeschnitten sein, jedoch darf in die Mittelfelldrüsen und in das Herzfleisch je ein Schnitt gelegt sein.

4. Gesetz über den Verkehr mit Vieh und Fleisch.

Vom 10. August 1925 (RGBl. I S. 186).

§ 1.

Als Vieh im Sinne dieses Gesetzes gelten Rindvieh einschließlich Kälber, ferner Schweine und Schafe; als Fleisch gilt das Fleisch dieser Tiere.

§ 2.

Als Handel im Sinne dieses Gesetzes gilt nicht die Veräußerung von Vieh, das der Veräußerer im eigenen landwirtschaftlichen Betriebe gezogen oder gehalten hat, sowie von Fleisch von solchem Vieh.

§ 3.

Die Abhaltung von Viehmärkten und marktähnlichen Veranstaltungen ist nur mit Genehmigung der von der obersten Landesbehörde bestimmten Behörden zulässig. Die Zulässigkeit öffentlicher Versteigerungen auf Grund anderweitiger gesetzlicher Vorschriften wird hierdurch nicht berührt.

Die obersten Landesbehörden oder die von ihnen bestimmten Behörden setzen die Zahl, Zeit und Dauer der Viehmärkte fest.

Die Viehmärkte können nach näherer Anordnung der obersten Landesbehörde überwacht werden.

Die oberste Landesbehörde kann für Schlachtviehmärkte zum Zwecke der Feststellung von Preis und Gewicht der Tiere Vorschriften erlassen und Einrichtungen anordnen;

insbesondere den Schlußscheinzwang und den Handel nach Lebendgewicht vorschreiben.

Die Kosten der Überwachung und die auf Grund von Abs. 4 entstehenden Kosten fallen den Unternehmern des Marktes zur Last. Der § 68 der Gewerbeordnung findet Anwendung.

Schriftstücke, deren Ausstellung auf Grund des Abs. 4 angeordnet ist, sind stempelfrei.

§ 4.

Die obersten Landesbehörden oder die von ihnen bestimmten Behörden können für Orte, an denen mit behördlicher Genehmigung Viehmärkte stattfinden, und für deren Umgebung marktähnliche Veranstaltungen für Vieh untersagen. Sie können ferner den Handel mit Vieh außerhalb des Marktplatzes für den Marktort und dessen Umgebung am Markttag und an dem vorangehenden und nachfolgenden Tage verbieten.

§ 5.

Wer gewerbsmäßig für andere Vieh oder Fleisch veräußert oder erwirbt (Vieh-, Fleischkommissionär) oder gewerbsmäßig den Abschluß solcher Geschäfte vermittelt (Vieh-, Fleischagent) oder gewerbsmäßig Gelegenheit zum Abschluß von solchen Geschäften nachweist, darf auf Vieh- und Fleischmärkten, auf denen er in einer dieser Eigenschaften zugelassen oder in der Regel tätig ist, weder Verkäufe noch Käufe für eigene Rechnung abschließen.

§ 6.

Wer Frischfleisch, Gefrierfleisch, Fleischwaren oder Wurstwaren im Kleinhandel feilhält, ist verpflichtet, ein Verzeichnis in seinen Verkaufsräumen oder an seinem Betriebsstand nach näherer Anordnung der obersten Landesbehörden anzubringen, aus dem die Verkaufspreise der verschiedenen Arten und Sorten ersichtlich sind. Die angegebenen Preise dürfen nicht überschritten werden. Gefrierfleisch muß als solches bezeichnet werden.

§ 7.

Mit Gefängnis bis zu einem Jahre und mit Geldstrafe oder mit einer dieser Strafen wird bestraft, wer den Vorschriften des § 3 Abs. 1, der §§ 5, 6 oder den auf Grund des § 3 Abs. 3, 4 oder des § 4 erlassenen Bestimmungen zuwiderhandelt.

§ 8.

Für die Untersagung des Handels mit Vieh, Frischfleisch, Gefrierfleisch, Fleischwaren oder Wurstwaren sowie für die Schließung von Geschäftsräumen, in denen solcher Handel betrieben wird, gelten die Vorschriften der §§ 20 bis 33 der Verordnung über Handelsbeschränkungen vom 13. Juli 1923 (RGBl. I S. 706) in der Fassung der Verordnung vom 26. Juni 1924 (RGBl. I S. 661).

Die Vorschriften des Abschnitts III der Verordnung über Handelsbeschränkungen (Äußere Kennzeichnung von Waren) bleiben unberührt.[1])

1. An Stelle dieser Vorschriften ist jetzt die Verordnung vom 29. September 1927 (vgl. S. 185 ff.) getreten.

5. Bekanntmachung der neuen Fassung des Gesetzes über den Verkehr mit Vieh und Fleisch.

Vom 10. August 1925 (RGBl. I S. 186).

Auf Grund des Artikels II des Gesetzes zur Änderung der Verordnung über den Verkehr mit Vieh und Fleisch vom 10. August 1925 (RGBl. I S. 185) wird der Wortlaut der Verordnung über den Verkehr mit Vieh und Fleisch vom 13. Juli 1923 (RGBl. I S. 715), wie er sich aus der Änderung durch Artikel I des genannten Gesetzes ergibt, unter der Überschrift „Gesetz über den Verkehr mit Vieh nnd Fleisch" nachstehend bekanntgemacht.

---

6. Runderlaß des Preußischen Ministers für Landwirtschaft, Domänen und Forsten, betreffend Fleisch unreifer Kälber.

Vom 29. April 1927 — V 4335 — (LwMBl. 27 S. 430).

Im Auszuge.

Behandelt die Frage der Beurteilung des Fleisches unreifer Kälber. Kalbfleisch, bei dem anläßlich der tierärztlichen Nahrungskontrolle die Merkmale der ungenügenden Entwicklung festgestellt werden, muß als verdorben im Sinne des Nahrungsmittelgesetzes angesehen und entsprechend behandelt werden.

---

7. Erlaß des Preußischen Ministers für Landwirtschaft, Domänen und Forsten.

Vom 2. März 1926.

Auf Grund der zu meinem Erlaß vom 15. Juni 1925 — V 6884 — erstatteten Berichte ist die dort getroffene Regelung des Verkehrs mit Hackfleisch im Benehmen mit Vertretern des preußischen Fleischergewerbes nochmals geprüft worden.

Die Befürchtung, daß infolge des Verbotes des Vorrätighaltens von Hackfleisch dieses durch die Herstellung in kleinen Mengen hygienisch verschlechtert werde, hat sich als nicht zutreffend erwiesen. Es muß aber zugegeben werden, daß die Befolgung von Verordnungen, die das Vorrätighalten von Hackfleisch ausnahmslos verbieten, in manchen Geschäften zu gewissen Tageszeiten zu einer Störung in der Abwicklung des Betriebes führen kann.

Ein derartiges ausnahmsloses Verbot ist zur Erreichung des angestrebten Zieles nach Ansicht der meisten Berichterstatter auch nicht erforderlich. Wenn infolge eines regelmäßigen und großen Absatzes sichergestellt ist, daß das Hackfleisch in etwa 1 bis 3 Stunden nach der Herstellung verkauft ist, so kann — einwandfreie Herstellung und Aufbewahrung vorausgesetzt — angenommen werden, daß solches Hackfleisch während der kurzen Dauer des Vorrätighaltens keine Veränderung erleidet, die es zu einem gesundheitsgefährlichen Nahrungsmittel macht.

Es erscheint deshalb unbedenklich, Geschäften, die einen regelmäßigen und großen Absatz an Hackfleisch haben, und bei denen bei der Befolgung des ausnahmslosen Verbotes des Vorrätighaltens von Hackfleisch Geschäftsstörungen zu befürchten stehen, von Fall zu Fall zu gestatten, daß sie während besonders festzusetzender Stunden (Hauptabsatzzeiten) Hackfleisch in einer Menge, die für die betreffenden Geschäfte nach dem erweislichen Absatz festzusetzen sein wird, vorrätig halten.

Bei diesem Anlaß weise ich auf die für den Hackfleischverkehr besonders ungünstigen hygienischen Verhältnisse auf den Wochenmärkten hin. Die Gefahren, die bei dem Hackfleischverkehr auf den Märkten für die menschliche Gesundheit entstehen, sind ungleich größer als beim Verkauf von Hackfleisch in geschlossenen Räumlichkeiten. Ich ersuche daher ergebenst, auf Grund der §§ 6, 12 und 15 des Gesetzes über die Polizeiverwaltung vom 11. März 1850 (GS. S. 265) und der §§ 137 und 139 des Gesetzes über die allgemeine Landesverwaltung vom 30. Juli 1883 (GS. S. 195) das Auf-den-Markt-Bringen, Feilhalten und den Verkauf von Hackfleisch außerhalb geschlossener Räumlichkeiten zu verbieten, wie das bereits in einigen Bezirken geschehen ist. Sofern dieses Verbot nicht durchführbar erscheinen sollte, ist unter Angabe der Gründe zu berichten.

Ich ersuche ergebenst, das Weitere zu veranlassen. Über das Veranlaßte ist Bericht zu erstatten.

Als Beispiel folgt hier die

8. Verordnung des Polizeipräsidenten in Berlin.

Vom 10. September 1926 (Amtsblatt S. 222). Im Auszuge.

Mit Zustimmung des Herrn Oberpräsidenten der Provinz Brandenburg und von Berlin wird für den Stadtkreis Berlin folgendes bestimmt:

§ 1.

Hackfleisch (Schabefleisch, Hackepeter) darf nur in geschlossenen Räumen hergestellt, verarbeitet, feilgehalten und verkauft werden, nicht aber im Freien, auf Märkten und Straßen und nicht auf Freibänken oder freibankähnlichen Einrichtungen.

§ 2.

Auf Vorrat darf Hackfleisch (Schabefleisch, Hackepeter) nur in Rind- und Schweineschlächtereien hergestellt sowie zur Verarbeitung und zum Verkauf gehalten werden. Andere Betriebe bedürfen dazu einer ausdrücklichen polizeilichen Erlaubnis.

Die Herstellung darf nur eine halbe Stunde vor den einzelnen Hauptabsatzzeiten und nur in einer Gewichtsmenge erfolgen, welche dem Bedarf der betreffenden Schlächtereien in den einzelnen Hauptabsatzzeiten entspricht. Als solche gelten für Hackfleisch:

Wochentags die Stunden von 8½ Uhr vorm. bis 12 Uhr mittags, von 4½ Uhr nachm. bis 6½ Uhr nachm., Sonn- und Feiertags die Stunden von 7½ bis 9½ Uhr vorm.

Die nach jeder Hauptabsatzzeit übriggebliebenen Vorräte sind sofort derartig zu verarbeiten, daß ihr Verkauf im rohen Zustand ausgeschlossen ist.

§ 3.

Wer den Vorschriften dieser Polizeiverordnung zuwiderhandelt, wird, falls nicht eine höhere Strafe verwirkt ist, mit einer Geldstrafe bis zu 150 RM., an deren Stelle im Unvermögensfalle Haft bis zu 14 Tagen tritt, bestraft.

§ 4.

Die Polizeiverordnung tritt am 1. Oktober 1926 in Kraft.

*

Ähnliche Verordnungen erließen Regierungsbezirk Liegnitz am 16. April 1926 (Amtsbl. S. 78), Erfurt am 6. Juli 1926, Osnabrück am 3. Juli 1926 (Amtsbl. S. 76).

9. Erlaß des Ministers für Volkswohlfahrt, betreffend Beurteilung eines Wasserzusatzes zu Hack- oder Schabefleisch sowie zu Fleischbrühwürsten und Fleischkochwürsten.

Vom 18. April 1925 — I M II 777 —.

Der Deutsche Fleischerverband hatte aus Anlaß zahlreicher Strafverfahren wegen angeblich übermäßigen Wasserzusatzes zu solchen Würsten, bei deren Untersuchung die sogenannte Federsche Zahl angewendet worden ist, beim Reichsgesundheitsamt angeregt, über die Zulässigkeit dieser Zahl durch Erhebungen mit Sachverständigen und Interessenten eine für eine einheitliche Regelung geeignete Grundlage zu schaffen.

Die geführten Verhandlungen haben zu einer hinlänglichen Übereinstimmung geführt. Auf Grund dieser Vereinbarungen hat das Reichsgesundheitsamt Grundsätze für die Beurteilung eines Wasserzusatzes zu den genannten Fleischwaren aufgestellt und zugleich eine genaue Anweisung für die Probeentnahme und für die chemische Untersuchung dieser Waren ausgearbeitet. Die Entwürfe der „Grundsätze" und der „Anweisung" haben einigen Mitgliedern des Reichsgesundheitsrats vorgelegen und deren Zustimmung gefunden.

Im Einvernehmen mit dem Reich gesundheitsamt und dem Reichsminister des Innern sind wir der Auffassung, daß bei einer einheitlichen Beachtung und Befolgung der Grundsätze und der Anweisung nunmehr die Grundlage geschaffen ist, um ein brauchbares Hilfsmittel zur Bekämpfung eines Wasserzusatzes bei Hack- oder Schabefleisch und eines übermäßigen Wassergehaltes in Fleischbrühwürsten und

Fleischkochwürsten zu geben, andererseits auch dem Fleischergewerbe und der Fleischwarenindustrie Schutz vor nicht hinreichend begründeten oder gar unberechtigten Beanstandungen und Anklagen zu bieten. Wir ersuchen daher ergebenst, die öffentlichen Nahrungsmitteluntersuchungsanstalten anzuweisen, künftig nach diesen „Grundsätzen" und nach der „Anweisung" zu verfahren.

Weiter ersuchen wir, dafür Sorge tragen zu wollen, daß möglich bald durch polizeiliche Maßnahmen, Festsetzungen über den höchstzulässigen Wasserzusatz in den verkaufsfertigen Fleischbrühwürsten und Fleischkochwürsten nach Anhörung der beteiligten Kreise getroffen werden. Einheitliche Festsetzungen über den höchstzulässigen Wasserzusatz in den verkaufsfertigen Fleischbrühwürsten und Fleischkochwürsten für das ganze Staatsgebiet zu treffen, ist im Hinblick darauf, daß die Verhältnisse im Verkehr mit den in Betracht kommenden Wurstwaren in den verschiedenen Teilen Preußens nicht einheitlich liegen, sogar nicht einmal die Bezeichnung derselben Wurstarten überall dieselbe ist und weiter die Herstellung bestimmter, nur in gewissen Gegenden in den Verkehr gelangender Wurstsorten in Frage kommt, nicht angängig. Immerhin dürfte sich aber voraussichtlich für mehrere größere Bezirke (Regierungsbezirke oder Provinzen) der Erlaß gleichlautender Maßnahmen erreichen lassen.

<u>Anlage.</u>

A. Allgemeine Grundsätze.

Ein Zusatz von Wasser zu Hackfleisch oder Schabefleisch ist unzulässig und als Verfälschung im Sinne des § 10 des Nahrungsmittelgesetzes vom 14. Mai 1879 (RGBl. S. 145) anzusehen.

Hingegen ist ein Wasserzusatz (Schüttung) bei der Herstellung von Fleischbrühwürsten, wie z. B. Wiener, Bock-, Frankfurter Würstchen, herkömmlich und zulässig. Die Höhe der Schüttung ist je nach der Wurstart, den örtlichen Gebräuchen und der Art des verwendeten Fleisches verschieden.

Auch bei Fleischkochwürsten, wie z. B. Schinken-, Lyoner, Mortadellawurst, ist ein Wasserzusatz vielfach ortsüblich und in solchen Fällen zulässig; er ist jedoch erheblich geringer als bei den Fleischbrühwürsten.

Da sich für den höchstzulässigen Wasserzusatz bei allen hier in Betracht kommenden Wurstarten nach Lage der Verhältnisse einheitliche Festsetzungen nicht treffen lassen, so gelten bis auf weiteres die örtlichen Festsetzungen und in Ermangelung solcher der örtliche Brauch des reellen Gewerbes. Maßgebend für die Beurteilung eines unzulässigen Wasserzusatzes ist nicht die dem Wurstgut zugesetzte Wassermenge, sondern der in der verkaufsfertigen, feilgehaltenen oder verkauften Ware vorhandene übermäßige Wassergehalt.

B. Grundsätze für die Beurteilung des durch die chemische Untersuchung festgestellten Wassergehaltes.

1. Bei Hackfleisch und Schabefleisch.

a) Wird nach dem in der Anlage angegebenen Verfahren das Verhältnis von Wasser zum organischen Nichtfett (Federsche Zahl) in Hack- oder Schabefleisch aus Rindfleisch bis zu 4 und im Hackfleisch aus Schweinefleisch bis zu 4,5 gefunden, so ist auf Grund lediglich dieser Feststellungen wegen eines etwaigen Wasserzusatzes nichts zu veranlassen.

Gemische von Rind- und Schweinehackfleisch sind hinsichtlich dieser beiden Grenzzahlen nach dem Anteil an den beiden Fleischarten in dem Gemisch zu beurteilen.

b) Werden die unter a genannten Zahlen überschritten, so liegt je nach der Höhe der Überschreitung ein mehr oder weniger großer Verdacht vor, daß dem Fleisch Wasser zugesetzt ist. Der Hersteller ist von dem Untersuchungsbefund zu benachrichtigen und gegebenenfalls zu verwarnen; eine Beanstandung ist jedoch erst dann auszusprechen, wenn durch wiederholte Kontrolle des verdächtigen Betriebes oder durch Untersuchung einer Vergleichsprobe, d. h. einer Probe aus den gleichen Muskelgruppen desselben Tieres, aus denen das Hack- oder Schabefleisch hergestellt war, oder durch sonstige Beweismittel der Nachweis des Wasserzusatzes erbracht ist.

2. Bei Fleischbrühwürsten und Fleischkochwürsten.

Bei den Fleischbrühwürsten bildet die Verhältniszahl 4 ein brauchbares Hilfsmittel für die Berechnung des in der verkaufsfertigen, feilgehaltenen oder verkauften Ware vorhandenen Übermaßes an Wasser. Ergibt sich nach dieser Berechnung ein Übermaß an Wasser, das um mehr als 2 v. H. über den zulässigen Wasserzusatz hinausgeht, so ist die Wurst als mit übermäßigen Mengen Wasser hergestellt anzusehen, jedoch erst zu beanstanden, nachdem durch wiederholte Kontrolle des verdächtigen Betriebes oder durch sonstige Beweismittel eine wiederholte Überschreitung des zulässigen Wassergehaltes nachgewiesen ist.

(Die technische Anleitung ist hier fortgelassen, ebenso die Erläuterungen des Gesundheitsamtes.)

*

Bisher haben nur wenige Ortsbehörden die angeregte Bestimmung getroffen.

Von allgemeinerem Interesse ist der den Dosenwürstchen zugestandene Fremdwassergehalt, weil nur sie den Ort ihrer Herstellung verlassen und zum Teil weite Verbreitung über das ganze Reich haben.

Um einen Anhaltepunkt zu gewähren, mögen hier zwei bayerische Regierungsverordnungen Platz finden sowie eine anhaltinische.

10a. Regierung von Schwaben und Neuburg.

Vom 10. Februar 1927.

§ 2.

Der zulässige Fremdwassergehalt beträgt je auf 100 Teile fremdwasserfreie Wurstmasse:

1. 70 Teile bei Wollwürsten (sog. Geschwollenen),
2. 25 Teile bei Weißwurst, Stockwurst, Lungenwurst, Kalbsbratwurst,
3. 20 Teile bei Würsten nach Halberstädter Art, Frankfurter Bockwurst, Gelbwurst, Leberkäse,
4. 10 Teile bei gewöhnlicher Lyoner, Regensburger, Knackwurst, Schinkenwurst,
5. 40 Teile bei in Salzwasser sterilisierten Dosenwürstchen (Saft-Delikateß-Würstchen, Würstchen nach Halberstädter Art und ähnlichen).

Fremdwasserzusätze dürfen nicht enthalten: Regensburger (feine) Schwarzwurst, Schweinsbratwurst, Schweinskäse, Streichleberwurst, Zungenwurst.

10 b. Kreisregierung von Mittelfranken.

Beschluß vom 4. März 1927.

1. Jeder Zusatz von Wasser zu Hack- und Schabfleisch ist verboten.

2. Der Fremdwassergehalt (Gesamtwassergehalt viermal organisches Nichtfett) darf in der verkaufsfertigen, feilgehaltenen oder verkauften Wurst bei Fleischbrühwürsten 15 v. H., bei Fleischkochwürsten 10 v. H. und bei Dosenwürsten 25 v. H. nicht überschreiten.

Fleischbrühwürste sind solche Wurstarten, welche aus rohem Fleisch unter Zusatz von Wasser hergestellt, in Saitlinge oder Kranzdärme gefüllt, zu kurzen Formen abgebunden oder abgedreht, rasch geräuchert werden oder ungeräuchert bleiben, in heißem Wasser kurz gebrüht und als ganze Würstchen meist warm verzehrt werden. Von den in Mittelfranken hergestellten bzw. im Handel befindlichen Wurstwaren gehören zu dieser Gattung u. a.: Bock-, Wiener, Frankfurter, Halberstädter, Weißwürste, Knackwürste.

Fleischkochwürste sind solche Wurstarten, welche aus rohem Fleisch unter Zusatz von Wasser hergestellt, in Blasen, mittelweite oder weite Därme gefüllt, zu langen Formen abgebunden in geräuchertem oder ungeräuchertem Zustand gekocht oder in heißem Wasser längere Zeit gebrüht und der Regel nach kalt ausgeschnitten werden. Von den in Mittelfranken hergestellten bzw. im Handel befindlichen Wurstwaren gehören zu dieser Gattung u. a.: Schinken-, Göttinger oder Bayerische Bierwurst, Lyoner, Gelb-, Krakauer, Stadt- oder Fleischwurst, Jagdwurst.

10 c. Sachsen

hat (nach Fleischwarenindustrie 1927 S. 225) für Dosenwürste 25 v. H., für Fleischkochwürste 15 v. H. als Maximum festgesetzt. Eine amtliche Bekanntmachung liegt bisher nicht vor.

10 d. Regierung des Freistaates Anhalt.

Vom 15. Februar 1926.

1. Jeglicher Zusatz von Wasser zu Hack- oder Schabefleisch ist verboten.

2. Der Fremdwassergehalt in den verkaufsfertigen bezw. feilgehaltenen oder verkauften Fleischbrühwürsten (Brühwürste, Wiener oder Frankfurter Würstchen, Knoblauchwurst, Polnische Brühwurst) darf 15 v. H., der Fremdwassergehalt in Fleischkochwürsten (Kaiserjagdwurst, Schinkenwurst, Lyoner Wurst) darf 10 v. H. nicht übersteigen.

---

11. Erlaß, betreffend
a) Verwendung von Mehl bei der Herstellung von Fleischsalat und Mayonnaise,
b) Beurteilung eines Gehaltes an Benzoesäure oder benzoesaurem Natrium bei Fleischsalat und Mayonnaise.

Vom 17. Juli 1925 — I M II 1539/25 —.

Die Antworten der Untersuchungsanstalten, die dem Reichsgesundheitsamt im Verfolg der im Herbst 1924 veranlaßten Erhebungen zugegangen sind, ließen erkennen, daß die Ansichten über die Zulässigkeit der Verwendung von Mehl bei der Herstellung von Fleischsalat und Mayonnaise geteilt waren. In einer Besprechung, an der Vertreter des Reichsgesundheitsrats aus der nahrungsmittelchemischen Praxis sowie Vertreter der Interessentenkreise teilgenommen haben, wurde eine grundsätzliche Einigung dahin erzielt, daß jeder Mehlzusatz bei der Herstellung von Mayonnaise entbehrt werden kann. Denn ein Mehlzusatz ist für das Zusammenhalten der Mayonnaise, die regelrecht eine Mischung aus Speiseöl, Eigelb, Essig und Gewürzen darstellt, nicht notwendig, mit diesem Zusatz wird vielmehr meist der Zweck verfolgt, die Mayonnaise mit Mehlkleister, d. h. mit Wasser, zu strecken. Hingegen wurde anerkannt, daß bei Fleischsalat in manchen Fällen, die von der Beschaffenheit des angewandten Fleisches abhängig sind, ein Mehlzusatz in geringen Mengen bei der Verarbeitung des Fleisches auf Fleischkloß nicht zu entbehren sei, damit der Fleischkloß sich in haltbare Streifen zerschneiden lasse, die im Salat nicht zerbröckeln. Hierdurch würde der Salat unansehnlich werden und in seinem Verkaufswert leiden. Seitens der Interessenten wurden Mehlzusätze (meist Kartoffelstärkemehl) bis zu 2 v. H. im Fleischkloß und damit bis zu 1 v. H. im fertigen Fleischsalat als ausreichend bezeichnet. Eine Begrenzung des Mehlzusatzes auch im fertigen Fleischsalat erweist sich als notwendig, weil das Mehl aus dem Fleischkloß in die Mayonnaise, die zur Herstellung des Fleischsalats dient, übergeht.

Da im Verfolg unseres Runderlasses vom 31. Dezember 1924 — I M II 3083 — die Verwendung von borsäurehaltigem Eigelb bei der Herstellung von Fleischsalat und Mayonnaise seitens der zuständigen Stellen beanstandet wird, hat die Industrie den Wunsch ausgesprochen, an Stelle borsäurehaltigen Eigelbs benzoesäurehaltiges Eigelb, das im allgemeinen neben 6 v. H. Kochsalz 0,8 bis 1 v. H. Benzoesäure oder entsprechende Mengen benzoesaures Natrium enthält, verwenden zu dürfen. Vom gesundheitlichen Standpunkt aus sind gegen die Verwendung solchen Eigelbs zu dem gedachten Zweck, sofern es im übrigen einwandfrei ist, keine Bedenken zu erheben. Es erscheint jedoch erwünscht, die Benzoesäuremengen, die als duldbar erachtet werden, ebenso wie bei anderen Lebensmitteln, z. B. bei Margarine und Obstdauerwaren, zu begrenzen, und zwar im fertigen Fleischsalat auf 0,125 v. H. Benzoesäure, in der fertigen Mayonnaise auf 0,25 v. H. Benzoesäure, wobei eine Deklaration nicht notwendig erscheint.

Um eine einheitliche Beurteilung in der Frage der Verwendung von Mehl bei der Herstellung von Fleischsalat und von Mayonnaise sowie in der Frage eines Benzoesäuregehaltes in diesen Zubereitungen herbeizuführen, ersuchen wir, die mit der Überwachung des Lebensmittelverkehrs beauftragten öffentlichen Nahrungsmitteluntersuchungsanstalten anzuweisen, künftighin wie folgt zu verfahren:

a) Mehlhaltige Mayonnaise für sich ist wegen des Mehlgehaltes in allen Fällen zu beanstanden, auch wenn der Mehlgehalt deklariert ist.

b) Mehlhaltiger Fleischsalat ist wegen des Mehlgehaltes, auch wenn dieser nicht deklariert ist, nicht zu beanstanden, wenn bis zu 1 v. H. wasserfreies Stärkemehl, berechnet auf die Gesamtmasse des Salats, bei der Analyse gefunden werden. Fleischsalate mit einem höheren Mehlgehalte als 1 v. H. sind auch dann zu beanstanden, wenn der höhere Mehlgehalt deklariert ist.

c) Benzoesäurehaltiger Fleischsalat und benzoesäurehaltige Mayonnaise sind wegen eines Benzoesäuregehaltes, auch wenn dieser nicht deklariert ist, nicht zu beanstanden, wenn der Benzoesäuregehalt bei Fleischsalat bis zu 0,125 und bei Mayonnaise bis zu 0,25 v. H. gefunden wird. Fleischsalat und Mayonnaise mit einem höheren Gehalt an Benzoesäure sind auch dann zu beanstanden, wenn der höhere Benzoesäuregehalt deklariert ist.

—

12. Runderlaß des Ministers für Landwirtschaft, Domänen und Forsten, des Ministers für Handel und Gewerbe und des Ministers für Volkswohlfahrt, betreffend Verwendung von Mehl bei der Herstellung von Fleischsalat und Mayonnaise.

Vom 3. April 1926 — I M II 484 —. Im Auszug.

Es ist Beschwerde darüber geführt, daß der Erlaß vom 17. Juli 1925 — I M II 1539 usw. —, betreffend die Verwendung von Mehl bei der Herstellung von Fleischsalat und Mayonnaise, vielfach umgangen oder mißverstanden werde, indem Mayonnaise unter allerhand Phantasienamen, z. B. Salattunke, Remouladentunke, Salatsoße und dergl., unter Zusatz von Mehl zu billigerem Preise als die mehlfreien Mayonnaisen der redlichen Fabrikanten in den Handel gebracht würden.

Hierin liegt eine Umgehung der getroffenen Maßnahmen; denn in dem Begriff „Mayonnaise“ sollten alle mayonnaisenartigen Erzeugnisse im weitesten Sinne, auch wenn sie anders benannt werden, zusammengefaßt sein.

Weiter wird vielfach mehlhaltiger Fleischsalat angetroffen, dessen Mehlgehalt nicht vom Fleischkloß herrührt. Es kann kein Zweifel bestehen, daß die begrenzte Menge Mehl nur bei Herstellung des Fleischkloßes geduldet werden sollte; nur weil bei *fertigem* Fleischsalat ein teilweises Übergehen von Mehl aus dem Kloß in die Mayonnaise unter Umständen nicht vermieden werden kann, ist 1 v. H. Mehl im fertigen Salat als duldsam bezeichnet worden. Fleischsalate, die aus Streifen mehlhaltiger Fleischklöße hergestellt sind, und etwa unter der Bezeichnung „Italienischer Salat“, „Russischer Salat“ und dergl. in den Handel gebracht werden, unterliegen diesen Bestimmungen.

13a. Verordnung über Fleischbrühwürfel und deren Ersatzmittel.

Vom 25. Oktober 1917 (RGBl. S. 969).

Der Bundesrat hat auf Grund des § 3 des Gesetzes über die Ermächtigung des Bundesrats zu wirtschaftlichen Maßnahmen usw. vom 4. August 1914 (RGBl. S. 327) folgende Verordnung erlassen:

§ 1.

Erzeugnisse in fester oder loser Form (Würfel, Tafeln, Kapseln, Körner, Pulver), die bestimmt sind, eine der Fleischbrühe ähnliche Zubereitung zum unmittelbaren Genuß oder zum Würzen von Suppen, Soßen, Gemüse oder anderen Speisen zu liefern, dürfen auf der Packung oder dem Behältnis, in denen sie an den Verbraucher abgegeben werden, nur dann die Bezeichnung „Fleischbrühe" oder eine gleichartige Bezeichnung (Brühe, Kraftbrühe, Bouillon, Hühnerbrühe usw.) ohne das Wort „Ersatz" enthalten, wenn

1. sie aus Fleischextrakt oder eingedickter Fleischbrühe und aus Kochsalz mit Zusätzen von Fett oder Würzen oder Gemüseauszügen oder Gewürzen bestehen;
2. ihr Gehalt an Gesamtkreatinin mindestens 0,45 v. H. und an Stickstoff (als Bestandteil der den Genußwert bedingenden Stoffe) mindestens 3 v. H. beträgt;
3. ihr Kochsalzgehalt 65 v. H. nicht übersteigt;
4. Zucker und Sirup jeder Art zu ihrer Herstellung nicht verwendet worden sind.

§ 2.

Erzeugnisse der im § 1 genannten Bestimmung in fester oder loser Form, die den Anforderungen im § 1 Nr. 1 bis 3 nicht entsprechen, dürfen nur gewerbsmäßig hergestellt, feilgehalten, verkauft oder sonst in Verkehr gebracht werden, wenn ihr Gehalt an Stickstoff (als Bestandteil der den Genußwert bedingenden Stoffe) mindestens 2 v. H. beträgt, ihr Kochsalzgehalt 70 v. H. nicht übersteigt, Zucker und Sirup jeder Art zu ihrer Herstellung nicht verwendet worden sind und sie auf der Packung oder dem Behältnis, in denen sie an den Verbraucher abgegeben werden, in Verbindnung mit der handelsüblichen Bezeichnung in einer für den Verbraucher leicht erkennbaren Weise das Wort „Ersatz" enthalten.

§ 3.

Bei Erzeugnissen der in den §§ 1, 2 genannten Art, die bestimmt sind, in kleinen Packungen an den Verbraucher abgegeben zu werden, darf der Inhalt ohne die Packung nicht weniger als 4 Gramm wiegen.

§ 4.

Der Reichskanzler kann Ausnahmen von den Vorschriften dieser Verordnung zulassen.

§ 5.

Mit Gefängnis bis zu sechs Monaten und mit Geldstrafe bis zu fünfzehnhundert Mark oder mit einer dieser Strafen wird bestraft:

1. wer der Vorschrift im § 1 zuwider Erzeugnisse mit einer unzulässigen Bezeichnung versieht oder solche mit unzulässiger Bezeichnung versehenen Erzeugnisse feilhält, verkauft oder sonst in Verkehr bringt;
2. wer der Vorschrift im § 2 zuwiderhandelt;
3. wer der Vorschrift des § 3 zuwider Erzeugnisse gewerbsmäßig herstellt, feilhält, verkauft oder sonst in Verkehr bringt.

Neben der Strafe kann auf Einziehung der Erzeugnisse erkannt werden, auf die sich die strafbare Handlung bezieht, ohne Unterschied, ob sie dem Täter gehören oder nicht.

Im Urteil kann ferner angeordnet werden, daß die Verurteilung auf Kosten des Schuldigen öffentlich bekanntzumachen ist.

§ 6.

Die Vorschriften der Verordnung über die äußere Kennzeichnung von Waren vom 18. Mai 1916 (RGBl. S. 380) bleiben unberührt.

§ 7.

Diese Verordnung tritt am 1. Dezember 1917 in Kraft. Der Reichskanzler bestimmt den Zeitpunkt des Außerkrafttretens.

13b. Zweite Verordnung über Fleischbrühwürfel und deren Ersatzmittel.

Vom 11. November 1924 (RGBl. I S. 743).

Auf Grund des § 4 der Verordnung über Fleischbrühwürfel und deren Ersatzmittel vom 25. Oktober 1917 (RGBl. S. 969) wird folgende Ausnahme zugelassen:

Erzeugnisse nach § 2 brauchen auf der Packung oder dem Behältnis, in denen sie an den Verbraucher abgegeben werden das Wort „Ersatz" neben der handelsüblichen Bezeichnung nicht zu tragen, wenn ihre den Genußwert bedingenden Stoffe dem Hefeextrakt entstammen und dies aus der Bezeichnung deutlich hervorgeht.

III.

Fette, Käse und ihre Ersatzmittel.

1. Gesetz, betreffend den Verkehr mit Butter, Käse, Schmalz und deren Ersatzmitteln.

Vom 15. Juni 1897 (RGBl. Nr. 27 S. 475).

§ 1.

Die Geschäftsräume und sonstigen Verkaufsstellen einschließlich der Marktstände, in denen Margarine, Margarinekäse oder Kunstspeisefett gewerbsmäßig verkauft oder feilgehalten wird, müssen an in die Augen fallender Stelle die deutliche, nicht verwischbare Inschrift „Verkauf von Margarine", „Verkauf von Margarinekäse", „Verkauf von Kunstspeisefett" tragen.[1])

Margarine im Sinne dieses Gesetzes sind diejenigen der Milchbutter oder dem Butterschmalz ähnlichen Zubereitungen, deren Fettgehalt nicht ausschließlich der Milch entstammt.

Margarinekäse im Sinne dieses Gesetzes sind diejenigen käseartigen Zubereitungen, deren Fettgehalt nicht ausschließlich der Milch entstammt.

Kunstspeisefett im Sinne dieses Gesetzes sind diejenigen dem Schweineschmalz ähnlichen Zubereitungen, deren Fettgehalt nicht ausschließlich aus Schweinefett besteht. Aus-

genommen sind unverfälschte Fette bestimmter Tier- oder Pflanzenarten, welche unter den ihrem Ursprung entsprechenden Bezeichnungen in den Verkehr gebracht werden.[2])[3])

1. Die im Gesetz gebrauchten Worte „Verkauf von Margarine usw." dürfen nicht durch andere ersetzt werden, auch wenn sie den gleichen Sinn haben sollten. Z. B. ist unzulässig „Verkauf von Pflanzenbutter". (RG. vom 26. November 1915.)

2. Die Frage, ob gehärtete Fette noch „unverfälschte" Fette sind, ist für die Margarineindustrie von großer Bedeutung. Als Rohstoffe für Herstellung der Margarine ist ihre Beurteilung lediglich von hygienischen Gesichtspunkten aus zu treffen: Die Auffassungen gehen ganz allgemein dahin, daß für die Beurteilung gehärteter Fette keine anderen Grundsätze maßgeblich sein können als für unveränderte Fette, daß insbesondere die Härtungsverfahren (Nickel-Kabalysator) zu keinen Ausstellungen führen.

Schwieriger ist die Antwort darauf, ob die gehärteten Fette, auch wenn sie ungemischt sind und unter dem Namen ihres natürlichen Rohstoffes auftreten, noch Anspruch auf die Ausnahmestellung haben, welche § 1 Abs. 4 letzter Satz den genannten Fetten einräumt. Die Gerichte haben, entsprechend den nicht immer übereinstimmenden Ansichten der Sachverständigen, die Frage verschieden beantwortet. Bei Erlaß des Gesetzes (1897) kannte man diese heute wirtschaftlich äußerst wertvollen Erzeugnisse nur in den chemischen Laboratorien. Das Gesetz konnte daher auf sie noch nicht Rücksicht nehmen. „Verfälschte" Fette sind sie sicher nicht, weil wir unter einer „verfälschten" Sache stets eine verschlechterte verstehen. Die Fette sind aber verbessert im Sinne ihrer industriellen Verwertbarkeit. Dagegen sind sie nicht mehr unverändert und müssen der Veränderung in ihrer Bezeichnung Rechnung tragen. Da aber § 1 Abs. 4 zweifellos „unveränderte" Fette im Auge hatte, müssen nach diesseitiger Auffassung diese

Erzeugnisse bis zu einer Gesetzesänderung die Bezeichnungsvorschriften für Kunstspeisefette erfüllen.

In diesem Sinne entschied auch AG. Düsseldorf am 12. Februar 1927 in der Frage, ob gehärtetes Erdnußöl, das als Erdnußschmalz in den Handel gebracht war, Kunstspeisefett im Sinne des § 1 Abs. 4 Satz 1 oder Satz 2 wäre, auf Grund eines Gutachtens des Geheimrats Juckenack:

Es sind vier Sachverständige gehört, deren Gutachten sich nicht decken. Dr. D. und Dr. K., beide vom Untersuchungsamt Neuß, stehen auf dem Standpunkte, daß es sich trotz der chemischen Behandlung um weiter nichts handele als das unverfälschte Fett der Erdnuß. Der Zusatz „Kunstspeisefett" sei daher nicht erforderlich.

Der Professor H. von der Untersuchungsanstalt Leipzig hält demgegenüber dafür, daß es sich um ein verfälschtes Fett handele, weil dem Erdnußöl durch die chemische Behandlung der Anschein von Schweinefett, also der einer besseren Beschaffenheit, gegeben werde. Deswegen könne die Ausnahmebestimmung nicht Platz greifen.

Der Sachverständige Professor J., Vorsitzender der Staatlichen Nahrungsmitteluntersuchungsanstalt in Berlin, hat sich dahin ausgesprochen, daß durch die fragliche chemische Behandlung mit Wasserstoff eine solche innere Veränderung im Atomaufbau des ursprünglichen Erdnußöles herbeigeführt werde, daß ein ganz neuer Körper entstehe, bei dem nicht mehr von Fett der Erdnuß gesprochen werden könne. Es sei ein Kunstprodukt, das daher auch nach dem jetzigen Stande der Gesetzgebung die Bezeichnung „Kunstspeisefett" tragen müsse.

Das Gericht hat sich dieser Auffassung, der im übrigen auch der Sachverständige Professor H. beitritt, angeschlossen. Eine „Verfälschung" liegt allerdings nicht vor, denn es ist dem Erdnußöl weder ein wesentlicher Bestandteil entzogen noch mit dem Erfolg der Wertminderung oder zum Zwecke des Anscheines eines höheren

Wertes zugesetzt. Wohl aber hat eine chemische Umwandlung stattgefunden, durch die etwas Neues entstanden ist. Es ist zuzugeben, daß die Wissenschaft zur Zeit des Erlasses des Gesetzes vom 15. Juni 1897 das fragliche Härtungsverfahren flüssiger Fette noch nicht kannte, daß also das Gesetz unmittelbar einen solchen Fall nicht in den Kreis seiner Betrachtung ziehen konnte. Das hindert aber nicht die Anwendung des Gesetzes. Denn das Gesetz erlaubt lediglich die Weglassung des Zusatzes „Kunstspeisefett" bei unverfälschten Fetten bestimmter Tier- und Pflanzenarten, hier der Erdnuß. Um ein Fett der Erdnuß handelt es sich aber nicht mehr, sondern um ein chemisches Kunstprodukt aus demselben. Es kann auch nicht ausschlaggebend sein, daß dieses Kunstprodukt für die Volksernährung wegen seiner Billigkeit und guten Verwendbarkeit von nicht geringer Bedeutung sein mag. Denn das ist zufällig und könnte in anderen, ähnlich gelagerten Fällen anders liegen.

Es ist somit festzustellen, daß die erörterte Ausnahmebestimmung auf das gehärtete Erdnußfett keine Anwendung findet.

. . .

Hinsichtlich des zweiten Punktes der Anklage hat das Gericht eine Verschuldung des Angeklagten nicht angenommen. § 1 der Bekanntmachung gegen irreführende Bezeichnungen von Nahrungs- und Genußmitteln (vom 26. Juni 1916 — RGBl. S. 588 —) bedroht mit Strafe das Anbieten usw. von Nahrungs- und Genußmitteln unter einer zur Täuschung geeigneten Bezeichnung. Die Täuschung braucht also nicht gewollt, sondern die Bezeichnung braucht nur objektiv zur Täuschung geeignet zu sein. Zu prüfen war also, ob die Bezeichnung „Erdnußschmalz" zur Erweckung der Täuschung geeignet ist, als handele es sich um Schweineschmalz. Richtig ist, daß in einem großen Teile des Reiches, und besonders in Norddeutschland und im Rheinland, das Wort „Schmalz" ohne weiteres mit der Vorstellung von Schweineschmalz verbunden wird. Von dem Ausdruck Erdnußschmalz kann dies aber nicht gesagt werden. Denn das Publikum ist durch Ausdrücke wie „Pflanzenbutter", „Kokosnußbutter",

„Kakaobutter“, zu denen ähnliche kommen, längst daran gewöhnt, bei diesen Wortverbindungen keineswegs mehr an die aus Kuhmilch gewonnene Naturbutter zu denken, sondern an Produkte, die aus den zusätzlich angegebenen Quellen stammen. Das muß auch von der Wortverbindung „Erdnußschmalz“ gelten.

A. M. LG. Aachen (Kleine Ferienstrafkammer) vom 21. Juli 1926: „Die Frage, ob es sich bei dem Erdnußfett (gehärtetes Erdnußöl) um eine dem Schweineschmalz nachgemachtes oder um ein Originalprodukt handelt, hat das Gericht in letzterem Sinne entschieden, entsprechend dem überzeugenden Gutachten des Dr. Lbg., wonach es sich um ein unverfälschtes, unvermischtes und unverfärbtes „ehrliches“ Produkt handelt.“

3. Vgl. auch den Erlaß des Reichskanzlers hierzu vom 17. November 1908 unter Nr. 11 in diesem Teil III).

§ 2.

Die Gefäße und äußeren Umhüllungen,[1]) in welchen Margarine, Margarinekäse oder Kunstspeisefett gewerbsmäßig verkauft oder feilgehalten wird, müssen an in die Augen fallenden Stellen die deutliche, nicht verwischbare Inschrift „Margarine“, „Margarinekäse“, „Kunstspeisefett“ tragen. Die Gefäße müssen außerdem mit einem stets sichtbaren, bandförmigen Streifen von roter Farbe versehen sein, welcher bei Gefäßen bis zu 35 cm Höhe mindestens 2 cm, bei höheren Gefäßen mindestens 5 cm breit sein muß.[2])

Wird Margarine, Margarinekäse oder Kunstspeisefett in ganzen Gebinden oder Kisten gewerbsmäßig verkauft oder feilgehalten, so hat die Inschrift außerdem den Namen oder die Firma des Fabrikanten sowie die von dem Fabrikanten zur Kennzeichnung der Beschaffenheit seiner Erzeugnisse angewendeten Zeichen (Fabrikmarke) zu enthalten.

Im gewerbsmäßigen Einzelverkaufe müssen Margarine, Margarinekäse und Kunstspeisefett an den Käufer in einer

Umhüllung abgegeben werden, auf welcher die Inschrift „Margarine“, „Margarinekäse“, „Kunstspeisefett“ mit dem Namen oder der Firma des Verkäufers angebracht ist.[3])

Wird Margarine oder Margarinekäse in regelmäßig geformten[4]) Stücken gewerbsmäßig verkauft oder feilgehalten, so müssen dieselben von Würfelform sein, auch muß denselben die Inschrift „Margarine“, „Margarinekäse“ eingepreßt sein.[5])[6])

1 Die Inschriften (Margarine usw.) müssen sowohl auf den Gefäßen wie den äußeren Umhüllungen sich vorfinden. Der rote, bandförmige Streifen ist nur für die Gefäße erforderlich. Kartons usw. brauchen darum keinen Streifen.

Gebinde ist das gleiche wie Gefäße, faßartige, aus festem, widerstandsfähigem Stoffe (Holz usw.) hergestellte Behältnisse (RG. vom 2. Mai 1911). Vgl. auch Anm. 2.

Das Wort „Butter“ wird in vielen Fällen mitverwendet, um die Qualität der Margarine hervorzuheben. Das darf natürlich nicht in einer Weise geschehen, die den Käufer der Ware irreführen kann, zu glauben, er kaufe nicht Margarine, sondern Butter. In einem Falle trugen Margarinewürfel auf der Umhüllung die Aufschrift: „Mamsells Wunder-Margarine, wie feinste Landbutter.“ Im Urteil des AG. Wolfenbüttel vom 14. Januar 1925 — 2 C 1040/24 — heißt es weiter:

Es ist möglich, daß jemand beim ersten Eindruck nur die Worte „Mamsells Wunder-Landbutter“ liest. Dem steht auch nicht entgegen, daß die Worte „Mamsells Wunder“ blau auf weißem Grunde, „Landbutter“ weiß auf blauem Grunde gedruckt waren.

Nach dem Gutachten der Untersuchungsstelle ist es ausgeschlossen, daß jemand glaube, die mit dieser Umhüllung versehenen würfelförmigen Margarinestücke seien Landbutter.

Das Gericht ist der Ansicht, daß das Wort „Margarine“ nicht übersehen werden kann. Butter in würfelförmiger Packung wird nicht verkauft. Es weiß jeder, daß die Würfelform die charakteristische Margarinepackung darstellt. Aus diesem Grunde ist nicht anzunehmen, daß ein Käufer beim Kauf einer solchen Packung glaubt, Landbutter zu bekommen. Dem steht auch noch entgegen, daß der Preis der fraglichen Margarine kaum ein Drittel des Preises für Butter beträgt.

Zweifelhaft jedoch ist, ob die Worte „wie feinste Landbutter" geeignet sein können, zur Irreführung eines Käufers Anlaß zu geben, in der Weise etwa, daß diese Worte ihn zu dem Glauben verleiten, daß die fragliche Margarine in ihrer Eigenschaft als Nahrungsmittel der Landbutter sehr ähnlich sei.

Das Gericht ist der Ansicht, daß die Worte „wie feinste Landbutter" lediglich zur Reklame dienen und die gute Qualität der Margarine bezeichnen sollten. Eine solche Reklame liegt zwar an der Grenze des noch Erlaubten, jedoch ist sie noch nicht geeignet, von einem Käufer der Margarine als irreführend aufgefaßt zu werden.

Der Angeklagte war daher freizusprechen.

Tellerförmige Platten sind keine Gefäße im Sinne des Gesetzes. Vgl. den Erlaß des Reichskanzlers vom 6. April 1900 unter Nr. 8 in diesem Teil III).

2. Wegen Kisten mit Würfelmagarine in Paketen zu ½ Pfund vgl. den unter Nr. 9 dieses Teils abgedruckten preußischen Erlaß vom 5. November 1926. In anderen Bundesstaaten ergingen inhaltlich gleiche Erlasse.

3. Ungeformte, aus dem Vorratsbehälter ausgestochene Margarine ist in Umhüllungen abzugeben, die neben der Firma des Händlers das Wort „Margarine", das durch keine andere Ausdrucksweise zu ersetzen ist, enthalten.

4. Der klare Wortlaut des Gesetzes, daß bei Formung von Margarine stets die Würfelform zu wählen sei, wird gelegentlich so ausgelegt, daß nur der Verkauf in anderer als Würfelform verboten sein soll, bei der das eine Stück genau dieselbe

Form hat wie das andere. Eine solche Regelmäßigkeit könne aber z. B. mit einem gewöhnlichen Ausstecher nicht erzielt werden.

So z. B. AG. Hildesheim vom 19. Januar 1925 — 5 C 929/24 —. Diese Auffassung ist irrig.

So OLG. Düsseldorf (Ferienstraffenat) vom 7. September 1926: „Regelmäßig geformte Margarinestücke in anderer als Würfelform sind nicht erlaubt."

OLG. Hamm — 10 S 59/14 —: „Es ist nicht rechtsirrtümlich, wenn der Vorderrichter kuchenförmige Stücke als „regelmäßig geformte Stücke" im Sinne des § 2 Abs. 4 angesehen hat. Das Gesetz hindert nicht, Margarine in losen, unregelmäßigen Stücken zu verkaufen, was nie zweifelhaft war."

Auch OLG. Naumburg vom 23. September 1925 — S 241/25 — hat ebenso entschieden. (Das sehr eingehend begründete Urteil ist auf S. 74 der Halbmonatsschrift für die Margarine-Industrie 1926 Nr. 6 abgedruckt.)

5. Zum letzten Satz des vierten Absatzes brachten die Ausführungsbestimmungen des Bundesrats vom 23. Oktober 1912 eine Ergänzung zu den alten Bestimmungen vom 4. Juli 1897. Die Rechtsgültigkeit eines Teiles wurde angezweifelt. Vgl. dazu die Anmerkung 3 zu Ziffer 9 Abs. 2 der Ausführungsbestimmungen unter Nr. 2 dieses Teiles.

Eine bestimmte Größe (Länge und Höhe) der Inschrift auf den Margarinewürfeln schreibt das Gesetz nicht vor. Das Mindestmaß der Umrahmung von 15 cm bezieht sich nicht auf Margarinewürfel (KG. vom 12. November 1909 — 2 S 657/09 —). Nur wenn sich würfelförmige Stücke in Umhüllungen aus festem Stoffe (Pappe oder dergl., sog. Kartonpackung) befinden, ist durch Verordnung vom 23. Oktober 1912 ein Mindestmaß von 4 cm vorgeschrieben. Der preußische Wohlfahrtsminister hat mit Erlaß vom 16. März 1922 diese Vorschrift auch für die Papierumhüllungen (Pergamentpapier) anwendbar erklärt. Die Inschrift „Margarine" braucht nur auf einer beliebigen Seite zu sein (siehe Anm. 5).

6. Eingepreßte Inschriften können leicht unleserlich werden. Der preußische Volkswohlfahrtsminister gab deshalb am 29. März 1922 den folgenden Erlaß heraus:

„Nach § 2 Abs. 4 des Margarinegesetzes vom 15. Juni 1897 muß den Margarinewürfeln die Inschrift „Margarine“ eingepreßt sein. Erfahrungsgemäß wird die in der Fabrik eingepreßte Inschrift durch die Versendung, Lagerung und Berührung oft unkenntlich. Die Gerichte sind in solchen Fällen wiederholt zu freisprechenden Erkenntnissen gelangt. ... Es wird erwogen, bei der in Aussicht zu nehmenden Abänderung des Margarinegesetzes auf die Beibehaltung des Abs. 4 in § 2 zu verzichten. Um den auch in der Fachpresse wiederholt erörterten Schwierigkeiten abzuhelfen, scheint es uns — vorbehaltlich der bevorstehenden Gesetzesänderung — ratsam, Margarine- und Margarinekäsewürfel, auf denen die Inschrift fehlt oder undeutlich geworden ist, deswegen nicht zu beanstanden, wenn nur im übrigen die für die Kennzeichnung geltenden Vorschriften erfüllt sind.

Wir ersuchen ergebenst, die für die Überwachung des Lebensmittelverkehrs zuständigen Beamten und Sachverständigen, insbesondere die öffentlichen Nahrungsmitteluntersuchungsanstalten und Auslandsfleischbeschaustellen, anzuweisen, entsprechend zu verfahren, indem wir zugleich auf unseren Runderlaß vom 16. März 1922, betr. die Kennzeichnung der Umhüllungen für würfelförmige Margarinestücke, Bezug nehmen.“

§ 3.

Die Vermischung von Butter oder Butterschmalz mit Margarine oder anderen Speisefetten zum Zwecke des Handels mit diesen Mischungen ist verboten.

Unter diese Bestimmung fällt auch die Verwendung von Milch oder Rahm bei der gewerbsmäßigen Herstellung von Margarine, sofern mehr als 100 Gewichtsteile Milch oder eine dementsprechende Menge Rahm auf 100 Gewichtsteile der nicht der Milch entstammenden Fette in Anwendung kommt.

§ 4.

In Räumen, woselbst Butter oder Butterschmalz gewerbsmäßig hergestellt, aufbewahrt, verpackt oder feilgehalten wird, ist die Herstellung, Aufbewahrung, Verpackung oder das Feilhalten von Margarine oder Kunstspeisefett verboten. Ebenso ist in Räumen, woselbst Käse gewerbsmäßig hergestellt, aufbewahrt, verpackt oder feilgehalten wird, die Herstellung, Aufbewahrung, Verpackung oder das Feilhalten von Margarinekäse untersagt.

In Orten, welche nach dem endgültigen Ergebnisse der letztmaligen Volkszählung weniger als 5000 Einwohner hatten, findet die Bestimmung des vorstehenden Absatzes auf den Kleinhandel und das Aufbewahren der für den Kleinhandel erforderlichen Bedarfsmengen in öffentlichen Verkaufsstätten sowie auf das Verpacken der daselbst im Kleinhandel zum Verkaufe gelangenden Waren keine Anwendung. Jedoch müssen Margarine, Margarinekäse und Kunstspeisefett innerhalb der Verkaufsräume in besonderen Vorratsgefäßen und an besonderen Lagerstellen, welche von den zur Aufbewahrung von Butter, Butterschmalz und Käse dienenden Lagerstellen getrennt sind, aufbewahrt werden.

Für Orte, deren Einwohnerzahl erst nach dem endgültigen Ergebnis einer späteren Volkszählung die angegebene Grenze überschreitet, wird der Zeitpunkt, von welchem ab die Vorschrift des zweiten Absatzes nicht mehr Anwendung findet, durch die nach Anordnung der Landeszentralbehörde zuständigen Verwaltungsstellen bestimmt. Mit Genehmigung der Landeszentralbehörde können diese Verwaltungsstellen bestimmen, daß die Vorschrift des zweiten Absatzes von einem bestimmten Zeitpunkt ab ausnahmsweise in einzelnen Orten mit weniger als 5000 Einwohnern nicht Anwendung findet, sofern der unmittelbare räumliche Zusammenhang mit einer

Ortschaft von mehr als 5000 Einwohnern ein Bedürfnis hierfür begründet.[1])

Die auf Grund des dritten Absatzes ergehenden Bestimmungen sind mindestens sechs Monate vor dem Eintritt des darin bezeichneten Zeitpunktes öffentlich bekanntzumachen.

1. Diese Bestimmung der getrennten Verkaufsräume ist veraltet und wird bei nächster Gelegenheit beseitigt werden. Inzwischen ist eine wesentliche Lockerung bereits auf dem Wege landesrechtlicher Erlasse eingetreten. Vgl. hier hinter den preußischen Erlaß vom 22. Oktober 1926. Die rechtliche Unterlage bildet die Bundesratsbekanntmachung vom 16. Juli 1916 (RGBl. S. 751) auf Grund des Ermächtigungsgesetzes vom 4. August 1914 (RGBl. S. 327) unter Nr. 6 dieses Teiles III.

§ 5.

In öffentlichen Angeboten sowie in Schlußscheinen, Rechnungen, Frachtbriefen, Konnossementen, Lagerscheinen, Ladescheinen und sonstigen im Handelsverkehr üblichen Schriftstücken, welche sich auf die Lieferung von Margarine, Margarinekäse oder Kunstspeisefett beziehen, müssen die diesem Gesetz entsprechenden Warenbezeichnungen angewendet werden.

§ 6.

Margarine und Margarinekäse, welche zu Handelszwecken bestimmt sind, müssen einen die allgemeine Erkennbarkeit der Ware mittels chemischer Untersuchung erleichternden, Beschaffenheit und Farbe derselben nicht schädigenden Zusatz enthalten.

Die näheren Bestimmungen hierüber werden vom Bundesrat erlassen und im Reichsgesetzblatt veröffentlicht.[1])

1. Hierzu die Bekanntmachung des Reichskanzlers vom vom 4. Juli 1897 und die Verordnung vom 1. Juli 1915 (siehe die Nrn. 2 und 3 zu diesem Teil III).

§ 7.

Wer Margarine, Margarinekäse oder Kunstspeisefett gewerbsmäßig herstellen will, hat davon der nach den landesrechtlichen Bestimmungen zuständigen Behörde Anzeige zu erstatten, hierbei auch die für die Herstellung, Aufbewahrung, Verpackung und Feilhaltung der Waren dauernd bestimmten Räume zu bezeichnen und die etwa bestellten Betriebsleiter und Aufsichtspersonen namhaft zu machen.

Für bereits bestehende Betriebe ist eine entsprechende Anzeige binnen zwei Monaten nach Inkrafttreten dieses Gesetzes zu erstatten.

Veränderungen bezüglich der der Anzeigepflicht unterliegenden Räume und Personen sind nach Maßgabe der Bestimmung des Absatzes 1 der zuständigen Behörde binnen drei Tagen anzuzeigen.

§ 8.

Die Beamten der Polizei und die von der Polizeibehörde beauftragten Sachverständigen sind befugt, in die Räume, in denen Butter, Margarine, Margarinekäse oder Kunstspeisefett gewerbsmäßig hergestellt wird, jederzeit, in die Räume, in denen Butter, Margarine, Margarinekäse oder Kunstspeisefett aufbewahrt, feilgehalten oder verpackt wird, während der Geschäftszeit einzutreten und daselbst Revisionen vorzunehmen auch nach ihrer Auswahl Proben zum Zwecke der Untersuchung gegen Empfangsbescheinigung zu entnehmen. Auf Verlangen ist ein Teil der Probe amtlich verschlossen oder versiegelt zurückzulassen und für die entnommene Probe eine angemessene Entschädigung zu leisten.

§ 9.

Die Unternehmer von Betrieben, in denen Margarine, Margarinekäse oder Kunstspeisefett gewerbsmäßig hergestellt wird, sowie die von ihnen bestellten Betriebsleiter und Aufsichtspersonen sind verpflichtet, der Polizeibehörde oder deren Beauftragten auf Erfordern Auskunft über das Verfahren bei Herstellung der Erzeugnisse, über den Umfang des Betriebs und über die zur Verarbeitung gelangenden Rohstoffe, insbesondere auch über deren Menge und Herkunft, zu erteilen.

§ 10.

Die Beauftragten der Polizeibehörde sind, vorbehaltlich der dienstlichen Berichterstattung und der Anzeige von Gesetzwidrigkeiten, verpflichtet, über die Tatsachen und Einrichtungen, welche durch die Überwachung und Kontrolle der Betriebe zu ihrer Kenntnis kommen, Verschwiegenheit zu beobachten und sich der Mitteilung und Nachahmung der von den Betriebsunternehmern geheimgehaltenen, zu ihrer Kenntnis gelangten Betriebseinrichtungen und Betriebsweisen, solange als diese Betriebsgeheimnisse sind, zu enthalten.

Die Beauftragten der Polizeibehörde sind hierauf zu beeidigen.

§ 11.[1])

Der Bundesrat ist ermächtigt, das gewerbsmäßige Verkaufen und Feilhalten von Butter deren Fettgehalt nicht eine bestimmte Grenze erreicht oder deren Wasser- oder Salzgehalt eine bestimmte Grenze überschreitet, zu verbieten.

1. Siehe die Bekanntmachung vom 28. April 1921 unter Nr. 13 zu diesem Teil III.

§ 12.

Der Bundesrat ist ermächtigt:

1. nähere, im Reichsgesetzblatte zu veröffentlichende Bestimmungen zur Ausführung der Vorschriften des § 2 zu erlassen;
2. Grundsätze aufzustellen, nach welchen die zur Durchführung dieses Gesetzes sowie des Gesetzes vom 14. Mai 1879, betreffend den Verkehr mit Nahrungsmitteln, Genußmitteln und Gebrauchsgegenständen (RGBl. S. 145), erforderlichen Untersuchungen von Fetten und Käsen vorzunehmen sind.

§ 13.

Die Vorschriften dieses Gesetzes finden auf solche Erzeugnisse der im § 1 bezeichneten Art, welche zum Genusse für Menschen nicht bestimmt sind, keine Anwendung.

§ 14.

Mit Gefängnis bis zu sechs Monaten und mit Geldstrafe bis zu eintausendfünfhundert Mark oder mit einer dieser Strafen wird bestraft:

1. wer zum Zwecke der Täuschung im Handel und Verkehr eine der nach § 3 unzulässigen Mischungen herstellt;
2. wer in Ausübung eines Gewerbes wissentlich solche Mischungen verkauft, feilhält oder sonst in Verkehr bringt;
3. wer Margarine oder Margarinekäse ohne den nach § 6 erforderlichen Zusatz vorsätzlich herstellt oder wissentlich verkauft, feilhält oder sonst in Verkehr bringt.

Im Wiederholungsfalle tritt Gefängnisstrafe bis zu sechs Monaten ein, neben welcher auf Geldstrafe bis zu eintausendfünfhundert Mark erkannt werden kann. Diese Bestimmung findet nicht Anwendung, wenn seit dem Zeitpunkt, in welchem die für die frühere Zuwiderhandlung erkannte Strafe verbüßt oder erlassen ist, drei Jahre verflossen sind.

§ 15.

Mit Geldstrafe bis zu eintausendfünfhundert Mark oder mit Gefängnis bis zu einem Jahre[1]) wird bestraft, wer als Beauftragter der Polizeibehörde unbefugt Betriebsgeheimnisse, welche kraft seines Auftrags zu seiner Kenntnis gekommen sind, offenbart, oder geheimgehaltene Betriebseinrichtungen oder Betriebsweisen, von denen er kraft seines Auftrages Kenntnis erlangt hat, nachahmt, solange dieselben noch Betriebsgeheimnisse sind.

Die Verfolgung tritt nur auf Antrag des Betriebsunternehmers ein.

1. Durch § 19 LMG. von drei Monaten auf ein Jahr erhöht.

§ 16.

Mit Geldstrafe von fünfzig bis zu einhundertfünfzig Mark oder mit Haft wird bestraft:

1. wer den Vorschriften des § 8 zuwider den Eintritt in die Räume, die Entnahme einer Probe oder die Revision verweigert;
2. wer die in Gemäßheit des § 9 von ihm erforderte Auskunft nicht erteilt oder bei der Auskunfterteilung wissentlich unwahre Angaben macht.

§ 17.

Mit Geldstrafe bis zu einhundertfünfzig Mark oder mit Haft bis zu vier Wochen wird bestraft:

1. wer den Vorschriften des § 7 zuwiderhandelt;
2. wer bei der nach § 9 von ihm erforderten Auskunfterteilung aus Fahrlässigkeit unwahre Angaben macht.

§ 18.

Außer den Fällen der §§ 14 und 17 werden Zuwiderhandlungen gegen die Vorschriften dieses Gesetzes sowie gegen die in Gemäßheit der §§ 11 und 12 Ziff. 1 ergehenden Bestimmungen des Bundesrats mit Geldstrafe bis zu einhundertfünfzig Mark oder mit Haft bestraft.

Im Wiederholungsfall ist auf Geldstrafe bis zu sechshundert Mark oder auf Haft oder auf Gefängnis bis zu drei Monaten zu erkennen. Diese Bestimmung findet keine Anwendung, wenn seit dem Zeitpunkt, in welchem die für die frühere Zuwiderhandlung erkannte Strafe verbüßt oder erlassen ist, drei Jahre verflossen sind.

§ 19.

In den Fällen der §§ 14 und 18 kann neben der Strafe auf Einziehung der verbotswidrig hergestellten, verkauften, feilgehaltenen oder sonst in Verkehr gebrachten Gegenstände erkannt werden, ohne Unterschied, ob sie dem Verurteilten gehören oder nicht.

Ist die Verfolgung oder Verurteilung einer bestimmten Person nicht ausführbar, so kann auf die Einziehung selbständig erkannt werden.

§ 20.

Die Vorschriften des Gesetzes, betreffend den Verkehr mit Nahrungsmitteln, Genußmitteln und Gebrauchsgegenständen, vom 14. Mai 1879 (RGBl. S. 145) bleiben unberührt. Die Vorschriften in den §§ 16, 17 desselben finden auch bei Zuwiderhandlungen gegen die Vorschriften des gegenwärtigen Gesetzes mit der Maßgabe Anwendung, daß in den Fällen des § 14 die öffentliche Bekanntmachung der Verurteilung angeordnet werden muß.

§ 21.

Die Bestimmungen des § 4 treten mit dem 1. April 1898 in Kraft.

Im übrigen tritt dieses Gesetz am 1. Oktober 1897 in Kraft. Mit diesem Zeitpunkte tritt das Gesetz, betreffend den Verkehr mit Ersatzmitteln für Butter, vom 12. Juli 1887 (RGBl. S. 375) außer Kraft.

---

2. Ausführungsbestimmungen.

Vom 4. Juli 1897 / 23. Oktober 1912 (RGBl. 1897 S. 591).

(Abs. 2 von Ziff. 9 ist am 23 Oktober 1912 hinzugekommen.)

Zur Ausführung der Vorschriften in § 2 und § 6 Abs. 1 des Gesetzes, betreffend den Verkehr mit Butter, Käse, Schmalz und deren Ersatzmitteln, vom 15. Juni 1897 (RGBl. S. 475) hat der Bundesrat in Gemäßheit der § 12 Nr. 1 und § 6 Abs. 2 dieses Gesetzes die nachstehenden Bestimmungen beschlossen:

1. Um die Erkennbarkeit von Margarine und Margarinekäse, welche zu Handelszwecken bestimmt sind, zu erleichtern, (§ 6 des Gesetzes, betreffend den Verkehr mit Butter, Käse, Schmalz und deren Ersatzmitteln, vom 15. Juni 1897), ist den bei der Fabrikation zur Verwendung kommenden Fetten und Ölen Sesamöl zuzusetzen. In 100 Gewichtsteilen der angewandten Fette und Öle muß die Zusatzmenge bei Margarine mindestens 10 Gewichtsteile, bei Margarinekäse mindestens 5 Gewichtsteile Sesamöl betragen.

Der Zusatz des Sesamöls hat bei dem Vermischen der Fette vor der weiteren Fabrikation zu erfolgen.

2. Das nach Nr. 1 zuzusetzende Sesamöl muß folgende Reaktion zeigen:

Wird ein Gemisch von 0,5 Raumteilen Sesamöl und 99,5 Raumteilen Baumwollsamenöl oder Erdnußöl mit 100 Raumteilen rauchender Salzsäure vom spezifischen Gewicht 1,19 und einigen Tropfen einer zweiprozentigen alkoholischen Lösung von Furfurol geschüttelt, so muß die unter der Ölschicht sich absetzende Salzsäure eine deutliche Rotfärbung annehmen.

Das zu dieser Reaktion dienende Furfurol muß farblos sein.

3. Für die vorgeschriebene Bezeichnung der Gefäße und äußeren Umhüllungen, in welchen Margarine, Margarinekäse oder Kunstspeisefett gewerbsmäßig verkauft oder feilgehalten wird (§ 2 Abs. 1 des Gesetzes), sind die anliegenden Muster mit der Maßgabe zum Vorbilde zu nehmen, daß die Länge der die Inschrift umgebenden Einrahmung nicht mehr als das Siebenfache der Höhe sowie nicht weniger als 30 cm und nicht mehr als 50 cm betragen darf. Bei runden oder länglichrunden Gefäßen, deren Deckel einen größeren Durchmesser von weniger als 35 cm hat, darf die Länge der die Inschrift umgebenden Einrahmung bis auf 15 cm ermäßigt werden.

4. Der bandförmige Streifen von roter Farbe in einer Breite von mindestens 2 cm bei Gefäßen bis zu 35 cm Höhe und in einer Breite von mindestens 5 cm bei Gefäßen von größerer Höhe (§ 2 Abs. 1 des Gesetzes) ist parallel zur unteren Randfläche und mindestens 3 cm von dem oberen Rande entfernt anzubringen. Der Streifen muß sich oberhalb der unter Nr. 3 bezeichneten Inschrift befinden und ohne Unterbrechung um das ganze Gefäß gezogen sein. Derselbe darf die Inschrift und deren Umrahmung nicht berühren und auf den das Gefäß umgebenden Reifen oder Leisten nicht angebracht sein.

5. Der Name oder die Firma des Fabrikanten sowie die Fabrikmarke (§ 2 Abs. 2 des Gesetzes) sind unmittelbar über, unter oder neben der in Nr. 3 bezeichneten Inschrift anzubringen, ohne daß sie den in Nr. 4 erwähnten roten Streifen berühren.

6. Die Anbringung der Inschriften und der Fabrikmarke (Nr. 3 und 5) erfolgt durch Einbrennen oder Aufmalen. Werden die Inschriften aufgemalt, so sind sie auf weißem oder hellgelbem Untergrunde mit schwarzer Farbe herzustellen. Die Anbringung des roten Streifens (Nr. 4) geschieht durch Aufmalen. Bis zum 1. Januar 1898 ist es gestattet, die Inschrift „Margarinekäse", „Kunstspeisefett", die Fabrikmarke und den roten Streifen mittels Aufklebens von Zetteln oder Bändern anzubringen.

7. Die Inschriften und die Fabrikmarke (Nr. 3 und 5) sind auf den Seitenwänden des Gefäßes an mindestens zwei sich gegenüberliegenden Stellen, falls das Gefäß einen Deckel hat, auch auf der oberen Seite des letzteren, bei Fässern auch auf beiden Böden, anzubringen.

8. Für die Bezeichnung der würfelförmigen Stücke (§ 2 Abs. 4 des Gesetzes) sind ebenfalls die anliegenden Muster zum Vorbilde zu nehmen. Es findet jedoch eine Beschränkung hinsichtlich der Größe (Länge und Höhe) der Einrahmung nicht statt. Auch darf das Wort „Margarine" in zwei, das Wort „Margarinekäse" in drei untereinanderzusetzende, durch Bindestriche zu verbindende Teile getrennt werden.

9. Auf die beim Einzelverkaufe von Margarine, Margarinekäse und Kunstspeisefett verwendeten Umhüllungen (§ 2 Abs. 3 des Gesetzes) findet die Bestimmung unter Nr. 3 Satz 1 mit der Maßgabe Anwendung, daß die Länge der die Inschrift umgebenden Einrahmung nicht weniger als 15 cm betragen darf. Der Name oder die Firma des Verkäufers

ist unmittelbar über, unter oder neben der Inschrift anzubringen.

Werden für würfelförmige Stücke Umhüllungen aus festem Stoffe (Pappe oder dergl.) verwendet, so ist die Inschrift in einer gegenüber dem übrigen Ausdruck deutlich hervortretenden Weise auf den zur Öffnung bestimmten, mindestens aber auf zwei Seiten anzubringen;[2]) die Länge der Einrahmung darf nicht weniger als 4 cm betragen. Der Name oder die Firma des Verkäufers braucht nur auf einer Seite angebracht zu werden.[3])[4])

1. Vgl. die Bundesratsverordnung vom 1. Juli 1915 hierzu unter Nr. 4 dieses Teiles III.

2. Der Erlaß des Preußischen Ministers für Volkswohlfahrt vom 16. März 1922 äußert sich hier wie folgt:

„... Vorbehaltlich dieser endgültigen Regelung scheint es uns unbedenklich, schon jetzt die bestehenden Vorschriften mit einer den Bedürfnissen des praktischen Lebens angemessenen Nachsicht zu handhaben, indem die in Abs. 2 der Ziffer 9 für den Verkauf von Margarinewürfeln in Packungen aus festem Stoffe gegebenen Sondervorschriften sinngemäß auch auf die Verwendung von Umhüllungen aus Pergamentpapier oder dergleichen angewendet werden. Solche Umhüllungen dürfen auch dann nicht zu beanstanden sein, wenn sie die Inschrift „Margarine" usw. nur auf einer beliebigen Seite tragen, sofern nur die Verpackung im übrigen den nach Ziffer 9 Abs. 2 zu stellenden Anforderungen genügt. ..."

3. Die Rechtsgültigkeit der Verpflichtung, auf die Umhüllung des mit eingepreßter Inschrift versehenen Margarinewürfels auch noch die Firma des Verkäufers zu setzen, ist bestritten. § 2 Abs. 4 des Gesetzes behandelt den Spezialfall, daß Margarine in regelmäßig geformten Stücken gewerbsmäßig feilgehalten oder verkauft wird. Es fordert nur, daß das Wort „Margarine"

in die Würfel eingeprägt sei. Die Vorschrift des § 2 Abs. 3, welche Firmenangabe verlangt, bezieht sich offensichtlich auf ungeformte Margarine.

Nach dem Urteil des Strafsenates beim OLG. Hamburg vom 7. September 1925 — R III 81/25 — darf die Ausführungsbestimmung nicht weiter gehen als das Gesetz.

Das Urteil führt aus:

„Der Angeklagte hatte eine polizeiliche Strafverfügung über 10 Mark erhalten, weil er Margarine in Würfelform in einer Umhüllung verkauft hat, auf der der Name oder die Firma des Verkäufers nicht angegeben war. Es ist hierin ein Verstoß gegen §§ 2 Abs. 3, 18 des Reichsgesetzes vom 15. Juni 1897 über den Verkehr mit Butter, Käse, Schmalz und deren Ersatzmitteln in Verbindung mit den Ausführungsbestimmungen vom 4. Juli 1897 und 23. Oktober 1912 erblickt. Nach Einspruch hat das Amtsgericht den Angeklagten freigesprochen, weil die Vorschriften des § 3 Abs. 3 des Gesetzes vom 15. Juni 1897, wonach beim Einzelverkauf Margarine in einer den Namen oder die Firma des Verkäufers tragenden Umhüllung abzugeben ist, nicht auf in Würfel verkaufte Margarine Anwendung finden könne, denn die hierfür gegebene Sondervorschrift des § 2 Abs. 4 verlangt nur Einpressung des Wortes „Margarine" in die Ware selbst. Ausführungsbestimmungen, die weitergehende Erfordernisse enthielten, könnten gegenüber dem Wortlaut des Gesetzes keine Bedeutung haben. Ferner enthält das amtsgerichtliche Urteil Ausführungen darüber, daß vorliegendenfalls die Tatsache, daß die verkauften Würfel nicht das eingepreßte Wort „Margarine" aufgewiesen hätten, eine Strafbarkeit deshalb nicht begründe, weil auf der Umhüllung eine Bezeichnung angebracht gewesen sei.

Gegen dieses Urteil richtet sich die Revision der Staatsanwaltschaft, soweit darin das Erfordernis der Bezeichnung des Verkäufers gemeint ist. Die Staatsanwaltschaft bestreitet die Richtigkeit der vorgenommenen Gesetzesauslegung und beruft sich insbesondere auf den Wortlaut der Ausführungsbestimmungen vom 23. Oktober 1912, in der es heißt:

„Die Umhüllung würfelförmiger Stücke braucht nur auf einer Seite Namen oder Firma des Verkäufers zu tragen.“

Der Angeklagte hat sich demgegenüber insbesondere auf eine Entscheidung des KG. vom 12. November 1909 bezogen. Hierin ist die auch im angeführten Urteil vertretene Ansicht näher begründet. Nach § 2 Abs. 3 müsse zwar Margarine im allgemeinen mit einer auch den Namen des Verkäufers tragenden Umhüllung abgegeben werden. Der Abs. 4 enthalte aber eine Sondervorschrift für Margarinewürfel, aus der sich ergebe, daß diese nur die eingepreßte Bezeichnung „Margarine“ zu tragen brauche, um auch ohne Umhüllung verkauft werden zu dürfen. Wenn also der Verkäufer überdies noch eine Umhüllung liefere, könne er diese beliebig gestalten und brauche nicht einen Namen darauf zu setzen. Die Auffassung wird auch von Stenglein, 4. Aufl., Bd. 1 S. 652, vertreten. Die vom Angeklagten aufgeführten Entscheidungen wie auch die Stellungnahme Stengleins stammen nun aus der Zeit vor Erlaß der Ausführungsbestimmungen von 1912. Daß nach letzterem auch bei würfelförmiger Umhüllung die fragliche Aufschrift vorhanden sein soll, kann nicht zweifelhaft sein. Insbesondere kann aus dem Worte „braucht“ nicht das Gegenteil hergeleitet werden, da hiermit nur gesagt sein soll, daß an einem zweiseitigen Aufdruck, wie er z. B. in Ziffer 7 der Ausführungsbestimmungen vom 4. Juli 1897 vorgeschrieben ist, abgesehen werden kann. I n d e s s e n i s t d e m A n g e k l a g t e n z u z u g e b e n, d a ß s o l c h e A u s f ü h r u n g s b e s t i m m u n g e n k e i n e e r s c h w e r e n d e n V o r s c h r i f t e n s c h a f f e n d ü r f e n, d i e v o m G e s e t z s e l b s t o f f e n b a r n i c h t g e w o l l t s i n d. E s k o m m t d a h e r d o c h a u f d i e P r ü f u n g a n, o b d i e v o n d e r S t a a t s a n w a l t s c h a f t v e r t r e t e n e u n d a u c h v o m R e i c h s a m t d e s I n n e r n u n d d e n M i n i s t e r i e n v e r s c h i e d e n e r L ä n d e r v e r t r e t e n e A n s i c h t i m W i d e r s p r u c h z u m G e s e t z s e l b s t s t e h t.

In dieser Beziehung teilt das Revisionsgericht die Ansicht des Angeklagten. Wie dieses Gericht schon früher in der gleichlautenden Sache gegen Kramp im Urteil vom 31. Januar 1908 — R II 117/07 — mit eingehender Begründung dargelegt hat, und wie auch in der vom Angeklagten aufgeführten Entscheidung des KG. unter Bezugnahme auf die Entstehungsgeschichte und die Motive des Gesetzes ausgeführt wird, muß aus der Gegenüberstellung der Abs. 3 und 4 des § 2 sowie aus dem ganzen Zwecke dieser Bestimmung zwingend gefolgert werden, daß beim Verkauf von Margarine in Würfelform die Gestalt in Verbindung mit dem eingepreßten Wort „Margarine" einen hinreichenden Schutz des Käufers gegen Täuschung bildet und daß daher die für lose Margarine gültigen Vorschriften in diesem Falle keine Anwendung finden. Dieser Ansicht ist — wie erwähnt — jetzt auch Stenglein im Gegensatz zu seiner früheren Auffassung. Ferner spricht sich in demselben Sinne das OLG. Rostock in der in Seufferts Archiv Bd. 58 S. 264 abgedruckten Entscheidung aus. Wenn daher der Bundesrat in der Ausführungsbestimmung vom 23. Oktober 1912 das in den früheren Ausführungsverordnungen nicht enthaltene Erfordernis der Namensangabe des Verkäufers auch bei der Verpackung würfelförmiger Margarine aufstellt, kann dieser Bestimmung keine rechtsverbindliche Wirkung zuerkannt werden, da sie über den Rahmen von Ausführungsbestimmungen hinaus eine Vorschrift enthält, die im Gegensatz nicht vorgesehen ist. Eine Frage wäre, ob vorliegendenfalls deshalb die für lose Margarine gültigen Vorschriften zur Anwendung kommen müßten, weil die vom Angeklagten verkauften Würfel nicht die eingepreßte Inschrift „Margarine" getragen haben, oder ob der Verkauf ohne diese Einpressung eine strafbare Handlung bedeutet. Diese Frage brauchte jedoch hier nicht geprüft zu werden, weil die dem Strafverfahren zugrunde liegende polizeiliche Strafverfügung nur wegen fehlender Angaben des Namens der Verkäufer auf der Umhüllung erlassen ist.

Der Revision der Staatsanwaltschaft war aus diesen Gründen der Erfolg zu versagen."

Im gleichen Sinne entschieden KG. vom 21. Juni 1907 (Veröffentl. des Reichsgesundheitsamts, Beil. 8 S. 24), OLG. Rostock vom 18. März 1905 (GoltdArch. 52 264), OLG. Dresden vom 21. November 1907 (Veröffentl. des Reichsgesundheitsamts, Beil. 8 S. 32), KG. vom 12. November 1909 — 2 S. 657/09 —, OLG. Hamburg vom 31. Januar 1908 (siehe obiges Urteil).

3. Beschluß des Bundesrats.

Vom 1. Juli 1915 (RGBl. S. 413).

Auf Grund des § 6 Abs. 2 des Gesetzes, betreffend den Verkehr mit Butter, Käse, Schmalz und deren Ersatzmitteln, vom 15. Juni 1897 (RGBl. S. 475) hat der Bundesrat die nachstehenden Bestimmungen beschlossen:

§ 1.

Bis auf weiteres kann als Erkennungsmittel für Margarine (§ 6 Abs. 1 des Gesetzes) an Stelle von Sesamöl Kartoffelstärkemehl verwendet werden. In 1000 Gewichtsteilen der fertigen Margarine müssen mindestens zwei und dürfen höchstens drei Gewichtsteile Kartoffelstärkemehl in gleichmäßiger Verteilung enthalten sein.

§ 2.

Diese Bestimmungen treten mit dem Tage der Verkündung in Kraft.

4. Grundsätze, betreffend die Trennung der Geschäftsräume für Butter usw. und Margarine usw.

(In den einzelnen Bundesstaaten gesondert eingeführt, z. B. in Preußen durch Verordnung des Ministeriums des Innern vom 24. März 1900.)

Die Verkaufsstätten für Butter oder Butterschmalz einerseits und für Margarine oder Kunstspeisefett anderseits müssen, falls diese Waren nebeneinander in einem Geschäftsbetriebe feilgehalten werden, derart getrennt sein, daß ein unauffälliges Hinüber- und Herüberschaffen der Ware während des Geschäftsbetriebes verhindert und insbesondere die Möglichkeit, an Stelle von Butter oder Butterschmalz unbemerkt Margarine oder Kunstspeisefett dem kaufenden Publikum zu verabreichen, tunlichst ausgeschlossen wird. Die Entscheidung darüber, in welcher Weise diesen Anforderungen entsprochen wird, kann nur unter Berücksichtigung der besonderen Verhältnisse jedes Einzelfalles und namentlich der Beschaffenheit der dabei in Betracht kommenden Räume erfolgen. Doch werden im allgemeinen folgende Grundsätze zur Richtschnur dienen können:

1. Es ist nicht erforderlich, daß die Räume je einen besonderen Zugang für das Publikum besitzen. Es ist vielmehr zulässig, daß ein gemeinschaftlicher Eingang für die verschiedenen Räume besteht.

2. Wenn auch die Scheidewände nicht aus feuerfestem Material hergestellt zu sein brauchen, so müssen sie immerhin einen so dichten Abschluß bilden, daß jeder unmittelbare Zusammenhang der Räume, soweit er nicht durch Durchgangsöffnungen hergestellt ist, ausgeschlossen wird. Als ausreichend sind beispielsweise zu betrachten abschließende Wände

aus Brettern, Glas, Zement oder Gipsplatten. Dagegen können Lattenverschläge, Vorhänge, weitmaschige Gitterwände, verstellbare Abschlußvorrichtungen nicht als genügend betrachtet werden. Bei offenen Verkaufsständen auf Märkten können jedoch auch Einrichtungen der letzteren Art geduldet werden. Die Scheidewände müssen in der Regel vom Fußboden bis zur Decke reichen und den Raum auch in seiner ganzen Breite oder Tiefe abschließen.

3. Die Verbindung zwischen den abgetrennten Räumen darf mittels einer oder mehrerer Durchgangsöffnungen hergestellt sein. Derartige Öffnungen sind in der Regel mit Türverschluß zu versehen.

*

Die vorstehenden Grundsätze finden sinngemäße Anwendung auf die Räume zur Aufbewahrung und Verpackung der bezeichneten Waren.

Nach den gleichen Gesichtspunkten ist die Trennung der Geschäftsräume für Käse und Margarinekäse zu beurteilen.

---

5. Bekanntmachung des Bundesrats über den Verkehr mit Butter, Käse, Schmalz und deren Ersatzmitteln.

Vom 16. Juli 1916 (RGBl. S. 751).

Der Bundesrat hat auf Grund des § 3 des Gesetzes über die Ermächtigung des Bundesrats zu wirtschaftlichen Maßnahmen usw. vom 4. August 1914 (RGBl. S. 327) folgende Verordnung erlassen:

§ 1.

Die Landeszentralbehörden können Ausnahmen von den Vorschriften des § 4 des Gesetzes, betreffend den Verkehr mit

Butter, Käse, Schmalz und deren Ersatzmitteln, vom 15. Juni 1897 (RGBl. S. 475) zulassen.

§ 2.

Diese Verordnung tritt mit dem Tage der Verkündung in Kraft. Der Reichskanzler bestimmt den Tag des Außerkrafttretens.

Auf Grund dieser Ermächtigung erging:

6. Runderlaß des Ministers für Volkswohlfahrt, des Ministers für Landwirtschaft, Domänen und Forsten und des Ministers für Handel und Gewerbe, betreffend Zulassung von gemeinsamen Verkaufsräumen.

Vom 22. Oktober 1926.

Auf Grund der Bekanntmachung über den Verkehr mit Butter, Käse, Schmalz und deren Ersatzmitteln vom 16. Juli 1916 (RGBl. S. 751) können die Landeszentralbehörden Ausnahmen von den Vorschriften des § 4 des Gesetzes, betreffend den Verkehr mit Butter, Käse, Schmalz und deren Ersatzmitteln, vom 15. Juni 1897 (RGBl. S. 475) zulassen. Als sich das Bedürfnis zum Erlaß dieser Bundesratsverordnung herausgestellt hatte, waren Margarine und Kunstspeisefett in ähnlicher Weise wie die Butter in amtliche Bewirtschaftung genommen worden, und es erschien damals nicht angängig, überall besondere Abgabestellen für Margarine und Kunstspeisefett zu schaffen, zumal da alle Speisefette auf die gleichen Fettkarten abgegeben wurden. Durch den Erl. des MdJ. vom 31. August 1916 — V 16460 II — wurden die Herren Oberpräsidenten und der Herr Regierungspräsident in Sigmaringen ermächtigt, in geeigneten Fällen von der Ausnahmebestimmung in der Bundesratsverordnung vom 16. Juli 1916 Gebrauch zu machen. Nachdem jedoch die amtliche Bewirtschaftung der Speisefette aufgehört hatte, machte sich die Wohnungsnot und damit zugleich die Schwierigkeit der Beschaffung ausreichender Geschäftsräume bemerkbar. Denn § 4 Abs. 1 des Gesetzes verlangt, daß in Orten mit 5000 und mehr Einwohnern in Räumen, in denen Butter oder Butterschmalz gewerbsmäßig hergestellt, aufbewahrt, verpackt oder feilgehalten wird, nicht die Herstellung, Aufbewahrung, Verpackung oder das Feilhalten von Margarine oder Kunstspeisefett erfolgt. Ebenso ist dort in Räumen, in denen Käse gewerbsmäßig hergestellt, aufbewahrt, verpackt oder feilgehalten wird, die Herstellung, Aufbewahrung, Verpackung oder das Feilhalten von Margarinekäse untersagt. In den Kreisen des Kleinhandels ist jedoch fortgesetzt Klage darüber geführt worden, daß zurzeit entweder Ausnahmebestimmungen im Sinne des Erl. vom 31. August 1916 überhaupt nicht mehr beständen, oder daß die vorhandenen Ausnahmebestimmungen nicht einheitlich seien. Da in nächster Zeit mit einer Aufhebung der Bundesratsverordnung vom 16. Juli 1916 nicht gerechnet werden kann, und da einheitliche Maßnahmen zweckmäßig erscheinen, ersuchen wir ergebenst, auf Grund von § 1 der Bekanntmachung über den Verkehr mit Butter, Käse, Schmalz und deren Ersatzmitteln vom 16. Juli 1916 (RGBl. S. 751) folgende Ausnahmen von den Vorschriften des § 4 des Gesetzes, betreffend den Verkehr mit Butter, Käse, Schmalz und deren Ersatzmitteln, vom 15. Juni 1897 (RGBl. S. 475) zuzulassen, sofern eine entsprechende Maßnahme bisher dort noch nicht getroffen worden sein sollte:

In Räumen, in denen Butter feilgehalten wird, ist das Feilhalten von Margarine oder Kunstspeisefett gestattet, wenn diese Fettarten räumlich derart getrennt aufgestellt werden, daß eine Verwechselung ausgeschlossen ist. Über oder an den feilgehaltenen Vorräten sind an auffallenden Stellen deutlich lesbare Schilder mit der Aufschrift „Verkauf von Butter", „Verkauf von Margarine", „Verkauf von Kunstspeisefett" anzubringen.

*

Entsprechend ergingen in den einzelnen Bundesstaaten inhaltlich gleiche Erlasse, meist mit obigem Wortlaut.

---

7. Erlaß des Reichskanzlers, betreffend bandförmigen Streifen.

Vom 6. April 1900.

Nach § 2 des Gesetzes, betreffend den Verkehr mit Butter usw., vom 15. Juni 1897 müssen Gefäße, in welchen Margarine usw. gewerbsmäßig verkauft oder feilgehalten wird, mit einem stets sichtbaren bandförmigen Streifen von roter Farbe in bestimmten Abmessungen versehen sein; die Art der Anbringung des Streifens ist durch Nr. 4 der Bekanntmachung vom 4. Juli 1897, betreffend Bestimmungen zur Ausführung des Gesetzes, näher geregelt.

Von den Polizeibehörden sind in mehreren Fällen Flachgefäße (Teller), die als Unterlagen für Margarine in Verkaufsräumen dienten, beanstandet worden, weil die Art und Weise, in der der rote Streifen an der oberen Randfläche der Gefäße angebracht war, als vorschriftswidrig betrachtet wurde.

Bei den in Frage stehenden Unterlagen wird nun allerdings die Anbringung des Streifens in einer der vorerwähnten

Bekanntmachung vom 4. Juli 1897 genau entsprechenden Weise infolge ihrer Form nicht möglich sein. Daraus folgt aber nicht, daß der Gebrauch derartiger Unterlagen hat ausgeschlossen werden sollen; vielmehr beruht der Mangel der Vorschrift über die Art der Kennzeichnung solcher Gefäße offenbar darauf, daß Flachgefäße, da sie lediglich als Unterlage für Margarine usw. dienen, nicht als Gefäße des § 2 des erwähnten Gesetzes zu betrachten sind, wie ja auch andere Unterlagen, z. B. aus Papier oder Holz, nicht verboten sind. Im übrigen wird die Erkennbarkeit der Ware als Margarine dadurch ausreichend gewahrt, daß der rote Streifen, wenn er bandförmig um die ganze obere Randfläche des Gefäßes gezogen ist, deutlich sichtbar ist und beim Gebrauch kaum verdeckt werden kann, außerdem aber die darauf liegende Ware die charakteristische Würfelform trägt. Auch Zweckmäßigkeitsgründe sprechen gegen die Beanstandung der in Rede stehenden Unterlagen, da es aus Gesundheits- und Reinlichkeitsrücksichten erwünschter ist, wenn die Verkäufer als Unterlage für die feilgehaltene Ware Flachgefäße, Teller, Platten usw. aus Porzellan, Holz oder dergl. benutzen, als wenn sie dieselben auf Papier oder ohne jede Unterlage auf den Verkaufstisch legen. Vorstehende Auffassung hat auch im Bundesrate anläßlich der Verhandlungen über einschlägige Einlagen (§ 768 der Protokolle von 1899) Zustimmung gefunden. Die preußischen Ressortminister haben sich bereit erklärt, das Erforderliche zu veranlassen, damit in Zukunft eine Beanstandung von Flachgefäßen der in Frage stehenden Art seitens der Polizeibehörde nicht mehr stattfindet.

*

(In diesem Sinne hat der Preußische Minister des Innern am 15. Mai 1900 verfügt, andere **Bundesstaaten analog.**)

Hierzu erging noch folgender Runderlaß:

8. Runderlaß des Ministers für Volkswohlfahrt, des Ministers für Handel und Gewerbe und des Ministers für Landwirtschaft, Domänen und Forsten, betreffend bandförmigen Streifen usw.

Vom 5. November 1926.

Nach § 2 Abs. 1 Satz 2 des Margarinegesetzes vom 15. Juni 1897 müssen die Gefäße, in welchen Margarine, Margarinekäse oder Kunstspeisefett verkauft oder feilgehalten wird, mit einem stets sichtbaren bandförmigen Streifen von roter Farbe versehen sein, welcher bei Gefäßen bis zu 35 cm Höhe mindestens 2 cm, bei höheren Gefäßen mindestens 5 cm breit ist. Nach Nr. 4 der Ausführungsbestimmungen vom 4. Juli 1897 (RGBl. S. 591) ist der bandförmige Streifen parallel zur unteren Randfläche und mindestens 3 cm von dem oberen Rande entfernt anzubringen. Der Streifen muß sich oberhalb der in § 2 Abs. 1 Satz 1 des Gesetzes vorgeschriebenen Inschrift befinden, ohne diese oder ihre Umrahmung zu berühren. Auch der Name oder die Firma des Fabrikanten sowie die Fabrikmarke (§ 2 Abs. 2 des Gesetzes) müssen nach Nr. 5 der Ausführungsbestimmungen so angebracht werden, daß sie den roten Streifen nicht berühren.

Diese Vorschriften gehen davon aus, daß die Margarine, wie dies früher allgemein üblich war, nur in Einpfundstücken gehandelt wird. In den letzten Jahren hat sich nun das wirtschaftliche Bedürfnis ergeben, die Margarine auch in Einhalbpfundwürfeln zu verkaufen. Da man die Würfel nicht aufeinanderpacken möchte, bedient man sich zur Verpackung der Einhalbpfundwürfel flacher Kisten, die nur

7,5 cm hoch sind. Auf diesen Kisten lassen sich nicht alle Kennzeichnungen in der vorgeschriebenen Weise anbringen. Es erscheint mit dem Zwecke der Vorschriften vereinbar und dürfte darum zu dulden sein, wenn auf den flachen Kisten von 7,5 cm Höhe die vorgeschriebenen Inschriften den roten Streifen berühren oder auf den Streifen aufgedruckt werden.

Die endgültige Regelung der Frage wird bei der in Aussicht genommenen Nachprüfung des Margarinegesetzes getroffen werden.

Die mit der Überwachung des Lebensmittelverkehrs beauftragten Behörden und Sachverständigen ersuchen wir anzuweisen, in den zuvor erwähnten Fällen von einer Beanstandung abzusehen.

---

9. Bekanntmachung über den Verkehr mit Margarine (betr. Inschriften auf ausländischen Gebinden).

Vom 9. September 1915 (RGBl. S. 555).

Der Bundesrat hat auf Grund des § 3 des Gesetzes über die Ermächtigung des Bundesrats zu wirtschaftlichen Maßnahmen usw. vom 4. August 1914 (RGBl. S. 327) folgende Verordnung erlassen:

§ 1.

Die Inschrift auf Gebinden oder Kisten, in denen Margarine, Margarinekäse oder Kunstspeisefett gewerbsmäßig verkauft oder feilgehalten wird (§ 2 Abs. 1, 2 des Gesetzes, betreffend den Verkehr mit Butter, Käse, Schmalz und deren Ersatzmitteln, vom 15. Juni 1897 — RGBl. S. 475 —), kann bei ausländischen Erzeugnissen an Stelle des Namens oder der

Firma sowie der Zeichen (Fabrikmarke) des Fabrikanten den Namen und den Wohnort oder die Firma und den Sitz des Verkäufers, der die Ware eingeführt hat, enthalten.

§ 2.

Diese Verordnung tritt mit dem Tage der Verkündung in Kraft. Der Reichskanzler bestimmt den Zeitpunkt des Außerkrafttretens.

---

10. Rundschreiben des Reichskanzlers.

Vom 17. November 1908.

Die Frage, ob gelbgefärbtes, sonst reines Pflanzenfett, insbesondere Kokosnußfett, wie es von verschiedenen Fabriken auf den Markt gebracht wird, nach § 1 Abs. 2 des Gesetzes, betreffend den Verkehr mit Butter usw., vom 15. Juni 1897 (RGBl. S. 475) als Margarine zu betrachten ist, hat von seiten der Gerichte eine verschiedene Beurteilung erfahren. Daß die bezeichnete Ware als „Zubereitung" anzusehen ist, scheint allgemein anerkannt zu werden und kann auch begründeten Zweifeln ebensowenig unterliegen wie die Auffassung, daß der Wortlaut und der Sinn des Gesetzes nicht hindern, eine Zubereitung unter den Begriff „Margarine" zu stellen, deren Fettgehalt ausschließlich anderen Stoffen als Milch entstammt. Dagegen gehen die Urteile darüber auseinander, ob gelbgefärbtes Pflanzenfett der Milchbutter oder dem Butterschmalz „ähnlich" ist. Die Verschiedenheit der Beurteilung mag teilweise darauf zurückzuführen sein, daß es sich um eine Tatfrage handelt, die je nach der Lage des Falles entschieden werden muß, teilweise beruht sie aber auf der Verschiedenheit der Gesichtspunkte, von denen aus der Lösung der Frage unternommen wird.

Über diese Verschiedenheit klagen die Gewerbetreibenden unseres Erachtens mit Recht, und es erscheint uns geboten, Einheitlichkeit herbeizuführen.

Die geeignete Grundlage dürfte in dem vom Reichsgerichte durch Entscheidung vom 15. Januar 1906 gebilligten Ausführungen eines Urteils des Landgerichts Hamburg vom 2. August 1905 gegeben sein, die darin gipfeln, daß für den Begriff der Ähnlichkeit in der Hauptsache die äußeren Merkmale, d. i. Farbe und Konsistenz des Fettes, in Betracht kommen, und zwar so, daß eine Fettzubereitung, deren Aussehen eine Verwechslung mit Butter oder Butterschmalz durch das Publikum ermöglicht, als butter- und butterschmalzähnlich auch dann betrachtet werden muß, wenn bezüglich des Geschmacks und Geruchs Verschiedenheit wahr-nehmbar ist.

Hierbei ist bezüglich der Feststellung der Konsistenz zu beachten, daß diese bei Kokosnußfett wesentlich von dem Wärmegrade der Aufbewahrungsräume abhängig ist, und daß ebenso die Konsistenz der Butter und des Butterschmalzes bedeutenden Schwankungen ausgesetzt ist. Unerheblich ist es daher auch, ob gelbgefärbtes Kokosnußfett als gleichmäßig erstarrte Fettmasse oder in absichtlich mechanisch streichfähig gemachter Form vorliegt.

Was Geruch und Geschmack anbetrifft, die bei Kokosnußfett sehr wenig ausgesprochen sind und bei Butter und Butterschmalz je nach ihrer Art und ihrem Wärmegrade stark schwanken, so ist zu berücksichtigen, daß das Publikum beim Einkaufe häufig nicht in der Lage ist, die feilgebotenen Waren nach dieser Richtung sorgfältig zu prüfen, und daß sogar eine derartige Prüfung zum Verkauf ausgelegter Waren vielfach aus Reinlichkeitsgründen durch Polizeiverordnung verboten ist oder von den Verkäufern nicht geduldet wird.

Ew. Hochwohlgeboren ersuchen wir, die mit dem Vollzuge

des Gesetzes vom 15. Juni 1897 betrauten Behörden und Untersuchungsanstalten anzuweisen, in künftigen Fällen nach den angegebenen Gesichtspunkten zu verfahren.

---

11. Aus der Bekanntmachung des Reichskanzlers, betreffend Gelbfärbung von Margarine gemäß § 21 des Fleischbeschaugesetzes vom 3. Juni 1900.

Vom 18. Februar 1902/4. Juli 1908.

(Verbietet verschiedene Zusätze; s. bei Fleischbeschaugesetz unter Nr. 3 zu Teil II die ganze Verordnung.)

Dasselbe gilt für Farbstoffe jeder Art, jedoch unbeschadet ihrer Verwendung zur Gelbfärbung der Margarine[1]) und der Hüllen derjenigen Wurstarten, bei denen die Gelbfärbung herkömmlich und als künstliche ohne weiteres erkennbar ist, sofern diese Verwendung nicht anderen Vorschriften zuwiderläuft.

1. Diese Anordnung trifft formell zwar nur die tierische Margarine (als Fettzubereitung im Sinne des Fleischbeschaugesetzes), kommt aber selbstverständlich auch der Pflanzenmargarine zugute.

---

12. Bekanntmachung des Reichskanzlers, betreffend den Fett- und Wassergehalt der Butter.

Vom 1. März 1902 (RGBl. S. 64).

Auf Grund des § 11 des Gesetzes, betreffend den Verkehr mit Butter, Käse, Schmalz und deren Ersatzmitteln, vom 15. Juni 1897 hat der Bundesrat beschlossen:

Butter, welche in 100 Gewichtsteilen weniger als 80 Gewichtsteile Fett oder im ungesalzenen Zustande mehr als 18 Gewichtsteile, im gesalzenen mehr als 16 Gewichtsteile Wasser enthält, darf vom 1. Juli 1902 ab gewerbsmäßig nicht verkauft oder feilgehalten werden.

---

13. Bekanntmachung über fetthaltige Zubereitungen.

Vom 26. Juni 1916 (RGBl. S. 589), 10. März 1920 (RGBl. S. 323) und 28. April 1921 (RGBl. I S. 501).

Der Bundesrat hat auf Grund des § 3 des Gesetzes über die Ermächtigung des Bundesrats zu wirtschaftlichen Maßnahmen usw. vom 4. August 1914 (RGBl. S. 327) folgende Verordnung erlassen:

§ 1.

Fetthaltige Zubereitungen, welche Butter oder Schweineschmalz zu ersetzen bestimmt sind, ausgenommen Margarine und Kunstspeisefett, dürfen gewerbsmäßig nicht hergestellt, feilgehalten, verkauft oder sonst in den Verkehr gebracht werden.

Dies gilt insbesondere für Erzeugnisse, die außer Butter, Margarine oder einem Speisefett oder Speiseöl auch Milch (irgendeiner Art), Wasser, Quark, Stärke, Mehl, mehlartige Stoffe, Kartoffel oder Gelatine enthalten.

Der Reichskanzler kann Ausnahmen zulassen.

§ 2.

Margarine, die in 100 Gewichtsteilen weniger als 80 Gewichtsteile Fett oder in ungesalzenem Zustand mehr als 18 Gewichtsteile Wasser, in gesalzenem Zustand[1]) mehr als

16 Gewichtsteile Wasser[3]) enthält, darf gewerbsmäßig nicht feilgehalten oder verkauft werden.

1. Nach einer Vereinbarung, die bis zum Erlaß von bezüglichen Ausführungsbestimmungen gelten soll, darf „ungesalzene Margarine“ bis 0,2 v. H. Kochsalz enthalten, da praktisch eine ganz salzfreie Ware nicht zu erzeugen ist. Durch Eigelb und ähnliche Zutaten kommt stets etwas Salz mit in die Margarine hinein.

2. Die Fabrikanten sind gehalten, sich durch regelmäßige Untersuchungen über die Zusammensetzung ihrer Erzeugnisse zu informieren. In einem Falle hatte die Nahrungsmittelpolizei mehr als 16 v. H. Wasser gefunden. Er wurde vom AG. verurteilt. Der Amtsrichter erkannte zwar an, daß der Fabrikant eine weitgehende Kontrolle der gesetzlichen Wassergehaltsgrenze eingerichtet und Sorgfalt aufgewendet hatte, um Verstöße zu verhüten. Trotzdem erfolgte die Verurteilung, weil das Gesetz objektiv verletzt sei.

Auf eingelegte Berufung hat das LG. Bielefeld darauf durch Urteil vom 7. Februar 1927 den Angeklagten freigesprochen, indem es feststellte, daß der Betrieb regelmäßig durch einen geeigneten Sachverständigen kontrolliert werde, der niemals etwas zu beanstanden gefunden hätte. Entweder müßten bei den Untersuchungen des beamteten Nahrungsmittelchemikers Irrtümer unterlaufen sein, oder es könne sich, wenn wirklich Überschreitungen der gesetzlichen Wassergrenze vorgekommen seien, nur um einen Zufall handeln. Der Angeklagte habe ausreichende Anordnungen getroffen.

§ 3.

Mit Gefängnis bis zu sechs Monaten und mit Geldstrafe bis zu eintausendfünfhundert Mark oder mit einer dieser Strafen wird bestraft:

1. wer der Vorschrift des § 1 zuwider fetthaltige Zubereitungen herstellt, feilhält, verkauft oder sonst in den Verkehr bringt;

2. wer der Vorschrift des § 2 zuwider Margarine feilhält oder verkauft.

Neben der Strafe kann auf Einziehung der Gegenstände erkannt werden, auf die sich die strafbare Handlung bezieht, ohne Unterschied, ob sie dem Verurteilten gehören oder nicht. Wird auf Strafe erkannt, so kann angeordnet werden, daß die Verurteilung auf Kosten des Schuldigen öffentlich bekanntgemacht wird. Die Art der Bekanntmachung wird im Urteil bestimmt.

§ 4.

Die Vorschriften des § 2 und des § 3 Nr. 2 treten mit dem 15. Juli 1916, die des § 3 Nr. 1 mit dem 3. Juli 1916, im übrigen tritt diese Verordnung mit dem Tage der Verkündung in Kraft. Der Reichskanzler bestimmt den Zeitpunkt des Außerkrafttretens.

---

14. Erlaß des Preußischen Ministers für Volkswohlfahrt, betreffend Gorgonzola-Käse mit Rindenschicht, Schwerspat enthaltend.

Vom 20. Juli 1925 — I M II 1433 —.

Bei der Nahrungsmittelkontrolle wurde in der letzten Zeit Gorgonzola-Käse angetroffen, der mit einer Rindenschicht versehen war, die in der Hauptsache aus Schwerspat (Bariumsulfat) bestand. Da keine Gewähr vorhanden ist, daß nur Schwerspat frei von im Organismus löslichen giftigen Bariumverbindungen (z. B. Bariumkarbonat) verwendet wird, und vielfach die Gewohnheit besteht, Käse samt der Rinde zu verzehren, erscheint die

Verwendung von Schwerspat für den in Rede stehenden Zweck vom nahrungsmittelpolizeilichen Standpunkt aus unzulässig. Auch der Gesichtspunkt der Verfälschung (§ 10 des Nahrungsmittelgesetzes vom 14. Mai 1879) kommt in Betracht. In Übereinstimmung mit dieser Auffassung befindet sich der 1913 im Reichsgesundheitsamt unter Zuziehung von gewerblichen und industriellen Sachverständigen beratene Entwurf zu Festsetzungen über Käse. Derartige Käse sind mithin zu beanstanden.

Wir ersuchen ergebenst, die Nahrungsmitteluntersuchungsanstalten anzuweisen daß sie dem Gorgonzola-Käse hinsichtlich seiner Rindenschicht erhöhte Aufmerksamkeit zuwenden und bei Feststellung von Bariumverbindungen in der Rindenschicht die Verkäufer zunächst warnen. In Fällen, in denen die Ware weiterhin zum Verkauf feilgehalten wird, würden die Untersuchungsanstalten auf die strafrechtliche Verfolgung hinzuwirken haben.

IV.

Süßstoff.

1. Süßstoffgesetz.

Vom 14. Juli 1926 (RGBl. I S. 409).

Der Reichstag hat das folgende Gesetz beschlossen, das mit Zustimmung des Reichsrats hiermit verkündet wird:

§ 1.

(1) Zur Herstellung und zur Einfuhr von Süßstoff ist nur der berechtigt, dem die Reichsregierung mit Zustimmung des Reichsrats die Erlaubnis hierzu erteilt.

(2) Die Erlaubnis ist jederzeit widerruflich.

§ 2.

(1) Der Süßstoffsteuer unterliegt der Übergang von Süßstoff in den freien Verkehr.

(2) Dies gilt nicht für Süßstoff, der in kleinen Mengen zu wissenschaftlichen oder zu Probezwecken abgegeben wird.

§ 3.

Die Steuer beträgt

1. bei Benzoesäuresulfinid zwei Reichsmark,
2. bei Dulcin fünf Reichsmark 60 Reichspfennig

für ein Kilogramm reinen Süßstoff.

§ 4.

Steuerschuldner ist der, für dessen Rechnung Süßstoff in den freien Verkehr übergeht.

§ 5.

(1) Die Steuer wird am fünfundzwanzigsten Tage des zweiten Monats fällig, der auf den Monat folgt, in dem die Steuerschuld entstanden ist.

(2) Zahlungsaufschub wird nicht gewährt.

§ 6.

Für Süßstoff, den der Hersteller nachweislich zurückgenommen hat, wird die Steuer auf Antrag erstattet.

§ 7.

Die Süßstoffsteuer ist eine Verbrauchsteuer im Sinne der Reichsabgabenordnung.

§ 8.

(1) Wer Süßstoff herstellt, unterliegt der Steueraufsicht.

(2) Ergeben sich bei Bestandsaufnahmen (§ 195 Nr. 4 RAO.) Fehlmengen, so hat der Betriebsinhaber die auf die Fehlmengen entfallende Steuer zu entrichten, soweit nicht dargetan wird, daß die Fehlmengen auf Umstände zurückzuführen sind, die eine Steuerschuld in der Person des Betriebsinhabers nicht begründen. Die Steuerschuld gilt im Zweifel als entstanden im Zeitpunkt der Bestandsaufnahme.

§ 9.

Der Steuerschuldner hat die Süßstoffmengen, für die in einem Monat eine Steuerschuld entstanden ist, bis zum zehnten Tage des nächsten Monats durch eine schriftliche Erklärung (Steuererklärung) bei der Steuerbehörde anzumelden.

§ 10.

Wer Süßstoff herstellt oder einführt, ohne daß ihm die Reichsregierung die Erlaubnis hierzu erteilt hat, wird mit Gefängnis bis zu einem Jahre und mit Geldstrafe oder mit einer dieser Strafen bestraft. Außerdem ist auf Einziehung der Gegenstände zu erkennen, auf die sich die Zuwiderhandlung bezieht.

§ 11.

Sind durch eine Ordnungswidrigkeit (§ 377 RAO.) Steuereinnahmen verkürzt oder gefährdet worden, so ist die Ordnungsstrafe mindestens auf das Vierfache des Betrags, auf den die Verkürzung oder Gefährdung sich beläuft, zu bemessen, wenn einer der folgenden Tatbestände gegeben ist:

1. wenn Süßstoff in anderen als den angemeldeten Räumen hergestellt oder gelagert wird;
2. wenn die vorgeschriebenen Bücher nicht oder nicht richtig geführt oder den Aufsichtsbeamten unrichtige Angaben über die Führung dieser Bücher gemacht werden;
3. wenn innerhalb der vorgeschriebenen Frist die Süßstoffmengen, für die eine Steuerschuld entstanden ist, nicht oder nicht richtig angemeldet werden;
4. wenn über den unter Steueraufsicht stehenden Süßstoff unbefugt verfügt wird.

§ 12.

Die zur Durchführung dieses Gesetzes erforderlichen Bestimmungen erläßt die Reichsregierung mit Zustimmung des Reichsrats. Dabei kann insbesondere verbindlich bestimmt werden, was im Sinne dieses Gesetzes als Süßstoff anzusehen ist. Ferner können der Absatz, der Vertrieb und die Verwendung von Süßstoff Beschränkungen unterworfen und gegen Zuwiderhandlungen Gefängnisstrafe bis zu einem Jahre und Geldstrafe oder eine dieser Strafen oder Haft angedroht werden.

§ 13.

(1) Das Gesetz tritt am 1. September 1926 in Kraft.

(2) Mit dem gleichen Zeitpunkt tritt das Süßstoffgesetz vom 8. April 1922 (RGBl. I S. 390) außer Kraft.

Der Reichspräsident.

Der Reichsminister der Finanzen.

---

2. Durchführungsbestimmungen zum Süßstoffgesetz.

Vom 24. Juli 1926 (RMBl. S. 825).

Auf Grund des § 12 des Süßstoffgesetzes vom 14. Juli 1926 (RGBl. I S. 409) wird mit Zustimmung des Reichsrats folgendes verordnet:

Zu § 1 des Gesetzes.

§ 1.

Begriffsbestimmung.

(1) Süßstoff im Sinne des Gesetzes sind alle auf künstlichem Wege gewonnenen Stoffe, die als Süßmittel dienen können und eine höhere Süßkraft als Saccharose (reiner Rüben- oder Rohrzucker), aber nicht entsprechenden Nährwert besitzen.

(2) Als Süßstoff gelten auch süßstoffhaltige Zubereitungen, die nicht zum unmittelbaren Genuß bestimmt sind, sondern nur als Mittel zur Süßung von Lebensmitteln dienen.

(3) Der Reichsminister der Finanzen kann bestimmen, ob und inwieweit die Vorschriften des Gesetzes auf Stoffe, die in einfacher Weise in Süßstoff umgewandelt werden können, Anwendung finden.

§ 2.

Erlaubnis zur Herstellung.

Unter Vorbehalt des jederzeitigen Widerrufs werden ermächtigt:

A. zur Herstellung von Benzoesäuresulfinid:
   1. die Saccharinfabrik, Aktien-Gesellschaft, vorm. Fahlberg, List & Co. in Magdeburg-Südost,
   2. die Chemische Fabrik von Heyden, Aktien-Gesellschaft, in Radebeul bei Dresden,

B. zur Herstellung von Dulcin:
   J. D. Riedel, Aktien-Gesellschaft, in Berlin-Britz.

§ 3.

(Betrifft Erlaubnis zur Einfuhr.)

Zu § 2 des Gesetzes.

§ 4.

Abgabe von Süßstoff zu wissenschaftlichen oder zu Probezwecken.

Nach näherer Anordnung des Landesfinanzamts darf Süßstoff, ohne daß eine Steuerschuld entsteht, zu wissenschaftlichen Zwecken oder als Probe bis zu einer Jahreshöchstmenge von insgesamt 15 Kilogramm reinem Süßstoff für jeden Betrieb in den freien Verkehr gebracht werden.

Zu § 6 des Gesetzes.

§ 5.

(Betrifft Rückware.)

Zu § 7 des Gesetzes.

§ 6.

Süßstoff als steuerpflichtiges Erzeugnis.

Süßstoff gilt als steuerpflichtiges Erzeugnis im Sinne der Reichsabgabenordnung.

Zu § 8 des Gesetzes.

§ 7.
(Betrifft Anmeldung des Herstellungsbetriebs.)

§ 8.
(Betrifft Anzeige über Änderungen.)

§ 9.
(Betrifft Behandlung der Anmeldungen bei der Zollstelle.)

§ 10.
(Betrifft Besitzwechsel.)

§ 11.
(Betrifft Anzeige der Eröffnung und der Einstellung des Betriebs.)

§ 12.
(Betrifft Betriebsleiter.)

§ 13.
(Betrifft Betriebsbuch.)

§ 14.
(Betrifft weitere Steuerbücher.)

§ 15.
(Betrifft Ausgangslager.)

§ 16.
(Betrifft Ausgangslagerbuch.)

§ 17.
(Betrifft Aufbewahrung der Steuerbücher.)

§ 18.
(Betrifft Zurücknahme von Süßstoff in die Herstellungsräume.)

§ 19.
(Betrifft Bestandsaufnahme.)

§ 20.

(Betrifft Nachschau.)

§ 21.

Untersuchungen auf den Gehalt an reinem Süßstoff.

Die verschiedenen Formen des Benzoesäuresulfinids sind auf Kosten des Betriebsinhabers von Zeit zu Zeit durch die Technische Prüfungs- und Lehranstalt auf ihren Gehalt an reinem Süßstoff zu untersuchen. Zu diesem Zwecke hat der Betriebsinhaber den Beamten des Steueraufsichtsdienstes auf ihr Verlangen und nach ihrer näheren Bestimmung Proben unentgeltlich gegen Empfangsbescheinigung zu übergeben.

§ 22.

(Betrifft Aushang von Strafvorschriften.)

§ 23.

Versendung unversteuerten Süßstoffs.

(1) Süßstoff, der nach § 3 in den Geltungsbereich des Gesetzes eingeführt werden darf, ist im gebundenen Verkehr in einen unter Steueraufsicht stehenden Süßstoffherstellungsbetrieb (§ 2) zu verbringen. Zu diesem Zwecke ist er mit Zollbegleitschein auf die für die Überwachung des Herstellungsbetriebs zuständige Zollstelle abzufertigen. Außer den nach den zollrechtlichen Vorschriften erforderlichen Angaben hat der Einführer in dem Begleitschein die steuerliche Gattung (§ 3 des Gesetzes) und den Gehalt der Ware an reinem Süßstoff anzumelden. Einer amtlichen Prüfung des Inhalts der Packstücke (vgl. § 21) bedarf es nur dann, wenn der Verdacht einer unrichtigen Anmeldung vorliegt. Der Einführer hat in dem Begleitschein die Haftung für die Steuer zu übernehmen. Nach Aufnahme in den Herstellungsbetrieb ist der Süßstoff wie in dem Betrieb hergestellter Süßstoff zu behandeln.

(2) Soweit ein Bedürfnis besteht, Süßstoff von einem Süßstoffherstellungsbetrieb (§ 2) in einen anderen zu verbringen, finden die Bestimmungen des Abs. 1 mit der Maßgabe entsprechende Anwendung, daß das Landesfinanzamt ein vereinfachtes Verfahren zulassen kann.

Zu § 9 des Gesetzes.

§ 24.

(Betrifft Anmeldung zur Versteuerung.)

§ 25.

(Betrifft Süßstoffsteuer-Anmeldungsbuch.)

§ 26.

(Betrifft Festsetzung und Entrichtung der Steuer.)

§ 27.

(Betrifft Süßstoffsteuer-Einnahmebuch.)

Schlußbestimmungen.

§ 28.

(Betrifft Anzeigen der bestehenden Betriebe.)

§ 29.

(Betrifft Änderungen der Muster.)

§ 30.

Inkrafttreten.

Diese Verordnung tritt am 1. September 1926 in Kraft.

Der Reichsminister der Finanzen.

Anmerkung. Die Bestimmungen über technische Durchführung der Steuerüberwachung sind ebenso wie die Muster für die Buchführung wegen Raummangel hier fortgelassen. Sie finden sich im Reichszollblatt Nr. 46 vom 4. August 1926.

3. Verordnung über den Verkehr mit Süßstoff.

Vom 4. August 1926 (RGBl. I S. 467) und 18. November 1927 (RGBl. I S. 330).

Auf Grund des § 12 des Süßstoffgesetzes vom 14. Juli 1926 (RGBl. I S. 409) wird nach Zustimmung des Reichsrats verordnet:

§ 1.

Süßstoff im Sinne dieser Verordnung sind alle Erzeugnisse, die auf Grund des § 12 Satz 2 des Süßstoffgesetzes von der Reichsregierung als Süßstoff bezeichnet werden (vgl. § 1 der Durchführungsbestimmungen zum Süßstoffgesetze vom 24. Juli 1926, RMBl. S. 825).

§ 2.

Benzoesäuresulfinid darf im Einzelhandel nur in Fabrikpackungen abgegeben werden; diese müssen eine für den Käufer leicht erkennbare Aufschrift tragen, die in deutscher Sprache enthält

a) die Angabe des Inhalts nach deutschem Gewichte, bei Tabletten nach der Stückzahl,
b) eine Angabe darüber, welchen Mengen Zucker der Inhalt der Packung entspricht.

§ 3.

Dulcin darf im Einzelhandel nur von Apotheken abgegeben werden, und zwar in Mengen über ein Gramm nur auf ärztliche Anweisung.

Die Abgabe darf nur in Fabrikpackungen erfolgen; diese müssen eine für den Käufer leicht erkennbare Aufschrift tragen, die in deutscher Sprache enthält

a) die Angabe des Inhalts nach deutschem Gewichte,

b) eine Angabe darüber, welchen Mengen Zucker der Inhalt der Packung entspricht,

c) den Hinweis: „Zur strengen Beachtung! Dieser Süßstoff darf nur zur Süßung von Lebensmitteln in den hierzu erforderlichen Mengen verwendet werden. Für sich, in größeren Mengen genossen, kann er schädlich wirken."

Den gleichen Hinweis muß ein innerhalb der Packung liegender Zettel tragen.

§ 4.

Soweit nicht nach § 5 Ausnahmen zugelassen sind, ist es verboten,

a) Lebensmitteln (Nahrungsmitteln, Genußmitteln, Stärkungsmitteln, diätetischen Nährmitteln) und Arzneimitteln bei ihrer gewerblichen Herstellung Süßstoff zuzusetzen;

b) süßstoffhaltige Lebensmittel und Arzneimittel anzubieten, zum Verkaufe vorrätig zu halten, feilzuhalten, zu verkaufen oder sonst in den Verkehr zu bringen.

§ 5.

Benzoesäuresulfinid und Dulcin dürfen verwendet werden zur gewerblichen Herstellung von

1. Limonaden und Kunstlimonaden mit und ohne Kohlensäure, alkoholfreien Kalt- und Heißgetränken sowie Grundstoffen hierzu,
2. Essig,
3. Mostrich (Senf),
4. obergärigem Biere nach Maßgabe der Verordnung vom 21. Juli 1923 (RGBl. I S. 746) und 18. November 1927 (RGBl. I S. 330),
5. Eßoblaten,
6. Kautabak und Kaugummi,

7. Röntgenkontrastmitteln,
8. Lebensmitteln, die zum Verbrauche durch Zuckerkranke bestimmt sind und ausdrücklich als solche bezeichnet werden,
9. Stärkungsmitteln, diätetischen Nährmitteln und Arzneimitteln, soweit dies bei Inkrafttreten dieser Verordnung zugelassen war oder von der Reichsregierung in Zukunft zugelassen wird.

§ 6.

Bei der gewerbsmäßigen Herstellung der im § 5 bezeichneten Erzeugnisse mit Ausnahme der Arzneimittel darf nur so viel Dulcin verwendet werden, daß 1 Liter oder 1 Kilogramm des gebrauchsfertigen Erzeugnisses nicht mehr als 0,3 Gramm Dulcin enthält.

§ 7.

Die unter Verwendung von Süßstoff hergestellten Lebensmittel und Arzneimittel müssen, wenn sie in Packungen oder Umhüllungen an den Verbraucher abgegeben werden, die für den Verbraucher deutlich erkennbare, nicht verwischbare Aufschrift „Mit künstlichem Süßstoff zubereitet" tragen.

Bei Stärkungsmitteln, diätetischen Nährmitteln und Arzneimitteln müssen die Art und die Menge des Süßstoffs, bei gleichzeitiger Verwendung von Zucker auch dessen Menge, sowohl auf den Packungen und Umhüllungen als auch in den Ankündigungen angegeben werden.

Arzneiliche Zubereitungen, die mehr als 0,3 Gramm Dulcin in 1 Liter oder 1 Kilogramm enthalten, dürfen nur auf ärztliche Anweisung abgegeben werden.

§ 8.

Wer den vorstehenden Bestimmungen zuwiderhandelt, wird mit Gefängnis bis zu einem Jahre und mit Geldstrafe oder mit einer dieser Strafen oder mit Haft bestraft.

§ 9.

Diese Verordnung tritt am 1. September 1926 in Kraft. Erzeugnisse, die vor Inkrafttreten dieser Verordnung entsprechend den bisherigen Bestimmungen unter Verwendung von Süßstoff hergestellt worden sind, dürfen noch bis zum 31. Dezember 1926 im Verkehre bleiben, auch wenn sie den Bestimmungen dieser Verordnung nicht genügen.

Der Reichsminister des Innern.
Der Reichsminister für Ernährung und Landwirtschaft.

---

4. Verordnung über Verwendung von Süßstoff zur Bierbereitung.[1])

Vom 16. Januar 1926 (RGBl. I S. 95).

Auf Grund des § 10 Abs. 9 des Biersteuergesetzes vom 9. Juli 1923 (RGBl. I S. 557)/13. Februar 1924 (RGBl. I S. 68) und des § 4 Abs. 4 des Süßstoffgesetzes vom 8. April 1922 (RGBl. I S. 390) wird hiermit verordnet, daß § 1 Satz 1 der Verordnung über Verwendung von Süßstoff zur Bereitung obergärigen Bieres vom 21. Juli 1923 (RGBl. I S. 746) folgende Fassung erhält:

Zur Bereitung obergärigen Bieres ist bis zum 30. September 1926, zur Bereitung obergärigen Einfachbiers bis zum 30. September 1927 die Verwendung von Süßstoff zulässig.

Der Reichsminister der Finanzen.
Der Reichsminister für Ernährung und Landwirtschaft.

1. Vgl. die folgende Verordnung.

---

5. Verordnung über Verwendung von Süßstoff zur Bierbereitung.

Vom 18. November 1927 (RGBl. I S. 330).

Auf Grund des § 10 Abs. 9 des Biersteuergesetzes vom 9. Juli 1923 (RGBl. I S. 557) / 31. März 1926 (RGBl. I S. 185) und des § 12 des Süßstoffgesetzes vom 14. Juli 1926 (RGBl. I S. 409) wird nach Zustimmung des Reichsrats mit Wirkung vom 1. Oktober 1927 verordnet:

§ 1.

§ 1 Satz 1 der Verordnung über Verwendung von Süßstoff zur Bereitung obergärigen Bieres vom 21. Juli 1923 (RGBl. I S. 746) / 16. Januar 1926 (RGBl. I S. 95) erhält folgende Fassung:

Zur Bereitung obergärigen Einfachbieres mit einem Stammwürzegehalt von nicht mehr als 4 vom Hundert ist die Verwendung von Süßstoff bis zum 30. September 1928 zulässig.

§ 2.

Im § 5 Nr. 4 der Verordnung über den Verkehr mit Süßstoff vom 4. August 1926 (RGBl. I S. 467) ist statt „16. Januar 1926 (RGBl. I S. 95)“ zu setzen „21. Juli 1923 (RGBl. I S. 746) / 18. November 1927 (RGBl. I S. 330)“.

Der Reichsminister der Finanzen.

Der Reichsminister des Innern.

Der Reichsminister für Ernährung und Landwirtschaft.

V.

Essigsäure.

Verordnung, betreffend den Verkehr mit Essigsäure.

Vom 14. Juli 1908 (RGBl. S. 475).

Wir Wilhelm usw. verordnen im Namen des Reichs auf Grund des § 5 des Gesetzes vom 14. Mai 1879, betreffend den Verkehr mit Nahrungsmitteln, Genußmitteln und Gebrauchsgegenständen (RGBl. S. 145), nach erfolgter Zustimmung des Bundesrats, was folgt:

§ 1.

Rohe und gereinigte Essigsäure (auch Essigessenz), die in 100 Gewichtsteilen mehr als 15 Gewichtsteile reine Säure enthält, darf in Mengen unter 2 Liter nur in Flaschen nachstehender Art und Bezeichnung gewerbsmäßig feilgehalten oder verkauft werden:

1. Die Flaschen müssen aus weißem oder halbweißem Glase gefertigt, länglich rund geformt und an einer Breitseite in der Längsrichtung gerippt sein.
2. Die Flaschen müssen mit einem Sicherheitsstopfen versehen sein, der bei wagerechter Haltung der gefüllten Flasche innerhalb einer Minute nicht mehr als 50 Kubikzentimeter des Flascheninhalts ausfließen läßt. Der

Sicherheitsstopfen muß derart im Flaschenhalse befestigt sein, daß er ohne Zerbrechen der Flasche nicht entfernt werden kann.

3. An der nicht gerippten Seite der Flasche muß eine Aufschrift vorhanden sein, die in deutlich lesbarer Weise
   a) die Art des Inhalts einschließlich seiner Stärke an reiner Essigsäure angibt,
   b) die Firma des Fabrikanten des Inhalts bezeichnet,
   c) in besonderer, für die sonstige Aufschrift nicht verwendeter Farbe die Warnung

      „Vorsicht! Unverdünnt lebensgefährlich!"

      getrennt von der sonstigen Aufschrift enthält,
   d) eine Anweisung für den Gebrauch des Inhalts der Flasche bei der Verwendung zu Speisezwecken erteilt.

Weitere Aufschriften dürfen auf der Flasche nicht vorhanden sein.

§ 2.

Die Vorschriften des § 1 finden keine Anwendung auf das Feilhalten und den Verkauf von Essigsäure in Apotheken, soweit es zu Heil- oder wissenschaftlichen Zwecken erfolgt.

§ 3.

Das Feilhalten und der Verkauf von Essigsäure der im § 1 bezeichneten Art unter der Bezeichnung „Essig" ist verboten.

§ 4.

Diese Verordnung tritt am 1. Januar 1909 in Kraft.

VI.

Kaffee, Schokolade.

1. Verordnung, betreffend das Verbot von Maschinen zur Herstellung künstlicher Kaffeebohnen.

Vom 1. Februar 1891 (RGBl. S. 11).

Wir Wilhelm usw. verordnen im Namen des Reichs auf Grund des § 6 des Gesetzes, betreffend den Verkehr mit Nahrungsmitteln, vom 14. Mai 1879, nach erfolgter Zustimmung des Bundesrats, was folgt:

Das gewerbsmäßige Herstellen, Verkaufen und Feilhalten von Maschinen, welche zur Herstellung künstlicher Kaffeebohnen bestimmt sind, ist verboten.

Gegenwärtige Verordnung tritt mit dem Tage ihrer Verkündung in Kraft.

Urkundlich unter Unserer Höchsteigenhändigen Unterschrift und beigedrucktem Kaiserlichen Insiegel.

2. Erlaß des Preußischen Ministers des Innern, betreffend einheitliche Bezeichnungen für Kaffee und Kaffeemischungen.

Vom 7. August 1925 — II E 3124 — (MBlV. Nr. 34 Sp. 859 vom 12. August 1925).

Zur Bekämpfung von Unlauterkeit und Unsicherheit im Kaffeehandel haben die gesamten in Berufsverbänden zusammengefaßten deutschen Kaffeehändler mit Zustimmung der Reichsverbände des Deutschen Nahrungsmittel-Großhandels und -Kleinhandels für die Benennung von rohem und geröstetem Kaffee sowie von Kaffeemischungen folgende einheitliche Bezeichnungen aufgestellt:

„Roher und gerösteter Kaffee darf unter geographischer Herkunftsbezeichnung für Kaffee nur gehandelt werden, wenn diese Herkunftsbezeichnungen der Wahrheit entsprechen.

Mischungen mehrerer Arten Röstkaffee dürfen bei Anwendung geographischer Herkunftsbezeichnungen nicht allein nach dem wertvollsten Bestandteil benannt werden, sondern müssen die Herkunftsnamen aller Bestandteile aufweisen. Der Hauptbestandteil der Mischung ist an erster Stelle zu nennen.

Mischungen von Kaffee mit Ersatzmitteln müssen Kaffee-Ersatzmischung heißen und dürfen nicht unter Herkunftsbezeichnung für Kaffee in den Handel gebracht werden."

3. Rundschreiben des Reichsministers des Innern und der Preußischen Minister für Volkswohlfahrt, für Landwirtschaft, Domänen und Forsten und für Handel und Gewerbe, betreffend 1. Harzglasurmittel für Kaffee und Kaffee-Ersatzstoffe, 2. Kaffee-Essenz.

Vom 4. Februar 1926 — II 11644/25 A — bzw. 23. März 1926.
(Im Auszuge.)

In den vom Reichsgesundheitsamt im Jahre 1915 herausgegebenen „Entwürfen zu Festsetzungen über Lebensmittel", Heft 5: Kaffee (S. 7 und 31, Ziff. 10), und Heft 6: Kaffee-Ersatzstoffe (S. 7 und 22, Ziff. 5), sind als Überzugsstoffe für Kaffee und Kaffee-Ersatzstoffe lediglich bestimmte Zuckerarten und Schellack als zulässig angegeben worden.

Zu 1. Auf einer am 30. November und 1. Dezember 1925 in Berlin abgehaltenen Tagung usw. wurde darauf hingewiesen, daß die Frage der Zulassung weiterer Harzglasurmittel mehr und mehr an Bedeutung gewonnen habe.

In Anbetracht der Beratungsergebnisse sowie der Notwendigkeit, eine vorläufige Klärung herbeizuführen, halten wir es für notwendig, nicht die endgültigen Vorschriften hinsichtlich der Zulassung von Harzen als Überzugsstoffe für Kaffee und Kaffee-Ersatzstoffe abzuwarten, wie sie in den Ausführungsbestimmungen zu dem neuen Lebensmittelgesetz zu treffen sein werden, sondern bereits jetzt eine Regelung in dieser Frage herbeizuführen, die bis zum Erlaß jener Ausführungsbestimmungen in Geltung zu bleiben hätte.

Wir ersuchen daher, die mit der Überwachung des Lebensmittelverkehrs betrauten öffentlichen Nahrungsmitteluntersuchungsanstalten anzuweisen, bis auf weiteres die Verwendung auch von anderen Harzglasurmitteln für Kaffee und Kaffee-Ersatzstoffe unbeanstandet zu lassen.

Zu 2. Auf derselben Tagung wurde vereinbart, daß ein als Zusatz zu Kaffee oder Kaffee-Ersatzstoffen benutztes Erzeugnis aus wässerigen Auszügen gebrannter Zuckerarten, zuckerhaltiger Säfte, reiner Melasse oder mehreren dieser Stoffe in Zukunft nicht mehr als „Kaffee-Essenz" benannt werden dürfe, sondern entsprechend der Tatsache, daß es nicht aus Kaffee, sondern aus Kaffee-Ersatzstoffen hergestellt ist, die Bezeichnung „Kaffee-Ersatz-Essenz" oder „Kaffeezusatzessenz" führen müsse. In Anbetracht, daß die Herstellung solcher Essenzen vorwiegend in kleinindustriellen Betrieben vor sich geht, für die das Verlangen einer sofortigen Umstellung eine besondere Härte bedeuten würde, erklären wir uns damit einverstanden, daß den Kaffee-Essenz-Fabrikanten noch auf die Dauer eines Jahres die Erlaubnis der Verwendung des Wortes „Kaffee-Essenz" zugebilligt wird, jedoch unter der Bedingung, daß aus der sonstigen Art der Etikettierung deutlich hervorgeht, daß es sich um ein Kaffee-Ersatz- oder Kaffeezusatzmittel handele.

4. Runderlaß des Ministers für Volkswohlfahrt, des Ministers für Handel und Gewerbe und des Ministers für Landwirtschaft, Domänen und Forsten, betreffend Kaffee-Essenz.

Vom 6. November 1926 — I M II 3457 —.

Durch unsern RdErl. vom 22. März 1926 — I M II 660 —, betreffend 1. Harzglasurmittel für Kaffee und Kaffee-Ersatzstoffe, 2. Kaffee-Essenz, wurde angeordnet, daß ein als Zusatz für Kaffee oder Kaffee-Ersatzstoffe benutztes Erzeugnis, das aus wässerigen Auszügen aus gebrannten Zuckerarten, zuckerhaltigen Säften, reiner Melasse oder mehreren dieser Stoffe besteht, in Zukunft nicht mehr als Kaffee-Essenz, sondern als Kaffee-Ersatz-Essenz oder Kaffeezusatzessenz zu bezeichnen ist. Den Kaffee-Essenz-Fabrikanten war auf die Dauer eines Jahres die Erlaubnis zugebilligt, das Wort „Kaffee-Essenz" noch unter der Bedingung zu verwenden, daß aus der sonstigen Art der Etikettierung deutlich hervorgeht, daß es sich um ein Kaffee-Ersatzmittel oder Kaffeezusatzmittel handelt.

Die einschlägige Industrie hat Beschwerde darüber geführt, daß ausländische, besonders französische Kaffee-Ersatz-Essenzen, die aus ähnlichen Grundstoffen hergestellt sind wie die obenbezeichneten Erzeugnisse, als „essence au café" ungehindert nach Deutschland eingeführt und hier vertrieben werden, und daß ihr aus dieser Tatsache eine schadenbringende Konkurrenz erwachse. Es erscheint berechtigt, wenn die in Betracht kommende deutsche Industrie verlangt, daß an die ausländische Kaffee-Essenz (essence au café) die gleichen Anforderungen gestellt werden wie an die deutsche.[1])

1. § 23 LMG. hat grundsätzlich jede bevorzugte Behandlung ausländischer Erzeugnisse gegenüber deutschen Waren ausgeschlossen.

---

5. Verordnung über den Handel mit Tafelschokolade.

Vom 11. Dezember 1925 (RGBl. I S. 467).

Auf Grund des § 11 Abs. 1 des Gesetzes gegen den unlauteren Wettbewerb vom 7. Juni 1909 (RGBl. S. 499) wird nach Zustimmung des Reichsrats verordnet:

§ 1.

Tafelschokolade darf im Einzelverkehre nur in bestimmten Einheiten des Gewichts gewerbsmäßig verkauft oder feilgehalten werden.

Die Vorschrift im Abs. 1 gilt nicht für die Abgabe von Stücken unter 25 Gramm. Sie gilt ferner nicht für den Verkauf von Teilen (Riegeln, Rippen) einer Tafel, für die Abgabe durch Automaten und für Schokolade, die zugewogen verkauft wird.

§ 2.

Zugelassen sind Tafeln mit einem Reingewichte von 500, 250, 200, 125, 100, 50 und 25 Gramm.

§ 3.

Das Gewicht darf bei Tafeln über 100 Gramm nicht um mehr als 2 v. H. und bei Tafeln von 100 Gramm und darunter nicht mehr als 3 v. H. von den im § 2 vorgeschriebenen Gewichten abweichen.

§ 4.

Zuwiderhandlungen gegen die Vorschriften dieser Verordnung werden auf Grund des § 11 Abs. 4 des Gesetzes gegen den unlauteren Wettbewerb vom 7. Juni 1909 bestraft.

§ 5.

Diese Verordnung tritt mit dem 1. Juli 1926 in Kraft.

Der Reichsminister für Ernährung und Landwirtschaft.

6. Bundesratsverordnung, betr. den Verkehr mit Kakaoschalen.

Vom 19. August 1915 (RGBl. S. 507) / 9. März 1917 (RGBl. S. 222).

§ 1.

Es ist verboten, gepulverte Kakaoschalen oder Erzeugnisse, die mit gepulverten Kakaoschalen vermischt sind,

1. zu verkaufen, feilzuhalten oder sonst in Verkehr zu bringen,
2. aus dem Ausland einzuführen.

§ 2.

Das Verbot des § 1 erstreckt sich nicht auf Kakaoschalenteile, die in den aus Kakaokernen bereiteten Erzeugnissen bei Anwendung der gebräuchlichen technischen Herstellungsverfahren als unvermeidbare Bestandteile zurückgeblieben sind.

Der Reichskanzler kann weitere Ausnahmen zulassen.

§ 3.

Das Verbot des § 1 Nr. 1 erstreckt sich nicht auf Gegenstände der im § 1 bezeichneten Art, die nach den Vorschriften des Reichskanzlers zum Genusse für Menschen unbrauchbar gemacht worden sind.

§ 4.

Mit Gefängnis bis zu sechs Monaten und mit Geldstrafe oder mit einer dieser Strafen wird bestraft, wer vorsätzlich

1. dem Verbote des § 1 zuwiderhandelt,
2. Gegenstände, die gemäß § 3 zum Genusse für Menschen unbrauchbar gemacht worden sind, als Nahrungs- oder Genußmittel für Menschen verkauft, feilhält oder sonst in Verkehr bringt.

§ 5.

Mit Geldstrafe bis zu einhundertfünfzig Reichsmark oder mit Haft wird bestraft, wer eine der im § 4 bezeichneten Handlungen aus Fahrlässigkeit begeht.

§ 6.

Neben der Strafe (§§ 4, 5) ist auf Einziehung der Gegenstände zu erkennen, ohne Unterschied, ob sie dem Verurteilten gehören oder nicht. Ist die Verfolgung oder Verurteilung einer bestimmten Person nicht ausführbar, so kann auf die Einziehung selbständig erkannt werden.

§ 7.

Diese Verordnung tritt mit dem Tage der Verkündung, die §§ 4, 5, 6 treten mit dem 25. August 1915 in Kraft.

Der Reichskanzler bestimmt den Zeitpunkt des Außerkrafttretens.

Der Stellvertreter des Reichskanzlers.

7. Vorschriften über das Unbrauchbarmachen von gepulverten Kakaoschalen zum Genuß für den Menschen.

Vom 21. August 1915 (RGBl. S. 513).

Auf Grund des § 3 der Verordnung des Bundesrats über den Verkehr mit Kakaoschalen vom 19. August 1915 (RGBl. S. 507) wird hierdurch vorgeschrieben:

Gepulverte Kakaoschalen und mit gepulverten Kakaoschalen vermischte Erzeugnisse, die zum Genusse für Menschen unbrauchbar gemacht werden sollen, sind mit kurzgeschnittenem Strohhäcksel oder Heuhäcksel oder mit Spreu (Kaff) von Getreide oder Buchweizen gleichmäßig zu vermischen. Je 100 Gewichtsteile von Schalen oder Schalengemischen sind 3 Gewichtsteile Häcksel oder 5 Gewichtsteile Spreu zuzusetzen.

Der Reichskanzler.

VII.

Milch.

Gesetz zur Regelung des Verkehrs mit Milch.

Vom 23. Dezember 1926 (RGBl. I S. 528).

Der Reichstag hat das folgende Gesetz beschlossen, das mit Zustimmung des Reichsrats hiermit verkündet wird:

§ 1.

Die Gemeinden können anordnen, daß der Handel mit Vollmilch, Magermilch und Sahne in ihrem Bezirke von einer besonderen Erlaubnis abhängig ist. Gemeinden mit weniger als 50 000 Einwohnern bedürfen zu solchen Anordnungen der Zustimmung der obersten Landesbehörde.

Für Anordnungen nach Abs. 1 gelten die nachfolgenden Vorschriften:

Die Erlaubnis kann nur versagt werden,

1. wenn der Antragsteller die für den Handel mit Milch erforderliche Sachkenntnis oder Zuverlässigkeit nicht besitzt,
2. wenn die zum Milchhandel bestimmten Räumlichkeiten und Einrichtungen polizeilichen Vorschriften nicht entsprechen,
3. wenn anzunehmen ist, daß der Antragsteller nicht eine von der Gemeinde in der nach Abs. 1 zu erlassenden An-

ordnung nach den örtlichen Bedürfnissen festzusetzende Mindestmenge an Vollmilch, Magermilch oder Sahne in den Verkehr bringt.

Die Erlaubnis kann zurückgenommen werden, wenn sich nachträglich Umstände ergeben, die die Versagung der Erlaubnis rechtfertigen würden.

Vor der Entscheidung über die Erteilung und Zurücknahme der Erlaubnis sind Sachverständige des Milchhandels zu hören, wenn solche nicht bei der Entscheidung mitwirken.

Gegen die Versagung und Zurücknahme der Erlaubnis steht dem Betroffenen binnen einer Ausschlußfrist von zwei Wochen die Beschwerde zu.

Die obersten Landesbehörden bestimmen, welche Behörden über die Beschwerde entscheiden.

§ 2.

Die obersten Landesbehörden können Anordnungen über den Fettgehalt und die äußere Kennzeichnung einzelner Käsesorten treffen.

§ 3.

Mit Gefängnis bis zu drei Monaten und mit Geldstrafe oder mit einer dieser Strafen wird bestraft, wer den auf Grund der §§ 1 oder 2 erlassenen Anordnungen oder Bestimmungen zuwiderhandelt.

Neben der Strafe kann auf Einziehung der Erzeugnisse erkannt werden, auf die sich die strafbare Handlung bezieht, auch wenn sie dem Täter nicht gehören.

§ 4.

Die Vorschriften dieses Gesetzes gelten nur für Kuhmilch und daraus gewonnene Sahne. Sie finden auf Dauermilch und Dauersahne keine Anwendung.

§ 5.

Die obersten Landesbehörden können Bestimmungen zur Ausführung dieses Gesetzes erlassen. Sie können bestimmen, daß die den Gemeinden übertragenen Anordnungen durch deren Vorstand erfolgen. Sie können die ihnen auf Grund dieses Gesetzes zustehenden Befugnisse ganz oder zum Teil auf andere Behörden übertragen.

§ 6.

Dieses Gesetz tritt mit dem auf die Verkündung folgenden Tage in Kraft. Gleichzeitig tritt die Verordnung zur Änderung der Regelung des Verkehrs mit Milch vom 6. Juni 1924 (RGBl. I S. 643) / 4. Juli 1925 (RGBl. I S. 96) außer Kraft.

Am 1. April 1928 tritt dieses Gesetz außer Kraft.

Der Reichspräsident.

Der Reichsminister für Ernährung und Landwirtschaft.

VIII.

Beleuchtungsmittel.

1. Kaiserliche Verordnung über das gewerbsmäßige Verkaufen und Feilhalten von Petroleum.

Vom 24. Februar 1882 (RGBl. S. 40).

Wir Wilhelm usw. verordnen im Namen des Reichs auf Grund des § 5 des Gesetzes vom 14. Mai 1879, betreffend den Verkehr mit Nahrungsmitteln, Genußmitteln und Gebrauchsgegenständen, nach erfolgter Zustimmung des Bundesrats, was folgt:

§ 1.

Das gewerbsmäßige Verkaufen und Feilhalten von Petroleum, welches unter einem Barometerstande von 760 mm schon bei einer Erwärmung auf weniger als 21 Grade des hundertteiligen Thermometers entflammbare Dämpfe entweichen läßt, ist nur in solchen Gefäßen gestattet, welche an in die Augen fallender Stelle auf rotem Grunde in deutlichen Buchstaben die nicht verwischbare Inschrift „Feuergefährlich" tragen.

Wird derartiges Petroleum gewerbsmäßig zur Abgabe in Mengen von weniger als 50 kg feilgehalten oder in solchen geringeren Mengen verkauft, so muß die Inschrift in gleicher Weise noch die Worte: „Nur mit besondereren Vorsichtsmaßregeln zu Brennzwecken verwendbar" enthalten.

§ 2.

Die Untersuchung des Petroleums auf seine Entflammbarkeit im Sinne des § 1 hat mittels des Abelschen Petroleumprobers unter Beachtung der von dem Reichskanzler wegen Handhabung des Probers zu erlassenden näheren Vorschriften zu erfolgen.

Wird die Untersuchung unter einem anderen Barometerstande als 760 mm vorgenommen, so ist derjenige Wärmegrad maßgebend, welcher nach einer vom Reichskanzler zu veröffentlichenden Umrechnungstabelle unter dem jeweiligen Barometerstande dem im § 1 bezeichneten Wärmegrade entspricht.

§ 3.

Diese Verordnung findet auf das Verkaufen und Feilhalten von Petroleum in den Apotheken zu Heilzwecken nicht Anwendung.

§ 4.

Als Petroleum im Sinne dieser Verordnung gelten das Rohpetroleum und dessen Destillationsprodukte.

§ 5.

Diese Verordnung tritt mit dem 1. Januar 1883 in Kraft.

2a. Bekanntmachung, betreffend Bestimmungen für den Kleinhandel mit Kerzen.

Vom 4. Dezember 1901 (RGBl. S. 494).

Auf Grund der Vorschriften im § 5 Abs. 1 des Gesetzes zur Bekämpfung des unlauteren Wettbewerbes vom 27. Mai 1896 (RGBl. S. 145) hat der Bundesrat die nachstehenden Vorschriften, betreffend den Kleinhandel mit Kerzen, beschlossen:

§ 1.

Packungen mit Stearin- und Paraffinkerzen sowie mit Kerzen, die überwiegend aus diesen Stoffen hergestellt sind (Kompositionskerzen), dürfen im Einzelverkehre nur in bestimmten Einheiten des Gewichts und unter Angabe der Gewichtsmenge gewerbsmäßig verkauft oder feilgehalten werden.

§ 2.

Als Einheiten für das Rohgewicht der Packungen werden 500 Gramm, 330 Gramm und für Packungen, bei welchen die einzelne Kerze 25 Gramm oder weniger wiegt, auch 250 Gramm zugelassen.

§ 3.

Das Reingewicht der in den Packungen enthaltenen Kerzen muß bei einem Rohgewichte

von 500 Gramm mindestens 470 Gramm,
von 330 Gramm mindestens 305 Gramm,
von 250 Gramm mindestens 225 Gramm

betragen.

§ 4.

Auf der Außenseite der Packungen ist sowohl das Rohgewicht als das Reingewicht in leicht erkennbarer Weise anzugeben. Die Angabe ist in Gramm oder in Bruchteilen von Kilogramm auszudrücken.

§ 5.

Weder das Rohgewicht noch das Reingewicht darf um mehr als 10 Gramm hinter dem angegebenen Betrage zurückbleiben.

§ 6.

Diese Vorschriften treten mit dem 1. Januar 1903 in Kraft.

Der Stellvertreter des Reichskanzlers.

2b. Verordnung zur Änderung der Bekanntmachung über den Kleinhandel mit Kerzen vom 4. Dezember 1901.

Vom 25. September 1926 (RGBl. S. 471).

Auf Grund des § 11 des Gesetzes gegen den unlauteren Wettbewerb vom 7. Juni 1909 (RGBl. S. 499) wird verordnet:

Im § 1 der Bekanntmachung, betreffend Bestimmungen für den Kleinhandel mit Kerzen, vom 4. Dezember 1901 (RGBl. S. 494) ist hinter den Worten „Packungen mit“ einzufügen: „Ceresin-,“.

Der Reichswirtschaftsminister.

IX.

Blei- und zinkhaltige Gegenstände.

Gesetz, betreffend den Verkehr mit blei- und zinkhaltigen Gegenständen.

Vom 25. Juni 1887 (RGBl. S. 273).

§ 1.

Eß-, Trink- und Kochgeschirr sowie Flüssigkeitsmaße dürfen nicht

1. ganz oder teilweise aus Blei oder einer in 100 Gewichtsteilen mehr als 10 Gewichtsteile Blei enthaltenden Metallegierung hergestellt,
2. an der Innenseite mit einer in 100 Gewichtsteilen mehr als einen Gewichtsteil Blei enthaltenden Metalllegierung verzinnt oder mit einer in 100 Gewichtsteilen mehr als 10 Gewichtsteile Blei enthaltenden Metalllegierung gelötet,
3. mit Email oder Glasur versehen sein, welche bei halbstündigem Kochen mit einem in 100 Gewichtsteilen 4 Gewichtsteile Essigsäure enthaltenden Essig an den letzteren Blei abgeben.

Auf Geschirre und Flüssigkeitsmaße aus bleifreiem Britanniametall findet die Vorschrift in Ziff. 2 betreffs des Lotes nicht Anwendung.

Zur Herstellung von Druckvorrichtungen zum Ausschank von Bier sowie von Siphons für kohlensäurehaltige Getränke und von Metallteilen für Kindersaugflaschen dürfen nur Metallegierungen verwendet werden, welche in 100 Gewichtsteilen nicht mehr als einen Gewichtsteil Blei enthalten.

§ 2.

Zur Herstellung von Mundstücken für Saugflaschen, Saugringen und Warzenhütchen darf blei- oder zinkhaltiger Kautschuk nicht verwendet sein.

Zur Herstellung von Trinkbechern und von Spielwaren, mit Ausnahme der massiven Bälle, darf bleihaltiger Kautschuk nicht verwendet sein.

Zu Leitungen für Bier, Wein oder Essig dürfen bleihaltige Kautschukschläuche nicht verwendet werden.

§ 3.

Geschirre und Gefäße zur Verfertigung von Getränken und Fruchtsäften dürfen in denjenigen Teilen, welche bei dem bestimmungsgemäßen oder vorauszusehenden Gebrauche mit dem Inhalt in unmittelbare Berührung kommen, nicht den Vorschriften des § 1 zuwider hergestellt sein.

Konservenbüchsen müssen auf der Innenseite den Bedingungen des § 1 entsprechend hergestellt sein.

Zur Aufbewahrung von Getränken dürfen Gefäße nicht verwendet sein, in welchen sich Rückstände von bleihaltigem Schrote befinden. Zur Packung von Schnupf- und Kautabak sowie Käse dürfen Metallfolien nicht verwendet sein, welche in 100 Gewichtsteilen mehr als einen Gewichtsteil Blei enthalten.

§ 4.

Mit Geldstrafe bis zu einhundertfünfzig Mark oder mit Haft wird bestraft:

1. wer Gegenstände der im § 1, § 2 Abs. 1 und 2, § 3 Abs. 1 und 2 bezeichneten Art den daselbst getroffenen Bestimmungen zuwider gewerbsmäßig herstellt;
2. wer Gegenstände, welche den Bestimmungen im § 1, § 2 Abs. 1 und 2 und § 3 zuwider herg stellt, aufbewahrt oder verpackt sind, gewerbsmäßig verkauft oder feilhält;
3. wer Druckvorrichtungen, welche den Vorschriften im § 1 Abs. 3 nicht entsprechen, zum Ausschank von Bier oder bleihaltige Schläuche zur Leitung von Bier, Wein oder Essig gewerbsmäßig verwendet.

§ 5.

Gleiche Strafe trifft denjenigen, welcher zur Verfertigung von Nahrungs- oder Genußmitteln bestimmte Mühlsteine unter Verwendung von Blei oder bleihaltigen Stoffen an der Mahlfläche herstellt oder derartig hergestellte Mühlsteine zur Verfertigung von Nahrungs- oder Genußmitteln verwendet.

§ 6.

Neben der in den §§ 4 und 5 vorgesehenen Strafe kann auf Einziehung der Gegenstände, welche den betreffenden Vorschriften zuwider hergestellt, verkauft, feilgehalten oder verwendet sind, sowie der vorschriftswidrig hergestellten Mühlsteine erkannt werden.

Ist die Verfolgung oder Verurteilung einer bestimmten Person nicht ausführbar, so kann auf die Einziehung selbständig erkannt werden.

§ 7.

Die Vorschriften des Gesetzes, betreffend den Verkehr mit Nahrungsmitteln, Genußmitteln und Gebrauchsgegenständen, vom 14. Mai 1879 (RGBl. S. 145) bleiben unberührt. Die Vorschriften in den §§ 16, 17 desselben finden auch bei Zuwiderhandlungen gegen die Vorschriften des gegenwärtigen Gesetzes Anwendung.

§ 8.

Dieses Gesetz tritt am 1. Oktober 1888 in Kraft.

X.

Farben.

Gesetz, betreffend die Verwendung gesundheitsschädlicher Farben bei der Herstellung von Nahrungsmitteln, Genußmitteln und Gebrauchsgegenständen.

Vom 5. Juli 1887 (RGBl. S. 277).

§ 1.

Gesundheitsschädliche Farben dürfen zur Herstellung von Nahrungs- und Genußmitteln, welche zum Verkauf bestimmt sind, nicht verwendet werden.

Gesundheitsschädliche Farben im Sinne dieser Bestimmung sind diejenigen Farbstoffe und Farbzubereitungen, welche Antimon, Arsen, Barium, Blei, Kadmium, Chrom, Kupfer, Quecksilber, Uran, Zink, Zinn, Gummigutti, Korallin, Pikrinsäure enthalten.

Der Reichskanzler ist ermächtigt, nähere Vorschriften über das bei der Feststellung des Vorhandenseins von Arsen und Zinn anzuwendende Verfahren zu erlassen.

§ 2.

Zur Aufbewahrung oder Verpackung von Nahrungs- und Genußmitteln, welche zum Verkauf bestimmt sind, dürfen Gefäße, Umhüllungen oder Schutzbedeckungen, zu deren Herstellung Farben der im § 1 Abs. 2 bezeichneten Art verwendet sind, nicht benutzt werden.

Auf die Verwendung von

schwefelsaurem Barium (Schwerspat, blanc fixe), Barytfarblacken, welche von kohlensaurem Barium frei sind,
Chromoxyd,
Kupfer, Zinn, Zink und deren Legierungen als Metallfarben,
Zinnober,
Zinnoxyd,
Schwefelzinn als Musivgold
sowie auf alle in Glasmassen, Glasuren oder Emails eingebrannte Farben und auf den äußeren Anstrich von Gefäßen aus wasserdichten Stoffen

findet diese Bestimmung nicht Anwendung.

§ 3.

Zur Herstellung von kosmetischen Mitteln (Mitteln zur Reinigung, Pflege oder Färbung der Haut, des Haares oder der Mundhöhle), welche zum Verkauf bestimmt sind, dürfen die im § 1 Abs. 2 bezeichneten Stoffe nicht verwendet werden.

Auf schwefelsaures Barium (Schwerspat, blanc fixe), Schwefelkadmium, Chromoxyd, Zinnober, Zinkoxyd, Zinnoxyd, Schwefelzink sowie auf Kupfer, Zinn, Zink und deren Legierungen in Form von Puder findet diese Bestimmung nicht Anwendung.

§ 4.

Zur Herstellung von zum Verkauf bestimmten Spielwaren (einschließlich der Bilderbogen, Bilderbücher und Tuschfarben für Kinder), Blumentopfgittern und künstlichen Christbäumen dürfen die im § 1 Abs. 2 bezeichneten Farben nicht verwendet werden.

Auf die im § 2 Abs. 2 bezeichneten Stoffe sowie auf

Schwefelantimon und Schwefelkadmium als Färbemittel der Gummimasse,

Bleioxyd in Firnis,

Bleiweiß als Bestandteil des sogenannten Wachsgusses, jedoch nur, sofern dasselbe nicht ein Gewichtsteil in 100 Gewichtsteilen der Masse übersteigt,

chromsaures Blei (für sich oder in Verbindung mit schwefelsaurem Blei) als Öl- oder Lackfarbe oder mit Lack- oder Firnisüberzug,

die in Wasser unlöslichen Zinkverbindungen, bei Gummispielwaren jedoch nur, soweit sie als Färbemittel der Gummimasse, als Öl- oder Lackfarben oder mit Lack- oder Firnisüberzug verwendet werden,

alle in Glasuren oder Emails eingebrannten Farben

findet diese Bestimmung nicht Anwendung.

Soweit zur Herstellung von Spielwaren die in den §§ 7 und 8 bezeichneten Gegenstände verwendet werden, finden auf letztere lediglich die Vorschriften der §§ 7 und 8 Anwendung.

§ 7.

Zur Herstellung von zum Verkauf bestimmten Tapeten, Möbelstoffen, Teppichen, Stoffen zu Vorhängen oder Bekleidungsgegenständen, Masken, Kerzen[1]) sowie künstlichen Blättern, Blumen und Früchten dürfen Farben, welche Arsen enthalten, nicht verwendet werden.

Auf die Verwendung arsenhaltiger Beizen oder Fixierungsmittel zum Zweck des Färbens oder Bedruckens von Gespinsten oder Geweben findet diese Bestimmung nicht Anwendung. Doch dürfen derartig bearbeitete Gespinste oder Gewebe zur Herstellung der im Abs. 1 bezeichneten Gegenstände nicht verwendet werden, wenn sie das Arsen in wasserlöslicher Form oder in solcher Menge enthalten, daß sich in 100 Quadratzentimeter des fertigen Gegenstandes mehr als 2 Milligramm Arsen vorfinden. Der Reichskanzler ist ermächtigt, nähere Vorschriften über das bei der Feststellung des Arsengehalts anzuwendende Verfahren zu erlassen.[2])

1. Vgl. die Bekanntmachungen vom 4. Dezember 1901 und vom 25. September 1926 (siehe Teil VIII Nr. 2a und 2b).

2. Solche Vorschriften ergingen am 10. April 1888 (Zentralbl. f. d. D. R. S. 131).

§ 10.

Auf die Verwendung von Farben, welche die im § 1 Abs. 2 bezeichneten Stoffe nicht als konstituierende Bestandteile, sondern nur als Verunreinigungen, und zwar höchstens in einer Menge enthalten, welche sich bei den in der Technik gebräuchlichen Darstellungsverfahren nicht vermeiden läßt, finden die Bestimmungen der §§ 2 bis 9 nicht Anwendung.

§ 11.

Auf die Färbung von Pelzwaren finden die Vorschriften dieses Gesetzes nicht Anwendung.

XI.

Futtermittel.

Gesetz über den Verkehr mit Futtermitteln
(Futtermittelgesetz).

Vom 22. Dezember 1926 (RGBl. I S. 525).

§ 1.

Futtermittel im Sinne dieses Gesetzes sind organische oder mineralische Stoffe oder Mischungen solcher Stoffe, die der Verfütterung an Tiere dienen sollen. Ausgenommen sind Stoffe, die überwiegend zur Beseitigung oder Linderung von Krankheiten dienen.

Die Vorschriften des Gesetzes finden keine Anwendung auf Futtermittel, die nach dem Ausland ausgeführt werden oder sich auf der Durchfuhr befinden.

§ 11.

Die Reichsregierung kann nach Anhören des Reichsrats und eines Ausschusses des Reichstags für einzelne Futtermittel Begriffsbestimmungen aufstellen.

Sie kann ferner mit Zustimmung des Reichsrats und nach Anhören eines Ausschusses des Reichstags Bestimmungen zur Ausführung dieses Gesetzes treffen, insbesondere darüber,

1. in welchem Umfang die in den §§ 2 bis 5 vorgeschriebenen Angaben zu machen sind, welche wertbestimmenden

Bestandteile anzugeben sind (§§ 4, 5), insbesondere inwieweit Protein und Fett getrennt anzugeben sind, und welche Form die Kennzeichnungen (§ 5) haben müssen,

2. innerhalb welcher Spielräume die Angaben über die wertbestimmenden Bestandteile noch als richtig gelten (§§ 12 Nr. 5, 13 Nr. 2), und ob und inwieweit die analytischen Feststellungen über die wertbestimmenden Bestandteile von dem vom Veräußerer angegebenen Gehalte (§§ 4, 5) abweichen dürfen, ohne daß der Erwerber hieraus einen Anspruch auf Minderung, Wandlung oder Schadenersatz erhält.

Vor Erlaß dieser Bestimmungen ist der beim Reichsministerium für Ernährung und Landwirtschaft bestehende Sachverständigenrat für Futtermittel zu hören.

XII.

Arzneimittel.

Verordnung, betreffend den Verkehr mit Arzneimitteln.

Vom 22. Oktober 1901 (RGBl. S. 380).*)

§ 1.

Die in dem angeschlossenen Verzeichnisse A aufgeführten Zubereitungen dürfen, ohne Unterschied, ob sie heilkräftige Stoffe enthalten oder nicht, als Heilmittel (Mittel zur Be-

---

*) Es sind folgende Ergänzungs- bezw. Abänderungsverordnungen erschienen:

vom 31. März 1911 (RGBl. S. 181),
vom 18. Februar 1920 (RGBl. S. 253),
vom 21. April 1921 (RGBl. S. 490),
vom 31. Juli 1922 (RGBl. S. 710),
vom 13. Januar 1923 (RGBl. S. 68),
vom 21. Juni 1923 (RGBl. S. 511),
vom 9. Dezember 1924 (RGBl. I S. 772),
vom 24. Dezember 1924 (RGBl. I S. 966),
vom 27. März 1925 (RGBl. I S. 40).

Nr. 64 dieser Gesetzessammlung enthält zu dieser Verordnung einen sehr ausführlichen Kommentar von Sonnenfeld sowie alle Einzelbestimmungen, die hier aus Raummangel nicht gebracht werden können.

seitigung oder Linderung von Krankheiten bei Menschen oder Tieren) außerhalb der Apotheken nicht feilgehalten oder verkauft werden.

Dieser Bestimmung unterliegen von den bezeichneten Zubereitungen, soweit sie als Heilmittel feilgehalten oder verkauft werden,

a) kosmetische Mittel (Mittel zur Reinigung, Pflege oder Färbung der Haut, des Haares oder der Mundhöhle), Desinfektionsmittel und Hühneraugenmittel nur dann, wenn sie Stoffe enthalten, welche in den Apotheken ohne Anweisung eines Arztes, Zahnarztes oder Tierarztes nicht abgegeben werden dürfen, kosmetische Mittel außerdem auch dann, wenn sie Kreosot, Phenylsalizylat oder Resorzin enthalten,

b) künstliche Mineralwässer nur dann, wenn sie in ihrer Zusammensetzung natürlichen Mineralwässern nicht entsprechen und zugleich Antimon, Arsen, Barium, Chrom, Kupfer, freie Salpetersäure, freie Salzsäure oder freie Schwefelsäure enthalten.

Auf Verbandstoffe (Binden, Gazen, Watten und dergl.), auf Zubereitungen zur Herstellung von Bädern sowie auf Seifen zum äußerlichen Gebrauche findet die Bestimmung im Abs. 1 nicht Anwendung.

§ 2.

Die in dem angeschlossenen Verzeichnisse B aufgeführten Stoffe dürfen außerhalb der Apotheken nicht feilgehalten oder verkauft werden.

§ 2a.

Die in dem Verzeichnis C aufgeführten Stoffe und Zubereitungen dürfen außerhalb der Apotheken nicht feilgehalten oder verkauft werden.

§ 2b.

Soweit nach den §§ 1, 2 und 2a Zubereitungen und Stoffe dem Verkehr außerhalb der Apotheken entzogen sind, dürfen sie auch von Krankenkassen, Genossenschaften, Vereinen oder ähnlichen Personengesamtheiten an ihre Mitglieder nicht verabfolgt werden.

§ 3.

Der Großhandel unterliegt den vorstehenden Bestimmungen nicht. Gleiches gilt für den Verkauf der im Verzeichnisse B aufgeführten Stoffe an Apotheken oder an solche öffentliche Anstalten, welche Untersuchungs- oder Lehrzwecken dienen und nicht gleichzeitig Heilanstalten sind.

§ 4.

(Durch Verordnung vom 31. März 1911 aufgehoben.)

§ 5.

(Betrifft Inkrafttreten.)

Anlagen.

Verzeichnis A.

1. Abkochungen und Aufgüsse (decocta et infusa);
2. Ätzstifte (styli caustici);
3. Auszüge in fester oder flüssiger Form (extracta et tincturae), ausgenommen:
   Arnikatinktur,
   Baldriantinktur, auch ätherische,
   Benediktineressenz,
   Benzoetinktur,
   Bischofessenz,
   Eichelkaffee-Extrakt,

Fichtennadelextrakt,
Fleischextrakt,
Himbeeressig,
Kaffee-Extrakt,
Lakritzen (Süßholzsaft), auch mit Anis,
Malzextrakt, auch mit Eisen, Lebertran oder Kalk,
Myrrhentinktur,
Nelkentinktur,
Tee-Extrakt von Blättern des Teestrauches,
Vanillentinktur,
Wacholderextrakt;

4. Gemenge, trockene, von Salzen oder zerkleinerten Substanzen oder von beiden untereinander, auch wenn die zur Vermengung bestimmten einzelnen Bestandteile gesondert verpackt sind (pulveres, salia et species mixta), sowie Verreibungen jeder Art (triturationes), ausgenommen:

Brausepulver aus Natriumbikarbonat und Weinsäure, auch mit Zucker oder ätherischen Ölen gemischt,
Eichelkakao, auch mit Malz,
Hafermehlkakao,
Riechsalz,
Salizylstreupulver,
Salze, welche aus natürlichen Mineralwässern bereitet oder den solchergestalt bereiteten Salzen nachgebildet sind,
Schneeberger Schnupftabak mit einem Gehalte von höchstens 3 Gewichtsteilen Nieswurzel in 100 Teilen des Schnupftabaks;

5. Gemische, flüssige, und Lösungen (mixturae et solutiones) einschließlich gemischte Balsame, Honigpräparate und Sirupe, ausgenommen:

Ätherweingeist (Hoffmannstropfen),
Ameisenspiritus,
Aromatischer Essig,
Bleiwasser mit einem Gehalt von höchstens 2 Gewichtsteilen Bleiessig in 100 Teilen der Mischung,
Eukalyptuswasser,
Fenchelhonig,
Fichtennadelspiritus (Waldwollextrakt),
Franzbranntwein mit Kochsalz,
Kalkwasser, auch mit Leinöl,
Kampferspiritus,
Karmelitergeist,
Lebertran mit ätherischen Ölen,
Mischungen von Ätherweingeist, Kampferspiritus, Seifenspiritus, Salmiakgeist und Spanischpfeffertinktur oder von einzelnen dieser fünf Flüssigkeiten untereinander zum Gebrauche für Tiere, sofern die einzelnen Bestandteile der Mischungen auf den Gefäßen, in denen die Abgabe erfolgt, angegeben werden,
Obstsäfte, mit Zucker, Essig oder Fruchtsäuren eingekocht,
Pepsinwein,
Rosenhonig, auch mit Borax,
Seifenspiritus,
weißer Sirup;

6. Kapseln, gefüllte, von Leim (Gelatine) oder Stärkemehl (capsulae gelatinosae et amylacae repleteae), ausgenommen solche Kapseln, welche:
Brausepulver der unter Nr. 4 angegebenen Art,
Copaivabalsam,
Lebertran,

Natriumbikarbonat,
Rizinusöl oder
Weinsäure
enthalten;

7. Latwergen (electuaria);
8. Linimente (Linimenta), ausgenommen flüchtiges Liniment;
9. Pastillen (auch Plätzchen und Zeltchen), Tabletten, Pillen und Körner (pastilli, rotulae et trochisci, tabulettae, pilulae et granula), ausgenommen:
   aus natürlichen Mineralwässern oder aus künstlichen Mineralquellsalzen bereitete Pastillen,
   einfache Molkenpastillen,
   Pfefferminzplätzchen,
   Salmiakpastillen, auch mit Lakritzen und Geschmackzusätzen, welche nicht zu den Stoffen des Verzeichnisses B gehören,
   Tabletten aus Saccharin, Natriumbikarbonat oder Brausepulver, auch mit Geschmackzusätzen, welche nicht zu den Stoffen des Verzeichnisses B gehören;
10. Pflaster und Salben (emplastra et unguenta), ausgenommen:
   Bleisalbe zum Gebrauche für Tiere,
   Borsalbe zum Gebrauche für Tiere,
   Cold-cream, auch mit Glyzerin, Lanolin oder Vaselin,
   Pechpflaster, dessen Masse lediglich aus Pech, Wachs, Terpentin und Fett oder einzelnen dieser Stoffe besteht,
   englisches Pflaster,
   Heftpflaster,
   Hufkitt,
   Lippenpomade,

Pappelpomade,
Salizyltalg,
Senfleinen,
Senfpapier,
Terpentinsalbe zum Gebrauche für Tiere,
Zinksalbe zum Gebrauche für Tiere;

11. Suppositorien (suppositoria) in jeder Form (Kugeln, Stäbchen, Zäpfchen oder dergl.) sowie Wundstäbchen (cereoli).

Verzeichnis B

enthält hauptsächlich chemische Präparate und Drogen.

Verzeichnis C

enthält in drei Abteilungen (A, B, C) eine Anzahl sogenannter Spezialitäten.

XIII.

Unlauterer Wettbewerb.

Gesetz gegen den unlauteren Wettbewerb [1])
vom 7. Juni 1909 (RGBl. S. 499).

(Im Auszuge.)

§ 1.

Wer im geschäftlichen Verkehre zu Zwecken des Wettbewerbes Handlungen vornimmt, die gegen die guten Sitten verstoßen, kann auf Unterlassung und Schadensersatz in Anspruch genommen werden.

§ 2.

Unter Waren im Sinne dieses Gesetzes sind auch landwirtschaftliche Erzeugnisse, unter gewerblichen Leistungen und Interessen auch landwirtschaftliche zu verstehen.

§ 3.

Wer in öffentlichen Bekanntmachungen oder in Mitteilungen, die für einen größeren Kreis von Personen bestimmt sind, über geschäftliche Verhältnisse, insbesondere über die Beschaffenheit,[2]) den Ursprung, die Herstellungsart oder die Preisbemessung von Waren oder gewerblichen Leistungen, über die Art des Bezugs oder die Bezugsquelle von Waren, über den Besitz von Auszeichnungen, über den Anlaß oder den Zweck des Verkaufs oder über die Menge der Vorräte unrichtige Angaben macht, die geeignet sind, den Anschein eines besonders günstigen Angebots hervorzurufen, kann auf Unterlassung der unrichtigen Angaben in Anspruch genommen werden.

1. Vollständige Ausgabe des Gesetzes mit Anmerkungen in Nr. 37 dieser Gesetzsammlung.

2. OLG. Dresden vom 27. August 1924 — III a 76/24 — über den Begriff „Prima-Qualität":

Die Rüge der Revision, die Bezeichnung „Nur Ia-Qualitäten" sei nicht wissentlich unwahr, scheitert an der tatsächlichen Feststellung des Vorderrichters, nach der es dem Angeklagten als Fachmann bekannt war, daß es sich bei den von ihm angekündigten Waren nicht um Ia-Qualität handle. Darüber, ob die in einer öffentlichen Ankündigung enthaltenen Angaben über die Beschaffenheit einer Ware im Sinne des § 4 UWG. unwahr und zur Irreführung geeignet sind, entscheidet nach der ständigen Rechtsprechung des Reichsgerichts (vgl. RGSt. Bd. 40 S. 438, Bd. 44 S. 258) die Durchschnittsauffassung des jeweils maßgebenden Publikums. Was der ankündigende Geschäftsmann denkt oder denken will, wie insbesondere er die in der Ankündigung enthaltenen Angaben auslegt, ist ohne ausschlaggebende Bedeutung. Es ist daher rechtlich zutreffend, wenn das Amtsgericht bei der Beurteilung des Sachverhalts davon ausgegangen ist, es sei nicht schlechthin die allgemeine Verkehrsanschauung maßgebend, sondern die Durchschnittsauffassung desjenigen Kreises von Personen, die nach der Art des Betriebes als die Abnehmer der Waren in Betracht kommen (RGSt. Bd. 44 S. 258 — 260/61 —). Da das UWG. gerade bezweckt, geschäftlichen Mißbräuchen, soweit sie in der Verwendung unwahrer und zur Irreführung geeigneter Angaben bestehen, entgegenzuwirken, kann ein Handelsmißbrauch unwahre und zur Irreführung geeignete Angaben nicht rechtfertigen (vgl. RGSt. Bd. 36 S. 377 — 378 —. ... Im angefochtenen Urteil ist der Einwand des Angeklagten, die Bezeichnung „Nur Ia-Qualitäten" sei nur in Beziehung zu den Preisen zu bringen und bedeute nur „bei Berücksichtigung der Preislage", als Spiegelfechterei zurückgewiesen und ausdrücklich festgestellt, der Angeklagte sei sich darüber, daß die Qualität einer Ware eine ihr an sich zukommende, von der Preislage unabhängige Eigenschaft sei, als Fachmann ebenfalls durchaus im klaren gewesen; er habe die unwahren und zur Irreführung geeigneten Angaben, wie sich das schon aus der ganzen Aufmachung seiner Ankündigung ergebe, wissentlich gemacht.

Ähnlich KG. vom 24. Februar 1926: Untersagt Bezeichnung als Qualitätsware, weil es darauf ankomme, welche Vorstellung im Publikum durch die Bezeichnung Qualitätsware erweckt werde. Als Qualitätsware dürfe nur eine Ware bezeichnet werden, die nach ihren wesentlichen Eigenschaften erheblich über dem Durchschnitt stehe. Durchschnittsware dürfe nicht als Qualitätsware bezeichnet werden. Allerdings solle nicht der Grundsatz aufgestellt werden, daß man als Qualitätsware nur die Ware der bekannten ersten Firmen auf dem betreffenden Gebiete bezeichnen dürfe. Das Publikum werde aber getäuscht, wenn ihm unter „Qualitätsware" etwas angeboten werde, das sich über die Durchschnittsleistungen der zahlreichen Fabriken der betreffenden Art nicht erhebe. Das Publikum müsse annehmen, daß bei Qualitätsware ein besonders günstiges Angebot vorliege.

OLG. Hamm (ohne Datumsangabe) kam demgegenüber zu der Entscheidung, daß die Bezeichnung „Qualitätsmöbel" in dem Reklamewesen ein durch den häufigen Gebrauch abgenutzter Begriff geworden sei, mit dem das Publikum nicht mehr die Vorstellung verbinde, es solle eine besonders gute Ware angeboten werden.

§ 4.

Wer in der Absicht, den Anschein eines besonders günstigen Angebots hervorzurufen, in öffentlichen Bekanntmachungen oder in Mitteilungen, die für einen größeren Kreis von Personen bestimmt sind, über geschäftliche Verhältnisse, insbesondere über die Beschaffenheit, den Ursprung, die Herstellungsart oder die Preisbemessung von Waren oder gewerblichen Leistungen, über die Art des Bezugs oder die Bezugsquelle von Waren, über den Besitz von Auszeichnungen, über den Anlaß oder den Zweck des Verkaufs oder über die Menge der Vorräte wissentlich unwahre und zur Irreführung geeignete Angaben macht, wird mit Gefängnis bis zu einem Jahre und mit Geldstrafe bis zu 5000 Mark oder mit einer dieser Strafen bestraft.

Werden die im Abs. 1 bezeichneten unrichtigen Angaben in einem geschäftlichen Betriebe von einem Angestellten oder Beauftragten gemacht, so ist der Inhaber oder Leiter des Betriebs neben dem Angestellten oder Beauftragten strafbar, wenn die Handlung mit seinem Wissen geschah.

§ 5.

Die Verwendung von Namen, die im geschäftlichen Verkehre zur Benennung gewisser Waren oder gewerblicher Leistungen dienen, ohne deren Herkunft bezeichnen zu sollen, fällt nicht unter die Vorschriften der §§ 3, 4.

Im Sinne der Vorschriften der §§ 3, 4 sind den dort bezeichneten Angaben bildliche Darstellungen und sonstige Veranstaltungen gleichzuachten, die darauf berechnet und geeignet sind, solche Angaben zu ersetzen.

§ 11.

Durch Beschluß des Bundesrats kann festgesetzt werden, daß bestimmte Waren im Einzelverkehre nur in vorgeschriebenen Einheiten der Zahl, des Maßes oder des Gewichts oder mit einer auf der Ware oder ihrer Aufmachung anzubringenden Angabe über Zahl, Maß, Gewicht, über den Ort der Erzeugung oder den Ort der Herkunft der Ware gewerbsmäßig verkauft oder feilgehalten werden dürfen.[1])

Für den Einzelverkehr mit Bier in Flaschen oder Krügen kann die Angabe des Inhalts unter Festsetzung angemessener Fehlergrenzen vorgeschrieben werden.

Die durch Beschluß des Bundesrats getroffenen Bestimmungen sind durch das Reichsgesetzblatt zu veröffentlichen und dem Reichstage sogleich oder bei seinem nächsten Zusammentritte vorzulegen.

Zuwiderhandlungen gegen die Bestimmungen des Bundesrats werden mit Geldstrafe bis zu 150 Mark oder mit Haft bestraft.

1. Auf Grund dieser Bestimmung erging die Verordnung vom 11. Dezember 1925 über den Handel mit Tafelschokolade (siehe Teil VI, Nr. 5) und die Verordnungen vom 24. Dezember 1901 und 25. September 1925 über den Kleinhandel mit Kerzen (siehe diese in Teil VIII Nr. 2a und 2b).

XIV.

Warenzeichen.

Gesetz zum Schutze der Warenbezeichnungen.*)

Vom 12. Mai 1894 (RGBl. S. 441), 7. Dezember 1923 (RGBl. II S. 437) und 21. März 1925 (RGBl. II S. 115).

Auszugsweise.

§ 1.

Wer in seinem Geschäftsbetriebe zur Unterscheidung seiner Waren von den Waren anderer eines Warenzeichens sich bedienen will, kann dieses Zeichen zur Eintragung in die Zeichenrolle anmelden.

§ 2.

Die Zeichenrolle wird bei dem Patentamt geführt. Die Anmeldung eines Warenzeichens hat schriftlich bei dem Patentamt zu erfolgen. Jeder Anmeldung muß die Bezeichnung des Geschäftsbetriebs, in welchem das Zeichen verwendet werden soll, ein Verzeichnis der Waren, für welche es bestimmt ist, sowie eine deutliche Darstellung und, soweit erforderlich, eine Beschreibung des Zeichens beigefügt sein.

---

*) Im 2. Band dieser Ausgabe (Getränkegesetze) wesentlich umfangreicher wiedergegeben. Nr. 87 dieser Sammlung enthält eine Sonderausgabe des Gesetzes mit Anmerkungen und Ausführungsbestimmungen.

§ 12.

Die Eintragung eines Warenzeichens hat die Wirkung, daß dem Eingetragenen ausschließlich das Recht zusteht, Waren der angemeldeten Art oder deren Verpackung oder Umhüllung mit dem Warenzeichen zu versehen, die so bezeichneten Waren in Verkehr zu setzen sowie auf Ankündigungen, Preislisten, Geschäftsbriefen, Empfehlungen, Rechnungen oder dergl. das Zeichen anzubringen.

Im Falle der Löschung können für die Zeit, in welcher ein Rechtsgrund für die Löschung früher bereits vorgelegen hat, Rechte aus der Eintragung nicht mehr geltend gemacht werden.

§ 13.

Durch die Eintragung eines Warenzeichens wird niemand gehindert, seinen Namen, seine Firma, seine Wohnung sowie Angaben über Art, Zeit und Ort der Herstellung, über die Beschaffenheit, über die Bestimmung, über Preis-, Mengen- oder Gewichtsverhältnisse von Waren, sei es auch in abgekürzter Gestalt, auf Waren, auf deren Verpackung oder Umhüllung anzubringen und derartige Angaben im Geschäftsverkehr zu gebrauchen.

§ 14.

Wer wissentlich oder aus grober Fahrlässigkeit Waren oder deren Verpackung oder Umhüllung oder Ankündigungen, Preislisten, Geschäftsbriefe, Empfehlungen, Rechnungen oder dergl. mit dem Namen oder der Firma eines andern oder mit einem nach Maßgabe dieses Gesetzes geschützten Warenzeichen widerrechtlich versieht oder dergleichen widerrechtlich gekennzeichnete Waren in Verkehr bringt oder feilhält, ist dem Verletzten zur Entschädigung verpflichtet.

Hat er die Handlung wissentlich begangen, so wird er außerdem mit Geldstrafe oder mit Gefängnis bis zu sechs Monaten bestraft.

§ 15.

Wer zum Zwecke der Täuschung in Handel und Verkehr Waren oder deren Verpackung oder Umhüllung oder Ankündigungen, Preislisten, Geschäftsbriefe, Empfehlungen, Rechnungen oder dergleichen mit einer Ausstattung, welche innerhalb beteiligter Verkehrskreise als Kennzeichen gleichartiger Waren eines andern gilt, ohne dessen Genehmigung versieht, oder wer zu dem gleichen Zwecke derartig gekennzeichnete Waren in Verkehr bringt oder feilhält, ist dem Verletzten zur Entschädigung verpflichtet und wird mit Geldstrafe oder mit Gefängnis bis zu drei Monaten bestraft.

§ 17.

Ausländische Waren, welche mit einer deutschen Firma und Ortsbezeichnung oder mit einem in die Zeichenrolle eingetragenen Warenzeichen widerrechtlich versehen sind, unterliegen bei ihrem Eingang nach Deutschland zur Einfuhr oder Durchfuhr auf Antrag des Verletzten und gegen Sicherheitsleistung der Beschlagnahme und Einziehung. Die Beschlagnahme erfolgt durch die Zoll- und Steuerbehörden, die Festsetzung der Einziehung durch Strafbescheid der Verwaltungsbehörden (§ 459 der Strafprozeßordnung).

Nachtrag zu den Getränkegesetzen

(Band 2 dieser Nahrungsmittelgesetze).

Zu den in Band 2 dieser Gesetzessammlung behandelten Getränkegesetzen sind die folgenden Nachträge und Ergänzungen zu berücksichtigen.

I. Zum Weingesetz.

1. Runderlaß des Ministers für Volkswohlfahrt vom 4. Februar 1926, betr. Bezeichnung von Schaumwein.

Aus beteiligten Kreisen ist der Wunsch ausgesprochen worden, die in Art. II Abs. 2 der Verordnung zur Änderung der Ausführungsbestimmungen zum Weingesetz vom 6. Juni 1925 (RGBl. S. 83) vorgesehene Frist zu verlängern. Im Einvernehmen mit dem RMdJ. möchten wir diesem Wunsche entsprechen. Wir ersuchen daher ergebenst, bis zum 30. Juni 1926 die bisher zugelassenen Bezeichnungen bei solchen Schaumweinen nicht zu beanstanden, die vor dem 1. Januar 1926 versandt worden sind.

2. Französischer Schaumwein,

in Deutschland auf Flaschen gefüllt, ist eine auch in Preislisten unzulässige Bezeichnung nach § 17 WG. in Verbindung mit der Ausführungsbestimmung vom 1. Dezember 1925, selbst wenn der Naturwein tatsächlich französischen Ursprungs ist. Das Fabrikat darf nur als Deutscher Schaumwein oder Deutscher Sekt in den Handel kommen. (Urteil des KG. vom 28. Februar 1927, durch DJZ. Heft 12 Spalte 889 von 1927.)

3. Erlaß des Ministers für Volkswohlfahrt vom 30. Juli 1920, betr. Verbot der Einfuhr von gezuckertem Sherrywein — I M II 1698 —.

In neuerer Zeit ist bei der Überwachung des aus dem Auslande eingehenden Weines wiederholt Sherry beobachtet worden, der Rohrzucker enthielt und daher zu beanstanden war. Dieser Sherry stammte angeblich vorwiegend von den spanischen Firmen Murieb & Co. sowie J. P. Pemartin in Xeres de la Frontera, war jedoch nicht unmittelbar von diesen Firmen bezogen, sondern im ausländischen Zwischenhandel gekauft worden. Es hat sich daher nicht feststellen lassen, ob der Rohrzucker bereits im Ursprungs- oder nachträglich in einem anderen Lande dem Wein zugesetzt worden war.

Sherryweine gehören zu der Gruppe der Dessertweine, die nach der spanischen Gesetzgebung als Likörweine (vinos licorosos) bezeichnet werden. Nach einem dem Herrn Reichsminister des Innern erstatteten Gutachten des Reichsgesundheitsamts ist weder der spanischen Gesetzgebung noch anderen Unterlagen zu entnehmen, daß den Likörweinen in Spanien Zucker zugesetzt werde oder zugesetzt werden dürfe. Nach § 14 des deutschen Weingesetzes vom 7. Juli 1909 ist die Einfuhr von solchen Weinen verboten, die nach § 13 dieses Gesetzes vom Verkehr ausgeschlossen sind. Zu den vom Verkehr ausgeschlossenen Getränken gehören nach § 13 auch ausländische Erzeugnisse, die den Vorschriften des § 3 Abs. 1 des Gesetzes nicht entsprechen, die also gezuckert sind, ohne daß den in § 1 Abs. 1

bezeichneten natürlichen Mängeln der Traubenerzeugnisse abzuhelfen war. Von einer solchen zulässigen Abhilfe kann aber bei gezuckertem Sherrywein nicht die Rede sein. Zutreffend hat daher auch der Verein Deutscher Nahrungsmittelchemiker im Jahre 1914 den Beurteilungsgrundsatz aufgestellt: „Nicht verkehrsfähig sind Dessertweine, bei deren Herstellung Zucker oder Rosinen verwendet werden." (Zeitschrift für Untersuchung von Nahrungs- und Genußmittel Bd. 28, 1914, S. 586 bis 617.) Gezuckerter Sherrywein ist demnach von der Einfuhr zurückzuweisen, sofern ihn nicht der Herr Reichskanzler (Reichsminister des Innern) auf Grund der Bundesratsverordnung vom 28. März 1918 (RGBl. S. 155), betr. Änderung des Weingesetzes, ausnahmsweise zulassen sollte. Es ist jedoch beabsichtigt, künftig einschlägigen Anträgen auf Zulassung nur noch in besonders begründeten Ausnahmefällen zur Vermeidung ungerechtfertigter Härten stattzugeben.

Wir ersuchen ergebenst, die mit der Untersuchung der ausländischen Weine bei der Einfuhr nach Deutschland betrauten Fachanstalten im dortigen Bezirk anzuweisen, bei der Prüfung von Sherrywein auf die Anwesenheit von Rohrzucker, namentlich bei Sendungen der Firmen Murieb & Co. sowie J. P. Pemartin in Xeres de la Frontera, zu achten.

4. Weinbrand braucht auf den Flaschenetiketten keine Angabe des Alkoholgehalts zu tragen.

(Urteil des RG. vom 14. Januar 1926 — E. 60, 28 —.)

Nach den Feststellungen des angefochtenen Urteils war der Inhalt der beschlagnahmten Flaschen Trinkbranntwein, dessen Weingeist ausschließlich aus Wein gewonnen und der nach Art des Kognaks hergestellt war. Hiernach hat das Berufungsgericht mit Recht die Bestimmungen des Weingesetzes angewandt (§§ 18, 28). Da aber auch der

Weinbrand oder Kognak ein Trinkbranntwein ist, erhebt sich die Frage, ob nicht neben den Bestimmungen des Weingesetzes auch die Vorschriften des Branntweinmonopolgesetzes vom 8. April 1922 anzuwenden sind, also insbesondere § 100 dieses Gesetzes nebst den Strafbestimmungen. Der Wortlaut des § 100 Abs. 6, wonach die Vorschriften des § 18 des Weingesetzes unberührt bleiben, ließe jene Deutung zu. Indessen muß dieses nach der Entstehung des Gesetzes als ausgeschlossen gelten. Der Regierungsentwurf enthielt nur zwei Absätze, die im wesentlichen den beiden ersten Absätzen der schließlichen Gesetzesfassung entsprachen. Auf Grund eines bei der zweiten Lesung gestellten Antrages wurden — abgesehen von einer Änderung des Abs. 2 — drei weitere Absätze angefügt, die jetzigen Absätze 3 bis 5 des § 100. Dabei war für den Eingang des Abs. 3 die Fassung vorgesehen: „Im Inland darf Arrak, Rum, Weinbrand, Kognak und Obstbranntwein sowie Verschnitte davon . . . nur mit einem Weingeistgehalt usw." In der dritten Lesung wurde sodann die Änderung beantragt und ohne Erörterung angenommen, es seien im Abs. 3 die Worte „Weinbrand, Kognak" zu streichen, und es sei als sechster Absatz beizufügen, daß die Vorschriften des § 18 des Weingesetzes unberührt blieben. Dies kann nicht anders aufgefaßt werden, als daß für einen Branntwein, der unter den Begriff des Weinbrands oder Kognaks fällt, nicht jene Bestimmungen des Branntweinmonopolgesetzes gelten sollten, sondern nur die des Weingesetzes. Dies ist besonders deshalb anzunehmen, weil schon das Weingesetz von 1909 für den Kognak Bestimmungen von der Art des § 100 des Branntweinmonopolgesetzes enthielt, und weil späterhin der Verkehr mit Weinbrand und Kognak eine eingehende Regelung solcher Art durch das Gesetz vom 1. Februar 1923 zur Änderung des Weingesetzes erfahren hat.

5. Änderung des § 27 des Weingesetzes.

Man beachte § 19 LMG.

II. Zum Branntweinmonopolgesetz.

1. Auskunft des Branntweinmonopolamtes, betr. Alkoholgehalt von Punschessenzen.

Auf die Anfrage eines Nahrungsmitteluntersuchungsamtes hat das Reichsmonopolamt für Branntwein — V A III 359 — unter dem 9. Februar 1924 folgende Auskunft erteit:

Nach § 1 Abs. 3 der Freigeldordnung vom Jahre 1919 (Anlage 7 der Grundbestimmungen zum Gesetz über das Branntweinmonopol vom Jahre 1918) sind als Trinkbranntweine insbesondere auch Punsche oder Grogessenzen und ähnliche weingeisthaltige Zubereitungen anzusehen. In den Ausführungsbestimmungen zu der Verordnung über Erhebung des Freigeldes vom 7. Mai 1920 ist im § 2 Abs. 3 hervorgehoben:

„Als Trinkbranntweine im Sinne dieser Ordnung gelten insbesondere auch Punsche oder Grogessenzen und ähnliche weingeisthaltige Zubereitungen, und zwar Weinpunsche und Weinpunschessenzen ohne Rücksicht auf die Verwendung von Weingeist bei ihrer Herstellung dann, wenn sie mehr als 20 Gewichtshundertteile Weingeist enthalten."

Wenn auch die Freigeldordnung als solche aufgehoben und nicht mehr in Geltung ist, so ist doch der dort aufgestellte Grundsatz, daß Punschessenzen usw. als Trinkbranntweine anzusehen sind, auch weiterhin von Bedeutung. Auch nach der Ansicht der Nahrungsmittelchemiker würden die fraglichen Erzeugnisse als Trinkbranntweine im Sinne des § 100 des Monopolgesetzes gelten müssen. In König, Chemie der menschlichen Nahrungs- und Genußmittel 1918, 4. Auflage, 3. Band, 3. Teil, ist auf S. 384 angegeben, daß Punsche, Glühwein, Grogessenzen und Extrakte auch unmittelbar als Trinkbranntwein Verwendung finden können. Alle hier einschlägigen Essenzen sollen mindestens 33 Raumhundertteile Weingeist enthalten. Dieselbe Stellungnahme ist von Professor Dr. Juckenack als Berichterstatter auf der 11. Hauptversammlung des Vereins Deutscher Nahrungsmittelchemiker am 17. und 18. Mai 1912 in Würzburg eingenommen worden (Zeitschrift für Untersuchung der Nahrungs- und Genußmittel 1912, Bd. 24, S. 89).

Die Beschlüsse über die Ausnahmen, die bezüglich des Weingeistgehaltes von dem § 100 des Gesetzes über das Branntweinmonopol vom 8. April 1922 zuzulassen waren, sind in der Gemeinschaftssitzung der Reichsmonopolverwaltung für Branntwein und des Beirats im Juni 1922 gefaßt worden. In dieser Sitzung ist von Vertretern des beteiligten Gewerbes auch wiederholt der Antrag gestellt worden, einen niedrigeren Weingeistgehalt auch für Weinpunsche usw. zuzulassen. Bei der endgültigen Beschlußfassung ist jedoch diese Ausnahme nur für schwedischen Punsch zugestanden worden. Hieraus erhellt, daß auch das beteiligte Gewerbe die Zugehörigkeit der Punschessenzen usw. zu dem § 100 des Monopolgesetzes vom 8. April 1922 nicht in Zweifel gezogen hat. Punschessenzen, Punschextrakte usw. sind demnach wie Trinkbranntweine nach § 100 des angegebenen Gesetzes zu behandeln. Ihr Weingeistgehalt muß mindestens 35 Raumhundertteile betragen, sofern sie nicht einen Extraktgehalt von mindestens 20 Hundertteilen aufweisen. In diesem Falle würden die Erzeugnisse als Liköre anzusehen sein, bei denen ein Weingeistgehalt von 30 Raumhundertteilen genügt. (Vgl. hierzu die ähnliche Auffassung des Bundes Deutscher Nahrungsmittelfabrikanten.)

2. Begriffsbestimmungen für Spirituosen.

a) Beschluß des Bundes Deutscher Nahrungsmittel-Fabrikanten und -Händler vom 13./14. Mai 1925.

Unter Punschextrakt (Punschsirup, Punschessenz) versteht man Gemische aus Weingeist, Edelbranntwein, Fruchtwein, Fruchtsäuren, Fruchtsäften, Zucker, Stärkesirup, mannigfachen aromatischen Extraktstoffen, vorwiegend pflanzlichen Ursprungs, die durch Destillation oder Digeration gewonnen sind, und Wasser.

Diese gelegentlich auch unmittelbar als Trinkbranntwein Verwendung findenden Getränke sind im allgemeinen dazu bestimmt, nach Verdünnung mit Wasser als Punsch genossen zu werden. Das übliche Verdünnungsverhältnis ist ein Teil Extrakt, zwei Teile Wasser. Unter Punsch schlechthin muß das trinkfertige Getränk verstanden werden. Es wird hergestellt, wie vorstehend angegeben, durch Verdünnung von Punschextrakt (Punschsirup, Punschessenz) oder durch Mischen der einzelnen Bestandteile mit Wasser.

Punschextrakte müssen, wenn sie die Bezeichnung Rum- oder Arrakpunschextrakt tragen, unter Mitverwendung von echtem Rum oder Arrak hergestellt werden. Die Verwendung von deutschem Rum oder Arrak ist unter Deklaration zulässig.

Die Aromatisierung mit künstlichen Rum- oder Arrakessenzen, Fruchtäthern, Estern und dergl. ist nur zulässig, wenn vor dem Punschnamen das Wort „Kunst" gesetzt wird, also z. B. „Silvester-Kunst-Punsch", „Kunst-Arrak", „Kunst-Punsch" usw.

Die künstliche Färbung mit unschädlichen Farbstoffen, mit Ausnahme von Rot, ist handelsüblich und ohne besondere Kennzeichnung. Rotfärbung muß dagegen deklariert werden.

Weinpunschextrakte, die als solche bezeichnet werden, müssen Wein als einen wesentlichen Bestandteil enthalten. In 100 Raumteilen müssen mindestens 20 Raumteile Wein enthalten sein. Als weinhaltige Getränke unterliegen sie den Bestimmungen des Weingesetzes. Unter den nach § 16 des Weingesetzes unzulässigen Zusätzen sind besonders unreiner Stärkezucker, Stärkesirup sowie Farbstoffe aller Art, also auch Pflanzenfarbstoffe, mit Ausnahme von kleinen Mengen gebrannten Zuckers (Zuckercouleur), verboten. Ein Zusatz von Fruchtsäften, besonders Kirschsaft, ist nicht untersagt, da nach den Ausführungsbestimmungen des Weingesetzes zu §§ 10 und 16 ein Verbot von Pflanzensäften nicht besteht. Sie dürfen aber nicht zur Vortäuschung einer besseren Qualität, sondern nur als Geschmackskorrigens zugesetzt werden. Wird Weinpunschextrakt in Wortverbindung mit einer bestimmten Weinsorte (Burgunder, Bordeaux usw.) in den Verkehr gebracht, so muß der Punschextrakt mindestens 20 v. H. dieses Weines enthalten. Glühwein ist den Weinpunschen gleichzustellen.

Alle Punschextrakte müssen in 100 Raumteilen mindestens 30 Raumteile Alkohol enthalten, den Alkohol des etwa verwendeten Weines inbegriffen.

Nach ihrer stofflichen Zusammensetzung gehören die Punschextrakte zu den Trinkbranntweinen, sie unterliegen daher den Bestimmungen des Monopolgesetzes.

III. Zum Biersteuergesetz.

Man sehe die Abänderung der Verordnung vom 21. Juli 1923 (Getränkegesetze S. 212) in Teil IV unter Nr. 5 dieses Bandes.

Sachregister.

(Die Zahlen bedeuten die Seiten.)

N.

S.

T.

Otto Walter, Buchdruckerei, Berlin S 14

Guttentagsche Sammlung

Deutscher Reichs- und Preußischer Gesetze

einschließlich

de Gruytersche Sammlung Deutscher Gesetze

(Handkommentare)

Systematisches Verzeichnis

Bürgerliches Recht

- Bürgerliches Gesetzbuch
- Schuldverhältnisse insbesondere
- Sachenrecht insbesondere
- Familien- und Erbrecht
- Handelsrecht
- Versicherungsrecht
- Gewerberecht
- Arbeitsrecht
- Sozialpolitische Gesetze
- Geistig-gewerbl. Rechtsschutz

Zivilprozeß

- Freiwillige Gerichtsbarkeit
- Konkursordnung u. Zwangsvollstreckung

Strafrecht u. Strafprozeß

Öffentliches Recht

- Staatsrecht
- Verwaltungsrecht
- Reichsrecht / Landesrecht
- Steuerrecht

Dezbr. 1927

Walter de Gruyter & Co., Berlin W 10 und Leipzig

Bürgerliches Recht

Bürgerliches Gesetzbuch

Band **Reichsgesetze:**

38/39. **Bürgerliches Gesetzbuch nebst Einführungsgesetz.** Von A. Achilles. In Verbindung mit F. André, O. Meyer, O. Strecker, K. v. Unzner herausgegeben von M. Greiff. 12. Auflage. — 1926. 24.—

84. **Sammlung kleinerer privatrechtlicher Reichsgesetze.** Von G. Müller. — 1903. 5.50

129. **Zivilrechtkriegsgesetze.** Von Fischer. — 1918. 1.50

116. **Kriegs-Zivil- und Finanzgesetze.** 3. Auflage. — 1915. 1.50

116 a. Desgl. Zweite Folge: Jahr 1915. — 1916. 1.20

Preußische Gesetze:

23. **Ausführungsgesetze zum Bürgerlichen Gesetzbuche.** Von P. Siméon. 3. Auflage. — 1914. 2.20

Textausgaben:

Bürgerliches Gesetzbuch. 14. Auflage. — 1925. 5.—

Schuldverhältnisse insbesondere

Reichsgesetze:

34. **Die Abzahlungsgeschäfte.** 3. Auflage von E. Wilke. — 1910. 1.20

93. **Sicherung der Bauforderungen.** Von E. Harnier. 3. Auflage. — 1912. 1.50

55. **Beschlagnahme von Lohn- und Gehaltsforderungen.** Von G. Meyer. 6. Auflage. — 1927. 4.50

70. **Das Reichshaftpflichtgesetz.** Von G. Eger. — 1903. Vergriffen.
Als Ersatz: Seligsohn, **Haftpflichtgesetz.** — 1920. (Außerhalb der Sammlung.) 8.—, geb. 9.50

94. **Die Beamtenhaftpflichtgesetze des Reiches und der Länder.** Von H. Delius. 3. Auflage. — 1921. 3.20

52. **Rechte der Besitzer von Schuldverschreibungen.** Von H. Göppert. 2. Auflage von E. Trendelenburg. — 1915. 1.50

50. **Der Viehkauf (Viehgewährschaft).** Von H. Stölzle. 6. Auflage. — 1926. 15.—

Band

90. **Das Internationale Privatrecht**, Die Haager Abkommen über. Von G. Bogeng. — 1908. 2.—
98. **Sechs Haager Abkommen über Internationales Privatrecht.** H. Dungs. — 1910. 1.50

Preußische Gesetze:

37. **Enteignung von Grundeigentum.** Von O. Meyer. 3. Auflage. — 1927. 5.50

Sachenrecht insbesondere

de Gruyter'sche Sammlung Deutscher Gesetze (Handkommentare):

Aufwertungsrecht von Michaelis. — 1926. Mit Nachtrag 1927. 16.—

Nachtrag einzeln —.30

Reichsgesetze:

135. **Erbbaurecht.** Von H. Günther. — 1919. 2.—
42. **Grundbuchordnung.** Von O. Fischer und R. Fischer. 9. Auflage. — 1927. 5.—
156. **Mietrecht und Wohnungsmangelgesetz.** Von Krieg. 3. Auflage. — 1925. Mit Nachtrag 1927. 7.—

Nachtrag einzeln 1.50

Textausgaben:

Aufwertungsgesetze mit Einleitung. Von Michaelis. — 1925. Mit Nachtrag 1927. 1.50

Reichsmietengesetz. — 1922. —.50

Familienrecht und Erbrecht

Reichsgesetze:

45. **Entmündigungsrecht.** Von P. Koll. — 1900. 1.20
58. **Recht der unehelichen Kinder.** Von H. Jastrow. — 1901. Mit Nachtrag 1925. 1.60
47. **Deutsches Vormundschaftsrecht.** Von M. Schultzenstein und P. Köhne. 2. Auflage. — 1901. Vergriffen.
124. **Todeserklärung Kriegsverschollener.** Von J. Partsch. — 1917. 2.—
59. **Beurkundung des Personenstandes und die Eheschließung.** Von F. Fidler. 2. Auflage. — 1912. 2.30

Preußische Gesetze:

3. **Nottestamente.** Von E. Kurtz. — 1904. 1.50

Handelsrecht

Band **Reichsgesetze:**

4. **Handelsgesetzbuch** ohne Seerecht. Von Litthauer und Mosse. 17. Auflage. Von E. Heymann. — 1926. 14.—
162. **Handelsrechtliche Nebengesetze.** Von Schreiber. — 1926. 14.—
169. **Bank- und Börsengesetze.** Von Arthur Nußbaum. — 1927. 11.—
41. **Börsengesetz.** Von Th. Hemptenmacher. 3. Auflage von O. Meyer. — 1915. 3.50
26. **Münz- und Notenbankwesen.** Von R. Koch. 7. Auflage von Schacht. — 1925. 14.—
117. **Darlehuskassengesetz.** Von H. Salomon u. K. Bud. — 1915. 1.80
40. Gesetz, betr. die **Pflichten der Kaufleute bei Aufbewahrung fremder Wertpapiere (Depotgesetz).** Von F. Lusensky. 3. Auflage. — 1916. Mit Nachtrag 1924. 1.—
24. **Aktiengesellschaft und Kommanditgesellschaften auf Aktien.** Von H. Keyßner und H. Veit Simon. 7. Auflage. In Bearbeitung.
32. **Gesellschaften mit beschränkter Haftung.** Von L. Parisius und H. Crüger. 17. Auflage. — 1926. 3.50
29. **Erwerbs- und Wirtschaftsgenossenschaften.** Von L. Parisius und H. Crüger. 19. Auflage. — 1927. 4.—
51. **Hypothekenbankgesetz.** Von H. Göppert. 2. Auflage von Seidel. — 1911. Mit Nachtrag 1926. 2.20
100. **Kaligesetz.** Von B. Boelkel. — 1910. 2.40
167. **Verordnung gegen Mißbrauch wirtschaftlicher Machtstellungen** (Kartellgesetz). Von Staffel. — 1927. 3.50
115. **Das vertragliche Wettbewerbsverbot (Konkurrenzklausel).** Von G. Baum. — 1914. 3.—
113. **Postscheckgesetz.** Von J. Weiland. — 1914. Mit Nachtrag 1918. Vergriffen.
113 a. **Postscheckordnung.** Von J. Weiland. — 1914. Mit Nachtrag 1918. 1.50
85. **Scheckgesetz.** Von M. Apt. Vergriffen. Neue Auflage von W. Schmidt. In Bearbeitung.
    Kommentar von Michaelis. — 1927. (Außerhalb der Sammlung.) 16.—, geb. 18.—
5. **Wechselordnung.** Von J. Stranz und M. Stranz. 12. Auflage. — 1923. Mit Nachtrag 1926, enthaltend **Wechselstempelgesetz und Scheckgesetz.** 3.50
    Nachtrag einzeln —.60

Band

36. **Privatrechtliche Verhältnisse der Binnenschiffahrt und Flößerei.** Von E. Löwe. 6. Auflage. — 1923. 4.—

19. **Die Seegesetzgebung.** Von W. E. Knitschky. 5. Auflage von O. Rudorff. — 1913. 8.—

Preußische Gesetze:

54. **Anlegung von Sparkassenbeständen in Inhaberpapieren.** Von H. Döhring. — 1914. 2.80

21. **Handelskammern.** Von F. Lusensky. 2. Aufl. — 1909. 3.—

Textausgaben:

Handelsgesetzbuch mit **Seerecht.** 11. Auflage. — 1924. 2.60

Wechselordnung. — 1908. Mit Anhang: Wechselprozeß und Ausführungsanweisung. — 1920. —.50

Versicherungsrecht

Reichsgesetze:

62. **Private Versicherungsunternehmungen.** Von H. Koenige. 3. Auflage von Koenige und Petersen. — 1927. 20.—

83. **Versicherungsvertrag.** Von P. Hager und E. Bruck. 5. Auflage. — 1926. 14.—

164. **Aufwertung von Versicherungsansprüchen.** Teil I: **Lebensversicherungen.** Von Berliner und Pfaffenberger. — 1926. 6.50

164 a. Desgl. Teil II: **Sach- (Feuer-, Glas-, Wasser- usw.) und Transportversicherung, Unfall- und Haftpflichtversicherung.** — 1926. Mit Nachtrag 1927. 3.50

Nachtrag einzeln —.30

Gewerberecht

Reichsgesetze:

6. **Reichsgewerbeordnung** nebst Ausführungsbestimmungen. Von Fr. Hiller und H. Luppe. 20. Auflage. — 1921. Mit Nachtrag, enthaltend alle Änderungen und Neuerungen bis Ende 1924. 6.—

Nachtrag einzeln 1.50

64. **Handel mit Drogen und Giften,** Gesetzsammlung, betr. den. Von H. Sonnenfeld. 3. Auflage. — 1926. 12.—

Band

48. **Drogen-, Gift- und Farbenhandel außerhalb der Apotheken,** Gesetze, betr. den. Von J. Broh. — 1899. 1.20

130. **Ersatzlebensmittelverordnung.** Von H. E. Wendel. — 1918. 1.50

54. **Nahrungsmittelgesetze** mit Erläuterungen. Von Georg Lebbin. 2. Auflage in zwei Bänden.
   a) I. **Nahrungsmittelgesetzgebung.** Im Druck.
   b) II. **Getränkegesetze und Getränkesteuergesetze** (Wein, Bier, Branntwein, Mineralwasser). Unter Mitarbeit von Kniebe. — 1926. 10.—

65. **Weingesetz.** Von G. Lebbin. 2. Auflage. — 1909. Vergriffen.

71. **Kinderarbeit in gewerblichen Betrieben.** Von H. Spangenberg. 2. Auflage. — 1904. 1.20

Preußische Gesetze:

16. **Konzessionierung gewerblicher Anlagen.** Von W. v. Rüdiger. 2. Auflage. — 1901. Vergriffen.

Textausgaben:

Gewerbeordnung, Preußische Ausführungsanweisung zur. — 1904. 1.—

Arbeitsrecht

Reichsgesetze:

138 a. **Arbeiterschutz und Arbeitsrecht.** Von A. Günther. 2. Auflage. Teil I: **Arbeitszeitschutz.** Von Günther und Schneider. — 1927. 7.50

138 b. **Betriebsrätegesetz.** Von A. Günther. — 1920. Vergriffen.

168. **Arbeitsgerichtsgesetz.** Von Depène. — 1927. 3.60

74. **Die Kaufmannsgerichte.** Von M. Apt. 3. Auflage. — 1904. Vergriffen.

112. **Kaufmannsgerichtsgesetz.** Von H. Depène. — 1914. 2.60

112 a. **Kaufmanns- und Gewerbegerichtsgesetz nebst Schlichtungsordnung.** (Ergänzungsband zu Bd. 112.) Von H. Depène. 1924. 3.50
   Die Bde. 112 und 112 a enthalten zusammen den vollständigen Text des Gewerbegerichtsgesetzes.

Preußische Gesetze:

58. **Arbeitsnachweis.** Von P. Wölbling. — 1920. 1.—

Sozialpolitische Gesetze

Band **Reichsgesetze:**

106—109. **Reichsversicherungsordnung.** Von F. Caspar und A. Spielhagen. 1913—1922. 4 Bände. Komplett. 18.—

161. **Reichsversicherungsordnung.** Von Lippmann. — 1925. 11.—

161 a. Desgl. **Ergänzungsband**, enthaltend die neue Fassung des **Unfallversicherungsgesetzes** sowie die Änderungen der übrigen Bücher der RVO. Von Lippmann. — 1926. 4.—

161 b. Desgl. **Zweiter Ergänzungsband**, enthaltend die im ersten Halbjahr 1926 ergangenen Änderungen der RVO. — 1926. —.80

155. **Reichsknappschaftsgesetz.** Von Max Reuß und Fritz Hense. 2. Auflage. — 1926. Mit Nachtrag 1927. 12.—

152. **Wohlfahrtsgesetze.** Von Behrend und Stranz-Hurwitz. Teil I. — 1923. 5.—

152 a. Desgl. Teil II. — 1925. 9.—

152 und 152 a zusammen bezogen 12.—

165. **Handbuch der Erwerbslosenfürsorge.** Von Schmeißer. 2. Auflage. — 1926. Mit Nachtrag 1927. 13.—

Nachtrag einzeln 2.50

160. **Fürsorgepflicht.** Von Sandré. — 1925. 6.—

154. **Jugendwohlfahrtsgesetz und Jugendgerichtsgesetz.** Von Drewes und Sandré. — 1923. Mit Nachtrag, enthaltend die Ergänzungen bis April 1924. 6.—

Textausgaben:

Versicherungsgesetz für Angestellte. 2. Auflage. — 1927. 2.50

Geistig-gewerblicher Rechtsschutz

Reichsgesetze:

81. **Urheberrecht an Werken der bildenden Künste und der Photographie.** Von L. Fuld. 2. Auflage. — 1926. 6.—

60. **Das Urheberrecht an Werken der Literatur und der Tonkunst.** Von O. Lindemann. 4. Auflage. — 1921. 1.80

102. **Urheberrecht an Mustern und Modellen** und Schutz von **Gebrauchsmustern.** Von J. Neuberg. — 1911. 2.40

95. Die Berner Übereinkunft über **Internationales Urheberrecht.** Von H. Dungs. — 1910. 1.—

61. **Verlagsrecht.** Von B. Marwitz. 3. Auflage. — 1922. 1.60

22. **Patentgesetz.** Von R. Lutter. 8. Auflage. — 1920. Mit Nachtrag 1927. 4.—

Nachtrag einzeln 1.—

Band

87 a. **Das deutsche Warenzeichenrecht.** Von Freund und Magnus. 6. Auflage von Jüngel und Magnus.
Teil I: **Die internationalen Verträge.** — 1924. 9.—
Teil II: In Bearbeitung.

37. **Unlauterer Wettbewerb.** Von A. Pinner und A. Elster. 8. Auflage. — 1927. 5.—

Zivilprozeß

de Gruyterſche Sammlung Deutſcher Geſetze (Handkommentare):

Zivilprozeßordnung. Von Sydow-Busch-Krantz. 19. Auflage. — 1926. 25.—

Reichsgeſetze:

14. **Gerichtsverfaſſungsgeſetz.** Von R. Sydow. Fortgeführt von L. Buſch. 10. Auflage. — 1925. 6.—

15. **Das deutſche Gerichtskoſtengeſetz.** Von R. Sydow. Fortgeführt von L. Buſch, F. Koehler und Krieg. 11. Auflage. In Bearbeitung.

17. **Gebührenordnung für Rechtsanwälte usw.** Von R. Sydow. Fortgeführt von L. Buſch und O. Krieg. 13. Auflage. In Bearbeitung.

16. **Rechtsanwaltsordnung.** Von R. Sydow. 5. Auflage von M. Jacobſohn. — 1907. Mit Nachtrag 1910. Vergriffen.

80. **Gerichtliche Regiſterführung.** Von O. Lindemann. — 1906. 2.40

Preußiſche Geſetze:

17. **Preußiſches Gerichtskoſtengeſetz.** Von P. Siméon. 8. Auflage. In Vorbereitung.

35. **Geſchäftsordnung für Gerichtsvollzieher.** Von E. Exner. — 1904. 3.—

Textausgaben:

Zivilprozeßordnung mit **Gerichtsverfaſſungsgeſetz** und **Einführungsgeſetzen.** — 1924. 3.50

Freiwillige Gerichtsbarkeit

Band

Reichsgesetze:

46. **Freiwillige Gerichtsbarkeit.** Von H. Jastrow. 6. Auflage von Herm. Günther. — 1921. 4.50

76. **Die Rechtshilfe im Verkehr mit den ordentlichen Gerichten.** Von A. Friedländer. — 1906. 1.50

163. **Notariatsrecht.** Von Szkolny und L. Kober. — 1925. 8.50

Preußische Gesetze:

4. **Gebührenordnung für Notare vom 28. Oktober 1922.** Von Rausnitz. 6. Auflage. — 1925. 7.—

29. **Ärztliche Ehrengerichte, das Umlagerecht und die Kassen der Ärztekammern.** Von F. Fidler. — 1901. 1.50

Textausgaben:

Freiwillige Gerichtsbarkeit. — 1920. 1.—

Konkursordnung und Zwangsvollstreckung

Reichsgesetze:

13. **Konkursordnung und Anfechtungsgesetz.** Von R. Sydow. Fortgeführt von L. Busch und O. Krieg. 14. Auflage. — 1926. Mit Nachtrag 1927, enthaltend die **Vergleichsordnung.** 10.—
Nachtrag einzeln —.80

127. **Geschäftsaufsicht zur Abwendung des Konkurses.** Von G. Klien und Ernst Jaeger. — 1917. Durch Nachträge ergänzt. 3.—

43. **Zwangsvollstreckung.** Von J. Krech und O. Fischer. 9. Auflage von O. Fischer. — 1922. 3.50

Textausgaben:

Konkursordnung. 2. Auflage. — 1915. Mit Nachtrag 1925. 1.—

Strafrecht

Band | **Reichsgesetze:**

2. **Strafgesetzbuch.** Von Fr. v. Liszt und E. Delaquis. 27. Auflage von E. Kohlrausch. — 1927. 8.—
9. **Sammlung kleinerer strafrechtlicher Reichsgesetze.** Von N. H. Kriegsmann. 3. Auflage. — 1910. 4.—
53. **Reichspreßgesetz.** Von A. Born. 3. Auflage. — 1924. 4.—
133. **Reichswuchergesetzgebung.** Von Ad. Lobe. — 1918. 2.80
67. **Militärstrafgesetzbuch.** Von A. Romen und E. Rissom. 3. Auflage. — 1918. Vergriffen.

Preußische Gesetze:

34. Sammlung der wichtigsten **preußischen Strafgesetze.** Von Lindemann. 2. Auflage. — 1912. 3.50
36. **Polizeiverordnungen in Preußen.** Von O. Lindemann. 2. Auflage. — 1912. 2.50

Textausgaben:

Strafgesetzbuch. — 1925. 3.—

Strafprozeß

de Gruytersche Sammlung Deutscher Gesetze (Handkommentare):

Strafprozeßordnung von Feisenberger. — 1926. Mit Nachtrag 1927. 17.—
Nachtrag einzeln —.80

Reichsgesetze:

12. **Strafprozeßordnung und Gerichtsverfassungsgesetz.** Von E. Kohlrausch. 21. Auflage. — 1927. 7.50
158. **Strafprozeßordnung.** Alte und neue Fassung synoptisch gegenübergestellt. Von Feisenberger. — 1924. Mit Nachtrag 1927. 4.50
3. **Militärstrafgerichtsordnung.** Von A. Romen und E. Rissom. 2. Auflage. — 1918. 5.—
128. **Verhaftung und Aufenthaltsbeschränkung.** Von A. Romen. — 1917. 1.20
73. **Entschädigung für unschuldig erlittene Verhaftung und Bestrafung.** Von A. Romen. — 1904. 1.70

Textausgaben:

Strafprozeßordnung. 5. Auflage. — 1924. Mit Nachtrag 1927. 2.50

Öffentliches Recht

Staatsrecht

Band

Reichsgesetze:

137. **Reichsverfassung.** Von Arndt. 3. Auflage. — 1927. 8.—
166. **Das deutsche Ausländerrecht.** Von Fraustädter und Kreutzberger. — 1927. 9.—
86. **Die Auslieferungsverträge des Deutschen Reiches.** Von A. Cohn. — 1908. 4.—
44. **Auswanderungswesen.** Von F. Stoerk. — 1899. 2.—
134. **Der Ostfrieden.** Von Karl Strupp. — 1918. 3.—
111. **Reichs- und Staatsangehörigkeitsgesetz.** Von A. Romen. 2. Auflage. In Bearbeitung.
141. **Sozialisierungsgesetze.** Von Reier. — 1920. 2.20
99. **Die Abkommen der Haager Friedenskonferenz.** Vergriffen. Jetzt: Wehberg, **Völkerbundakte.** — 1919. (Außerhalb der Sammlung.) 4.—

Preußische Gesetze:

1. **Die Verfassung des Freistaats Preußen.** Von A. Arndt. — 1921. 2.—
   Ausführlicher Kommentar von Stier-Somlo. — 1921. (Außerhalb der Sammlung.) 3.—

Textausgaben:

Verfassung des Freistaates Preußen. — 1921. —.60

Verwaltungsrecht

a) Reichsrecht

Reichsgesetze:

82. **Reichsbeamtengesetz.** Von A. Arndt. 3. Auflage. — 1923. Mit Nachtrag, enthaltend die Änderungen bis 1924. 3.50
122. **Belagerungszustand.** Von H. Pürschel. — 1916. 3.50
35. **Die Reichs-Eisenbahngesetzgebung.** Von W. Coermann. — 1895. Vergriffen.
66. **Die Eisenbahngesetzgebung.** Von W. Pietsch. 2. Auflage. — 1913. Vergriffen.
91. **Eisenbahn-Verkehrsordnung.** Von E. Blume. 3. Auflage von Weirauch. — 1926. 12.—

Band

147. **Filmzensur.** Von Szczesny. — 1920. 1.50
68. **Fleischbeschaugesetz.** Von G. Lebbin und G. Baum. — 1903. 2.80
27. **Gesundheitswesen im Deutschen Reich.** Von E. Goesch und J. Karsten. — 1888. Vergriffen.
56. **Bekämpfung gemeingefährlicher Krankheiten.** Von B. Burkhardt. — 1900. 1.20
63. **Gesetzestafel des deutschen Reichsrechts.** Von H. Bruhns. 2. Auflage. — 1913. 3.—
49. **Deutsche Kolonialgesetzgebung.** Von Ph. Zorn. 2. Auflage von Sassen. — 1913. 5.—
21. **Die Konsulargesetzgebung.** Von Ph. Zorn. 8. Auflage von K. Zorn. — 1911. 4.50
75. **Konsulargerichtsbarkeit.** Von A. F. Vorwerk. 2. Ausgabe, mit den Schutzgebietsgesetzen. — 1908. 1.60
92. **Verkehr mit Kraftfahrzeugen.** Von R. Kirchner. 3. Auflage. — 1915. Mit Nachtrag 1926. 5.—
Nachtrag einzeln 1.50
119. **Kriegsleistungsgesetz.** Vergriffen.
118. **Militärhinterbliebenengesetz.** Von Rey. — 1915. 2.20
79. **Die Militärpensionsgesetze.** Von A. Romen.
a) I. Teil: **Offizierpensionsgesetz.** — 1907. Vergriffen.
b) II. Teil: **Mannschaftsversorgungsgesetz.** Mit **Kapitalabfindungsgesetz.** — 1908. Vergriffen.
136. **Militärversorgungsgesetz.** Von H. Günther. — 1919. 2.30
7. **Post- und Telegraphen-Gesetzgebung.** Von M. König. 6. Auflage. Vergriffen.
120. **Telegraphenwegegesetz.** Von Wolf. — 1916. 1.—
148. **Reichsausgleichsgesetz.** Von Decke. — 1920. 1.50
150. **Reichsschädengesetze.** Von Adolf Hohenstein und Wenzel Goldbaum. — 1922. 4.—
97. **Schutzgebietsgesetz.** Von J. Gerstmeyer. — 1910. 2.50
105. **Das Geldwesen in den deutschen Schutzgebieten.** Von W. Hintze. — 1912. 1.80
140. **Die Siedelungsgesetzgebung im Reich und in Preußen.** Von W. Holzapfel. — 1920. 3.—
125. **Vaterländischer Hilfsdienst.** 3. Auflage. — 1917. 1.—
88. **Vereinsgesetz.** Von A. Romen. 5. Auflage. In Bearbeitung.
33. **Vereins- und Versammlungsrecht.** Von E. Ball. 2. Auflage von F. Friedenthal. — 1907. 2.—
103. **Reichs-Viehseuchengesetz.** Von W. v. Hippel. 2. Auflage. — 1913. 4.—

Band

89. **Vogelschutzgesetz.** Von L. v. Borberger. — 1909. 1.—
69. Reichsgesetz über die **Naturalleistungen der bewaffneten Macht im Frieden.** Von W. v. Hippel. — 1903. 1.—
114. **Waffengebrauch und Festnahmerecht des Militärs.** Von A. Romen und C. Rissom. — 1914. 1.80
142. **Wirtschaftliche Demobilmachung.** Von Gg. Fischbach. — 1920. 1.—

Preußische Gesetze:

48. **Zweckverbandsgesetz für Groß-Berlin.** Von L. Brühl, K. Gordan und W. Ledermann. — 1912. 4.—

b) Landesrecht

Preußische Gesetze:

50. **Gesetz, betr. die Anlegung und Veränderung von Straßen und Plätzen in Städten und ländlichen Ortschaften.** Von O. Meyer. — 1913. 3.—
46. **Austritt aus der Landeskirche.** Von H. Caro. — 1911. 2.40
2. **Preußische Beamtengesetzgebung.** Von K. Pfafferoth. 5. Auflage. — 1916. 2.40
51. **Das preußische Disziplinargesetz für die nichtrichterlichen Beamten.** Von E. v. Dultzig. — 1914. 4.20
25. **Preußische Kommunalbeamtengesetzgebung.** Von F. Kremski. — 1901. 3.—
22. **Anstellung und Versorgung der Kommunalbeamten.** Von W. Ledermann. 2. Auflage von L. Brühl. — 1914. 2.—
26. **Diensteinkommen der Lehrer und Lehrerinnen.** Von E. Cremer. — 1900. 2.20
12. **Allgemeines Berggesetz.** Von Schlüter und Hense. 4. Auflage. In Vorbereitung.
47. **Feuerbestattung.** Von W. Lohmann. — 1912. 1.50
28. **Die Fürsorgeerziehung Minderjähriger.** Von P. F. Aschrott. 3. Auflage. — 1917. 2.80
31. **Die preußischen Gesindeordnungen.** Zwei Bände. Von St. Gerhard.
    31 a. Altpreußische Provinzen und Rheinland. 2. Auflage. — 1914. 3.—
    31 b. Hannover, Schleswig-Holstein, Hessen-Nassau und Hohenzollern. — 1902. 2.50
24. **Die Hinterlegungsordnung (1879).** Von G. Bartels. 2. Auflage. — 1908. 2.—

Band

53. **Hinterlegungsordnung** von 1913. Von Hagemann. — 1914. 2.20
41. **Die preußischen Jagdpolizeigesetze.** Von F. Kunze und R. Kühnemann. 2. Auflage. — 1907. Vergriffen.
19. **Jagdscheingesetz.** Von F. Kunze. 2. Auflage. — 1899. 2.—
45. **Rechtsverhältnisse der Juden in Preußen.** Von M. Kollenscher. — 1910. 2.40
15. **Die Kreisordnungen.** Von O. Kolisch. — 1894. Vergriffen.
57. **Landeskulturbehörden,** Gesetz über. Von W. Holzapfel. — 1919. 2.—
42. **Allgemeine Landesverwaltung** und **Zuständigkeit der Verwaltungs- und Verwaltungsgerichtsbehörden.** Von K. Friedrichs. 3. Auflage. — 1927. 5.—
44. **Quellenschutzgesetz.** Von C. Voelkel. — 1909. 1.—
33. **Rentenguts- und Anerbenrechtsgesetzgebung.** Von M. Peltasohn und B. Peltasohn. — 1903. Vergriffen.
30. **Preußisches Staatsschuldbuch** und **Reichsschuldbuch.** Von J. Mücke. — 1902. 2.—
59. **Bildung der neuen Stadtgemeinde Berlin.** Von P. Wölbling. 2. Auflage. — 1920. 1.40
32. **Städteordnung.** Von W. Ledermann und L. Brühl. 2. Auflage. — 1913. 6.—
56. **Das preußische Tumultschadengesetz.** Von Bruno Friedländer. — 1919. —.80
60. **Umlegungsordnung.** Von W. Holzapfel. — 1921. 1.80
43. **Verschuldungsgrenze** für land- und forstwirtschaftlich benutzte Grundstücke. Von R. Leweck. — 1908. 2.40
49. **Gesetze gegen die Verunstaltung landschaftlich hervorragender Gegenden.** Von O. Goldschmidt. — 1912. 2.40
40. **Verwaltungsstrafverfahren.** Von R. Katzenstein. — 1907. 3.50
39. **Unterhaltung der öffentlichen Volksschulen.** Von A. Marcks. — 1906. 1.80
52. **Preußisches Wassergesetz.** Von G. Wulff und F. Herold. — 1913. 4.50
55. **Preußisches Wohnungsgesetz.** Von B. Schmittmann. — 1918. 2.60

Steuerrecht

Band **Reichsgesetze:**

143. **Reichsabgabenordnung.** Von Nieberl. 2. Auflage. — 1927. 12.—
126. **Besitzsteuergesetz.** Von A. Mrozek. Vergriffen.
151. **Einkommensteuer und Körperschaftsteuer.** Von Hollaender. — 1926. 24.—
77. **Das Erbschaftssteuergesetz.** Von B. Henckel. 1920. Vergriffen. Neue Fassung von H. Schachian. 4. Auflage. — 1926. (Außerhalb der Sammlung.) 2.50
54 b. **Nahrungsmittelgesetze** mit Erläuterungen. Von Georg Lebbin. 2. Auflage in zwei Bänden. II. **Getränkegesetze und Getränkesteuergesetze** (Wein, Bier, Branntwein, Mineralwasser). Unter Mitwirkung von Kniebe. — 1926. 10.—
139. **Grunderwerbsteuergesetz.** Von Otto Lindemann. 2. Auflage. — 1926. Mit Nachtrag 1927. 4.—
Nachtrag einzeln —.30
159. **Industriebelastungsgesetz.** Von Höpker. — 1925. 4.—
121. **Direkte Kriegssteuer.** Von A. Mrozek. — 1916. 3.50
131 a. **Reichsfinanzgesetzgebung 1918.** Bd. I: **Getränkesteuern.** Von G. Mayer. — 1918. 2.50
131 b. **Reichsfinanzgesetzgebung 1918.** Bd. II: **Einkommen, Umsatz** usw. Von G. Mayer. — 1919. 1.50
149. **Reichsnotopfergesetz.** Von Friedmann und Wrzeszinsky. — 1921. 4.—
18. **Reichsstempelgesetz.** Von P. Loeck. Vergriffen. Wird durch Kapitalverkehrssteuergesetz ersetzt. Erläuterte Ausgabe in Bearbeitung.
145. **Steuer- und Kapitalflucht.** Von E. H. Meyer. 2. Auflage. — 1921. 1.60
157. **Dritte Steuernotverordnung vom 14. Februar 1924** mit den Vorschriften über **Aufwertung.** 2. Auflage unter dem Titel: **Aufwertungsgesetze.** Von Michaelis. — 1925. 16.—
132. **Umsatzsteuergesetz.** Von Otto Lindemann. 4. Auflage. — 1926. 10.—
110. **Wehrbeitragsgesetz.** Von A. Fernow. 2. Auflage. — 1913. 1.60
146. **Tabaksteuergesetz.** Von Wündisch. — 1920. Mit Nachtrag 1925. 4.—
Nachtrag einzeln 1.50

Band

78. **Zigarettensteuergesetz.** Von Cuno. Vergriffen.

101. **Zuwachssteuergesetz.** Von W. Cuno. Vergriffen.

153. **Zwangsanleihegesetz.** Von Simon und Beutner. — 1923. 8.—

Preußische Gesetze:

20. **Die preußischen Erbschaftssteuergesetze.** Von U. Hoffmann. — 1905. 3.—

13. **Ergänzungssteuergesetz.** Von A. Fernow. 5. Auflage. 1914. 3.—

11. **Gewerbesteuergesetz.** Von A. Fernow. Vergriffen.

14. **Kommunalabgabengesetz.** Von F. Adickes. 6. Auflage von Falk. — 1922. 3.50

38. **Kreis- und Provinzialabgabengesetz.** Von F. Schmidt. — 1906. 1.20

18. **Preußisches Stempelsteuergesetz.** Von P. Loeck und W. Seyffarth. 10. Auflage von Eiffler. In Bearbeitung.

61. **Preußische Verwaltungsgebührenordnung.** Von K. Eiffler. — 1925. Mit Nachtrag 1925. 6.—

27. **Warenhaussteuer.** Von G. Strutz. — 1900. 1.20

Textausgaben:

Erbschaftsteuergesetz. Neue Fassung von H. Schachian. 4. Auflage. — 1926. 2.50

Reichssteuergesetze 1925 (Steuerüberleitungsgesetz mit Durchführungsbestimmungen — Einkommensteuer, Körperschaftssteuer, Reichsbewertungsgesetz, Vermögensteuer, Erbschaftsteuer). — 1925. 4.—

Wehrbeitrag und **Besitzsteuer.** — 1913. —.50

Zuwachssteuergesetz. — 1911. —.50

—, **Ausführungsbestimmungen.** — 1911. —.40

Druck von Otto Walter, Berlin S 14

FSC
www.fsc.org
MIX
Papier | Fördert gute Waldnutzung
FSC® C083411

Kolibri 360 GmbH
Ferdinand-Jühlke-Straße 7
99095 Erfurt, Deutschland
produktsicherheit@kolibri360.de